国家级一流本科专业建设·管理学教学用书
普通高等教育"十一五"国家级规划教材

绩效管理 第二版

贺小刚◎主　编　　　吕蔚起　丁雪婷◎副主编

上海财经大学出版社
SHANGHAI UNIVERSITY OF FINANCE & ECONOMICS PRESS
上海学术·经济学出版中心

图书在版编目(CIP)数据

绩效管理 / 贺小刚主编. —2 版. —上海：上海财经大学出版社，2024.1
国家级一流本科专业建设·管理学教学用书
ISBN 978-7-5642-4274-9/F.4274

Ⅰ. ①绩… Ⅱ. ①贺… Ⅲ. ①企业绩效—企业管理—高等学校—教材 Ⅳ. ①F272.5

中国国家版本馆 CIP 数据核字(2023)第 210727 号

□ 责任编辑　林佳依
□ 封面设计　张克瑶

绩效管理
（第二版）
贺小刚　主　编
吕蔚起　丁雪婷　副主编

上海财经大学出版社出版发行
（上海市中山北一路 369 号　邮编 200083）
网　　址：http://www.sufep.com
电子邮箱：webmaster @ sufep.com
全国新华书店经销
上海叶大印务发展有限公司印刷装订
2024 年 1 月第 2 版　2024 年 1 月第 1 次印刷

787mm×1092mm　1/16　23.75 印张（插页：2）　608 千字
印数：4 001－7 000　定价：65.00 元

总序

PREFACE

近年来，我国经济、金融领域发展广度和深度不断得到拓展，规模迅速扩大，创新步伐加快。建立一套内容新颖、结构合理、体系科学，并且切合当前我国大学生培养实际需求的经济管理系列专业本科教材，是当前社会经济发展和高校培养经济管理类专业人才的必然要求。

上海财经大学浙江学院由上海财经大学和浙中教育集团合作举办，是一所按新机制和新模式运作，具有独立法人资格的全日制本科独立学院。学院依托上海财经大学在经济管理学科领域的深厚积淀和财经人才培养方面的丰富经验，紧贴长三角、浙中城市群经济和社会发展需要，坚持立德树人根本任务，坚持地方性、应用型、特色化的发展道路，秉承“厚德博学、经济匡时”的校训精神，致力于培养能够融入国际社会、参与区域和国际合作与竞争的应用型、开拓型、外向型优秀人才。学院紧密切合社会发展需要和市场需求，拓展交叉学科，发展综合性学科。专业设置以经济学、管理学为主，兼顾理学、工学和文学等专业。

学院以全面提高办学质量、办学效益和办学声誉为目标，秉持“质量兴院、特色强院”的办学理念，以提高人才培养质量为核心，构建完善的人才培养体系。加强师资队伍建设，强化教学管理，抓好学科建设、专业建设、课程建设，积极引进国内外优质教学资源，提高教学和科研水平。坚持内涵建设和外延发展相协调、规范的制度体系与灵活的办学机制相协调，夯实内部管理基础与外联开放办学相结合。目前，学院主要学科负责人、专业核心课程教师由上海财经大学委派的拥有较强科研能力、良好教学经验的教授担任，采用先进的教育方法、教育手段，配置优良的教育资源，努力建设一批具有领先水平的特色专业。学院秉承上海财经大学重视基础课程教学的理念，建设优质的经济管理类平台课程，在向母体学校看齐、重视基础理论的同时，更强调实用性和可操作性。经过几年的摸索，自 2011 年起，学院开始建设符合自身特色的精品课程，其中已经完成结项的院级精品课程共 31 门、院级课程思政示范课程共 16 门、省级线下一流课程共 8 门。随着教育教学手段及方式的改变和提升，学院进一步加强在线精品课程建设，已经完成结项的院级精品在线开放课程共 18 门、已经认定的省级线上一流课程共 8 门、省级线上线下混合式一流课程共 21 门、省级社会实践一流课程共 7 门。

本套教材系学院首批精品课建设过程中，选取优秀的讲义为基础，经进一步修改完善而成，由上海财经大学出版社负责出版。在教材编写中，希望能够体现以下特点：

(1) 在教材类别的选择上，主要考虑面向经济管理类本科专业，同时考虑其他各类专业对经济管理相关理论与知识的需求。选材力求“精”和“新”。

(2) 在教材内容的选择上,注意广泛吸收国内外优秀教材的最新成果,在力求完整介绍基本理论、基本知识的基础上,强调实用性和可操作性。

(3) 在教材的编写中注重计算机的应用,注重对学生运用经济管理理论与方法和计算机技术解决实际问题能力的培养与训练。

本套教材的酝酿与编写,自始至终得到上海财经大学和上海财经大学出版社的热情帮助。编写大纲和书稿经过教材编写委员会的认真讨论、反复论证。希望我们的劳动成果能够得到国内外同行的认可,受到学生的欢迎。

马　洪

2023 年 12 月

上海财经大学浙江学院

前言

FOREWORD

从企业价值创造的过程来看，管理学的研究对象至少应包括3个层面，即战略管理的宏观层面、绩效管理的中观层面、人力资源管理和营运管理等微观层面。但由于以下原因，从严格意义上讲，“绩效管理”目前还不是一个比较成熟的学科：(1) 分析单元模糊不清。早期绩效管理的研究者主要关注的是企业员工的生产效率，这实际上是人力资源管理的主要研究内容，所以至今仍有不少学者将绩效管理作为人力资源管理理论的一个分支；后来绩效管理理论将组织效率作为主要研究内容，这实际上又是战略管理理论所研究的主要问题。人力资源管理、战略管理、财务学等不同学科都从自身角度来分析“绩效管理”这一主题，不同学科对什么是有效的、有价值的绩效信息以及怎样积累、理解和评估这些绩效信息都有自己独特的观点。如果绩效管理理论仅以员工个体或者组织作为分析单元，就很难建立属于自己的学术领地。(2) 应用型还是理论性的问题。绩效管理的一个突出特征在于它的强实践应用性。有学者明确地指出，绩效管理不是一个理论，而是一套实践性工具，它告诉我们应该做什么、如何做以及如何减少风险。与此同时，在绩效管理研究领域，越来越多的学者对交叉学科的研究产生了浓厚的兴趣，但随之而来的问题是，哪个学科应占主导地位？学科定位不清也给绩效管理的发展带来了一定阻碍。

近年来，很多学者开始同时从组织层面与员工个体层面两个角度对绩效管理的内容进行阐述，诸如平衡计分卡、目标与关键成果法等都是比较经典的绩效管理工具，一些学者还建议可以从企业内外利益相关方来构建绩效管理模型，如基于企业利益相关者分析的绩效棱柱法就很具有代表性。虽然这些分析方法还没能确定绩效管理理论是否存在一个区别于员工层面或组织层面的更好的替代性分析单元，以至于仍未能解决分析对象模糊不清的问题，但没有人可以否认绩效管理的实践价值。近年来，绩效管理工作得到各类组织管理者的高度重视，在各级政府部门或企事业单位中普遍展开，绩效管理在实践中得到了进一步的发展。美国贝恩公司(Bain & Company)对绩效管理工具与技术的使用和满意度进行了调查，结果发现，超过80%的公司进行了目标管理，超过50%的公司实施了多种形式的绩效薪资，超过40%的公司运用了平衡计分卡，并且就总体而言，运用这些绩效管理工具和技术的公司，其高层管理者的满意度高于平均水平，管理层中出现“不忠”的可能性相对较小，组织运行效率也相对更优。

所以，绩效管理作为管理学的基本原理，它应该是开放性大学商学院学生必须掌握的：作为一门综合课程，它充分反映了理论研究与管理实践的紧密联系；作为一项综合性管理技能，它是促进组织战略落地的主要方法与工具,是提升组织管理效率的重要手段,它综合且平衡了实践与理论的需要,可为经理人和管理咨询专家所使用。同时,学术界对绩效管理的研究热情从未消退,近年来国内外出现不少有关绩效管理研究的专著和论文,其学术贡献受到广泛关注,有人甚至将其作为管理学科的重点。但就教材而言,其主要内容框架并没有多大变化,主要是采用 PDCA(计划-执行-监控-评价)框架,突出强调绩效管理的政策性、工具性。但仅仅强调“如何做”,却没有告诉读者“为什么”,这样有碍于培养学生探索世界本源问题的能力。

本教材试图在广泛阅读文献和其他学者的教材的基础上增加一些新内容,以进一步扩大读者的知识面,例如:尽可能地将绩效管理的最新研究成果纳入教材体系;适当增加一些其他相关学科的最新研究成果,如资源与能力理论的研究成果、委托代理理论的研究成果;增加绩效信息与组织的相关内容,信息技术与绩效管理的有机结合越来越受到重视,它是绩效管理过程中提高评测、监控和反馈效率的重要工具;尽可能地将绩效管理的内容转向战略管理的宏观层面与人力资源管理、营运管理等微观层面的交接面,而不是将其视为人力资源管理的一个细小分支,以使得读者能够更加有效地掌握企业绩效管理的本质和内容,并提高读者的理论与实践相结合的能力;从企业价值评判的维度上增加组织绩效评价范围,如企业绩效管理已超越了单纯的财务、经济等角度,社会责任等内容已成为当前许多组织绩效评判的重要维度;等等。

本教材的内容结构安排如下:第一篇阐述绩效管理的基本原理,包括对企业性质的分析和介绍,绩效与绩效管理的基本概况。之所以这样安排,其一是想让读者先从宏观上理解企业组织是怎么一回事,理解绩效管理工作在整个企业管理过程中处于一个什么样的位置;其二是为了让读者能够尽快地了解绩效管理是一个什么样的运作体系,提高读者,尤其是学生的学习兴趣,并引发他们从企业性质角度去思考绩效管理中的一些问题。本教材将“绩效指标”独立编制成为第二篇,一方面是考虑到指标设计工作的重要性与复杂性;另一方面则是考虑到绩效指标设计工作具有长期的稳定性,除非企业发生了重大的战略变革,或者技术条件发生了较大的变化,一般不会频繁地修改。绩效实施的过程,严格意义上讲,包括了计划、执行、监控和评价等重要环节,但本教材将此过程的内容分为两大部分:第一部分,即第三篇只介绍了绩效实施过程中的计划制订以及绩效考核的基础性工作和一些基本的评估技术、方法,而将绩效管理实施过程中的其他内容,如绩效沟通与反馈、绩效考核结果的运用、绩效考核的失误与处理等内容作为第四篇,即“绩效改进策略”的主要内容,并且在此篇的第十一章还专门介绍了一些绩效改进方案。我们做此编排的主要目的是凸显绩效管理过程中绩效改进的重要性。教材的第五篇介绍了绩效管理的组织工作,与绝大多数绩效管理教材相比,本教材增加这一篇章的内容,并且强调它的重要性,主要是考虑到企业管理者的建议,他们认为,任何管理工作的开展都离不开组织问题,绩效管理也是如此:绩效管理效率的高低与绩效管理组织安排是否合理,两者关系密切。本教材将绩效管理的组织工作细分为两个方面,其一是绩效信息的收集与相关文档的管理,其二是绩效管理过程中的组织分工,这些都是企业顺利完成整个绩效管理工作的基础,也将是衡量企业绩效管理工作有效性的重要维度。在此基础上,本教材在最后一篇具体介绍了一些经典的和当前主流的绩效管理工具,包括早期评价维度单一的目标管理法,以及目前主流的基于多维价值评价的目标与关键成果法、绩效棱柱法等。

编写一本好的教材要求编写者心中有一座理论大厦和广博的知识,但由于能力有限,本教材在编写过程中依旧有许多内容未能涉及。至此,只能就学习绩效管理的理论与实践知识提供一些方法和途径,如果有用则甚感欣慰。首先,学习绩效管理课程应注意以下几点:(1) 阅读教科书,掌握一些基本的概念与理论框架;(2) 广泛阅读案例,尤其是本土化案例不可忽视,这有助于启发思考本土化情境下的企业绩效管理问题;(3) 阅读报纸、上网收集资料,奠定更扎实的知识基础;(4) 进行企业调研,了解现实,发现问题;(5) 相互学习和讨论,不断产生新的思想火花;(6) 多听讲座,提升潜能与自信;(7) 多写心得与案例报告或论文,自我督促,以成就自我。

其次,要积极地关注前沿性学术期刊,了解绩效管理相关领域的新观点和新方法,寻找解决问题的新途径,这是很容易为我们所忽视的,但又往往非常重要。关于绩效管理的国外期刊主要包括:*Advances in Developing Human Resources*、*Human Resource Development Quarterly*、*Human Resource Management International Digest*、*Human Resources*、*Human Resource Development Review*、*Advances in Developing Human Resources*、*Advances in Developing Human Resources*、*Asia Pacific Journal of Human Resources*、*Human Resource Management*、*The International Journal of Human Resource Management*、*Human Resource Planning*、*International Journal of Human Resources Development and Management*、*The Journal of Human Resources*、*International Journal of Productivity and Performance Management*、*The Academy of Management Journal*、*The Academy of Management Review*、*Journal of Management*、*Strategic Management Journal*,等等;国内的相关期刊主要包括:《管理世界》《经济管理》《外国经济与管理》《中国人力资源开发》,等等。与此同时,也不要忽略网站上的一些文献和资料,它们也具有一定的参考价值,这些网站包括:人力资源开发管理网、中国人才热线、中国人力资源网、中国劳动力市场、中国经理网、中国企业家、经理人中国企管网、中国劳动网、北大商学网、智囊杂志、中外管理、中国企业报、中国管理咨询网、国研网、世纪易网、中国管理传播网、中山管理评论,等等。

在编写本教材的过程中,参阅和引用了不少绩效管理专家的研究成果,上海财经大学国际工商管理学院的连燕玲、王存存、王志欣等同学收集和处理了很多的资料;上海财经大学浙江学院工商管理系的一批优秀青年教师参与了本教材的修订工作,包括李玫昌(第十二章、第十三章、第十四章)、叶文洁(第一章、第二章)、王颖(第十章、第十一章)、鲍华江(第八章、第九章)、邵瑜(第六章、第七章)、潘淑贞(第三章、第四章)、王巧红(第五章);与此同时,上海财经大学出版社的王芳老师为了教材的顺利出版做了大量前期工作,在此一并表示感谢!

需要特别说明的是,依据国家教材委员会办公室《关于做好党的二十大精神进教材工作的通知》(国教材办〔2022〕3 号)的要求,推动党的二十大精神进教材、进课堂、进头脑,在本书中

"润物细无声"地嵌入了思政元素与二十大报告精神内容,提高学生的思想认知水平,培养学生的家国情怀和道路自信。同时,为了与时俱进地增补与本教材相关的思政案例与二十大精神内容,笔者与出版社共同建设新媒体动态服务窗口,使用本教材的教师可以通过手机微信扫以下二维码,获取相关最新内容。

尽管我们付出了较大的努力,但由于水平有限,加之时间紧迫,书中难免存在纰漏与不足之处,恳请各位专家、学者与读者批评指正,以使本书能够日臻完善!

贺小刚

2023 年 12 月

目录
CONTENTS

第一篇

基本原理

1

第一章
企业的性质与价值管理

全章提要

学习目标

1. 理解企业的性质，了解几个相关理论：资源与能力理论、利益相关者理论、团队生产理论、委托代理理论、交易成本理论等；
2. 了解企业价值的衡量框架及具体维度，包括财务、企业社会责任(CSR)、企业社会绩效(CSP)、环境社会及公司治理(ESG)；
3. 总体把握企业目标的多层次性，理解企业价值创造的内涵；
4. 了解关于企业价值创造的几个重要分析模型：波特价值链、VRIO 模型、核心能力模型、治理模型。

案例导读

基于三重绩效理论的 X 公司利益相关者分析

一、利益相关者的界定

绩效棱柱评价模型是以利益相关者为重要前提建立起来的，因此利益相关者的界定是建立绩效棱柱评价体系至关重要的一步。相关利益方可划分为财务资本、人力资本、社会资本等利益相关者，严景宁等学者将利益相关者的界定划分为关键、主要、次要和一般利益相关者。通过三重绩效的视角结合企业实际情况对其进行分析，分别找出企业的不同层面的利益相关者。X 公司是一家投资建设型国有企业，企业中直接利益相关者包括股东，他们作为公司股份的持有人，具有股东大会的出席权和表决权，从根本上决定企业的存在。在国有控股企业中，会涉及战略投资者等其他中小型投资者，他们一定程度上也影响着企业的发展。X 公司由集团公司直接出资成立，而集团公司隶属于地方国资委，对地方性企业进行注资，通过有效的经营管理确保国有资产的保值增值。

银行作为国有企业最主要的债权人，虽然不直接参与企业有关生产经营，但它与企业有着重要的合作关系。在我们国家，银行与企业有着类似的国企背景，在对企业进行资金援助的同时具有一定的影响，甚至能干预国企的重要决策，所以，银行作为企业债权人也是其直接利益相关者之一。

职工与管理者是一家企业的重要组成部分，统称为企业员工，是企业战略性资源之一，也是能够决定企业发展的关键因素。特别是对于知识密集型的企业，员工与企业有着密切的联系。国有企业的管理者，通常由董事会任命，增加了管理者在企业中的重要性和权威性。管理者往往在签订聘用合同时，为了激励员工更好地服务企业，给予员工除了基本工资外，还有一定的年薪或奖金，员工成为利益相关者的一部分。供应商与承包商是企业的合作商，随着市场竞争愈加激烈，承包商作为最终标的的执行者，他们之中包括供应链内的代理人与中间人，随着企业的频繁交易，其地位逐步提升。在一个产业链中，上下游的企业通常通过相互持股、分享渠道关系、招标融资等增进彼此的联系。而在行业中，对企业而言承包商的产品质量直接影响着企业的口碑、市场竞争力。劳务成本与商品质量由供应商决定，影响着企业的效益。特别是在如今商业竞争的环境下，很多企业与其行业的大型供应商结成了战略联盟。在国外，某些领域的核心生产企业，往往与其供应商保持着几十年的供应关系，形成了稳固的供求网络。因此，与合作商关系的紧密程度也成为企业重要的社会资本之一。

监管机构是国企以及市场的监督者，政府作为监管机构，弥补市场的失灵是其一项非常重要的职能，监管机构在我国分为官方和非官方监管机构，不同的监管机构所关注的利益不同。在我国，政府很大程度上影响着企业。与此同时，作为政府经济管理重要载体的企业，承担着一定的环境保护、履行社会责任、促进就业相关的责任。所以，监管机构也是企业利益相关者的重要组成部分。

综上所述，股东和债权人作为企业资金的投入者，划分为财务资本的利益相关者；企业员工与管理者作为企业主要人力资本的投入者，划分为人力资本的利益相关者；政府以及合作商作为国有企业关系社会资本的主要投入者，划分为社会资本的利益相关者。图 1-1 是 X 公司利益相关者构成图。

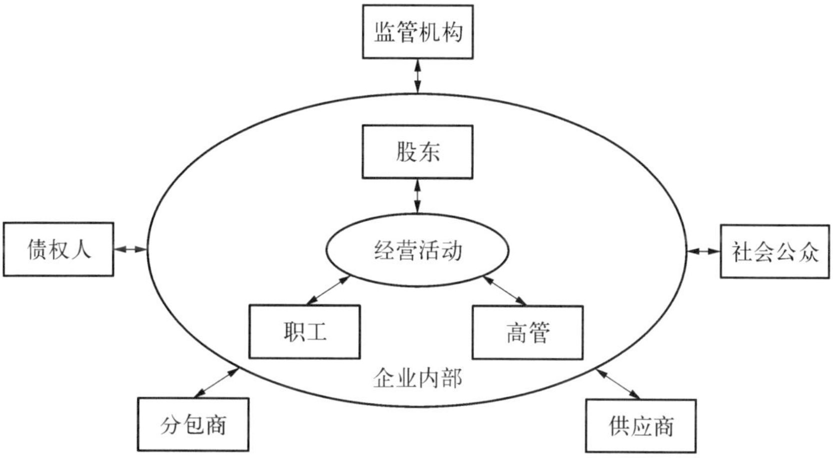

图 1-1　X 公司利益相关者

二、不同层面利益相关者划分

1. 经济效益层面

经济层面与 X 公司有经济业务往来的利益相关者主体，他们享有公司创造的利益，也承担着公司面临的风险，与公司有着密切的关系。股东投入的资金给企业发展提供了大力的支持。合作商是与企业长期合作的各个单位，向其提供企业生产经营所必需的物资，企业的成本很大程度上受供应商的影响，企业的相关工程质量一定程度上也受供应商提供的物资质量影响。有了与各个合作商建立的长期合作关系，X 公司的发展才能够逐渐稳定。企业员工作为企业的核心组成部门，他们在日常工作中向企业提供脑力劳动和体力劳动，推动着企业的发展。对公司而言，只有重视企业内部人才的培养与发展、注重企业各个层面的人才队伍建设，才能提高企业的核心竞争力，所以员工是企业必不可少的利益相关者。监管机构作为国有企业的监督者以及保障者，地方国有企业作为地方性的支柱企业，对地方的税收产生巨大的贡献，企业在不断发展，国家提供了一定的社会保障，税收对于国有企业经济收益起到一定的影响,政府专项补助对于地方性国有企业的发展也起到了一定促进作用,因为国有企业替政府在公共服务业方面发挥一定的职能,需要有一定的资金作为支撑。

除了股东、高级管理人员及员工以外,X公司的利益相关者还包括在经济往来中的各个商业银行,作为企业的债权人,企业与银行间积极合作,共同推动银行持续、健康地发展;银行应为企业的权益提供必要的条件,为企业的各个经济活动注资,并且在城市建设的过程中输入经济血液,不同程度上帮助国有企业在地方上健康发展。因此,经济层面涉及的主要利益相关者为地方监管机构、股东、员工、合作商、债权人等。

2. 社会效益层面

社会效益层面的利益相关者主要体现在以下方面:一是对政府的责任。政府责任主要包括守法合规和政策响应两个部分:国有企业应对国有资产负有一定责任,必须遵守相关法律法规以及符合相关社会规范与道德准则等。“合规”一是做到“守法”,“守法”是“合规”的基础。企业受到政府的监管,确保税收,落实政府的各个政策,积极参与全面深化改革带动就业等。二是安全重任,即对合作商的责任,主要为企业建立安全生产组织体系、制定和实施安全生产制度、安全应急管理机制、安全教育与培训等预防措施,以确保员工工作中的安全情况,保障建设开发项目有序进行。三是对员工的责任,他们在企业中的基本权益保护须受到保障,如职业健康、薪酬福利、员工发展和员工关爱等内容。四是对社会公众利益群体的责任,主要包括本地化运营、公益慈善、志愿服务和精准扶贫4个方面。政府通过企业税收来发展经济,X公司逐步发展扩大在一定程度上带动了地方经济的发展。促进当地就业、民生,给当地社会民众带来了便利,增加了收入,形成一个良性循环。但长久以来城市化发展忽略了社会、生态的同步发展,所以政府应当为当地的发展建立健全的环境、社会等规章制度,对企业进行政策上的支持,加大企业在建设基础设施的同时对社会、环境的建设,企业与政府之间应建立良好的关系以进一步提升企业发展地位。所以社会层面主要涉及的利益相关者为地方政府、股东、员工、地方社区等。

3. 生态效益层面

生态效益主要描述国家要求企业在节能减排、保护环境方面的责任与贡献,主要包括绿色生产、绿色管理和绿色运营3个部分。绿色生产包含两方面:一是主要利益相关者为监管机构即政府,政府监管主要围绕企业在绿色设计、减少“三废”排放、绿色包装运输和节能节水等方面,从环保合规性、资源的消耗、环境的污染、环境生态的治理以及环境保护体系认证等做到符合政府相关规定,企业的设备、产品等是否得到环境保护体系认证。二是环保节能研发相关费用占总研发经费的比例。是否引入节能设备以及是否建立环保节能监督员等,政府监督能对生态效益有一定的促进作用。绿色管理:企业管理者以及股东等应当建立环境管理组织体系和制度体系、环保预警及应急机制、投入环保技术研发与应用、建立公司内部环境管理组织主要负责环境预防与污染等管理工作,并制定一系列组织计划、执行部署、检查结果、改进措施等管理制度。绿色运营:主要包括绿色办公、保护生态、环保公益等方面。绿色办公政策或措施,包括推广办公无纸化、双面打印使用纸张;对办公垃圾科学分类;减少员工出行开视频会议等。保护生态包括保护物种多样性、生态的恢复与治理、废弃物的绿色处理、环保经费占总利润比例等。涉及生态层面的利益相关者主要为地方政府、股东、员工等。

基于三重绩效理论划分3个层级的利益相关者,能更清晰地看到每个领域的利益者所关注的企业绩效。表1-1为三重绩效相关利益者划分表。

表 1-1　三重绩效相关利益者划分表

评价层面	利益相关者组成	相关利益
经济层面	国资委及政府税务部门、股东、债权人、职工、经营者、分包商等	经营能力、运营能力、偿债能力、资产增值能力、员工福利待遇、高管薪酬、利润率、税收缴纳、专项资金运用等
社会层面	地方社区股东、员工政府有关部门	技术创新、安全建设、劳动就业、社会影响、公益事业扶贫事业、大众媒体等
生态层面	政府监管部门股东、员工	能耗情况、污染物的排放达标率、设备的环保研发投入、废弃物处理、污水处理达标率、万元产值综合能耗、有害气体粉尘排放等

[资料来源] 王博.绩效棱柱模型在X公司的应用研究[D].西安：西安石油大学，2020.

绩效管理是一种广为运用的管理行为，不管是营利性的组织还是非营利性的组织，甚至是一个行政区域也要进行绩效管理。① 本书所关注的是企业的绩效管理。绩效管理的主要任务在于将企业的使命、价值观、愿景和战略目标转化成为可以操作的具体方案，对企业的各项经营活动及参与该活动的管理者和员工进行管理。要理解企业的绩效管理，首先就应理解企业的性质是什么，这将有助于企业选择适当的绩效管理模式，进而对企业的价值创造进行有效的管理。

第一节　理解企业的性质

企业的性质是什么，这是一个非常复杂的思考题。目前与企业绩效管理相关的理论主要包括：资源与能力理论、利益相关者理论、团队生产理论、委托代理理论、交易成本理论等。

一、企业是资源与能力的集合

资源与能力理论认为，企业本质上是资源的集合，是由各种资源所组成的有机体。这些资源包含了一些相对动态或静态的特定要素，如知识、技术、信息、制度、财务资本、声誉、机构、地理位置等，也包括人力资本、团队资本、社会资本，以及其他的物质资本。没有足够的资源，企业就无从创造价值，但不同资源的投入产出比是不同的，同样一种资源在不同的企业可创造的市场价值也是不同的，所以企业在评测资源的市场价值时，不仅要考虑到它的投入产出率，而且要与其他企业进行比较。这就要求企业对资源进行细分，区分资源的不同"等级"，以探讨具备何种特性的资源才能产生持续的竞争优势。② 基于该理论对企业本质的界定，对绩效管理提出了一个具有挑战性的问题：假设企业已经通过科学的方法找到那些有助于产生持续竞争优势的资源，那么又应如何建立有效的指标体系去培育这些资源，并对此培育活动进行有效的评测和激励？

---

① 如欧盟提出一个创新能力记分牌(European Innovation Scoreboard，EIS)，自2000年开始每年都对欧盟成员国、美国、日本等国家和地区的创新能力进行评测和比较分析。

② 著名的战略管理学家杰恩·巴尼(Jay B. Barney)曾指出，所谓持续竞争优势，是指在竞争对手赶上之前一直拥有的那种优势，这就要求企业所拥有的资源必须具有某种特殊性，比如企业的资源是有价值的、稀缺的、不可替代的、不可模仿的。参见Barney J.. Firm Resource and Sustained Competitive Advantage[J]. Journal of Management，1991，Vol.17(1)：99-120。

二、企业是由不同的利益相关者组成的

利益相关者理论认为,企业本质上是依赖于多个相关主体而存在的,是致力于为利益相关者创造和实现价值的实体,是处于社会网络中的实体。一个组织往往有多个利益相关者(见图1-2),利益相关者对不同组织具有不同的作用,同一组织中的不同利益相关者的作用、参与机制也不相同。但无论如何,企业要生存发展下去,就必须在所有利益相关者的要求中保持某种平衡。分析利益相关者的需求和利益对绩效管理非常重要,因为不同利益相关者对绩效的性质和标准持不同的观点。比如,业主关注的是投资回报,而雇员关注的是他的劳动努力是否得到公平的评价及回报是否公平合理,等等。在利益相关者理论的指导下,衡量企业绩效时就应该考虑到企业的所有利益相关者的效用综合的结果,即"企业绩效$=b_1x_1+b_2x_2+\cdots+b_nx_n$",$x_1$,$x_2$,…,$x_n$代表不同的利益相关者,$b_1$,$b_2$,…,$b_n$分别代表各个利益相关者的满意度。利益相关者理论对绩效管理的启示为:指标体系的设计要关注企业内外部所有利益相关者的满意度,仅仅关注某个指标可能无助于企业取得很好的绩效。[①]

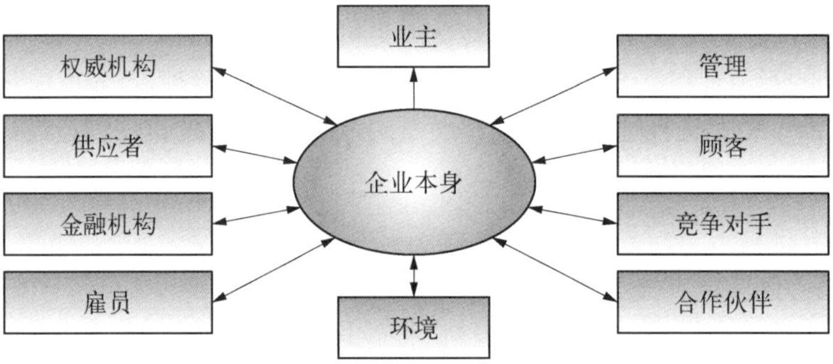

图1-2 利益相关者模型

三、企业是"队生产"活动的集合

团队生产理论认为企业是"队生产"(Team Product)活动的集合,企业绩效是企业全体员工共同努力的结果,即"队生产"活动的结果。"队生产"活动的显著特点之一就是企业活动的结果并不是每一项参与合作的资源的分产出之和[②],即企业很难将活动的结果准确且公正地分解到每个员工的岗位上。正因为队生产具有这样的特性,一些员工可能在生产过程中占其他员工的便宜,指望别人多干一些,自己少干一些,即出现"搭便车"(Free-rider)行为。当"搭便车"行为受到的惩罚不够严重(比如由于测量的不准确以致无法鉴别谁在"搭便车"),就不会有员工积极地工作了。同时,这也加剧了不同员工之间、不同部门之间的矛盾与冲突。例如,就销售岗位而言,当销售人员按照指标取得较高报酬时,其他部门的员工往往感到不公平,因为他们在产品生产、质量保证以及推广等工作上做了很大努力,而销售人员不过是最终获得果实的人而

---

① 比如卡普兰(Roberts S. Kaplan)和诺顿(Norton D. P.)指出,要实现业主的投资回报等财务收益,首先就必须为顾客创造价值,提高顾客满意度。每个利益相关者关注的绩效指标是不尽相同的,但这些指标之间不是孤立的,而是相互关联的。参见Kaplan R. S., Norton D. P.. The Balanced Scorecard: Measures That Drive Performance[J]. Harvard Business Review, 1992, Vol.70(1): 71-80。

② A. A.阿尔钦,H. 登姆塞茨.生产、信息费用与经济组织[M]//R. 科斯,A. 阿尔钦,D. 诺斯,等.财产权利与制度变迁——产权学派与新制度学派译文集.上海:上海三联书店、上海人民出版社,1994:63.

已；反过来，销售人员在销售绩效不良时，也会将此责任归咎于产品设计、生产和服务等其他部门。正因为企业具备“队生产”的特征，就对绩效管理提出了重大挑战：如何设计指标才能提高团队的合作精神、减少内耗，采用什么样的评测方法才能确保员工绩效评价的公平性，等等。

四、企业是多层委托代理关系的集合

委托代理理论认为，企业是要素所有者的一系列合约关系的集合。既然各要素所有者的权利界定一般通过合约（包括明示的和默认的合约）来完成，那么组织中的个人行为（包括管理者的行为）将取决于这些合约的性质。企业是一个科层组织，在企业内部，投资者、管理者和员工之间表现为委托代理关系，即一个人或更多的人（即委托人）聘用另一个人（即代理人）代表他们来履行某些服务，包括将若干决策权托付给代理人。① 如果委托代理关系的双方当事人都是效用最大化者，就有充分的理由认为，代理人不会总以委托人的最大化利益而行动。为了减少代理人的利益偏差，就必须对代理人进行适当的激励和监督②，以约束代理人的越轨活动，这自然产生了监督费用。

图 1-3 中前面方框中双方的关系，也就是企业所有者（股东）与经营者（经理人）之间的委托代理关系，当然，这是非常重要的，但广义上讲，委托代理关系不仅仅体现在股东与企业经理人之间。在企业内部，不同层次的管理者之间、管理者与员工之间也同样存在委托代理关系，而由于信息的不对称以及出于自利的动机，企业往往出现上有政策、下有对策的现象，出现背叛与欺骗的现象，也就是说，在企业经营过程的各种关系中都可能存在代理关系和代理成本。

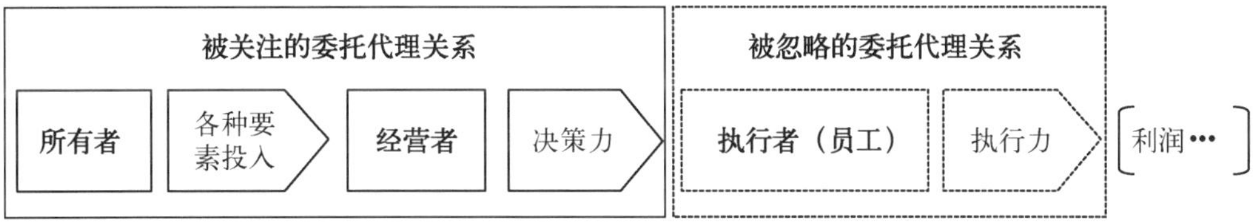

图 1-3 企业的委托代理链

代理关系往往是非最优的、有耗费的，甚至是无效的。所以，如何通过绩效管理的方法减少代理成本是一个具有重大意义的课题。目前许多企业在确定绩效目标后，一般都要求利益相关者签订责任状，这是企业内部一种重要的合约形式，它具有很强的约束力，是绩效评估的重要依据。

五、企业是交易活动的集合

企业是由许多功能性的活动组成的集合体，组成企业活动的类型是多样的，其中一部分活动要通过个体、团队或部门之间的合作和交易来实现。交易性活动的存在，使企业内部产生了 3 个层面的交易成本：个体与个体员工层面的交易成本、团队与团队层面的交易成本以及部门与部门层面的交易成本。企业内部交易活动的存在也对绩效管理提出了挑战，即企业要想实

---

① 经济学家詹森（Jensen M. C.）和梅克林（Meckling W. H.）认为，契约关系是企业的本质，不仅是对雇员而言的，而且对供应商、顾客和信贷者等而言也是如此。参见 Jensen M. C.，Meckling W. H.. Theory of the Firm：Managerial Behavior，Agency Costs and Ownership Structure[J]. Journal of Finance Economics，1976，Vol.3：305-360。

② 所谓监督，不仅包括那些简单的考核和察看代理人的行为，而且包括委托人通过预算约束、补偿要求和操作规则等“控制”代理人的行为。

现价值创造这一目标，就必须对企业的交易活动进行管理，那么如何才有可能降低个体之间、团队之间、部门之间的交易成本？如何才有可能促进不同活动之间的合作？

总之，企业是一个非常复杂的组织系统，从不同的角度思考会得出不同的结论，有人说它是一个资源的集合，有人说它是不同利益相关者缔结的合约，等等。而且对企业本质的不同理解，使绩效管理的侧重点也有所不同，比如，是关注企业内部的资源和能力的培养，还是关注企业内部各种机会主义和败德行为的最小化从而降低委托代理成本和交易成本？如果从企业如何在市场上取得竞争优势、维持企业的持续发展角度来看，可以认为企业实质上就是一个价值创造者，即它必须为企业利益相关者创造价值，并创造高于市场上其他企业的绩效。下一节将分析企业是如何创造价值的。

思政园地

中共中央、国务院关于加快建设全国统一大市场的意见

基于对市场的重要地位的深刻认识，我国近年进一步推进对中国特色社会主义市场经济的建设，持续优化营商环境，不断简政放权，不断消除地方保护主义，力求最大限度发挥市场自身的监督调节作用。2022 年 4 月 10 日，基于建设全国统一大市场是构建新发展格局的基础支撑和内在要求，我国发布了《中共中央、国务院关于加快建设全国统一大市场的意见》(以下简称《意见》)。《意见》明确，加快建立全国统一的市场制度规则，打破地方保护和市场分割，打通制约经济循环的关键堵点，促进商品要素资源在更大范围内畅通流动，加快建设高效规范、公平竞争、充分开放的全国统一大市场，全面推动我国市场由大到强转变，为建设高标准市场体系、构建高水平社会主义市场经济体制提供坚强支撑。

根据《意见》，加快建设全国统一大市场的工作原则是：立足内需，畅通循环；立破并举，完善制度；有效市场，有为政府；系统协同，稳妥推进。主要目标是：持续推动国内市场高效畅通和规模拓展，加快营造稳定公平透明可预期的营商环境，进一步降低市场交易成本，促进科技创新和产业升级，培育参与国际竞争合作新优势。

《意见》坚持问题导向、立破并举，从 6 个方面明确了加快建设全国统一大市场的重点任务。从立的角度，《意见》明确要抓好“五统一”。一是强化市场基础制度规则统一。二是推进市场设施高标准联通。三是打造统一的要素和资源市场。四是推进商品和服务市场高水平统一。五是推进市场监管公平统一。从破的角度，《意见》明确要进一步规范不当市场竞争和市场干预行为。同时，《意见》强调，要加强党的领导，完善激励约束机制，优先推进区域协作，形成工作合力。

第二节 企业目标与价值管理

一、企业的目标

(一) 谁的目标代表了企业的目标

现在，许多学者认为企业的目标在于获取持续的竞争优势。如果企业利用资源创造的经

济价值刚好等于资源所有者期望的价值，就意味着企业在市场竞争中处于一个对等的局面；如果企业利用资源创造的经济价值小于资源所有者期望的价值，就意味着企业在市场竞争中处于一个劣势的局面；如果企业利用资源创造的经济价值大于资源所有者期望的价值，就意味着企业在市场竞争中处于一个比较优势的局面。① 本章第一节已经论述了企业是由各种不同资源所组成的一个集合，这些资源包括财务资本、人力资本、企业家才能、技术才能及其他物质资本。实际上，这些资源背后都有一个所有者，比如财务资本是由资本所有者投入的，人力资本是由雇员提供的，企业家才能专属于企业的管理者，技术专长是由技术工作者供给的，等等。这些资源所有者投入专有的资本或资源到企业中，存在一个期望的回报，如果他们不满意此回报就会选择退出这个企业，即"撤资"。如此，企业组织也就自然解体了，所以企业的经营目标就是要创造出高于这些资源所有者所期望的价值，以维持企业的生存和发展。但有关企业的目标到底是追求投资者价值最大化，还是追求利益相关者的利益均衡，这是一个至今在理论界和实践界仍旧争论不休的问题。它涉及企业理论至关重要的主题，即企业归谁所有，是敢于冒险的投资者，负责经营的高层管理者，参与生产与研究开发的关键性员工，还是其他经济主体？这个问题没有解决就意味着管理服务的对象是不明确的，也就很难确定有效的绩效管理体系。但一个不可忽视的现象是，在进入 20 世纪 90 年代以后，美国和其他一些主要西方发达国家，逐渐形成一种主流的观点，即管理的首要职责在于为股东创造价值，股东价值正转变成为一个评价企业绩效的全球化标准。②

（二）企业目标的多重性与矛盾性

当投资者将企业的资源交由管理者和员工进行经营后，为了确保投资效率，就要组建一系列组织结构，此时，企业目标就会出现多重性（层次性）和矛盾性。企业最基本的组成单位为员工个体，由员工个体组成一个团队，团队组成一个部门，部门组成事业部，进而构成一个完整的组织体系（见图 1－4）。企业目标是企业运作期望达到的成就，是管理活动所要达到的结果，也是对企业员工分配任务的决策依据。

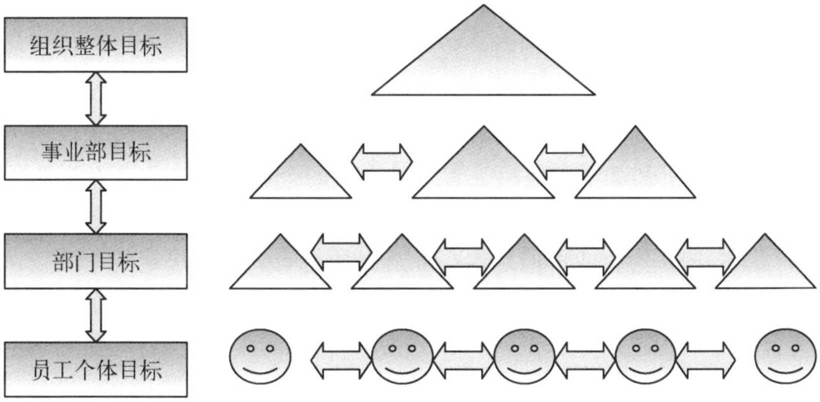

图 1－4　企业目标的多重性与矛盾性

企业目标的多重性体现在：（1）从纵向上看，企业目标是多层次的，即企业中处于不同层级的个人或单位有各自不同的目标。每个层次上，各个参与的主体都有其自身的目标——个

① 杰恩・巴尼.获得与保持竞争优势[M].北京：清华大学出版社，2003.

② 黄卫伟，李春瑜.EVA 管理模式[M].北京：经济管理出版社，2005.

体目标、团队目标、部门目标和事业部目标,最终是组织整体目标。(2) 从横向来看,企业目标是多维的,比如就事业部而言,企业集团内部可能有多个事业部门,有些从事上游产品的生产(如制作压缩机),有些从事下游产品的生产(如将压缩机和其他零部件组合成空调),不同事业部的指标体系是不同的;就同一个事业部而言,它内部的不同部门,如营销部门、设计部门和生产部门等都有其自身的绩效指标体系。

企业目标的矛盾性主要体现在:(1) 同一层次上的目标存在矛盾,主要表现为个人之间、团队之间、部门之间存在目标差异;(2) 不同层次上的目标存在矛盾性,即出于自身利益最大化的考虑,个人的目标可能与团队、部门乃至整个集团的总体目标相违背。

企业绩效管理的一个主要工作就是要确定目标,并善于将这些目标分解到各个事业部、部门、团队和员工身上,解决不同参与者或参与部门之间的矛盾和冲突,并通过指标设计与方法确保经营目标的实现。下面将阐述企业一般是如何创造价值、实现目标的。

二、企业价值与价值创造

(一) 企业价值的衡量

国内外经济理论界、资产评估界对企业价值的认识并不完全一致,存在多种观点。而不同的企业价值观点,又将对实现企业价值最大化的途径、方法的选择与运用产生直接影响。目前,已有的角度如下:有学者从会计核算角度,认为企业价值是建造企业的全部费用的货币化表现,其大小是由建造企业的全部支出构成的,企业价值由企业各单项资产评估值加总得到。有学者基于马克思政治经济学,提出企业价值是指凝结在企业这一特定商品上的无差别的人类劳动,由其社会必要劳动时间决定。这种观点无疑是正确的,然而企业作为一特殊商品,以劳动价值论解释其价值具有理论研究意义,但无法用于实践管理。有学者从市场交换角度出发,认为企业价值是由企业的未来获利能力决定的,企业价值是企业在未来各个时期产生的净现金流量的贴现值之和。与之相似,还有学者认为,企业价值是由企业的未来获利能力决定的,但从发展的眼光来看,企业的未来获利能力包括两部分,即企业现有基础上的获利能力和潜在的获利机会。前者是指在企业现有的资产、技术和人力资源基础上,已经形成的预期获利能力;后者是指企业当前尚未形成获利能力,但以后可能形成获利能力的投资机会。

通过分析上述理论界对企业价值的界定,在管理实践中,我们通常将企业价值的评判分为两类:财务股价理论分析和基于利益相关者理论定义的企业价值。前者以企业预期现金流的折现值来计算企业价值,主要指企业中能够通过财务报表进行反映的各项资产,例如应收账款、存款以及商品等,即认为企业价值是由企业自身所持有的资产决定的。后者认为满足各利益相关者的经济需求的能力越强,企业所实现的价值越大。近年来,随着企业对自身是一个利益相关者的集合体的认识越来越深刻,以及企业战略目标的多元化,后者受到学术界及管理实践界的认同,即企业价值应由市场对企业的需求所决定。

在将企业价值定义为企业生产经营中合理分配资源这一背景下,许多企业主动实行对环境和社会有益的战略,以提升企业综合价值。为此,社会对于企业综合价值的评判指标也随之趋于多元化,如企业社会责任(CSR)、企业社会绩效(CSP),以及企业环境社会和公司治理(ESG)绩效等,皆是非财务视角下的企业无形价值的衡量指标。

(二) 企业的价值创造

所有资源所有者,不管他是以个体身份参与经济活动,还是以一个组织、企业身份参与经济活动，最终目标均在于创造高于其所期望的经济价值。但如何实现这一目标，则是一个非常复杂的管理问题。一般而言，企业的价值创造过程可以用图 1-5 来表示。企业价值创造的过程具有以下两种思路：一是目标导向性思路，即为追求某种战略产出的目标，然后设计企业使命、价值观和战略愿景；二是过程导向性思路，即在企业运作过程中不断将企业使命、战略愿景告知所有利益相关者，如员工、现存投资者、潜在投资者以及其他与企业存在一定利益相关关系的人或组织，并借助战略地图、平衡计分卡等价值创造工具进行转化，最终实现战略产出。下面将简要阐述图 1-5 中价值创造过程中的一些主要环节。

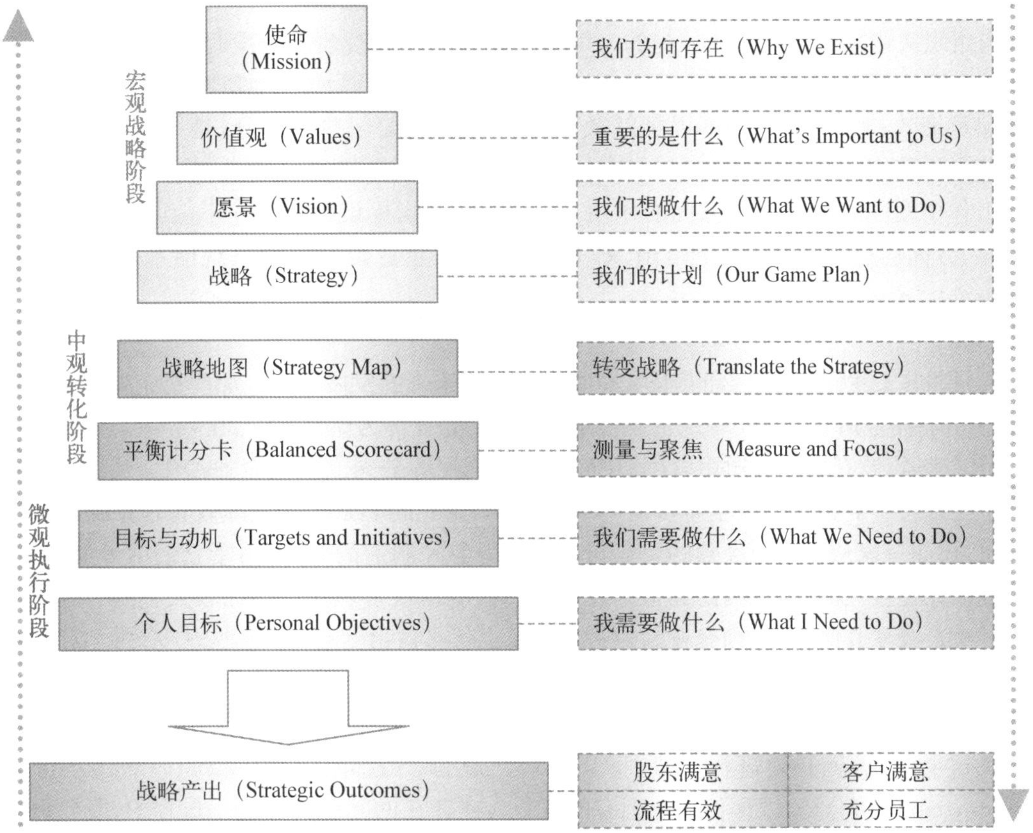

图 1-5 企业价值创造流程

[资料来源] 罗伯特·卡普兰，大卫·诺顿.战略地图：化无形资产为有形成果[M].广州：广东经济出版社，2005：28.

(三) 价值创造的宏观层面(战略阶段)

1. 使命

企业使命思考的是企业为何存在的问题，回答的是企业应该追求什么样的终极目标。它通过使命阐述方式(Mission Statement)，即通过概括企业目的和长期目标的书面文件告诉所有利益相关者，以期望能够引起共鸣。比如，玫琳凯化妆品有限公司将“丰富女性生活”作为公司使命；3M 公司以“以优越的质量和价值满足我们的顾客、通过持续高速的增长给我们的投资者提供有吸引力的回报、尊重我们的社会和自然环境、成为一家员工引以为荣的公司”作为企业使命；强生公司以“我们的首要责任是对医生、护士、医院，母亲和其他使用我们公司产品的人负责”作为公司使命。[①] 企业使命往往是很抽象的理念，但它对于指导企业的发展又非常重要，所以如何将使命转化成可操作的管理工具是绩效管理的一项重要工作。

2. 价值观

所谓价值观，就是个人所持有的关于其在一系列情况下应表现出何种行为的核心信念。[②] 企业价值观体现的是，对我们而言重要的是什么？我们信仰的是什么？人人都有价值观，但组织往往要求所有雇员都赞同组织领导所清楚表达的一套价值标准。当个人价值观与组织价值观一致时，就会很自然地形成一种宗旨感，即雇员个人对组织宗旨产生承诺；当个人价值观与宗旨声明中所设立的价值观产生分歧时，就有可能产生不同意见甚至冲突。在组织环境中，价值观与组织文化往往是联系在一起的。组织文化在两方面对绩效管理起重要作用：其一，如果我们重视价值、行为标准，那么组织文化可以提供规范和行为方针(如质量、卓越、伦理等)以管理雇员绩效；其二，我们也可以把绩效管理视为组织文化的一部分，是维持文化(强化行为规范和价值观)或完善文化(包括创造新价值观)的一个工具。为此，企业价值观在绩效管理工作中便同时起到这两方面的作用：一方面绩效指标设计的工作不能脱离价值观的指导，另一方面通过各种绩效管理工作又可以不断强化企业现有的价值观体系或创造新的价值观标准。

3. 愿景

愿景回答了我们想做什么的问题，即明确了企业未来的发展方向。那些将企业使命和愿景相统一，并将企业所有活动均围绕企业使命而开展的企业称为愿景性企业(Visionary Firm)，如3M、美国运通、波音、福特、通用电气、IBM、强生、索尼等公司。这些企业产生了很高的绩效，体现了管理哲学对指导企业创造价值的重要性。[③] 企业的愿景与企业绩效管理存在非常紧密的关系，比如一家从事饭店经营的企业与一家从事芯片制造的企业，由于它们的环境、工作性质等方面存在较大的差异，因此其指标设计等具体的绩效管理环节存在较大不同。当一家企业已经决定改变其愿景时，则企业绩效管理体系也势必做出变革，否则，无法实现经营的目标。

4. 战略

战略，即企业完成使命、愿景和价值观的计划。战略的基本目的在于解决如何做的问题，要解决这个问题，就必须进行优势-劣势-机会-威胁(Strengths-Weaknesses-Opportunities-Threats, SWOT)分析，以评价企业现有的竞争力或存在的问题。在这一过程中，既要做好宏观环境分析、行业分析，还要对企业内部资源与能力的价值性、稀缺性、不可替代性、可组织性进行评测，最后还应对企业的价值链(Value Chain, VC)和相关职能部门进行分析。为了实现战略愿景、使命与目标，还必须处理企业战略选择的问题。

就目前研究成果来看，主要有以下战略：业务及整合(垂直一体化、多元化)、战略联盟、兼并与收购、成本领先、差异化、空间战略(国际化、本土化)等。战略与企业的绩效管理存在紧密的联系，甚至绩效管理中的一些问题本身就是战略问题，比如企业目标的制定与分解。只是一般而言，战略要解决的问题更为宏观，绩效管理的工作对战略实现的具体计划与安排而已，比如企业一旦决定采取成本领先战略，那么毫无疑问，所有员工的重点考核指标之一就是成本节

① 有关公司使命的详细资料参见杰弗瑞·亚伯拉罕斯.公司使命陈述——301家美国顶级公司使命陈述[M].上海：上海人民出版社，2005。

② 理查德·S. 威廉姆斯.绩效管理[M].大连：东北财经大学出版社，2003.

③ 杰恩·巴尼.获得与保持竞争优势[M].北京：清华大学出版社，2003.

约程度。

(四) 价值创造的中观层面(转化阶段)

价值创造的中观层面,即转化阶段,关键在于解决以下两个问题:(1) 将企业的使命、愿景、价值观和战略思想转化为可以测量的工具,即明确界定企业使命范围内渴望达到的、明确的、可以衡量的绩效目标,这是价值创造的关键环节。(2) 为战略实施而采取详细的计划、行动,即将企业的指标层层分解,具体地落实到每一部门、每一员工,并权衡指标之间的逻辑关系,使企业基本上能够按照既定路径发展,比如卡普兰和诺顿的战略地图思想就是基于这一构思而形成的。[①] 这一阶段的工作实际上就是绩效管理的工作,它在整个价值创造过程中起到了十分重要的桥梁作用,它将成为员工具体工作执行的指南。

(五) 价值创造的微观层面(执行阶段)

价值创造来源于部门、员工能够如期完成所下达的各项指标与任务,即企业上下一致、共同努力执行并完成各层指标与目标。但实际上是否能够如期达到预期难以保证。受主观因素与客观因素的影响,下属部门和员工的承诺并不一定会兑现,这就要求对原先所设计的所有指标的目标执行情况进行跟踪和管理,不断地进行评价和反馈、监督和控制,以确保目标的实现。这些工作中的部分是人力资源管理的主要内容,部分工作也是绩效管理的重要组成内容,比如员工绩效的沟通与反馈,等等。

三、价值创造的几个典型模式

在探讨企业如何创造价值的过程中,不少学者做出了积极尝试,并取得了丰硕的成果,比较典型的、在实践界得以广泛运用的主要有波特(Michael E. Porter)的五力模型与价值链流程[②]、资源基础理论的 VRIO 模型、普拉哈拉德(Prahalad C. K.)和哈默(G. Hamel)的核心能力模型[③]以及基于人类机会主义假设而倡导的委托代理模型。

(一) 波特的价值链

企业是由许多不同的经营活动组成的,可以依据不同的标准对这些经营活动进行分类:按活动的流程进行分类,可以将企业活动细分为战略活动和执行活动,一般情况下先是依据企业目标制定战略,然后执行战略方案以确保目标的实现;按活动的功能定位进行分类,可以将企业活动细分为市场营销活动、技术研发活动、采购活动、生产活动等;按企业的组织架构进行分类,可以将企业活动分为高层管理者的活动、中层员工的活动和操作层的活动;按波特价值链进行分类,可以将企业活动细分为基本活动与辅助活动。

我们以图 1-6 为例来详细介绍波特的价值链。

1. 基本活动

企业基本活动主要包括内部后勤、生产作业、外部后勤、市场营销以及各种服务活动。

(1) 内部后勤,是指与接收、储存和分配相关的各种活动,包括材料的搬运、仓储、库存控制、车辆调度以及向供应商退货等。

---

① 罗伯特·卡普兰,大卫·诺顿.战略地图:化无形资产为有形成果[M].广州:广东经济出版社,2005.

② 迈克尔·波特.竞争优势[M].北京:华夏出版社,1997.

③ Prahalad C. K., Hamel G.. The Core-competence of the Corporation [J]. Harvard Business Review, 1990, Vol.68(3): 79-91.

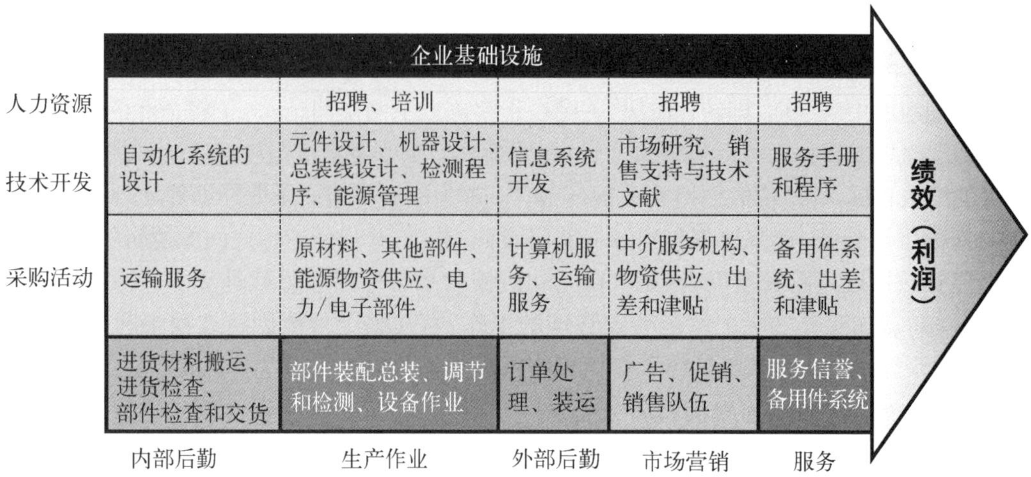

图 1-6　复印机生产企业的价值链

[资料来源] 迈克尔·波特.竞争优势[M].北京:华夏出版社,1997:47.

(2) 生产作业,是指把投入转化成为最终产品相关的各种活动,包括机械加工、包装、组装、设备维护、检测、印刷以及设备管理活动等。

(3) 外部后勤,是指与集中、储存和将产品发送给买方相关的各种活动,包括产品库存管理、原材料搬运、送货车辆调度、订单处理和生产进度安排等活动。

(4) 市场营销,是指与提供一种买方购买产品的方式和引导买方进行购买有关的各种活动,包括广告、促销、销售队伍建立、报价、渠道选择、发展渠道关系和定价等活动。

(5) 服务,是指与提供服务或增加和保持产品价值相关的各种活动,比如安装、维修、培训、零部件供应和产品调整等。

2. 辅助活动

企业辅助活动主要包括采购、技术开发、人力资源管理和企业基础设施。

(1) 采购,是指购买用于企业价值链各种投入的活动,而不是采购投入本身。采购的投入包括原材料、储备物资和其他易耗品,也包括各种资产,例如机器、实验设备、办公设备和建筑物。尽管采购投入与基本活动是相关联的,但是采购投入在包括辅助活动在内的所有价值活动中存在。

(2) 技术开发,是指各项价值活动中所包含的技术成分,包括技术诀窍、程序以及工艺设备中所积累的各种经验等。此处的技术开发并非狭义上的技术与开发,而是由一定范围的各种活动组成的,只要这些活动有助于改进产品和工艺。

(3) 人力资源管理,包括人员的招聘、雇佣、培训、开发和报酬等各种活动。人力资源管理不仅对单个基本活动和辅助活动(如某个工程师的雇佣)起到辅助作用,而且支撑着整个价值链(如劳工谈判)。

(4) 企业基础设施,是由大量活动组成的,包括总体管理、计划、财务、会计、法律、政府事务和质量管理等内容。基础设施与其他辅助活动不同,它通过整个价值链而不是单个活动起辅助作用,依据企业是不是分散化经营,公司的基础设施可以是自我支撑的,也可以在业务单元和母公司之间分担。

企业之所以能够创造价值,关键在于上述所有活动的有机组合减少了成本或赢得了收益

(包括员工人力资本提升和积累等潜在收益的增加)。由于这些活动往往分别交由企业的不同部门或项目小组、员工、团队等来完成,所以衡量这些活动是否创造价值也就是在评测这些相应的部门或项目小组的绩效实现状况。当然在具体的绩效管理过程中,比如指标设计,不能简单地将这些活动割裂开来,而应该考虑到它们之间的相互关系,以尽可能地增进合作、配合,减少冲突与内耗。

(二) VRIO 模型

资源基础理论认为,只有当一项资源满足以下 4 个条件时才能够创造持续的竞争优势①:

(1) 有价值性(Valuable),只有当资源能使企业构建或实施改善其效率和效果的战略,且有助于企业利用机会或平衡风险时,它们才是有价值的。

(2) 稀缺性(Rare),只有当一家企业在实施价值创造战略,而同时其他许多企业无法采取此战略时,才能带来竞争优势。

(3) 不完全模仿性(Imperfectly Imitate)与不可替代性(Non-substitutable),由于独特的历史条件、原因不明、社会复杂性等原因而使得竞争对手无法模仿,并且企业资源不易被相似的资源或差异性的资源所替代。当然,企业资源的不可替代性只是一个相对概念,如果足够多的企业拥有这些有价值的可替代性的资源,则无一企业可以获取持续竞争优势。

(4) 组织(Organization)问题,即其他政策和程序也是为支持企业利用有价值的、稀缺的、难以模仿的资源而组织的。②

总而言之,到目前为止,资源基础理论对可持续竞争优势及价值创造的研究框架如表 1 - 2 所示。

表 1 - 2　基于 VRIO 模型的价值创造

有价值	稀缺	模仿成本	组织是否可应用	竞争含义	优势或劣势	经济绩效
否	否	低	否	竞争劣势	劣势	低于正常
是	否	低		对等竞争	优势	正常
是	是	低		暂时优势	优势且与众不同	高于正常
是	是	高	是	持续优势	优势且维持与众不同	高于正常

[资料来源] 杰恩 · 巴尼.获得与保持竞争优势[M].北京:清华大学出版社,2003:171.

如果企业所控制的资源或能力没有价值,则这一资源就不能赋予企业选择或者实施某种利用环境(或者中和环境威胁)的战略的能力。为利用这一资源而进行组织可能导致企业的成本增加或者收益减少,这种类型的资源是企业的劣势,企业需要弥补这些劣势,或者在选择和实施战略时避免使用这些资源。

如果资源和能力是有价值的,但不是稀缺的,将这些资源用于构思和实施战略将引致对等

① 杰恩 · 巴尼.获得与保持竞争优势[M].北京:清华大学出版社,2003.

② 组织能力在企业价值创造过程中起到关键的作用。如美国沃尔玛公司在折扣零售行业的竞争优势是由于它早期进入了美国南部乡村市场,要利用这种地理优势,它必须解决组织问题,如报告结构系统、控制系统及福利补偿制度等,没有这些组织活动就不可能在市场竞争中取得竞争优势。

竞争和正常的经济绩效。对企业来说,利用这些有价值但非稀缺的资源常常不能够产生高于正常的经济绩效,但是不能够利用这些资源常常导致竞争劣势,从这一意义上说,有价值但不稀缺的资源可以看作是企业的优势。

如果资源或者能力有价值并且是稀缺的,但模仿成本不高,那么企业利用这一资源就能够产生暂时的竞争优势和高于正常的经济利润。在某种意义上,首先利用特定资源的企业,能够获得先发优势。然而,一旦竞争企业观察到这一竞争优势,它们就可以采用与先发企业相同的成本以直接复制或者寻找替代品的方式,来获得或者开发实施这一战略所需要的资源。随着时间的推移,其他的企业会通过模仿所需要的资源参与竞争,以至于先发者获得的任何竞争优势不复存在。然而,在先发企业从通过利用有价值的稀缺但可以模仿的资源获得竞争优势到竞争企业通过模仿使得这一竞争优势消失的这一段时间里,先发企业能够赚取高于正常的经济利润。因此,这种类型的资源或者能力可以认为是组织的优势和与众不同的竞争力。

如果企业的资源或者能力是有价值的、稀缺的,并且模仿成本高昂,利用这一资源可以产生可维持的竞争优势和高于正常的经济利润。在这种条件下,竞争企业在模仿成功企业资源和能力的过程中面临着显著的成本劣势,并且会因此而无法实施成功企业的战略。在任何情况下,模仿企业试图利用这些资源和能力消除成功企业的竞争优势,都不会产生高于正常甚至是正常的利润,即使这些企业能够获得或者开发上述资源或者能力,但与已经拥有这些有价值的、稀缺的,并且模仿成本高昂的资源的企业相比,模仿企业获取这类资源的高昂成本也将使它们处于竞争劣势。

在 VRIO 框架中,组织起到了调节器的作用。例如,一家企业拥有有价值的稀缺资源和能力,并且这一资源和能力的模仿成本高昂,但是这一企业的组织不能使自己充分利用这一资源和能力,则这一企业的某些潜在的高于正常的回报就不能实现,极差的组织将导致拥有高于正常绩效潜力的企业只取得正常的甚至是低于正常的绩效。

VRIO 理论模型对于现代企业的绩效管理无疑有着十分重要的指导意义。它十分明确地界定了企业内部的何种资源才有创造持续竞争优势的潜能。举例而言,如果经过研究已经发现人力资本同时满足了 VRIO 模型中的所有条件,则此种情况下,绩效管理的一项重要工作就在于如何提升和积累企业的人力资本。绩效管理的目的就不能仅仅考虑到如何奖惩员工,而应更多地考虑,在某个阶段员工的绩效不佳时,如何制定培训体系才更为有效,以及在下一个阶段应设计何种指标体系才有助于鼓励员工持续、积极地去提升自身的技能,等等。这些都是绩效管理需要思考的问题。

(三) 核心能力模型

普拉哈拉德和哈默①所倡导的核心能力理论很好地解释了 20 世纪 80 年代一些日本企业(如日本电气、佳能、本田、索尼和卡西欧等)与美国企业(如美国通用电话电子公司等)为何在竞争力方面存在巨大的差异。他们明确指出,日本企业之所以能够获得强大的市场竞争优势,其根源在于培育了核心能力,即“组织中积累性学识,特别是关于如何协调不同的生产技能和有机结合多种技术流的学识”,而核心能力之所以能够为企业创造经济租金则是因为这种独特的要素具有以下特性和功能:(1) 提供通向多个市场的潜在通道;(2) 对最终产品的潜在消费者的福利做出巨大贡献;(3) 难以模仿。

① Prahalad C. K., Hamel G.. The Core-competence of the Corporation[J]. Harvard Business Review, 1990, Vol. 68(3): 79-91.

核心能力理论与上述 VRIO 模型存在很多的相似之处，但普拉哈拉德和哈默所倡导的核心能力理论还具有以下特点：(1) 强调了企业的能力利用需要资源的合理配置及相应的权力赋予；(2) 强调了学习，尤其是模仿式学习，如与外部的联盟、合作，内部的岗位轮换、相互学习等；(3) 提出了保护企业核心能力的机制，避免过于依赖其他上下游等利益相关者，否则很容易失去学习的机会；(4) 强调了研发与核心能力的非对称性，即研发投入越多并不意味着核心能力也越强，必须借助组织能力对 R&D 资源进行有机整合；(5) 强调了区分核心能力、核心产品及最终产品的必要性；(6) 强调了高层管理在核心能力建立过程中的作用。核心能力模型不仅说明了企业内部关键性能力的重要性，更强调了这种能力可以采取一定的方法进行培养。虽然该模型没有明确地说明如何培养这种核心能力，但绩效管理的某些环节，如指标设计、绩效反馈与沟通、绩效评测等都具有一定导向性（如培养新的企业价值观），是有助于企业培养核心能力的。

（四）治理模型：委托代理与企业低效率

在现代企业中，委托代理关系的存在将带来代理成本。由于委托人与代理人目标存在差异，如所有者的目标是追求投资回报最大化，但经营者的目标是追求增加报酬、增加闲暇时间、避免风险。当管理者不是企业的完全所有者时，他们就不可能具有充分的积极性，企业的价值肯定小于他是企业完全所有者时的价值，这两者之间的差额就是“代理成本”。

在客观条件上，企业的经营者往往是信息的占有者，他们的能力、工作努力程度等通常是所有者所不知且难以验证的信息，属于“私人信息”，而所有者的厂房、资本和要求等通常成为“公共信息”，所以企业所有者与经营者之间存在信息不对称，经营者的一切行为或决策无法为所有者完全观测及监督。如果信息是对称的，即经营者的一切信息都公开且可验证，一切行为都可观测和可监督，那么经营者与所有者之间的契约是完全的，经营者任何偏离所有者目标的行为、决策都会被所有者制止。但在信息不对称及经营者自利的背景下，就可能同时出现逆向选择和道德风险。所谓逆向选择，是指受托人知道自己的类型，而委托人不知道受托人的类型，因而所有者信息不完全。如受托人知道自己的能力，而所有者不知道经营者的能力，所以在签约时，受托人倾向于过分地夸大自己的经营能力。所谓道德风险，是指在签约后，由于委托人只能观测到结果，而不能直接观测到受托人的行为和自然状态本身，因而所有者的信息不完全，即受托人所付出的努力小于其获得的报酬，如受托人工作不努力，尽量把工作干得轻松点，从而影响受托人的利益。[①] 这是导致企业低效率的主要原因之一。

近年来，诸如美国的安然公司、世通公司等一些大企业频繁发生的所谓“公司丑闻”，是管理者机会主义行为带来灾难性影响的典型案例。国内一些曾经辉煌的企业最后走向衰落的过程中，管理者的机会主义行为所带来的破坏性影响也同样说明了这一点。根据企业治理的理论分析和实证研究，控制乃至解决代理问题的途径主要有两条：一是通过股票或股票期权等手段强化对管理者和董事会成员的激励，使之付出更多努力而提高管理工作的产出，进而提高

---

① 当然有时候也会出现所有者利用或欺骗经营者的情况。由于经营者的绩效信息是非对称的，度量有很大的主观随意性，经营者可能无法证实所有者观测到的东西，或者，即使所有者与经营者之间的信息是对称的，但这种信息无法在法庭上证实（当事人与法庭之间信息不对称）。在这种情况下，就会出现所有者的道德风险问题。根据契约，当观测到的产出高时，所有者应支付经营者高的报酬，但所有者可能谎称产出不高而逃避履行责任，从而，所有者把本应支付给经营者的报酬占为己有。在有些情况下，所有者可能顾及名声而不这样做，但情况并不总是这样。特别是，如果根据合同，所有者必须支付的数额很大时，所有者可能因诱惑的巨大而不履行其承诺。这种情况无疑增加了企业绩效工作的复杂性，甚至绩效管理有时候成了所有者剥夺他人利益的工具。

企业绩效。二是通过大股东的强有力监督而产生高利润率,这是因为他们处于监督管理者是否为股东利益而尽职尽责的有利位置上。[①] 绩效管理体系就是提高监督效率的一个重要机制。

企业价值创造过程中受到很多因素的影响,但基本思路框架是一致的,即先确定企业的使命、价值观、愿景和战略目标,之后通过战略地图、平衡计分卡等工具将这些抽象的概念转化成为可以操作的具体方案,最后将所有的操作方案落实到各个分支机构、部门和员工身上,以此实现企业的使命、价值观、愿景和战略目标。从价值创造的典型模型来看,可以发现这些模型的一个中心思想:到底是什么因素影响企业的绩效。这与绩效管理的核心即指标体系的设计,存在紧密关系。绩效指标是否具有理论根据、是否经过实践的检验,这是非常重要的问题,也就是说,只有在深刻地理解并解决企业成功之源到底是什么这个问题之后,才有可能设计出有价值的指标体系。尤其是在中国背景下,影响企业价值创造的关键性因素和活动有哪些?这些因素之间的逻辑关系到底如何?思考这些问题对于完善绩效管理体系具有十分重要的意义。

本章思考与案例

1. 你是如何理解企业性质的?企业的性质将对企业绩效管理提出什么样的挑战或启示呢?

2. 谈谈你是如何理解企业的目标的?绩效管理对于实现企业的目标有何种作用呢?

3. 请你联系现实中的一家企业,并构建该企业的价值创造模型。

4. 你能够列举几个价值创造的经典模型吗?它们存在什么样的异同?

5. 微软凭什么取胜?[②] 美国微软公司与其他公司大致都处在相同的经营环境下,并且在许多方面微软公司并非都强于其他企业,如在劳动力方面,它和所有的美国计算机公司是处于相同的可选择状态;在资本力方面,它逊色于当时的 IBM 等公司;在资源禀赋方面,它与其他公司条件相似;在科技力方面,它差于 IBM;在组织力方面,当时其他公司已经拥有足够大的运营网络;在知识力方面,其他公司拥有的科学家和丰富的知识储备是微软无法比的。但微软公司取得了极大的成功。你能否通过收集资料寻找到微软公司成功的秘诀?它对企业绩效管理的启示是什么?

6. 请结合以下故事谈谈你对企业性质的理解。

"一个和尚挑呀嘛挑水喝,挑呀嘛挑水喝……两个和尚抬呀嘛抬水喝,抬呀嘛抬水喝……三个和尚没水喝,没呀没水喝,你说这是为什么,为呀为什么?"这是一首很有名的儿歌。故事说的是:山上有座小庙,庙里有个小和尚。他每天挑水、念经、敲木鱼,给观音菩萨案桌上的净水瓶添水,夜里不让老鼠来偷东西,生活过得安稳自在。不久,来了个长和尚。他一到庙里,就把半缸水喝光了。小和尚叫他去挑水,长和尚心想一个人去挑水太吃亏了,便要小和尚和他一起去抬水,两个人只能抬一只水桶,而且水桶必须放在扁担的中央,两人才心安理得。这样总算还有水喝。后来,又来了个胖和尚。他也想喝水,但缸里没水。小和尚和长和尚叫他自己去挑,胖和尚挑来一担水,立刻独自喝光了。从此谁也不挑水,三个和尚就没水喝。大家各念各的经,各敲各的木鱼,观音菩萨面前的净水瓶也没人添水,花草枯萎了。夜里老鼠出来偷东西,

---

① 哈罗德·德姆塞茨,肯尼思·莱恩.公司所有权的结构:原因和结果[M]//陈郁.所有权、控制权与激励:代理经济学文选.上海:上海三联书店,2007.

② 详细资料参见唐丰义,房汉廷.经营力:一个新的理论假说[J].经济研究,1999(2):70-76。

谁也不管。结果老鼠猖獗，打翻烛台，燃起大火。三个和尚这才一起奋力救火，大火扑灭了，他们也觉醒了。从此三个和尚齐心协力，水自然就更多了，日子也安稳了。

7. 阅读以下材料，并请思考问题。

组织必须注重道德规范，并且用社会责任去保证其行动符合诚信，反映高度的道德标准。道德规范涉及人类责任及该责任建立的原则。每家企业都应该对其利益相关者，包括员工、客户、供应商和整个社会，负有道德责任。利益相关者影响着组织，同时被组织影响着。

对利益相关者的责任来自对投资高回报和股息支付改善的期待。商业主管和员工的道德责任就是追寻一个在所有者投资基础上的获利的组织。企业员工的道德责任来自对在业务投入精力的个人价值尊严的尊敬。商业主管也负有拓展员工利益的道德责任，比如能力发展、职业机会、工作安全、安全健康的工作场所和对个人隐私尊严的尊重。对客户的道德责任包括从公平的价值提供到可靠的产品和服务，并且要准时提供并在预先规定的范围之内。组织有保护客户的道德责任：主动地告诉他们有关产品的成分、他们是否会有潜在不良反应，召回怀疑有缺陷或者不良设计的产品，等等。对供应商的责任来自组织与他们的合作关系，这种关系对于增加附加价值和实现高质产品很必要。在与供应商们的关系中，企业面对几个道德问题，比如，从使用童工、付低工资或提供恶劣工作条件的供应商那里进货是道德的吗？企业对整个社会的道德责任来源于它是社会成员之一、被希望是一个好公民这个事实。这点通过缴税、有生态意识、支持社会活动、创造新的工作机会和负责任地运作来表现。

［资料来源］休伯特·K. 兰佩萨德. 全面绩效计分卡［M］. 北京：机械工业出版社，2006.

请你根据自己所学过的知识，并通过查阅课外资料思考：如果企业的社会责任真的很重要，那么企业是否可以通过采取绩效管理的方法加以解决？如何解决？如果你现在暂时还回答不了这个问题，待学习完绩效管理课程的相关知识，请再思考这个问题。

2 第二章 绩效与绩效管理

全章提要

- 学习目标
- 案例导读
- 第一节　企业绩效
- 第二节　绩效管理概述
- 第三节　绩效管理体系的设计
- 本章思考与案例

学习目标

1. 掌握绩效管理的几个关键概念，如绩效、绩效管理、绩效管理体系；
2. 总体把握绩效管理的流程；
3. 理解绩效管理与组织战略、人力资源管理战略的关系；
4. 熟悉绩效管理体系的概念，了解绩效管理体系的构成及设计流程。

案例导读

管理者的两难境地

A公司成立于1998年，经过二十多年的发展已经成为一家以中高端服饰为主营业务的中型公司。公司每年3月份发布新年度的服饰宣传方案，这项工作一向由公司企划部门全权负责。

企划部门的机构设置是一名经理下设一名创意总监及若干创意人员。今年，公司计划以“style”为主题，制作宣传方案。经过几个礼拜的繁忙工作，经理发现下属提交的方案不尽如人意。

下属提交的男装系、女装系、休闲系、正装系文案，与预期的效果相差很远。经理通过调查发现：以前公司仅以女装为主要业务，经过上一年的业务扩展，企划部的人手没有增加，却承接了比原来多两倍甚至更多的企划案，一来精力有限，二来时间有限，况且许多企划人员对男装缺乏了解，所以大家仅仅在拼命地完成“数额”。

于是，经理引进了新的企划成员：一些对男装和正装有较多工作经验的员工，并且把企划人员划分为企划A组和企划B组。企划A组基本上由以前的企划人员组成，B组则多由新进人员组成。经理很开心地发现，企划案的质量、提交速度提高了，B组的企划质量明显高于A组。于是经理在部门会议上对员工说“竞争开始了”，并且设置了一系列的激励机制。

A组和B组的竞争火热地展开了。企划部的工作效率空前提高。为此企划部在公司大会上受到表彰。

但是——A组和B组的关系开始紧张，经理发现两组员工的关系微妙。就餐时，泾渭分明，敌对气氛浓厚。更为严重的是，在部门会议上，两组经常互相诋毁对方的提案。创意总监认为若对此置之不理，将会危及部门的未来。经理在看到两组人员互相“敌视”的眼神时，也不禁心中一惊：事态严重！

“一个和尚挑水喝，两个和尚抬水喝，三个和尚没水喝”的故事还在耳边回响，A公司企划部的矛盾就已跃然眼前。那么，这个案例的本质问题是什么？企划部的矛盾究竟是如何产生的？又是什么原因把该经理推到了尴尬的境地？两个企划组之间的冲突过程涉及哪些管理内容？经理应该如何走出困境呢？

［资料来源］林新奇.绩效管理[M].大连：东北财经大学，2020：1.

问题的重点关乎企业绩效，一个所有组织都关心的话题。那么绩效到底是什么？绩效有标准吗？绩效可以衡量吗？绩效可以预测吗？绩效管理有哪些内容？绩效管理能确保组织目标实现吗？绩效管理的学科定位如何？等等，这些问题也引起了学术界的广泛关注。本章将对绩效及绩效管理活动的内涵进行分享。

第一节 企业绩效

《牛津现代高级英汉词典》对绩效(Performance)的释义是"执行、履行、表现、成绩"，这个界定比较抽象，企业难以据此进行实际操作。随着管理实践深度和广度的不断增加，人们对绩效概念和内涵的认识也在不断变化。管理大师彼得·F.德鲁克(Peter F. Drucker)认为所有组织都必须思考什么是绩效，随着时间推移，这个问题的回答日趋复杂，但策略的拟订越来越需要对绩效的准确认识及清晰界定。①

一、绩效的含义

不同学科对绩效的理解存在差异②：(1) 从管理学的角度看，绩效是组织期望的结果，是组织为实现其目标而展现在不同层面上的有效输出，它包括个人绩效和组织绩效两个方面。(2) 从经济学的角度看，绩效与薪酬是员工与组织之间的对等承诺关系，绩效是员工对组织的承诺，而薪酬是组织对员工所做出的承诺。一个人进入组织，必须对组织所要求的绩效做出承诺，这是进入组织的前提条件。如果员工完成了他对组织的承诺时，组织就实现其对员工的承诺。这种对等承诺关系的本质，体现了等价交换的原则，是市场经济运行的基本规则。(3) 从社会学的角度上看，绩效意味着每一个社会成员按照社会分工所确定的角色承担他的那一份职责。他的生存权利是由其他人的绩效保证的，而他的绩效又保障其他人的生存权利。因此，出色地完成他的绩效是他作为社会一员的义务，他受惠于社会，就必须回馈社会。

本书不过于强调学科之间这种差异的重要性，认为全面地认识绩效，需要同时综合以下几种观点③：首先，是绩效的结果观，即认为绩效是一种工作活动所达到的结果，是一个人工作成绩的记录；其次，是绩效的行为观，即认为绩效是一种工作过程；再次，是结果与过程的综合观，即认为绩效是过程与结果的综合；最后，是绩效的未来观，即认为绩效不再是对历史的反映，而应强调员工潜能与绩效的关系，关注员工素质，关注未来发展。

(一) 绩效的结果观

由于企业内部各项工作的结果与组织的战略目标、顾客满意感及所投资金的关系最为密切，因此应该将绩效定义为一种工作活动所达到的结果。④ 用来表示绩效结果的相关概念主要有⑤：责任(Accountabilities)、关键结果领域(Key Result Areas)、结果(Results)、职责(Duties)、任务(Tasks)及事务(Activities)、目的(Objectives)、目标(Goals or Targets)、生产量(Outputs)、

① 彼得·德鲁克.卓有成效的管理者[M].北京：机械工业出版社，2005.

② 付亚和，许玉林.绩效管理[M].上海：复旦大学出版社，2004.

③ 彼得·德鲁克.卓有成效的管理者[M].北京：机械工业出版社，2005.

④ Kane J. S., Bernardin H. J., Wiatrowski M.. Performance Appraisal[M]//Brewer N., Wilson C. (Eds.). Psychology and Policing, Lawrence Erlbaum Associates, Hillsdale, 1995: 257－289.

⑤ 理查德·S. 威廉姆斯.绩效管理[M].大连：东北财经大学出版社，2003：78.

关键成功因素(Critical Success Factors)、标准和能力(Standard and Ability),等等。

几个典型的绩效结果的界定如下:(1)责任。责任包括工作的所有关键方面,这些方面有助于达到工作的全面目标。责任的重点是结果,它告知的是“什么”,而不是“如何”。比如,职位的负责任描述就是一个职位在组织中所扮演的角色,即这个职位对组织有什么样的贡献或产出。(2)目标。目标直接反映了工作的先后顺序,是对在一定条件下、一定时间范围内所达到的结果的描述及预期成就的具体衡量标准,可以将它与标准联系起来,并且可以用它来影响工作执行者完成特定的责任。(3)任务。任务是一项应该完成的工作。早期它主要的适用对象是一线生产工人或体力劳动者,一线工人或体力劳动者只要完成工作任务就算是他们的绩效,即使这些产品还没有被客户所接纳。但对知识工作者而言,“任务是什么”变得异常模糊、难以界定。[①] (4)标准和能力。标准从产出方面说明了对执行某种专业职责的个体的预期,它们不着眼于个体的潜在能力或特性。标准通过能力要素及其相关的绩效标准来表达,其中能力描述了个体能够做的事,而绩效标准描述了要成功地达到上述能力要素所必需的最低数量与质量要求。(5)目的和目标。它是指在活动结束后应该取得什么样的结果,即要达到的标准或预期的结果,这个概念强调产出而不是投入或努力。

从上述分析可以清楚地看到:首先,绩效实际上被概念化为工作的特性;其次,这些术语也存在一定程度的重叠,从某种意义上讲这些概念可以被用作同义词[②],但对组织来说,对于不同的术语(及表达绩效要求的不同方法)可以被用于不同类型的工作或是工作的不同层次之中,对它们做出符合组织目的的区分是有一定实际价值的。例如,剑桥郡议会(Cambridgeshire County Council)就对主要责任和目标进行了区分,其中责任描述的是每项工作存在的主要目的,一般不会随着年度的变化而变化,除非工作发生了变化它才变化;而目标则直接反映了工作的先后顺序,表明了在规定的时间内对预期成就的具体衡量标准。

【案例 2-1】

集团总经理对江南分厂的厂长说:“王厂长,今年你们分厂的销售业绩不错,现在才10月中旬,销售业绩已经超过了年初制定的年度目标的20%。这股劲儿继续保持下去,相信今年能超40%达成目标。”

此案例中所说的绩效,指的是完成的销售任务或工作。

(二)绩效的行为/过程观

将绩效等同于结果的观点受到诸多质疑。首先,许多工作结果并不一定是个体行为所致,可能受到与工作无关的其他因素(包括一些个体不可控的因素)的影响[③];其次,员工可能没有

---

① 绩效界定的背景不同,绩效适用的范围也会发生变化。如果精通体力劳动者量化管理的一位主管,仍试图沿用原有的绩效理念去解释知识工作者的绩效产出,那就是非常糟糕的。因为知识工作与体力工作有很大的不同,在进行一项知识工作时,并没有像体力工作那样交代得非常清楚、细致,而往往需要知识工作者去判断,去独立做出决策。当然,在一个界定错误的绩效概念基础上建立起来的绩效管理体系,是不会对顾客满意和公司绩效起到促进作用的。

② Locke E. A., Latham G. P.. Goal Setting Theory[M]//O'Neil H. F., Drillings J. M. (Eds.). Motivation: Theory and Research, Lawrence Erlbaum Associates, Inc., 1994: 13-30.

③ Murphy K. R., Cleveland J. N.. Performance Appraisal: An Organizational Perspective[M]. Boston: Allyn and Bacon, 1995.

平等地完成工作的机会,并且在工作中的表现并不一定都与工作任务有关①;再次,过分关注结果会导致忽视重要的行为过程,使得管理者无法及时获得个体活动信息,从而不能进行很好的指导与帮助,而且可能导致短期效益。如坎贝尔(Campbell J. P.)②所述,绩效不是行为的结果,而是行为本身,即绩效是由个体控制下的与目标相关的行为组成,不论这些行为是认知的、生理的、心智活动的或是人际的,它都是那些能观察到的行为表现。伯曼(Borman W. C.)和莫特维多(Motowidlo S. J.)③提出了绩效的二维模型,认为行为绩效包括工作事务绩效和关系绩效两方面,其中工作事务绩效是指所规定的行为或与特定的工作熟练有关的行为;关系绩效是指自发的行为或与非特定的工作熟练有关的行为。理查德(Richard S. W.)④将绩效定义为一套与组织(或个人)体现工作目标相关的行为,根据这个定义,绩效只包括与组织目标相关的,并且可以按照个体的能力即贡献程度进行衡量的行动或行为。

基于绩效行为观的认识,需要注意几点⑤:(1) 认为"绩效是行为",并不是说绩效的行为定义中不能包容目标;(2) 尽管绩效是行为,但不是所有的绩效都是行为,只有与结果/产出相关的才算是绩效行为;(3) 尽管将"绩效"界定为"行为"的观点日益为人们所重视和认可,但"行为"与"绩效"一样,同样面临如何界定的尴尬。

(三) 结果与过程的综合观

阿尔钦(Armen A. Alchian)、德姆塞茨(Harold Demsetz)⑥曾问道:绩效是什么?是投入的精力、首创精神、工作态度、耗尽率,还是产出?正如前面所述,绩效既表示结果,又表示行为,这种解释是模棱两可的。优秀的绩效,应该是不仅取决于做事的结果,而且取决于做这件事所拥有的行为或素质。即"结果(做什么)+行为(如何做)=高绩效"。将绩效界定为"结果+过程"是具有实践必要性及意义的,它不仅能更好地解释实际现象,而且一个相对宽泛的界定往往使绩效更容易被大家所接受。因为从实际运用的角度来看,单纯将绩效界定为结果(产出)或行为(过程),都是失之偏颇的,而综合观则同时兼顾了上述两种观点的优势(见表 2-1)。

表 2-1　不同绩效观的优缺点比较

比　较	优　　点	缺　　点
注重结果(产出)	● 鼓励组织成员重视产出,容易在组织中营造"结果导向"的文化与氛围 ● 员工成就感强,"胜败论英雄"	● 在未形成结果前难以发现不正当行为 ● 当出现责任人不能控制的外界因素时评价失效 ● 无法获得个人活动信息(难以对员工工作过程提供及时指导与帮助) ● 容易导致短视行为

① Cleveland J. N., Murphy K. R., Williams R. E.. Multiple Uses of Performance Appraisal: Prevalence and Correlates [J]. Journal of Applied Psychology, 1989, Vol.74: 130-135.

② Campbell J. P., McCloy R. A., Oppler S. H., Sager C. E.. A Theory of Performance[M]//N. Schmitt and W. C. Borman (Eds.). Personnel Selection in Organizations. San Francisco: Jossey-Bass, 1993.

③ Borman W. C., Motowidlo S. J.. Expanding the Criterion to Include Elements of Contextual Performance[M]//N. Schmitt, W. C. Borman (Eds.). Personnel Selection in Organization. San Francisco: Jossey-Bass, 1993: 71-98.

④ Richard S. W.. Performance Management[M]. London: International Thomson Business Press, 1998.

⑤ 付亚和,许玉林.绩效管理[M].上海:复旦大学出版社,2004.

⑥ 阿尔钦,德姆塞茨.生产、信息费用与经济组织[M]//R. 科斯,A. 阿尔钦,D. 诺斯.财产权利与制度变迁——产权学派与新制度学派文集.上海:上海三联书店、上海人民出版社,1994.

续　表

比　较	优　　点	缺　　点
注重过程/行为	● 能及时获得个人活动信息，有助于指导和帮助员工 ● 强调工作的方法和步骤，有助于提高效率	● 容易导致对结果的忽视，影响最终的竞争力 ● 关注细节忽视客户和下游的满意度 ● 容易导致企业迷失发展方向 ● 成功的创新者难以容身
综合观	同时具有前两种绩效观的优点	同时规避前两种绩效观的缺点

【案例 2－2】

集团总经理对江南分厂的厂长说："王厂长，今年前两个季度，你们厂里的生产流程及安全综合培训做了 10 场，共培训了 207 位相关人员，从数据上看，你们的工人违规事件比上年同期下降了 12%，产量同比增长了 17%。"

此案例中所说的绩效，指的是工作的行为过程及工作结果。

（四）绩效的未来预见观

上述绩效的结果观、行为观和综合观是"追溯过去""评估历史"的工具，现有学者提出，绩效管理应重在关注未来，即"绩效＝做了什么（实际收益）＋能做什么（预期收益）"①。对绩效概念的这一认识，实际上已经将个人潜力、个人素质纳入了绩效评价的范畴，这个界定更适合知识工作者，更接近绩效管理的真正意图——未来如何获取竞争优势。② 它不仅要看员工当前做了什么，而且要关注将来还能够做什么，能给企业带来什么价值。尽管对于企业而言，某些项目并没有带来收益反而浪费了大量的人力、物力和财力，但项目的失败给整个项目组带来了重要的财富——未来成功所需要的经验和知识，这可能是助推企业发展的不可或缺的源动力。就以风险投资者为例，他们除了要以财务数据来评估企业的发展前景之外，还非常关心企业是否有实力实现这一目标，如先对新创企业的企业家能力进行评估，以明确投资的对象是否有未来成长的潜力。基于企业内部的人力资本、智力资本、组织资本等重要资源进行评估和管理，在今后的绩效管理工作中将越来越重要。

另外，在企业不同的发展阶段、不同的所有制性质、不同的规模，以及不同的岗位，绩效的含义往往也存在差异。表 2－2 中对几种绩效的主要定义适用情况进行了说明。

---

① 付亚和，许玉林.绩效管理[M].上海：复旦大学出版社，2004：11.

② 在第一章已经说明了资源与能力理论对绩效管理工作的影响，许多学者认为，当今企业内部的人力资源的重要性越来越明显，参见 Wright P. M.，Dunford B. B.，Snell S. A.. Human Resource and the Resource-based View of the Firm[J]. Journal of Management，2001，Vol.27：701－721。

表 2-2　绩效定义适用情况对照

绩效含义	适应的对象	适应的企业或阶段
完成了工作任务	✧ 体力劳动者 ✧ 事务性或例行性工作的人员	
结果或产出	✧ 高层管理者 ✧ 销售、售后服务等可量化工作性质的人员	高速发展的成长型企业 强调快速反应,注重灵活、创新的企业
行为	✧ 基层员工	发展相对缓慢的成熟型企业 强调流程、规范,注重规则的企业
结果+过程	✧ 普遍适用各类人员	
做了什么(实际收益)+能做什么(预期收益)	✧ 知识工作者,如研发人员	

[资料来源] 付亚和,许玉林.绩效管理[M].上海:复旦大学出版社,2004:12.

二、绩效的层次

上述 4 种绩效的观点主要是基于执行者,即员工角度进行界定的,实际上绩效一般包括 3 个层次:组织层次的绩效、流程层次的绩效和工作/执行人员层次的绩效。绩效层次不同,则绩效所包含的内容、影响因素及其测量方法也不同。

(一) 组织绩效

绩效在组织层次强调组织与市场的关系及其所涵盖的主要职能的基本“骨架”。在这个层次上影响绩效的变量包括战略、组织整体的目标及测评指标、组织结构和资源配置等,如图 2-1 所示。

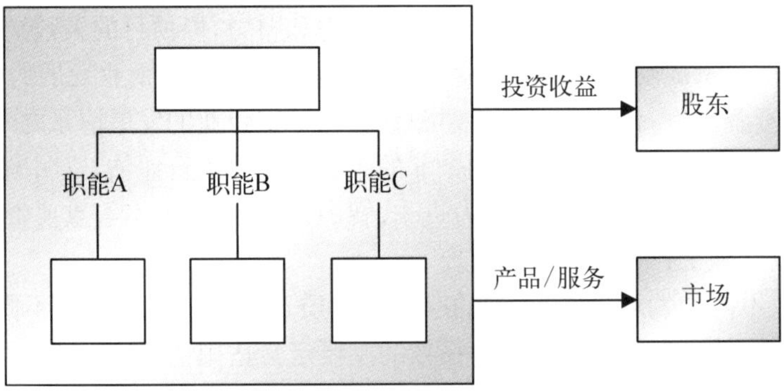

图 2-1　组织层次的绩效

[资料来源] 吉尔里・A. 拉姆勒,艾伦・P.布拉奇.绩效改进——消除管理组织图中的空白地带[M]. 2 版.北京:机械工业出版社,2005:16.

回顾一些关于组织绩效和有效性的学术文章,就会发现一个广为接受的观点,即组织绩效是多维度的,坎贝尔提出的 30 条衡量标准对此做了很好的说明(见表 2-3),他认为组织绩效可以通过产出、结果、利润、内部过程和程序、组织结构、雇员态度、组织对环境的反应灵敏度等来衡量。

表 2-3　衡量组织有效性的标准

1. 总体有效性。往往通过绩效记录档案或从了解组织的人那里得到的整体评价或判断来进行衡量
2. 生产率。往往定义为组织提供的主要产品或服务的数量或质量
3. 效率。对单位绩效的某个方面和此绩效所花费的成本进行比较的一个比率
4. 利润。销售收入扣除所有成本和相关费用后的余额。有时用投资报酬率和总销售报酬率来定义
5. 质量。组织提供的主要服务或产品的质量可以以多种形式呈现，这在很大程度上是由组织提供的产品或服务的类型来决定的
6. 事故。造成时间浪费的工作情况的发生
7. 增长。体现在劳动力总量、厂房容量、资产、销售额、利润、市场份额和创新数目等变量的增长上。它含有将组织的现状同其过去状况进行比较的意思
8. 旷工。通常的定义是无故缺勤，但也有许多不同的定义，如缺勤总时间、发生频率
9. 人员调整。衡量自愿离职相对人数的标准，大致是通过记录档案来进行估价的
10. 工作满意度。标准的观点将之定义为个人对其得到的各种工作结果的满意程度
11. 动机。一般指个人投入工作中的、为实现目标而进行的行动和活动的偏好力量。它不是对不同工作结果的相对满意度的一种感觉，而更类似于为实现工作目标而乐意工作的愿望。作为一种组织指数，必须从个人中归纳出来
12. 士气。关于组织理论家和研究人员怎样运用这个概念往往很难定义或理解。标准定义似乎认为士气是包括超额工作、共同目标、承诺和归属意识在内的一种群体表现。群体具有某种程度的士气，而个人具有某种程度的动机(和满意度)
13. 控制。存在于组织内部的管理控制的程度和分配情况，目的在于影响和指导组织成员的行为
14. 冲突/融合。在融合状态下，组织成员间相互爱护，愉快地共同工作，充分、坦率地进行交流，协调工作。在冲突状态下，组织内部言语和身体冲突不断，工作不协调，交流无效果
15. 适应性/创新性。它是指组织在环境发生变化的情况下变革其标准作业程序的能力
16. 计划和目标设定。组织系统地计划其将来的发展步骤，明确地制定目标的程度
17. 目标一致。与实际遵循组织的目标不同，一致是指所有个人感知到的组织目标的一致程度
18. 组织目标内部化。它是指组织目标的被接受程度。它包括这样一种信任感在内——组织成员相信组织目标是正确的、适宜的。它并不指目标的清楚程度或组织成员赞同目标的程度(分别是目标明晰和目标一致)
19. 适当的角色和规范。组织成员对于督导态度、绩效期望、士气、角色要求等事项的意见一致程度
20. 人际管理技巧。就给予支持、推动建设性的相互作用和激发热情以实现目标和优秀绩效等问题，管理者处理与上级、下级、同级之间关系的技巧水平。它包括关怀、以雇员为中心等
21. 管理任务技巧。组织的管理者、指挥官、群体领导在执行以工作为中心的任务时的整体技巧水平，而不是与组织的其他成员打交道时所运用的技巧
22. 信息管理沟通。对组织效果极为重要的信息分析和传达的完整性、效率性和准确性
23. 就绪性。对一经要求组织即能成功执行某项特定任务的可能性的整体判断
24. 对环境的利用。组织成功地与其所处环境相互作用，获取有效作业所必需的稀缺资源的程度
25. 外部实体的评价。对与组织或单位相互作用的环境中的个人或组织的评价，其中包括供应商、顾客、股东、权力机构及普通百姓等对组织的忠诚、信任和支持
26. 稳定性。尤其在有压力的情况下，长期保持结构、职能和资源的能力
27. 人力资源价值。它是指从会计或平衡表意义上讲，评价个体成员对组织的总价值的综合标准
28. 参与和共同影响。组织内部成员参与对其有直接影响的决策的程度
29. 培训和发展。组织为发展人力资源而做的努力
30. 成就。类似于个人的成就需要，指组织赋予新设定的主要目标的重视程度

［资料来源］Campbell J. P.. On the Nature of Organizational Effectiveness[M]//Goodman P. S., Pennings J. M. (Eds.). New Perspectives on Organizational Effectiveness. San Francisco: Jossey-Bass, 1977: 13-55.

不过组织绩效的不同指标之间也存在一定的自相矛盾性：我们希望组织具有适应性和灵活性，但也希望其具有稳定性和可控制性；希望增长、获取资源和外部支持，但也希望进行严格

的信息管理和正式的沟通;希望重视人力资源的价值,但也希望重视计划和目标设定。罗伯特·霍尔(Robert Hall)提出了处理组织绩效的4个关键性问题:(1) 组织面临多重并相互冲突的环境限制;(2) 组织具有多重并相互冲突的目标;(3) 组织具有多重并相互冲突的内外部构成要素;(4) 组织具有多重并相互冲突的时间框架。所以,进行评价时应采用不同的方法以反映组织绩效的全貌,如此才能判定哪些事情做得好、哪些事情做得不好。

(二) 流程绩效

如果将组织"机体"放在特定的X射线下,就可以看到第一层次的骨架和构成第二层次的职能交叉型流程的"肌肉组织",如图2-2所示。流程管理要解决的问题在于:(1) 是否建立了适当的流程子目标?(2) 是否对流程的绩效进行了管理?(3) 是否有充分的资源分配到各个流程中?(4) 流程步骤之间的界面是否得到了管理?

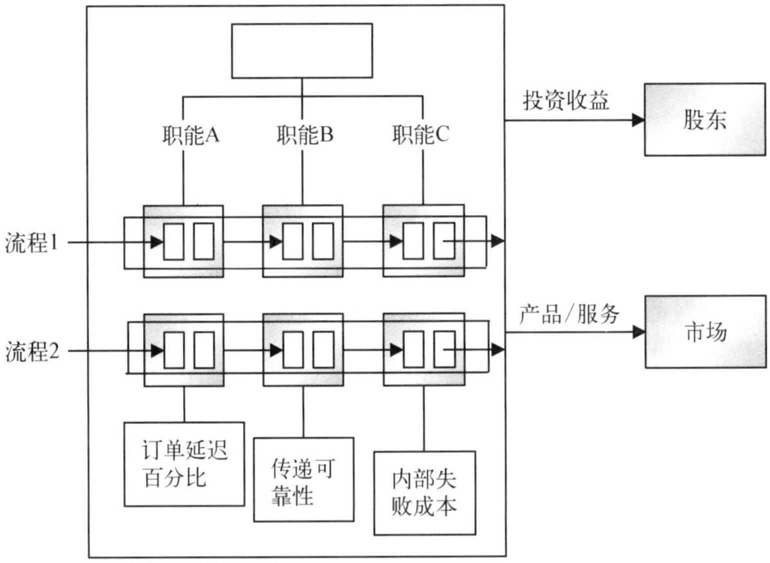

图2-2 流程层次的绩效

组织正是通过无数职能交叉型的工作流程生产产品并提供服务的,例如新产品设计流程、商品交易流程、生产流程、销售流程、分销流程以及支付流程等。组织优秀与否取决于其流程,只有当流程有效时,组织才是有效的。组织中的每个流程都可以视作一条价值链,通过生产交付产品或服务,流程中的每一步都会增加先前步骤的价值。流程也是资源的消耗者,所以对流程绩效的评估不仅要看其所增加价值的大小,而且要看流程创造价值所消耗的资本、人员、时间、设备以及原材料的数量,比如订单延迟的百分比、传递的可靠性、内部失败的成本等指标都是衡量流程效率的指标。

从流程层次分析绩效的重要性:(1) 对业务主管而言,应用流程的视角和工具将组织目标同个人绩效联系起来,评估业务的实际运作状况,并以其他公司为标杆对比各个流程的绩效,建立竞争优势。(2) 对部门经理而言,则便于管理部门内部的不同小组之间以及部门之间所可能出现的空白地带问题①,实现变革,有效分配资源。(3) 对分析人员而言,应用流程的视角和工

① 有关空白地带的绩效管理研究仍处于一个探索阶段,参见贺小刚,李琳曼.企业空白地带的绩效改进设计[J].经济管理,2008(3):46-50。

具来诊断绩效，有助于引入对组织绩效有较大影响的改进项目，协助绩效改进团队开展工作。

（三）工作/执行人员绩效

组织产出是通过流程完成的，同时，流程是经由从事不同工作的个人执行和管理的。如果我们增加X射线的强度，就可以看到绩效的第三个层次，即工作/执行人员层次，它代表了组织机体的“细胞”（见图2-3），这一层次的绩效变量包括工作职责与标准、绩效沟通与反馈、绩效评估与运用等。

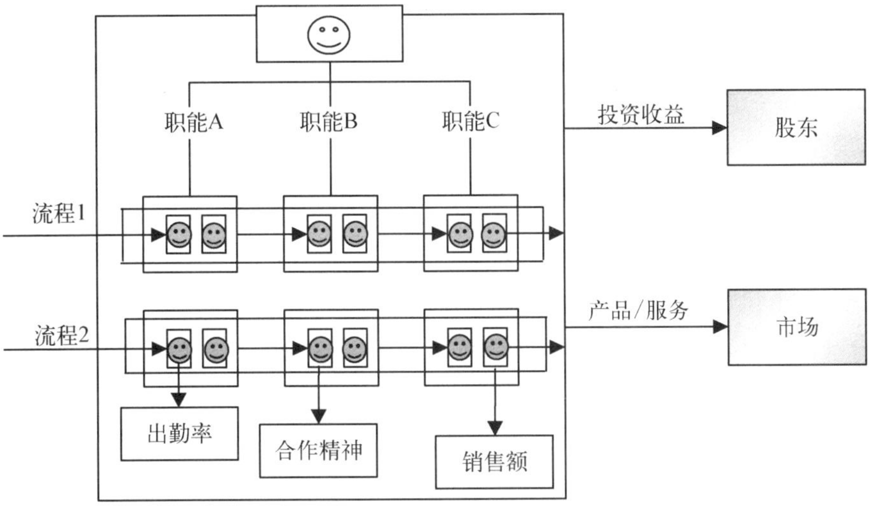

图2-3　工作/执行人员层次的绩效

员工绩效本质上是指一个员工做什么或没做什么的行为及其结果，衡量指标包括产出的数量、产出的质量、产出的及时性、出勤率、合作精神等。每种工作都有专门工作指标或绩效维度来明确那些工作中最重要的因素。例如，一位大学教授的工作包括教学、研究和服务的工作指标。工作指标是人们履行工作职责的依据，从某种意义上讲，它定义了组织让员工做什么，并且每项工作一般都不止一个工作指标或维度，例如，一个棒球外场手的工作指标包括跑回本垒、打击得分、外场得分；对不同的组织而言，员工绩效指标的重要性也是不同的，其在某个工作中的权重是指不同工作指标在工作中的相关重要程度；对员工而言，某个员工也可能在某个工作指标上的表现优于其他指标。

总而言之，组织的整体绩效往往是组织层、流程层以及执行层3个绩效层次上发生作用的结果。例如，如果一位客户收到了有问题的产品，那么原因可能来自3个层次的任何部分或全部：可能是工作人员错误的装配使有问题的货品被发送出去，也可能是影响产品质量的流程（包括设计、采购、生产和分销等）出现问题，也可能是决定组织战略中的产品定位、提出员工和设备的预算及建立目标和测评体系的高层管理人员在组织层次上出现了失误。这些都是绩效管理所涉及的重要内容。

三、绩效的特征

从上述有关绩效的描述中，可以归纳出绩效的以下几个特征：

（1）客观性。绩效是一定的主体作用于一定的客体所表现出来的效应，即它是在工作过程中产生的，是员工一系列行为综合作用的结果，是目标的完成程度，是客观存在的，而不是观念中的东西。

(2) 多维性。绩效的多维性是指需要从多个维度或方面去分析与评价绩效。比如考察一个部门经理的绩效时,不仅要看经营指标完成情况,而且要综合考虑管理指标,如对部下的监控、指导,整个团队是否有创造性等,通过综合评价各种指标得出最终的评价结论。绩效是多维建构而成的,观察和测量的角度不同,其结果也会不同。①

(3) 多因性。绩效的多因性是指绩效的优劣不是由单一因素决定的,而是受制于主、客观多种因素。它既受到环境因素的影响,又受到工作特征因素的影响,也与组织的制度和机制有关,同时更受到员工的工作动机、价值观的影响。

(4) 可度量性。绩效应具有一定的可度量性,对于实际成果的度量需要经过必要的转换方可取得,这具有一定的难度,但这也正是评价过程必须解决的问题。

(5) 动态性。员工的绩效会随着时间的推移而发生变化,原来较差的绩效有可能好转,而原来较好的绩效也可能变差。这就要求在评价一个人的绩效表现时充分注意绩效的动态性,而不应用一成不变的思维来看待有关绩效的问题。

四、绩效的主要影响因素

影响绩效的因素很多,我们在分析和判断影响绩效的因素时,可以从技能、激励、环境及机会这 4 个方面着手,如图 2 - 4 所示。

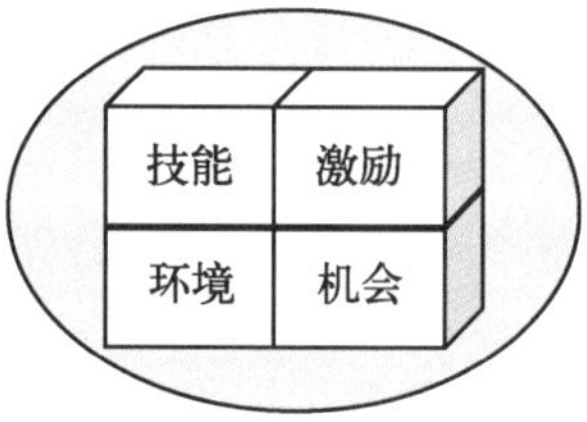

P=F(S,M,E,O)

绩效=F(技能,激励,环境,机会)

图 2 - 4　影响绩效的主要因素

[资料来源] 方振邦.绩效管理——理论、方法与案例[M].北京:人民邮电出版社,2018:4.

(1) 技能。技能(Skill)指的是员工的工作技巧和能力水平。技能对绩效的影响比较直接。一般来说,影响员工技能的主要因素有天赋、智力、经历、教育、培训等。因此,员工的技能不是一成不变的,组织可以通过各种方式来提高员工的整体技能水平,从而提升不同层次的绩效水平。组织一方面可以在招聘录用阶段采用科学的方法技术把技能较高的人甄选出来;另一方面,可以为员工提供满足其工作所需的个性化培训或通过员工自身主动地学习来提高其工作技能。

(2) 激励。激励(Motivation)作为影响绩效的因素,是通过提高员工的工作积极性来发挥作用的。组织应根据员工的个性、需求结构等因素,选择适当的激励手段和方式。

(3) 环境。环境(Environment)可以分为组织内部环境和组织外部环境两类。组织内部的环境因素一般包括劳动场所的布局和物理条件、工作设计的质量及工作任务的性质、工具设备及原材料的供应、公司的组织结构和政策、工资福利水平、培训机会、企业文化和组织氛围等。组织外部的环境因素包括社会政治经济状况和市场的竞争强度等。不论是组织的内部环境还是外部环境,它们都会通过影响员工的工作行为和工作态度来影响员工的工作绩效。

(4) 机会。与前面 3 种影响因素相比,机会(Opportunity)是一种偶然性因素。机会能够促进组织的创新和变革,给予员工学习、成长和发展的有利环境。在特定的情况下,员工如果能够得到机会去完成特定的工作任务,则有可能达到其在原有职位上无法实现的工作绩效。在机会的促使下,组织可以拓展新的发展领域,加速组织绩效的提升。因此,无论是对组织还是个人,机会对绩效有重大影响。

---

① Armstrong, Baronl. Performance Management[M]. London: The Cromwell Press, 1998: 15.

思政园地

中国有960多万平方公里土地、56个民族，我们能照谁的模式办？谁又能指手画脚告诉我们该怎么办？面对丰富多彩的世界，我们应该秉持兼容并蓄的态度，虚心学习他人的好东西，在独立自主的立场上把他人的好东西加以消化吸收，化成我们自己的好东西，但决不能囫囵吞枣、决不能邯郸学步。照抄照搬他国的政治制度行不通，会水土不服，会画虎不成反类犬，甚至会把国家前途命运葬送掉。只有扎根本国土壤、汲取充沛养分的制度，才最可靠、也最管用。

——2014年9月5日，习近平总书记在庆祝全国人民代表大会成立60周年大会上的讲话

【案例2-3】

打造高绩效文化三部曲

高级管理者往往认为企业文化很难衡量或者很难改变。因此，许多人的选择是，不对企业文化领域进行投资——即使有很多事实表明，如果管理者能够有技巧地进行企业文化管理，企业将因此形成竞争性优势，进而成就非凡、经久不衰。

澳大利亚四大银行之一的澳新银行(ANZ Bank)，其实践很好地说明了这一点。10年前，澳新银行采用了一个措施，希望通过一个“有别于传统增长战略的独特计划，达到重塑澳新银行文化以提高效率和盈利的目标”。这项措施实施两年后，员工对企业文化的共识发生了转变。关于“企业的存在价值”，员工从之前20%的认同度提高到80%；关于“会议效率”，员工的认同度从61%提高到91%；关于“公开和诚实”和“‘能做到’文化”，员工认同度也有了很大程度的提高。与此同时，澳新银行每名员工的收入提高了89%，它的总收益超过了竞争对手，无论是股东利益还是客户满意度都取得了令人满意的成绩。开展企业文化建设10年后，澳新银行拥有了可持续的盈利能力；它的税后收益累积平均增长率为15%，远远超过其他银行。

澳新银行是如何取得优异成绩的？从中我们发现了一些可供借鉴的方法，能够帮助企业创建高绩效的文化。

首先，建立企业文化的共识以及衡量指标。

当你询问任何优胜企业的团队，“什么是企业业务目标的重中之重”，你很可能得到这样的答案，比如“让市场份额提升10%”，或者是“削减15%的成本”。然而，如果你继续询问“什么是企业文化建设目标的重中之重”，你将听到各种各样不着边际的答案。我们的调查表明，高绩效文化的特点可以归结为较好的统一整合能力(让企业愿景更清晰、战略更明确、员工行为更统一)、较好的执行能力(形成得到更多拥护的行动方向，将冲突降到最低)、较好的更新能力(持续改进自己以超过竞争对手)——这是“组织健康”(Organizational Health)的3个衡量因素。那些采用了这种企业文化定义的企业发现，如此明确的描述对企业很有帮助，让企业能够找到相应的工具对这些具体内容进行衡量。他们进一步发现，企业文化不再是难以衡量和管理的，企业可以采用一些方式像严格管理业绩一样管理企业文化。

其次，聚焦于少数几个最重要的企业文化转变点。

我们发现，如果企业希望改变企业文化，在 12 个月到 18 个月的时间里，锁定的工作内容少于 5 项将取得较好的成效。将工作重心聚焦在少数几个点上，有利于促使每一位员工聚焦最有利于实现目标的转变上。比如，澳新银行的高级管理团队，首先建立了一套工作目标：提高市场份额，建立公开和诚信的企业文化，树立员工“能做到”的责任心。相关工作开展 18 个月后，澳新银行领导人感觉到企业文化在一些具体的内容上有了很大的改进，接着在随后的 18 个月里，继续推进其他工作，包括建立企业创新文化，进行人力资源开发，以客户为中心。如果不是采用逐步实现的做法，一开始就针对许多目标，那么很有可能削弱组织工作的成效，就无法取得很好的效果。

最后，对企业文化转变工作和企业改进工作进行整合。

大多数员工工作都很忙碌。这就意味着如果将企业文化的转变工作作为一个独立的工作项目通常是很难取得成功的。我们发现，那些最终在企业文化转变工作中取得成功的，都必须很好地将这项工作和企业追求的业务目标结合起来。但是在此之前，你必须明确地对自己的企业文化进行定义。比如，在第二个 18 个月企业文化项目中，澳新银行引进了销售激励项目和训练项目，以便让员工取得更好的业绩，同时帮助形成人力资源开发的企业文化。此外，澳新银行领导人确保做好一件事：当天的工作结束前，让各个分行召开的员工会议不仅仅是关于“数字”的会议，同时分享每个人的故事，讲述如何与客户互动并建立关系的故事。通过这样的方法能够让员工以客户为中心，改进工作方式。每个分行的培训效果以及客户聚焦情况，都将纳入分行经理的评估表。而销售人员激励奖金的多少，除了与业绩有关，也与员工的企业文化表现有关。

如果能够很好地执行，遵从这 3 个步骤的企业文化转变项目，不仅能让企业的整体业绩得到提高，而且可以为员工创造一个令人愉快的工作环境。对许多管理者而言，成功地开展一个企业文化项目，是自己职业生涯最值得做的事情，因为这能够让他们将人性因素和商业目标整合起来。

卡罗琳 · 杜瓦(Carolvn Dewar)是麦肯锡合伙人，斯科特 · 凯勒(Scott Keller)是麦肯锡董事。凯勒与科林 · 皮尔斯(Colin Price)合著有《超越绩效报告——大型组织如何建立最终的竞争优势》(*Beyond Performance: How Great Organizations Build Ultimate Competitive Advantage*)一书。杜瓦为该书写作提供了很多幕后支持。

[资料来源] 卡罗琳 · 林瓦，斯科特 · 凯勒.打造高绩效文化三部曲[J].IT 时代周刊，2014(2)：75.

第二节 绩效管理概述

一、绩效管理的含义

关于对绩效管理的内涵，目前理论及实践领域存在许多不同的理解，主要有以下几种观点：(1) 绩效管理是一个持续交流的过程，该过程由员工与其直接主管之间达成的协议来确保完成。在协议中，双方对未来工作达成明确且一致的目标和理解，并将可能受益的组织、经理及员工都融入绩效管理体系[①];(2) 绩效管理是利益相关者对影响绩效的各种要素和各个环节所进行的全面、系统的管理活动,其目的在于改善绩效水平,实现企业的可持续竞争优势;(3) 绩效管理是一项富有前瞻性的工作,它能使员工做好他们的本职工作,让员工知道公司期望他们做什么、他们能自主做出哪些决策、他们需要把工作做到什么标准,以及何时需要公司的帮助。尽管绩效管理有着不同的含义,但最常见的解释是:它是针对雇员所进行的一系列活动,通过提高他们的绩效来实现组织的绩效,包括向全体雇员传达组织宗旨、声明和目标等,使个体目标与组织的整体目标相一致。

二、绩效管理的特征

从上述有关绩效管理的界定中,可以发现绩效管理具有以下特征:

第一,绩效管理具有明确的目标导向性,所有的绩效评价关注的都是员工在工作目标范围内的工作产出与工作表现。因此,绩效管理不仅要针对工作中存在的问题,更重要的是要着眼于提高现有的绩效水平,从而促使组织的目标得以顺利实现。

第二,绩效管理强调沟通辅导及员工能力的提高。双向沟通的行为持续贯穿于绩效管理活动的全过程,从绩效目标的制定、绩效计划的形成、目标达成过程中的目标调整和任务变更,到对工作贡献与产出的评价、绩效改进计划的形成以及提出新的绩效目标,都要通过员工与直接主管的沟通来实现。因此,绩效管理非常强调各级管理者的人力资源管理责任,通过强调沟通辅导的过程以实现人力资本的开发目标。

第三,绩效管理是一个过程,是一个包括若干个环节的系统。绩效管理不是一年一次的填表交表工作,绩效评价之后必须伴随有改进与提高绩效的计划和行动。管理者需要与员工进行绩效面谈,将绩效评价的结果反馈给当事人,并与员工共同制订绩效改进和提高的计划。需要指出的是,绩效管理不仅强调绩效的结果,而且注重达成绩效目标的过程,通过控制整个绩效周期中员工的绩效情况来达到绩效管理的目的。[②]

三、绩效管理的意义

绩效管理的实施对于组织、管理者和员工均有很大的意义,主要表现在:(1) 在组织方面,它将有助于组织质量管理效率的提高,有利于促进组织结构的调整和变革,避免组织内部冲突,促进组织内部文化建设等;(2) 在管理者方面,它将有助于减少管理者的时间成本,提高管理的效率;(3) 在员工方面,它将有助于改进员工的工作积极性,提高劳动生产率。以下进行简要阐述。

(一) 促进组织的质量管理

组织绩效可以表现为数量和质量两个方面。近年来,质量已经成为组织绩效的一个重要方面,质量管理已经成为人们关注的热点。哈特尔[③](Hartle F.)指出,实际上,绩效管理过程可以加强全面质量管理(TQM),因为绩效管理可以给管理者提供 TQM 的技能和工具,使管理者能够将 TQM 看作组织文化的一个重要组成部分。所以,一个设计科学的绩效管理过程本身就是一个追求"质量"的过程——达到或超过内部、外部客户的期望,使员工将精力放在质量目标上。

---

① 罗伯特·巴克沃.绩效管理——如何考评员工表现[M].北京:中国标准出版社,2000.

② 张明.人力资源管理实用手册[M].合肥:安徽音像出版社,2004.

③ Hartle F.. How to Re-engineer Your Performance Management Process[M]. London: Kogan Page, 1995.

(二) 协助组织结构调整与变革

大多数的组织结构调整是企业对社会经济状况的一种反应,其表现形式各种各样,如减少管理层次(Delayering)、减小规模(Downsizing)、提高适应性(Flexibility)、强化团队工作(Teamworking)、高绩效工作系统(High Performance Work Systems)、重构战略性业务组织(Strategic Business Units)、建立授权(Empowering)体系等。组织结构调整后,管理思想和风格也要相应地做出改变,如给员工更多的自主权,以便更快更好地满足客户的需求;给员工更多的参与管理的机会,促进他们对工作的投入,提高他们的工作满意度;给员工更多的支持和指导,不断提高他们的胜任能力;等等。所有这一切都与绩效管理存在千丝万缕的关系,同时只有通过建立绩效管理体系,才能实现这些结构调整的目标。

(三) 促进信息沟通和企业文化建设

绩效管理非常重视员工参与。从绩效目标的制定、绩效计划的形成、实行计划中的信息反馈和指导,到绩效评估、对评估结果的运用及提出新的绩效目标等都需要员工的参与,需要管理者与员工双方的相互沟通。这种参与式管理体现了对员工的尊重,不仅满足了员工的物质需要,而且满足了员工的尊重需要和自我实现需要,为企业创造良好的文化氛围奠定了基础。

(四) 避免冲突,增进合作

当员工认识到绩效管理是一种帮助而不是责备时,他们会更加积极合作和坦诚相处。绩效管理不只讨论绩效低下的问题,还讨论员工的工作成就、成功和进步,这是员工和经理的共同愿望。有关绩效的讨论不应仅仅局限于经理评测员工,而应该鼓励员工自我评价并相互交流双方对绩效的看法。发生冲突和尴尬的情况常常是因为经理在问题变得严重之前没有及时处理,问题发现得越早,越有利于问题的解决。经理角色是基于观察发现问题,并帮助员工评价,共同找出答案从而改进员工的工作。如果经理把绩效管理看成一种合作过程,将会减少冲突、增进合作。员工也将会因为对工作及工作职责有更好的理解而受益,因为如果他们清楚地知道自己的工作职责范围,他们就会尽情地发挥自己的智慧和潜力。所以,绩效管理是激发全体成员有效工作的管理投资。

(五) 节约管理者的时间成本,提高管理效率

绩效管理可以使员工明确自己的工作任务和目标,使他们领悟到领导希望他们做什么,他们可以做什么样的决策,以及必须把工作干到什么样的地步,何时需要领导指导,等等。管理者借助绩效管理的工具和方法赋予员工必要的知识来帮助他们进行合理的自我决策,这就可以减少员工之间因职责不明而产生的误解,也有助于帮助员工找到造成错误和低效率的原因,进而减少以后工作中的错误和差错(包括重复犯错误的问题),以免日后付出更大的代价。如此管理者就不必介入各种事务中进行过于细节的管理,从而节省时间去做自己应该做的事。所以,从某种意义上讲,绩效管理是一种为防止问题发生而进行的时间投资。

(六) 改进员工的工作动力,提高劳动生产率

绩效管理可以从以下几个方面改进员工的工作动力:一是提高绩效工资。按照期望理论的观点,工资与绩效相联系能激活员工的工作动机。① 二是通过目标的设定来激励员工。目

---

① 但管理实践中,绩效工资不一定能带来好的效果,这取决于绩效工资的制度及其贯彻情况,如绩效评估能否反映员工的实际情况,让员工感到公平;绩效工资的差距是否合理,对员工是否有吸引力;等等。

标本身就具有激励作用,目标能把人的需要转变为动力,使人的行为朝着一定的方向努力,并将自己的行为结果与既定目标相对照,及时进行调整和修正,从而实现目标。三是通过对员工的工作进行指导,帮助他们排除工作中的障碍,借助对他们进行工作指导、培训等更趋于人性化的管理方式,提高员工对组织的承诺和对组织的满意感,从而激活员工的工作动力。

四、绩效管理的流程

整个绩效管理过程,涉及许多的环节：基于愿景和战略等因素确定绩效指标,对每一个绩效指标下达责任目标,实时进行绩效监控,定期或不定期地进行绩效评级,及时进行绩效反馈与沟通并判断是否实现了预期的目标,等等(见图 2－5)。

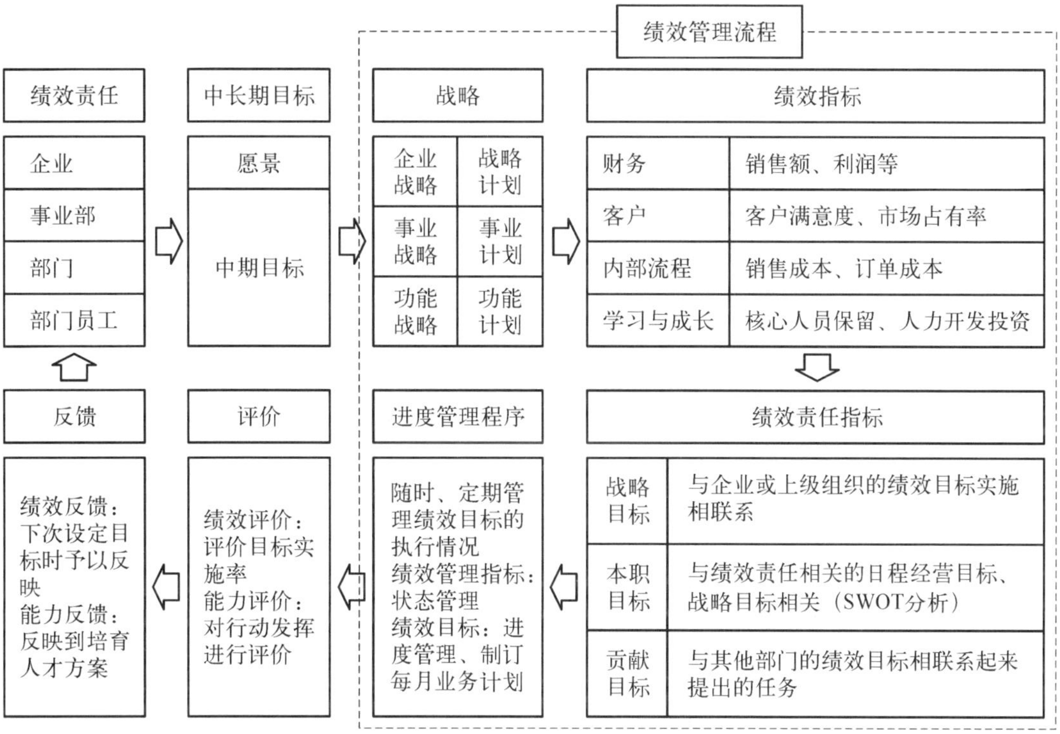

图 2－5　绩效管理活动的流程

[资料来源] 流朗道.综合绩效管理革命[M].北京：新华出版社,2005：80.

下面将详细介绍绩效管理流程中的 5 个环节(见图 2－6)。

(一) 绩效计划

绩效管理是一个连续的过程,绩效计划是绩效管理流程中的第一个环节,发生在一个绩效循环的开始,是一个至关重要的环节。绩效管理是一项协作性活动,由工作执行者和管理者共同承担。制订绩效计划的主要依据是企业目标、工作目标和工作职责。在绩效计划阶段,管理者和员工必须在员工绩效的期望上达成共识。在共识的基础上,员工对自己的工作目标做出承诺。管理者和员工共同的投入和参与是绩效管理的基础。

(二) 绩效沟通

制订了绩效计划之后,员工就开始按照计划开展工作。此时绩效管理工作重点在于绩效沟通,即绩效管理工作中的相关负责人,如部门经理和人力资源管理的管理者在计划实施期间要与员工随时保持联系,全程追踪计划进展情况,及时排除遇到的障碍,并在必要时修订计划。绩效沟通这个环节是绩效管理的灵魂与核心所在。

(三) 绩效评价

在一个绩效周期结束时,依据预先制订好的计划,主管人员对员工的绩效目标完成情况进行评价。绩效评价要求相关主管人员和员工一起,共同找出阻碍绩效提高的原因(包括过去、现在和未来潜在的原因),提出相应的绩效改进计划。绩效评价的依据是在一个绩效期间开始时,双方达成一致意见的关键绩效指标要求,以及在绩效沟通过程中所收集到的能够说明被评价者绩效表现的数据和事实。

(四) 绩效反馈

完成绩效评价后,绩效管理工作的相关负责人还需要与员工进行面对面的交谈。通过绩效反馈面谈,可以使员工了解主管对自己的期望,了解自己的绩效状况,认识到自己有待改进的地方;在面谈过程中,员工也可以提出自己在完成绩效目标中所遇到的困难,请求上司的指导或帮助。在员工与相关负责人对绩效评价结果和改进点达成共识后,他们就需要确定下一绩效管理周期的绩效目标和改进点,从而开始新一轮的绩效管理活动。

(五) 绩效结果的运用

经过上述 4 个环节,组织就完成了一个绩效管理的循环。在这个循环中所得到的绩效评价的结果具有多种用途。首先,绩效评价的结果可用于指导员工改善绩效和工作技能,因为通过发现员工在完成工作过程中遇到的困难和工作技能上的差距,可以有针对性地制订员工发展计划和培训计划。其次,绩效评价的结果可以比较公平地显示员工对公司做出的贡献的大小,据此可以决定对员工的奖励和薪酬的调整。此外,通过了解员工的绩效状况,也可以发现

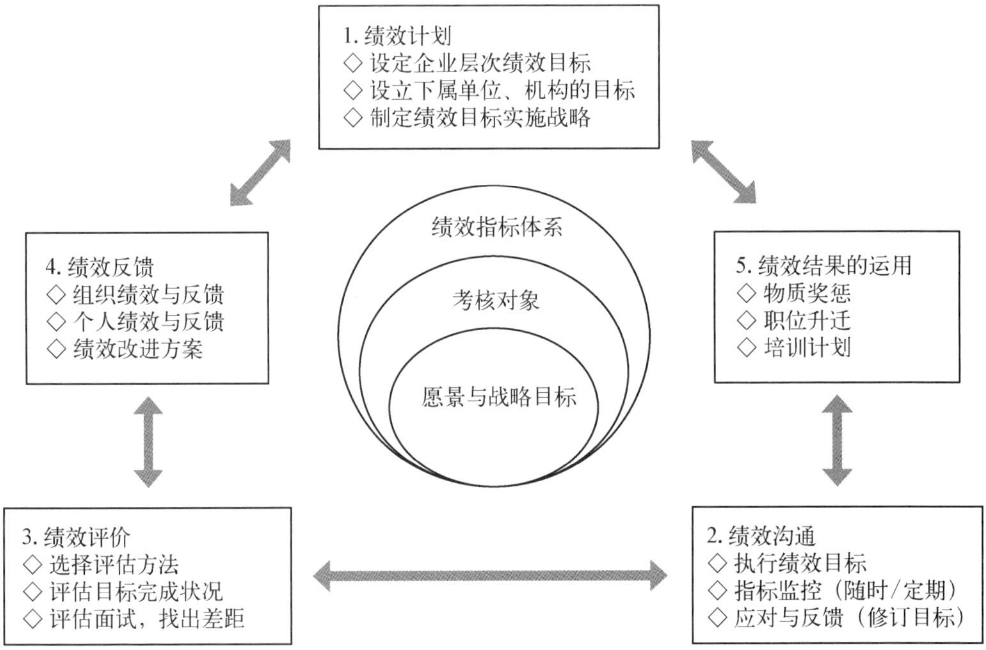

图 2-6 绩效管理的 5 个环节

员工对现有的职位是否适应，根据员工绩效高于或低于绩效标准的程度，决定相应的人事变动，使员工能够从事更适合自己的岗位。

【案例 2－4】

华为的绩效管理思想理念与过程

在多年经营发展及多次价值观思想的碰撞下，华为绩效管理思想与体系越来越清晰和明确。“华为公司基本法”中就华为员工考评体系的建立依据做出了下述假设：华为绝大多数员工是愿意负责和愿意合作的，是高度自尊和有强成就欲望的。金无足赤，人无完人；优点突出的人往往缺点也很明显。工作态度和工作能力应当体现在工作绩效的改进上。失败往往铸就成功，但重犯同样的错误是不可原谅的。员工未能达到考评标准要求，管理者也有责任。

经过了若干年，绩效管理思想得到不断的发展和完善。如今，华为的绩效管理不仅仅是常规意义上的考核，确切来说，华为绩效管理的过程就是企业管理的过程，也是人力资源管理的过程。华为绩效管理从以下 6 个方面全面展现了其绩效管理思想与内容。

（一）业务/岗位梳理

华为的考核实际上是一种对业务、岗位的梳理和定位的过程。

在目标设定阶段要求被考核者主动思考，厘清部门或自己岗位对组织的独特价值，这种思考不仅有助于战略的落地和高层目标的分解，而且有助于对未来的时间和精力进行有针对性的分配。

管理者和考核者还需要思考：部门或个人需要什么样的资源组合才能完成部门目标。在对自身的定位、周边的协调能力、个人的承诺、过程的资源调度、能力分析、风险控制进行全面的思考之后，最后落实到了 PBC（个人绩效承诺）。

（二）管理沟通

华为的绩效考核模式要求被考核者与管理者需要通过不断沟通、与周边部门协调来完成自身工作。双方对考核过程和结果都极其在意，因为考核一方面是评估现在，另一方面也是在考量未来。

首先，考核双方如何针对目标结果达成共识，就需要进行不止一次的沟通。这个过程也促使双方重新审视：考核的目标是否体现了其独特价值贡献？组织与个人的目标是否契合？其能力是否得到了有效的发挥？完成这些工作的能力是否达标？资源是否能够支撑员工有效地完成工作？

其次，日常月底会议、周例会以及项目关键节点，双方都会坐下来审视目标的完成情况，并积极解决工作中出现的问题。

最后，在考核以及结果反馈时，双方还需要继续进行多次沟通。整个绩效考核过程中体现了岗位之间的互动沟通、考核者与被考核者之间的博弈。全面沟通保证了双方能够针对考核过程有一个全面回顾，避免感情用事，也促使被考核者被动地进行反思。

考核过程中出现沟通不足、考核者对考核不重视、阶段结果与上级岗位的要求不匹配、被考核者没有得到足够的支持、工作博弈不能有效控制等，任何一个问题都有可能导致考核失败，甚至起到反作用。而其中最可能影响考核结果的还是考核者本身。无论是沟通技能、监控手段、对人的能力把握、培养下属的方法、对自身好恶的管理等，都会最终影响考核的公平公正。考核者不合格，考核的结果也就难以支撑工作的顺利开展，对执行力的作用也就不复存在。这也是华为一直在优化考核过程、不断进行考核者培训的一个原因。

如果双方不能就考核结果达成一致，被考核者就有权利投诉。如果双方中的任何一方不注重沟通过程，最终绩效目标的偏移就会给双方都带来负面的评价和影响。

（三）工作监控

华为的绩效考核不仅仅是在考核员工，同时要求管理者要对下属的具体工作给予指导和监督。在审视下属的 PBC 及工作计划时，管理者会强调其工作步骤设计是否能有效支撑其目标的达成。

在考核周期里，管理者要根据被考核者承诺的重点工作举措来设立“监控点”，在“监控点”检查重点工作举措是否执行到位、有无风险、能否按期完成等，如果发现存在问题，就必须及时纠正。有必要时，管理者甚至可以通过调整资源配置、改变组织目标等手段来完成对过程的管控。管控时间点可以是日报、周总结与计划、月总结与计划、重点项目日报/周报/月报、项目节点专项汇报。

当然，工作监控不仅仅针对被考核者，也在考核管理者。如果管理者无法通过监控来引导被考核者达成目标，那么不管承认与否，对考核者也是一种失败。

（四）能力发展

随着 PBC 的演变，华为绩效管理中新增了一项关键内容，那就是个人能力的提升。

其管理思想是，要做出期望的行为、履行工作过程并创造业绩，员工必须具备相应的能力。员工对自己能力的分析，是自我认知和自我评价，向上级传递能力缺口的也是在向上级要求支持、要求培养。如果能够利用好这一部分，那么被考核者就能够充分得到上级的工作支持和资源倾斜。

这种考核方式要求主管必须加强对员工的培养，必须抽出一部分精力来关注员工的发展，对被考核者所认识到的不足，必须给出自己的建议和指导。因此，每个被考核者也能够不断得到培训和指导。

（五）团队协作

绝大部分员工的考核指标中有 5%～10%，甚至更高的团队协作指标，这就要求员工必须与周边部门合作。被考核员工的行为和绩效，受到上级部门、周边部门的监控，他们的监控来源于各个部门不同的利益诉求，这个过程既体现了华为文化中的团队合作，也形成了团队的竞争和互相督促的氛围，打通了跨部门的“隔离墙”并降低了管理风险。

（六）管理者发展

管理者自身的能力一直是华为人力资源体系关注的重点，因此每次考核开始和结果运用时，人力资源部都会不厌其烦地提醒各级主管要沟通、要就考评结果与被考核者达成一致等。同时，在整个考核过程中还有针对主管的相应课程和培训，以确保主管对这些考核精神的理解和执行。

华为对考核结果的运用力度很大，这就要求考核双方都要慎重。考核结果的运用不仅仅针对近期的收益（岗位调整、奖金发放和股票配置），与员工之后的职业生涯与考核也有不可分割的关系。

如果一个主管对部门员工的评价失之偏颇，必然给组织气氛造成很大的负面影响，甚至给自己部门的工作绩效带来麻烦，所以主管在做出考评结论前必须充分考虑。绩效考核和评价实际上也是在考核管理者的管理能力，如果管理者不能有效管理部门绩效，管理者就可能面临诸多问题，也有可能因此而影响自己的职业发展。

［资料来源］乔诺之声.华为的绩效管理发展历史与核心思想［EB/OL］.(2017-02-05)［2023-03-03］.http://mp.weixin.qq.com/s/DjAZfawbkr-ro5h4_NdsKA.

五、绩效管理的学科定位

（一）绩效管理与战略管理的关系

绩效管理对维持企业的发展具有重要意义，将绩效管理与战略相联系，是近年来绩效管理的显著特点。[①] 战略是对未来的一种规划，但这种规划的实现要依靠企业的所有成员，按一定的职责和绩效标准，通过持续的努力和创造力来实现。本书在第一章已经阐明，在企业价值创造过程中，绩效管理体系是战略管理控制系统中不可或缺的管理工具和手段，它将企业的战略目标分解到各个业务单元，分解到每个岗位、每个员工，通过对员工工作绩效进行沟通、监督、反馈、改进和提高等管理工作来提高企业整体的绩效，创造持续的竞争优势。

1. 与波特的竞争战略相适应的绩效管理活动

波特认为，企业是由基本活动与辅助活动组成的[②]，活动的有效实现在于内部各个环节、各个子要素的有机整合。那么以什么战略来协调好这些活动呢？波特认为企业的战略可以划分为3种类型，即成本领先战略、差异化战略和集中化战略，这些战略的实施与绩效竞争管理存在多种必然的关系（见表2-4）。

表2-4　竞争战略选择与绩效管理

战略选择	组织的一般特点	人力资源管理策略	绩效管理策略
成本领先战略	● 持续的资本投资 ● 严密地监督员工 ● 严格的成本控制 ● 要求经常、详细的控制报告 ● 低成本的组织和责任 ● 产品设计以制造便利为原则	● 有效率的生产 ● 明确的工作说明书 ● 详细的工作规划 ● 强调具有技术上的资格证明与技能 ● 强调与工作相关的特定培训 ● 强调以工作为基础的薪酬	● 结果为导向的评价方法 ● 上司评价 ● 评价结果用于控制
差异化战略	● 营销能力强 ● 产品的设计与策划 ● 基础研究能力强 ● 以质量或科技领先著称 ● 公司的环境可吸引高技能的员工、高素质的科研人员或具有创造力的人才	● 强调创新和弹性 ● 工作类别广 ● 松散的工作规划 ● 外部招募 ● 团队基础的培训 ● 强调以个人为基础的薪酬	● 行为导向评价方法 ● 评价主体多元化 ● 评价结果用于员工开发

① 贺小刚，徐爽.策略性绩效管理评述［J］.外国经济与管理，2007(4)：24-32.

② 迈克尔·波特.竞争优势［M］.北京：华夏出版社，1997.

续 表

战略选择	组织的一般特点	人力资源管理策略	绩效管理策略
集中化战略	● 结合了成本领先战略与差异化战略组织的特点	● 结合了上述人力资源战略的特点	● 结合了上述绩效管理策略的特点

[资料来源] 方振邦.战略与战略性绩效管理[M].北京：经济科学出版社，2005：56.

实现成本领先战略有很多种不同的方法，比如通过调整组织结构来降低组织人工成本，还可以通过投资新技术代替劳动力，等等。但有效的低成本战略的实施依赖于对绩效管理的科学设计。比如，在测评时想减少测评成本提高测评的效率，可由员工的直接上司进行评价，而不必采取 360 度多维测评方法收集信息；测评时主要看员工的工作结果，即成本节约程度而不是依据员工的复杂行为表现，并将测评的结果用于以后更有效的监控活动，以提高资源的使用效率。

差异化战略意味着企业要提供独一无二的产品或服务，从而建立稳固的竞争地位。差异化可以来自产品的设计、形象宣传、技术含量、产品特性、服务、分销渠道或者与供应商的关系等方面。要取得并维持这种独特的战略，就要求在绩效管理环节能建立有效的指标体系以促使员工重视差异化、取得和维持差异化。此时那种以行为为导向的评测方法，以及注意在评测过程中尽可能全面地收集信息，都是非常有利于差异化战略目标的实现的。

重点集中战略是指把经营战略锁定在一个特定的目标市场上，为特定的地区或特定的购买者集团提供特殊的产品或服务。针对这种战略，企业需要设置与此相匹配的绩效管理策略来支撑战略的实现，如行为导向与结果导向相结合的评价方法、成本节约指标与创新能力指标相结合的指标体系等。

2. 与迈尔斯(Raymond Miles)和斯诺(Charles Snow)的企业战略相匹配的绩效管理

企业战略有 3 种类型：防御者战略、探索者战略和分析者战略，对应于这些战略，企业应当采取与之相匹配的绩效管理策略(见表 2－5)。

表 2－5　企业战略选择与绩效管理

战略选择	组织的一般特点	人力资源管理策略	绩效管理策略
防御者战略 ● 产品市场狭窄 ● 效率导向	● 维持内部稳定性 ● 有限的环境分析 ● 集中化的控制系统 ● 标准化的运作程序	● 累积者战略：基于建立最大化员工投入及技能的培养 ● 获取员工的最大化潜能 ● 开发员工的能力、技能和知识 ● 关注内部公平	● 行为导向的评价方法 ● 评价结果用于员工开发
探索者战略 ● 持续地寻求新市场 ● 外部导向 ● 产品/市场的创新	● 不断地陈述改变 ● 广泛的环境分析 ● 分权的控制系统 ● 低度正式化的组织结构 ● 快速的资源配置	● 效用者战略：基于极少的员工承诺和高技能的利用 ● 雇用具有目前所需要的技能且可以马上使用的员工 ● 使员工的能力、技能与知识能够匹配特定的工作 ● 关注外部公平	● 结果导向的评价方法 ● 评价结果用于薪酬分配

续　表

战 略 选 择	组织的一般特点	人力资源管理策略	绩效管理策略
分析者战略 ● 追求新市场 ● 维持目前存在的市场	● 弹性 ● 严密和全盘的规划 ● 提供低成本的独特产品	● 协助者战略：基于新知识和新技能的创造 ● 聘用自我动机员工 ● 鼓励和支持能力、技能和知识的自我发展 ● 在正确的人员配置及弹性结构化团体之间协调 ● 关注内部公平与外部公平	● 结果与行为并重的评价方法 ● 多元主体评价

［资料来源］方振邦.战略与战略性绩效管理[M].北京：经济科学出版社，2005：57－58.

当企业采用防御者战略时，与其相对应的人力资源管理策略是累积者战略。它强调最大化的员工投入和员工技能培养，充分发挥员工的最大潜能。此时对员工的绩效管理就应该强调行为导向，且将评测结果用于员工人力资本的开发。当企业采用探索者战略时，最优的人力资源管理策略选择是效用者战略，它是基于极少的员工承诺和高技能的利用，强调雇用具有目前所需要的技能且可以马上投入工作的员工，使员工的能力、技能与知识能够匹配特定的工作。此时对员工的绩效管理就应该强调结果导向，且将评测结果运用于薪酬分配等行政管理之中。当企业采用分析者战略时，与其相对应的人力资源管理策略是协助者战略，它是运用新知识和新技能的创造，鼓励及支持员工能力、技能和知识的自我开发。此时，对员工的绩效管理就应该强调结果与行为并重，且在评测过程中应尽可能地收集员工的绩效信息。

另外，关于绩效管理与战略管理的关系，必然涉及绩效管理如何提升企业的核心竞争力的讨论，因为只有企业核心竞争力的不断增强，才意味着企业在残酷的竞争中生存和发展能力的不断提升。在实践中，企业都在努力提高组织的过程绩效，如提高质量、降低成本、缩短反应时间、加快资金周转等，但没有能真正确定影响核心竞争力的因素是什么，也没有将当前的绩效衡量方法与核心能力的培养结合起来。一家企业要想获得成功，不仅要保证过程绩效的可靠性，而且要在战略上成功地设计相应的绩效管理体系，即建立一个旨在提高企业核心竞争力的绩效管理体系。①

（二）绩效管理与人力资源管理的关系

绩效管理与人力资源管理活动中的许多工作相关联，下面本书将简要介绍绩效管理与人力资源管理中的工作分析、人员甄选、培训开发、薪酬体系之间的关系。

1. 绩效管理与工作分析

工作分析是人力资源管理工作的基础，也是绩效管理的重要基础。通过工作分析，组织确定了一个职位的工作职责以及它所提供的重要工作产出，据此就可以制定评价此职位的关键绩效指标，并按照这些关键绩效指标确定该职位任职者的绩效标准。此外，采取什么样的方式进行绩效评价是开展绩效评价准备工作时所需要解决的一个重要问题，而工作说明书中的描述就决定了绩效评价所采用的方式，包括由谁进行评价、多长时间评价一次、绩效评价的信息如何收集、采取什么样的形式进行评价等，且不同类型的职位采取的绩效评价方式往往是不同

① 石金涛.现代人力资源开发与管理[M].上海：上海交通大学出版社，2006.

的。所以,工作分析为绩效管理提供了许多基本数据和依据。

2. 绩效管理与人员甄选

在人员招聘的过程中,通常采用各种人才测评手段,包括心理和个性测验、面谈与情景模拟技术等,这些测评方法主要是针对"冰山"以下部分——人的"潜质"——进行的,侧重考察员工的一些价值观、态度、性格、能力倾向或行为风格等难以测量的特征,以此推断员工在未来情境中可能表现出来的行为特征。而绩效考核主要针对人的"显质"进行,侧重考察人们已经表现出来的绩效和行为,是对员工的过去表现的评估。从现有的员工的绩效管理与考评记录可以总结出,具有哪一些特征的员工才适合本企业,这些资料在招聘选拔过程中将有助于甄选工作的有效进行。①

3. 绩效管理与培训开发

由于绩效管理的目的之一是了解目前员工绩效状况中的优势与不足,进而改进和提高绩效,因此,培训开发是绩效评价之后的一项重要工作。在绩效评价之后,主管人员往往需要根据被评价者的绩效现状,结合被评价者个人发展愿望,与被评价者共同制订绩效改进计划和未来的职业发展规划。人力资源部门则根据员工目前绩效中待改进的方面,设计整体的培训开发计划,并帮助主管和员工共同实施培训开发。

4. 绩效管理与薪酬体系

越来越多的企业将员工的薪酬与其绩效挂钩,而不再像传统的工资体系中只强调工作本身的价值。② 在很多未脱离计划经济色彩的企业中,仍然存在着"干多干少一个样,干与不干一个样",这些企业在为员工付薪时,很少考虑到绩效问题,这与时代的要求显然相去甚远。目前比较盛行的制定薪酬体系的 3P 模型③,提出一个重要的薪酬决定因素是员工的业绩。不同的组织,采用不同的薪酬体系,不同性质的职位,其绩效所决定的薪酬成分和比例有所区别。一般而言,职位价值决定了薪酬中比较稳定的部分,员工的工作绩效则决定了薪酬中变化的部分,如绩效工资、奖金等。

综合以上几点可以看出,绩效管理与人力资源管理的几大职能都有着密切的关系,通过发挥员工绩效管理的纽带作用,人力资源管理的各大职能就能有机地互相联系起来,形成一种相互支持和依赖的互动关系。

第三节 绩效管理体系的设计

一、绩效管理体系的含义及构成

绩效管理体系是人力资源管理体系的核心部分,也是整个企业管理体系的重要组成部分。所谓绩效管理体系,实际上是企业为了实现其战略目标,根据企业所处的发展阶段、背景及其他客观条件,对组织和员工的绩效进行开发管理的一整套理念、原则、程序和方法的有机整体。

---

① 付亚和,许玉林.绩效管理[M].上海:复旦大学出版社,2004:72.

② 付亚和,许玉林.绩效管理[M].上海:复旦大学出版社,2004:72.

③ 3P 分别是指职位价值(Position)、绩效(Performance)和任职者胜任能力(Person)。参见石金涛,魏晋才.绩效管理[M].北京:北京师范大学出版社,2007:15.

它必须与其他管理系统相互配合，并得到它们的良好支持，才能充分地发挥作用。绩效管理体系的构成如图 2－7 所示。

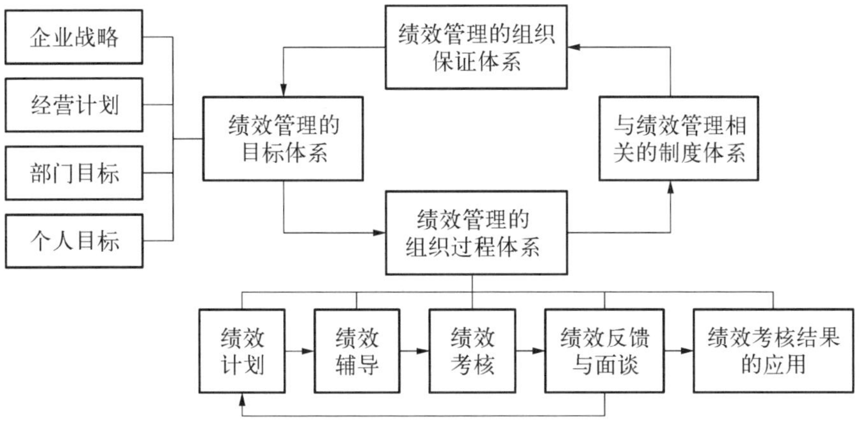

图 2－7　绩效管理体系的构成

［资料来源］林新奇.绩效管理[M].大连：东北财经大学，2020：278.

1. 绩效管理的目标体系

建立绩效管理目标体系要从分析企业战略开始，根据企业战略目标确定企业级的关键绩效指标，然后分解成部门或团队的关键绩效指标，最后进一步分解到具体岗位的关键绩效指标，以保证每个部门或团队、员工的努力都是与企业战略目标要求相一致的。

【案例 2－5】

英国电信环球服务公司的绩效管理体系

英国电信环球服务公司（BT Global Services）采取了若干步骤来有效推行名为“绩效最大化”的绩效管理体系。这个绩效管理体系的目的在于以一种更具有持续性的方式来管理和开发员工，同时营造出一种高绩效文化。英国电信环球服务公司是一家员工超过两万人的全球性通信服务企业。在获得管理层的支持后，该公司采取的第一步就是进行一系列的沟通工作，包括举办一次高层管理者研讨会。这样做的目的是向员工传递一个清晰的信号，从而向他们阐明 3 个问题：第一，为什么要设计一个新的绩效管理体系？第二，员工应当在其中扮演什么样的角色？第三，这些不同的角色是怎样帮助公司实现成功的？然后，为了保证业务经理的参与和对这项工作的投入，英国电信环球服务公司采取的第二步就是对这些经理人员进行培训，让他们了解自己的角色对公司的成功是多么重要。同时，培训还包括这样两个方面的内容：一是经理人员应当如何同员工一起制定有效的目标；二是经理人员如何通过为员工提供反馈和教练式辅导帮助他们实现个人成长。公司还要审议和阐明员工承担的角色，以确保他们了解组织对自己的期望是什么，此外，他们的工作对于团队、部门和公司整体的成功是多么重要。在这之后，英国电信环球服务公司还会对绩效管理体系实行持续监控，通过员工调查、业务经理的面对面会谈以及团队会议等方式来收集各种数据。总而言之,英国电信环球服务公司的例子说明一个包括沟通计划、培训和持续监控与改进在内的新绩效管理体系是怎样有效得到推广的。

[资料来源] 赫尔曼·阿吉斯.绩效管理[M].3版.北京:中国人民大学出版社,2013:173.

启发思考:

1. 英国电信环球服务公司的绩效管理体系都包括哪些内容?

2. 英国电信环球服务公司采取了哪些行动推广绩效管理体系?

2. 绩效管理的组织过程体系

如图2-8所示,绩效管理的组织过程体系实际就是绩效管理的4个阶段组成的循环周期,通过绩效计划、辅导、考核、反馈与面谈,及时解决员工在实施绩效过程中出现的问题,保证绩效目标的顺利实现,从而使企业的战略落到实处。

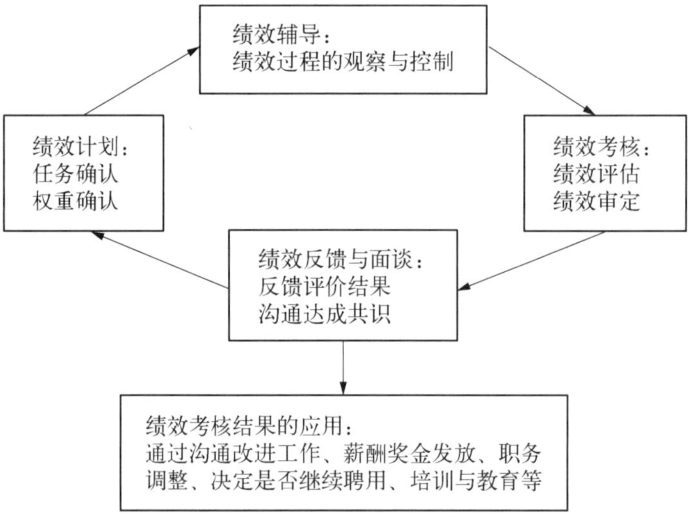

图2-8　绩效管理的组织过程体系

[资料来源] 林新奇.绩效管理[M].大连:东北财经大学,2020:279.

3. 绩效管理相关的制度体系

要保证绩效管理过程的顺利进行,保证基于组织战略的绩效目标得以实现,组织必须有一套与之相应的管理制度作为保证,为此必须建立健全各种相关制度,如上下级沟通制度、绩效考评制度、员工申诉制度、基于员工绩效的奖惩制度、培训制度、人事调整制度等。

4. 绩效管理的组织保证体系

绩效管理的有效性在一定程度上取决于其组织保障是否得力,特别是企业高层管理者是否重视,因此必须建立企业绩效管理委员会、绩效管理办公室、绩效管理推进小组等职责明确的组织保证体系。

二、绩效管理体系的基本功能

1. 战略目的

绩效管理体系将员工的工作活动与组织的战略目标联系在一起。在绩效管理体系的作用下，组织通过提高员工的个人绩效来提高组织的整体绩效，从而实现组织的战略目标。从这一点看，绩效管理是与组织的战略密切相关的。组织战略目标的实现离不开绩效管理体系所发挥的应有作用，而绩效管理体系也必须与组织的战略目标密切联系才具有实际意义。

2. 管理目的

组织的多项管理决策都要使用绩效管理所提供的信息（尤其是绩效考核的信息）。绩效管理的目的在于对员工的绩效表现给予评价，并予以相应的奖惩以激励员工。绩效管理中绩效考核的结果是企业进行调薪、晋升、保留或解雇、培训等重要的人力资源管理决策时的重要依据。

3. 开发目的

通过绩效管理，组织能够发现员工的不足之处，进而开展有针对性的员工培训，使其能更加有效地完成工作。绩效管理过程中所提供的反馈就是要指出员工所存在的缺点和不足。从比较理想的角度来说，绩效管理体系不仅要指出员工绩效不佳的方面，而且要找出导致这种绩效不佳的原因。这样才能更有效地提高员工的知识、技能水平，促进员工个人发展，实现绩效管理的开发目的。

从上述内容可以看出，一个完善且有效的绩效管理体系应该将员工的活动与组织的战略目标联系在一起，并为组织对员工所做的管理决策提供有效的信息，同时向员工提供准确实用的绩效反馈以实现组织对员工的开发目的。企业要想通过人力资源管理获得竞争力，就必须利用绩效管理体系达到上述 3 个目的。

三、绩效管理体系的设计

1. 建立绩效管理体系可能遇到的问题

企业在建立绩效管理体系时，要考虑自身的特点和所处的环境，否则，即便是企业设计的绩效管理体系完美无缺、考核标准明确、管理程序规范、考核方法先进，到头来可能还是难以落实。也就是说，企业必须意识到组织战略、业务流程、组织结构、岗位职责、企业文化及企业发展阶段等诸多因素对建立绩效管理体系的影响，要考虑到这些因素是否具备基本的合理性，并且是否被清晰阐述。

（1）企业在建立绩效管理体系时，最容易遇到的障碍就是战略目标不明确，不知道自己的使命和愿景是什么，从而也就找不到企业发展的目标和方向。简单地说，绩效管理体系其实就是将企业的战略目标层层分解给部门和个人，并对它们实现目标的情况进行管理的方法和过程。如果企业战略目标不清晰，也就无法通过建立绩效管理体系来持续提升员工的绩效水平，增强企业的核心竞争力。

（2）企业的基础管理能力不强、员工特别是管理者素质结构及层次不高，也是企业构建绩效管理体系时遇到的重要障碍。企业的基础管理能力是企业进行绩效管理的基础，其强弱也会影响绩效管理体系的运作。如果企业的基础管理能力有限，不仅会使绩效管理体系发挥不了应有的作用，而且会使其他管理活动受到影响甚至停滞。员工特别是管理者的素质决定了绩效管理体系的最终实施效果，如果员工及管理者的素质不符合绩效管理体系的要求，即使再好的绩效管理体系也只会成为一纸空文和摆设，达不到预期的效果。

（3）企业的业务流程是否具备合理性也会影响企业绩效管理体系的有效性。有了规范的业务流程，绩效管理体系才能得到完全的遵守和执行；否则，即使建立起了一套自以为相当不错的绩效管理体系，操作起来也会走样，因为流程不规范导致企业很难去界定各项绩效指标设定的基础及评定结果的规范性、准确性及可靠性,这使得绩效考核及管理失去了可以比较的基础,最后只能是走过场、流于形式。所以,业务流程是否以绩效为导向,是否为绩效管理建立起必要的管理环境,这是在建立绩效管理体系前需要认真考虑的。

(4) 企业的组织结构是否完善,也是建立绩效管理体系时必须回答且非常重要的一个问题。如果企业内部的组织结构清晰、员工职责分工明确,那么在为各部门和员工设计绩效指标时就有了明确的前提;否则,如果企业内部的组织结构混乱,那么就很难做到指标分解客观化、合理化和流程化。事实上,如果管理层和执行层的职责不清或时常越位,那么不仅权力难以制衡,而且使员工无所适从、不知所措,势必造成相互推诿甚至责任感丧失的局面。这与建立绩效管理体系的目标是完全相悖的。因此,只有在组织结构清晰、分工明确的前提下,绩效管理的目标才能最终实现。

(5) 绩效管理体系与企业文化的矛盾也是值得关注的问题。企业文化是在企业长期运作中逐渐形成的群体意识,以及由此产生的群体行为规范。每家企业都有其独特的文化,不管是显性的还是隐性的,这种文化往往通过企业运作形式和大多数员工的行为体现出来。因此,绩效管理体系必须与企业文化相适应。

此外,企业所处的发展阶段不同,其建立绩效管理体系的重点也将不同。如果企业没有认清自己所处的发展阶段,在建立绩效管理体系时,就容易出现盲目和从众心理,别人采用什么样的绩效考核和管理体系,自己照搬照抄,从而使得辛辛苦苦建立起来的绩效管理体系严重“水土不服”,发挥不出应有的作用。表 2-6 列出了影响绩效管理体系成功实施的行为因素。

表 2-6　影响绩效管理体系成功实施的行为因素

分　类	注意的领域	行为因素
绩效管理系统	管理者对管理本质的良好的理解	管理者理解 KPI 的意义 管理者研究了经营过程和 CSF(Core Success Factors 的缩写,指成功关键因素)/KPI 之间的关系 管理者的参考框架包括相同的 KPI 管理者认可有关 CSF/KPI 体系的相关变化
被控制系统	管理者的态度 管理者对绩效管理、绩效管理系统、具体的绩效管理工具的积极态度	管理者同意开始的时间 管理者有绩效管理的相关经验 管理者认识到 CSF/KPI/BSC 对他们绩效的重要性 管理者没有将 CSF/KPI/BSC 视为一种威胁
控制系统	绩效管理系统的融合 管理者责任与绩效管理体系的良好结合	管理者的 KPI 体系与他们的责任范围是整合在一起的 管理者能够影响那些布置给他们的 KPI 管理者参与了分析绩效信息的过程 管理者能够运用 CSF/KPI/BCS 来管理他们的雇员

[资料来源] WAAL A. A. D.. Behavioral factors important for the successful implementation and use of performance management system [J]. Management Decision, 2003, 41(8): 688.

2. 如何构建绩效管理体系

一般来说,有效的绩效管理体系可以帮助企业实现其战略目标和管理目的。执行企业战略的一个主要方法是,首先界定实现某种战略所必需的结果、行为以及员工的表现是什么,然后设计相应的绩效衡量和反馈系统,从而确保员工能够按照企业期望进行工作。管理人员对绩效管理体系的认识是否到位、是否具备相关的技能，是企业能否构建有效绩效管理体系最重要的影响因素，其中领导团队的认识和技能又至关重要。另外，绩效管理体系的构建需要几个相互配套的基础，如预算管理、按业绩付酬的企业文化等。如果没有相关的基础，推行绩效管理体系的效果就可想而知了。

因此，构建有效的绩效管理体系，要做到以下几点：

首先，要改变管理者的观念和认识，提高其绩效管理技能。在推进绩效管理体系的过程中，上至高层领导、下到基层员工都应承担相应的绩效管理责任。高层领导应对构建绩效管理体系给予充分的关注，而不只是将它看作人力资源管理部门的工作，不管从人员还是物质上都要给予配合和支持，这样才能顺利平稳地构建绩效管理体系。

其次，要明确绩效管理的目标和方向，使绩效管理一开始就朝着正确的方向努力发展。一份科学有效的绩效管理方案也是必不可少的，它可使企业避免想到什么做什么，从而前瞻、系统地构建绩效管理体系。在构建绩效管理体系之前，还应对相关人员特别是人力资源管理部门的员工进行相应的培训，使他们熟悉和掌握人力资源管理的理念、技能和方法，尤其是对绩效管理的内容，更需要进行深入的学习和全面的掌握，从而构建优秀的和富有说服力的绩效管理体系。

绩效管理体系的构建和运作还离不开其他管理体系的配合和支持，因此，在构建绩效管理体系的过程中，其他管理体系的建设也不容忽视。这些管理体系主要包括：

(1) 岗位工作标准体系。它主要是进行岗位描述并确定工作标准，从而使员工的绩效有可依据的衡量标准。

(2) 计划及预算管理体系。它主要与财务评估指标的设定有关。各级管理人员承担的收入指标、成本费用指标、利润指标、资金指标、资产指标以及这些指标的各项构成往往都在企业的年度经营计划及预算中确定。而且，财务指标目前仍然是个人绩效评价指标中最为重要的一类指标。因此，完善的计划及预算管理体系是绩效管理体系的实施基础。

(3) 企业内外部反馈体系。在部门及个人绩效指标中，一些指标需要根据内外部的反馈意见进行评估。为了使绩效考核工作更为客观、公平、公正和透明，组织需要建立必要的内外部信息反馈和收集机制。

(4) 管理信息系统。绩效管理体系涉及大量的数据统计、记录、汇总和对比分析工作，管理信息系统的引入将极大地提高管理的效率，也可以确保数据计算的准确性和长期性。

(5) 个人能力发展计划。建立绩效管理体系的一个重要目的是提高员工个人的能力，从而提高工作绩效，因此个人能力发展计划往往也就成为绩效管理体系的一个重要组成部分。

上述几个管理体系都是构建绩效管理体系的基础，只有同时建设好这些体系，绩效管理体系的根基才会更加牢固。

此外，在建立绩效管理体系的过程中还应处理好以下几个关系：

一是绩效管理与人力资源管理的关系。绩效管理是企业将战略转化为行动的过程，是战略管理的一个重要构成要素，绩效管理的功能超出了人力资源管理部门的职能范围，其真正的责任人应该是企业的 CEO 及各级管理人员。

二是绩效管理与激励体系的关系。绩效管理体系必须获得激励体系的良好支持才能充分地发挥作用，绩效管理的结果应该与激励体系有机地结合起来，利用多样化的激励手段，真正实现持续提升员工绩效的目的。

三是绩效管理制度与经理人的责任的关系。因为绩效管理的指标体系很难实现所有工作过程和任务的定量化,所以要设计一个良好的绩效管理制度,一定要将定量的考核与定性的评价进行有机结合,要充分发挥经理人的作用,对员工的绩效做出客观公正的、定性与定量相结合的评价。

四是绩效管理体系与管理信息系统的关系。绩效管理体系对管理信息系统有较强的依赖性。企业在构建绩效管理体系的过程中,应使两者相辅相成、相互促进,得到共同发展和完善。

3. 绩效管理体系的设计步骤

绩效管理体系的设计过程分为 5 个阶段,如图 2 - 9 所示。

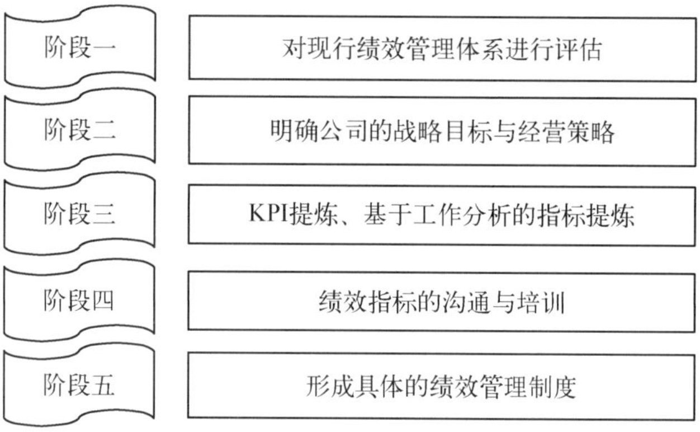

图 2 - 9　绩效管理体系的设计步骤

[资料来源] 林新奇.绩效管理[M].大连：东北财经大学,2020：283.

阶段一：通过问卷调查、访谈、座谈等方式对企业现行绩效管理体系进行评估,具体包括各部门、各职位现行的考核指标,考核结果如何运用,考核结果如何进行反馈,直接主管在考核与绩效薪酬分配上的权限。

阶段二：通过与企业中高层会谈来明晰企业的愿景与战略方向以及经营策略。注意借鉴已有项目成果,提炼出企业关键成果领域。

阶段三：对战略目标逐层进行分解,形成企业层、部门层与职能层的关键绩效指标;在前期工作分析成果的基础上,以各职位的工作职责和任务为依据提炼出其具体的任务类指标;将上述两类指标结合,形成各职位的考核指标。

阶段四：与各层各类人员沟通其考核指标,通过培训帮助关键职位建立 KPI 的目标值。

阶段五：形成具体的绩效管理制度,具体包括为什么考核、考核谁、考核什么、谁来考核、怎么考核,考核结束以后怎么办(考核结果的应用),考核结果如何进行动态反馈。

四、绩效管理效率的判断标准

绩效管理体系是否有效的判断标准可以与组织、经理和员工成功所需要的条件结合起来,即绩效管理是否能为组织、经理和员工提供以下服务内容[①]：(1) 协调工作的工具,以便将组织、内部单位和员工个人的目标统一起来;(2) 不断发现问题的方法,以保证组织的成功;(3) 记录绩效问题的途径,从而保证公司遵守法律和规定,阻止轻率的法律案件和纠纷的发生,必要时这些记录可以作为证据;(4) 提供职务晋升、员工发展和培训等决策所需要的信息;(5) 足

① 罗伯特·巴克沃.绩效管理——如何考评员工表现[M].北京：中国标准出版社,2002：22.

够的信息，以便经理和主管们能阻止问题的发生，帮助员工完成工作、协调工作和能够有见解地向他们的上司进行汇报(从而不会显得很尴尬)；(6) 促使经理们协同员工共同进行问题发现及分析，并采取行动解决这些问题；(7) 有助于经理协调其所管员工的各项工作；(8) 提供定期地、持续地向员工们反馈信息的途径，以保持他们的工作动力；(9) 向员工们明确组织对他们的工作期望、其职权范围以及其工作在整体绩效目标中的重要性，以减少错误的发生；(10) 为制订员工发展和培训计划提供依据。另外，绩效管理体系必须有实用价值。因此，绩效管理有效性还应满足几条实用性准则：简单；文字工作少，减少官僚程序；节省时间；尽量减少不愉快；等等。

美国有学者曾对全美范围 3 500 家公司进行调查，结果显示，最常被提及的人力资源管理功能是员工的绩效评价，但有 30%～50%的员工认为企业的绩效评价体系是无效的。① 因此，建立一个有效的绩效评价体系非常重要，而有效的绩效评价体系应具备以下 5 个方面的评价标准。

(一) 战略一致性

战略一致性是指绩效管理体系与企业发展战略、企业目标和企业文化保持一致的程度。如果一家公司强调工艺流程的精确性，那么它的绩效管理体系就应该针对员工是否严格遵循流程的要求进行评价；如果一家公司强调对客户的服务，那么它的绩效管理体系就应该对其员工向公司客户提供服务的好坏程度进行评价。战略一致性强调的是绩效管理体系要为员工提供一种引导，从而使得员工能够为组织的成功做出贡献，这就要求绩效管理体系具有充分的弹性或敏感性以适应公司的战略形势所发生的变化。事实上，大多数公司的绩效评价体系往往在相当长的一段时间内保持不变，尽管公司的战略重心已经发生了多次的转移。然而，当公司的战略变化后，员工的工作行为也需要做出调整，如果公司的绩效评价体系并没有随着公司战略的变化而调整，那么它就很难正确评价员工的绩效。

(二) 明确性

明确性是指绩效管理体系在多大程度上能够为员工提供一种明确的指导，告诉员工公司对他们的期望是什么，以及如何才能达到这些期望的要求。绩效管理体系最终的作用对象是绩效的产生主体——员工，因此，为了实现绩效管理的目的，就应该让员工能够正确领会绩效管理体系所要传达的信息。如果一个绩效评价系统不能明确地告诉员工如何才能通过正确的工作行为促使企业实现战略目标，那么绩效管理的战略目的就难以实现。此外，在绩效评价和反馈中，如果员工不能够确切地了解自己的绩效表现有什么问题，那么他也就无从进行绩效改进了。很多企业之所以对绩效管理体系的明确性没有足够的重视，是因为它们往往只是将绩效评价作为计算薪酬的手段。

(三) 可接受性

可接受性是指运用绩效管理体系的人对该系统的接受程度。无论一个绩效管理体系多么科学，如果不能够被使用它的人所接受，那么它就不能发挥应有的作用。一套绩效评价体系不具有可接受性的原因可能是多方面的。一方面可能是因为运作的成本太高，另一方面可能是因为技术过于复杂而难以为使用者所理解。但是，在大数情况下，人们不接受一套绩效管理体系是因为他们认为该体系不能公平地对待每一名员工。能够被人们所感知的公平有以下

① 张明.人力资源管理实用手册[M].合肥：安徽音像出版社，2004.

3 种类型[①]:

(1) 程序公平。在开发绩效管理体系的过程中,开发人员应该考虑在开发过程中是否给予管理者和员工参与的机会,并且在确定绩效评价标准时应考虑到对不同的员工进行评价是否采取一致的标准。

(2) 人际公平。管理者可以通过以下做法提高绩效管理体系的人际公平程度:一是使用明确的评价指标并对评价者进行培训,以减少评测的误差和偏见;二是在尊重和友好的氛围中向被评价员工全面、及时地提供评价结果反馈;三是允许员工质疑绩效评价结果。

(3) 结果公平。绩效管理体系的结果公平体现在绩效评价的结果和各种运用绩效评价结果的情况中。企业可以通过以下做法提高绩效管理体系结果的公平程度:一是就绩效评价及其标准问题与员工交换意见,告诉他们公司对他们的期望;二是就报酬、晋升等问题与员工交换意见,告诉他们公司对他们的期望。

(四) 效度

效度是指测量的有效性,即一个测量工具能测出所需测量的事物的程度。效度主要包括内容效度、构想效度和效标效度。其中,内容效度指的是评价项目对预测的内容或行为范围取样的适当程度,构想效度指的是测验对理论上的构想或特质的测量程度,而效标效度指的是测验所做出的预测是否能够被证实。在衡量绩效评价系统的效度时,最常见的效度指标是内容效度。因为在实践中,我们往往更关心所使用的评价手段能否很好地体现员工的实际工作情况,即系统是否对与绩效有关的所有方面进行了评价。但是,内容效度的大小也并不能完全衡量该绩效评价系统在多大程度上测到了真正想测的东西。在必要的情况下(或根据研究的需要),也可能对其他种类的效度指标进行衡量。总的来说,具有较高效度的绩效评价系统对真实绩效的衡量程度较高,或者可以说它在更大的程度上测到了该测的东西。

一个绩效评价系统效度较低可能有两种情况:一种被称为有缺失,另一种被称为被污染。如果绩效评价系统不能衡量工作绩效的所有方面,那么这种系统就是有欠缺的。这种情况的一个例子是,对担保公司的项目经理的核评,只考虑其经手的项目数量而忽略项目的金额大小,这种评价方式忽略了项目经理工作绩效中的一个重要方面。被污染的绩效衡量系统,会对与工作绩效无关的方面进行评价。绩效衡量系统应当尽力使得污染降至最低限度,但是要想完全消除污染几乎是不可能的。受到污染的绩效评价系统的一个例子,是用实际的销售数字来衡量在完全不同的地理范围内从事销售工作的所有人的工作绩效。因为通常情况下,销售额高度依赖于地理区域(例如潜在客户的数量、竞争对手的数量以及当地经济状况等),这不能代表销售人员的实际绩效。一位工作更为努力、工作也做得更好的销售人员很有可能拿不到最高的销售额,而这可能仅仅是因为他所从事销售工作的地区,其市场潜力较其他地区小。因此,如果仅仅运用销售额一个指标来进行绩效衡量,存在一定片面性。

(五) 信度

信度是指测量结果的一致性程度,即回答测量工具是否稳定的一个指标。绩效管理体系的信度是指绩效评价系统的一致性程度。它可以回答绩效管理体系是否可靠、是否可信赖、标准化程度如何、是否有预定的步骤等问题。一般可以用再测信度(稳定性系数)、副本信度(等值性系数)、分半信度(内部一致性系数)、同质性信度(同质性系数)和评分者信度(肯德尔和谐

---

① 张明.人力资源管理实用手册[M].合肥:安徽音像出版社,2004:556.

系数)来判断某种测量工具的信度。根据绩效管理的特点,一般可以从以下两个方面考察绩效管理体系的信度。

1. 评价方法的信度

衡量评价方法信度的方法很多,可以在两个不同的时间点对同一个人采用同一种评价手段进行评价。通过比较两个时间点的评价分数得出的信度指标,就是再测信度。一个好的评价方法在不同的时间点对同一对象进行绩效评价的结果应该具有一定的稳定性。如果得出了截然不同的评价结果,那么就可以认为这种绩效评价系统缺乏再测信度。

2. 评价者信度

所谓评价者信度,是指不同的绩效评价主体对相同客体做出的评价结果是否具有一致性。如果两个人对同一个人的评价结果一样或接近,就认为这种绩效评价系统具有评价者信度。有证据表明,大多数由监督者对员工的工作绩效所做出的主观性衡量都表现出较低的信度。

五、优秀绩效管理体系的特点

依据对一些优秀企业的调查,以及对相关的报告和资料的研究表明,优秀绩效管理体系需要具备以下 8 个要点[①]:(1) 用最通俗易懂的语言阐明组织的目标和方向,使组织的所有团队和成员都能对此有清晰准确的认识。(2) 让团队和成员都清楚地知道需要他们做什么、提供什么,也就是他们在整个组织的活动中起什么样的作用。(3) 建立使员工不断改进绩效的机制,同时让他们知道什么是优秀的绩效。(4) 建立了支持和鼓励高绩效的机制,让员工有自信发掘本身的潜能,了解自己的训练要求。(5) 使高层管理者和经理知道如何激发员工的工作激情,如何对员工进行指导。(6) 形成循环的信息反馈,使团队和成员们能够了解他们的工作与要求的差距,这种评价与从经理、同事以及客户那里零星得来的日常反馈信息一样有用。(7) 一种与报酬无关,但具备激励性的管理体系。(8) 不断赋予企业新的活力。这 8 个基本要点对任何一个优秀的组织的绩效管理来讲都是不可或缺的,缺少任何一个要素,都不是真正意义上的完整的绩效管理体系。

另外,就设计的技巧而言,一个优秀的绩效管理体系不仅要充分地考虑管理的对象和层次,如组织层面、过程/职能层面、团队/个人层面,而且要充分考虑各个不同的绩效管理活动的差异性,也就是说,一个完善的绩效管理体系同时回答了将工作落实在何处、如何做、做什么等一系列的绩效管理问题(见表 2－7)。

表 2－7　影响绩效管理体系设计的要素

组　　织	过程/职能	团队/个人
1. 绩效计划		
◇ 宗旨 ◇ 战略 ◇ 组织目标的设定与传达	◇ 与组织及顾客需求相关的关键过程目标	◇ 明确规定团队宗旨,目标价值和绩效战略 ◇ 与过程/职能目标一致的个人目标,责任和工作任务

① 张明.人力资源管理实用手册[M].合肥：安徽音像出版社,2004：559.

续 表

组　织	过程/职能	团队/个人
2. 设　计		
◇ 组织设计确保结构支持战略	◇ 过程设计促进目标实现	◇ 成立团队,以实现过程/绩效目标 ◇ 工作设计保证工作反映出的过程要求,工作合理地建立于人的环境之中
3. 绩效管理与改进		
◇ 持续的组织发展和改革 ◇ 季节性的管理、考察和调整职能目标(以支持组织目标) ◇ 有效配置资源 ◇ 管理职能相互作用	◇ 设立适当的次级目标,管理并定期考察绩效过程 ◇ 有效配置资源 ◇ 过程管理间的相互作用	◇ 积极建立团队、反馈、协作和调整 ◇ 提高个人理解力和技巧,提供反馈 ◇ 有效配置资源
4. 绩效评价		
◇ 年度考察并在战略计划中考虑	◇ 年度考察	◇ 年度考察
5. 绩效运用		
◇ 组织财务资源	◇ 根据职业绩效价值和职能贡献进行奖惩	◇ 根据职能业绩,进行团队和个人的奖惩

【案例 2-6】

华恒智信在多年服务企业的过程中结合国人特征设计了一套目标绩效管理体系,主要包含 4 个阶段:岗位分层分类、任务指标落实与下达、过程检查与监督、结果反馈与落实。4 个环节缺一不可的绩效管理体系才能真正有效运行与支持企业发展。

华恒智信认为,不同发展阶段的企业需要引入不同类型的绩效管理体系,避免企业跟风设计,流行关键业绩指标考核就全员 KPI,流行平衡计分卡就全都上 BSC,也因此往往出现“职能部门无法量化考核”的问题,“认真负责的干部评分最低”等问题。这些问题的解决,都需要结合企业本身特色、岗位的不同来设计,实现分层分类的科学管理。各种调查结果都证明,企业实施正确的绩效管理体系,在企业经营管理指标,如经营效益、客户满意度等方面均有大幅提升,企业的人力资源利用率也会提高 8%以上。

目标绩效管理体系分为 4 个阶段:岗位分层分类、任务指标落实与下达、过程检查与监督、结果反馈与落实;在具体贯彻绩效考核的过程中设置 3 个衡量维度:业绩、能力、态度。

举例来说,对于动态收入与效益,业绩比重为 65%,能力为 25%,态度为 10%;

人员晋升与甄选:业绩比重为 30%,能力为 55%,态度为 15%;

人员是否离开本岗位:业绩比重为 25%,能力为 15%,态度为 60%。

对于管理岗位,业绩可能是最重要的;对于技术岗位,需要将业绩和能力结合考核;对于底层办事人员，工作态度就是评价工作的比较便利的方式。

科学合理的 KPI 指标体系能够把个人和部门的目标与公司整体的目标联系起来，对管理者而言，阶段性地对部门/个人的 KPI 输出进行评价和控制，可引导正确的目标发展，同时 KPI 指标体系集中测量了公司所需要的行为，定量和定性地对直接创造利润和间接创造利润的贡献做出评估。但是，在 KPI 指标体系的建立过程中也要用对方法，标杆基准法是建立企业可持续发展的关键绩效标准及绩效改进的最优策略的程序与方法。

［资料来源］泽创商学院.实行科学的绩效管理需要注意这些问题[EB/OL].(2016－08－02)[2023－06－01].https://mp.weixin.qq.com/s/ivdiR-JkJmxU9LFv_xPtaw.

本章思考与案例

1. 什么是绩效？对绩效的理解存在哪几种观点？它们各有什么特点？

2. 绩效体现在哪几个层次上？它们之间存在什么关系？

3. 绩效具有哪些特征？

4. 你是如何理解绩效管理的？它具有什么意义？

5. 绩效管理的流程主要包括哪些步骤？

6. 绩效管理与战略管理、人力资源管理存在什么关系？

7. 请利用课外时间找一家企业进行调查，了解该企业是如何设计绩效管理体系的，并利用所学知识提出自己的一些建议。

8. 总体来看，对绩效的一个关键概念——生产率的理解是存在一定的差异性的，这与学科背景有关，不同的学者都是从自身的研究领域进行界定的(见表 2－8)。

表 2－8 不同学科看待生产率的不同观点

经济学家：在经济学家看来，生产率就是产出与其相关投入的比率……换言之，生产率就是投入转化为产出的效率
会计：从会计观点来看，探讨生产率的问题就是描述、改进组织的经济业绩。这是通过构建一系列经济比率表，如销售额/劳动力或利润/投入资本总额。这些衡量标准大多以产出/投入形式出现，因此是衡量效率的一种方式，但它们主要注重经济效率。一般应构造多种衡量标准以全面了解组织总体运作情况
工程师：工程师认为生产率是物料通过量的效率，用产出与投入之比加以衡量。这是以机器为原型的，一台机器的生产率是有用产品(产出)与生产产品所用能源(投入)的比率……衡量一向是以组织内部的作业单位而不是以整个组织为重点的，而且往往还估价“人-机器”系统的职能
心理学家：主要注重生产率中个人能加以控制的方面，即行为。其前提假设是通过改变个人行为可以改变生产率
管理者：管理者的观点是最广泛的，但也是最难以精确阐明的。在他们看来，生产率包括对组织有效发挥职能有重要作用的所有组织方面。它包括效率和有效性，也包括产出质量、工作量、旷工、人员调整和顾客满意度。关于生产率，既没有一个明确的定义，也没有一个明确的衡量标准。事实上，一切可以使组织更好地发挥职能的方面都与生产率有关

［资料来源］理查德·S. 威廉姆斯.业绩管理[M].大连：东北财经大学出版社，1999：64－65.

根据你所学过的知识，或者通过查阅文献，谈谈你对生产率的理解？以及为什么后来会出现许多新的有关绩效的概念？

第二篇

绩效指标

3

第三章 绩效指标及设计方法

全章提要

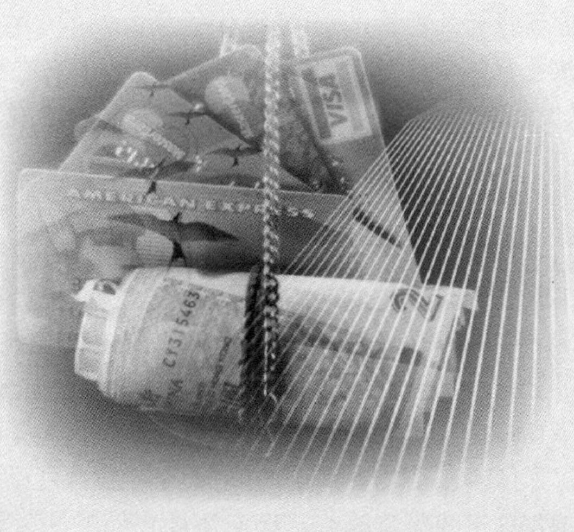

学习目标

1. 掌握绩效指标的概念、类别与结构成分；
2. 熟悉绩效指标定位、筛选的方法，如 OGSM 法、鱼骨图法等；
3. 掌握企业关键绩效指标体系的设计流程及方法；
4. 了解企业空白地带关键绩效指标设计的方法。

案例导读

叙永县政府目标绩效管理改革
——基于 KPI 法的绩效管理关键指标体系

政府目标绩效管理的领域是广泛的、复杂的、系统的，包括经济领域、政治领域、社会领域、生态领域、资源领域等。实际工作中，绩效评估指标体系不可能涵盖每一个领域每一项工作。KPI 法强调的是核心的、重要的指标被用于绩效评估的方法。这些指标是基于组织战略目标，经过层层分解，再严密地筛选后选中的，能够正确地、客观地、科学地反映政府绩效评估的重点内容，这样就能防止出现评估指标与政府战略目标脱节的现象，充分反映政府工作成效，也能有效保证政府的战略目标与绩效评估目标保持一致方向。面对千头万绪的政府工作，叙永县政府目标绩效评估中运用 KPI 法，提取出关键性、引领性指标，引导领导班子和领导干部抓重点、破难题、补短板、固长板；同时可以将各方面资源集中起来重点处理核心问题，最大限度地发挥资源功能性，既避免资源浪费，又提高效率，起到整合与优化资源的作用；叙永县政府应用 KPI 法构建的绩效管理指标是可量化的、可操作性强的。尽管在叙永县政府绩效评估指标体系中会存在一些无法量化的定性指标，但是实践证明，KPI 法能够保证量化指标达到最大化，结合定性指标，可以促使叙永县目标绩效评估指标体系保持客观性、科学性。以 2021 年为例，如图 3－1 所示。

2021 年，叙永县目标绩效评估指标体系共设置党的建设工作、高质量发展目标、专项工作目标、创先争优工作、日常管理工作 5 个一级指标。

一是党的建设工作。下设党建、组织、宣传等 8 个二级指标，这些指标是关于自身能力建设的要求，强调内生动力，是反映政府在推行行政改革、依法治国战略工作方面成效的重要指标。

二是高质量发展目标。下设主要经济发展目标、保障目标、绿色发展目标 3 个二级指标。主要经济发展目标下设地区生产总值等 13 个三级指标。这些是衡量一个地区经济、工业发展水平的关键性指标。保障目标下设安全生产工作、食品药品安全、粮食、耕地等 6 个三级指标，体现出政府在底线工作方面的保障效益。绿色发展目标下设污染防治、环境保护、污水治理、垃圾分类等 5 个三级指标。这些指标考量的是在发展经济的同时，注重资源管理、生态治理与环境保护协同推进。

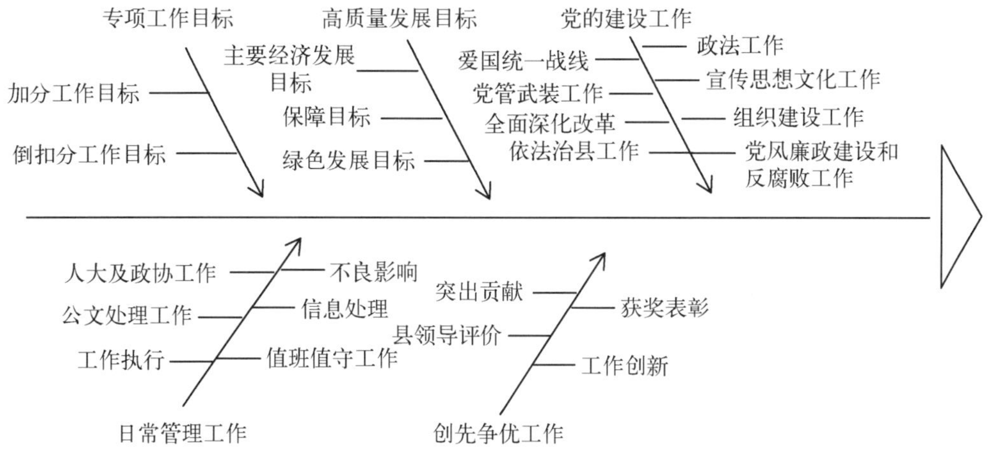

图 3-1　叙永县 2021 年政府目标绩效评估指标体系鱼骨图

三是专项工作目标。下设加分工作目标和倒扣分工作目标 2 个二级指标。加分工作目标下设乡村振兴、民生、政务服务满意度等 7 个三级指标，倒扣分工作目标下设 31 个三级指标。这些指标与民生保障密切相关，覆盖了社会事业的主要方面，有助于提高群众满意度和幸福感，提升社会公共服务水平，增强政府公信力等。

四是创先争优工作。下设获奖表彰、工作创新以及突出贡献、县领导评价 4 个二级指标。这些指标意在鼓励各单位开拓思维、发挥主观能动性，创新创造，取得突破发展。

五是日常管理工作。下设不良影响、信息处理、值班值守工作、公文处理工作、人大及政协工作、工作执行 6 个二级指标。这些指标考量政府各单位日常事务管理情况。

根据图 3-1，叙永县政府目标绩效评估指标包含了党建、发展、管理等战略性的指标，也就是我们指标体系中的一级指标。二级指标是围绕战略目标设置了政治、经济、社会、生态等关键核心指标，突出了政府工作的主要内容和努力方向。三级指标是具体指标，根据不同阶段的工作重点，指标权重或内容有所不同，量化程度也不一样。2021 年，叙永县脱贫攻坚工作调整为巩固脱贫攻坚成果及后评估工作，占比从 2019 年的 50%调整为占比 14%；如随着生态文明建设的推进，环保指标从 2015 年河长制工作扩展为 2021 年的污染防治、污水治理、生活垃圾分类处理、河(湖)长制、长江流域和赤水河及重点水域全面禁捕工作等，占比达 16%。

总体上，叙永县目标绩效管理评估指标体系在凸显关键领域绩效的同时，注重全面协调发展，热切回应公众需求和利益诉求。

[资料来源] 雷芯.叙永县政府目标绩效管理改革的案例研究[D].成都：电子科技大学，2022.

正如前面对绩效概念进行的界定那样，绩效可以是过程，可以是结果，也可以是过程与结果的组合，不仅要反映过去还要能够预测未来。但无论是从何种角度对绩效进行界定，绩效都应该是可以理解、可以衡量和控制的，否则绩效这一概念对组织就没有任何实际意义。只有当绩效可以衡量和控制时，企业才有可能进行所谓的绩效管理活动。企业要衡量绩效并对其有效性做出判断，就必须首先设计好全面的完善的绩效指标体系，否则无法准确且客观地鉴别企业的投入状况与产出结果，也无法对企业的内部职能进行评估。设计有效的绩效指标是绩效评价取得成功的保证，因此绩效指标设计成为建立绩效管理体系的中心环节，也成为企业主管和高层管理者最关注的问题。本章将对绩效指标的概念、类别及如何设计绩效指标进行详细介绍。

第一节 绩效指标的概念与类别

绩效管理体系,对员工行为的引导很大程度上体现在绩效指标的选择和设计上,绩效监控和绩效评价工作的开展就是面向绩效指标的。因此,绩效指标设置得科学与否很大程度上影响了整个绩效管理体系的成败。

一、绩效指标的概念

沃尔特斯(Walters M.)①曾经指出,在确定绩效指标时应考虑以下 5 个领域:战略目标实现的贡献度,衡量外部和内部顾客满意度的标准,质量衡量的标准,数量和容量的衡量标准,效率衡量标准和金钱的重要性。其中,前两者是从何处测量的问题,后三者则是以何种标准进行测量的问题。基于此,可以将绩效指标界定为从什么方面、什么角度衡量企业组织在某一特定阶段所产生的绩效状况,它是对企业组织与员工个体投入产出状况定性与定量的界定,目的在于检查工作进展、进行工作激励、改进工作表现,它也是支撑企业绩效管理体系的一个骨架。由于绩效指标直接面向绩效评价,因此绩效指标也称绩效评价指标或绩效考核指标。

绩效指标一般包括以下 4 个组成要素:(1) 指标名称,这是对绩效指标的内容所做出的总体概括;(2) 指标定义,这是指对绩效指标内容的操作性定义以揭示指标的关键特征;(3) 标志(标识),是指用于区分各个评价级别(评价的结果通常表现为将某种行为、结果或能力划归到若干个级别之一)的特征规定;(4) 标度,是指用于对评价指标的标志(标识)所规定的各个级别包含的范围做出规定,以揭示各个级别之间的差异。具体可参见下述例子:

指标名称:协作性

指标定义:在与同事共同工作时所表现出来的合作态度

标识	S	A	B	C	D
标度	合作愉快	肯合作	尚能合作	偶尔合作	我行我素

企业绩效管理的目标在于提高企业今后的竞争力,从而获取持续的竞争优势。由于绩效是一个比较笼统的概念,可操作性比较差,一般而言很难直接用于实践以指导企业组织内部各个部门和员工的具体工作,为此建立一个有效的绩效评测体系就显得十分重要。指标体系的建立好比制定了游戏规则,它详细地确定了员工行动方向,为员工提供了行动的指南,既有激励作用,也有约束作用。比如,当一家企业准备采取低成本领先的战略以获取竞争力时,需针对不同岗位的员工采取相应的指标以规范员工的行为;再比如对生产工人的评测可以重在物料的节约,对行政人员的评测则重在管理费用的节约,而对市场销售人员的评测则重在营销费用的节约,等等。通过这些指标就能明确地界定员工的行动范围,不得随意逾越,同时如果在这些指标上的表现突出则可得到企业的认可。所以,绩效指标的作用重大。

① Walters M.. The Performance Management Handbook[M]. London: Institute of Personnel and Development, 1995.

绩效指标具有一定的稳定性，一旦确定就不会轻易修改。在设计绩效指标时应注意满足以下几个方面的基本要求[①]：(1) 内涵明确清晰。绩效指标的表达应明确清晰，用于定义绩效指标的名词应准确，没有歧义，使评价者能够轻松地理解它的含义。在必要的时候可采用不同的形式对绩效指标做出详细的定义，以统一评价者对每一个评价指标的理解。(2) 独立性。不同的绩效指标之间尽管有相互作用或相互影响、相互交叉的内容，但一定要有独立性，有独立的含义和界定。(3) 针对性。绩效指标应根据岗位职能所要求的各项工作内容及相应的绩效目标和标准来设定。(4) 层次性。绩效考核体系应既有宏观层次的指标，又有个体层次的指标。(5) 相互关联性。绩效指标之间存在必然的逻辑关系，一个指标的目标之所以能够实现，往往在于其他相关指标的目标得以完成。

二、绩效指标的分类

衡量绩效时要使用多重指标[②]，绩效指标有多种分类方式，为了更好地设计绩效指标，下面将对此进行详细介绍。

(一) 企业组织层次的绩效指标体系

1. 基于会计指标的评价体系

如果将绩效测评作为绩效管理的一个主要内容，那么绩效管理理论就已经拥有很长历史了。在 19 世纪，美国纺织业、铁路业、钢铁业和商业的管理者根据各自行业的经营特点先后建立了相应的绩效评价指标，如每码成本、每吨公里成本、每吨铁轨所耗焦炭成本、销售毛利等，以评价企业内部的生产效率。由于产品和业务较为单一，这些简单的产出指标基本上能够满足管理的要求。

19 世纪末 20 世纪初，由于产品品种及其耗用资源种类的不断增加，科学管理的创始人泰勒(F. W. Taylor)基于工作效率研究为每一种产品提出了具体原材料和人工消耗的数量标准，其间工程师与会计师还将数量标准扩展为价格标准，如每小时人工成本、单位产品原材料成本等，建立了全面的产品标准成本。另外，在 19 世纪中期，随着企业生产规模的扩大，外部融资数额日益扩大，还产生了一种企业信用评价，这是一种超越生产效率评价的企业质量评价理念。

1903 年杜邦公司开始执行投资报酬率法来评价企业绩效，财务主管布朗(F. D. Brown)还建立了杜邦公式，即投资报酬率＝资产周转率×销售利润率，并发明了至今仍广泛应用的杜邦系统图(见图 3 - 2)。杜邦系统图的最大功能在于规划和协调各部门的经营活动，使企业成为一个有机的、相互协作的系统，同时强化了对企业绩效的预测和控制能力。自 20 世纪初杜邦公司开始运用投资报酬率指标对企业绩效进行测评开始，绩效评价指标设计问题就进入了研究者的视野。

由于受 1929—1933 年经济危机影响，来自企业外部的会计准则和各种规范越来越多，使企业将注意力集中于对外财务报表的编制上；加之会计数据易于获取，不像其他内部决策信息难以获得，导致的结果就是企业奉行财务指标至上，并且这种局面一直持续到 20 世纪 80 年代。[③]

---

① 张明.人力资源管理实用手册[M].合肥：安徽音像出版社，2004：614.

② 理查德·S. 威廉姆斯.绩效管理[M].大连：东北财经大学出版社，2003：75.

③ 王化成，刘俊勇.企业绩效评价模式研究——兼论中国企业业绩评价模式选择[J].管理世界，2004(4)：82 - 91.

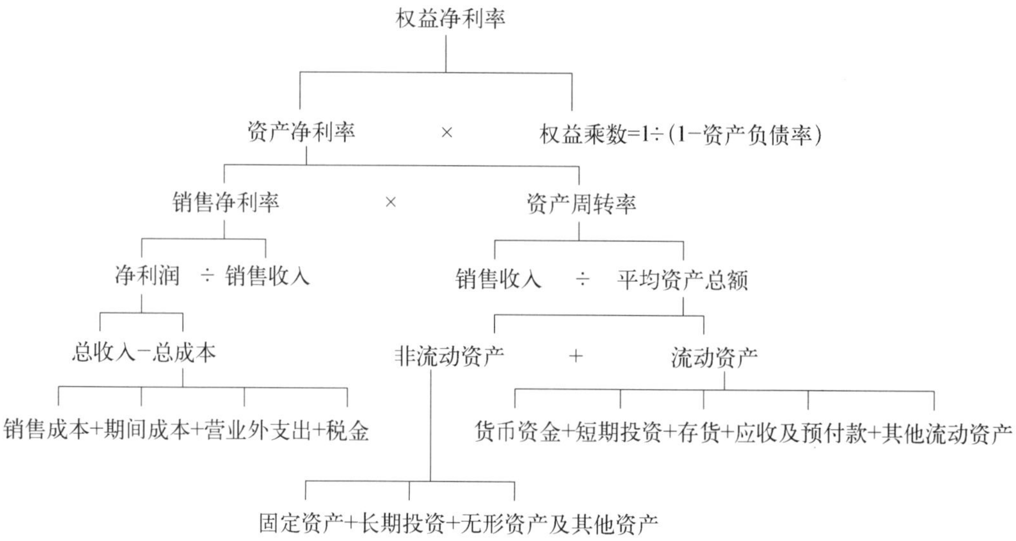

图 3-2　杜邦系统图

第二次世界大战之后,随着市场竞争的加剧,许多企业感觉到仅仅对生产效率进行评价已无法满足管理的需要,要应对环境的变化,就不能只是片面地强调生产环节的管理,而应跟随着专业化分工的进程,不断强化对各个职能部门运作效率的管理。在这一背景下,许多企业为各个职能部门如营销、研发、人力资源、财务、生产等建立了比较完善的评测指标体系,一些新兴的指标应运而生,如市场占有率、顾客满意度、新产品数量、员工满意度等评价指标,这些指标与以往的财务指标完全不同。20 世纪 50 年代以后,能更好地反映企业整体价值、未来机会和风险的贴现现金流量指标的应用也日益广泛,如内部报酬率、净现值等。不过由于当时企业的各个职能部门独立行事,协调性较差,不同部门之间的绩效评测指标体系缺乏系统性和层次性。

1965 年,斯坦利 · E.西肖尔(Stanley E. Seashore)在《密执安商务评论》上发表了论文《组织效能评价标准》,提出"组织效能评价标准金字塔"这一创新概念。① 西肖尔认为,全面评价企业的经营活动需要考虑以下 3 个方面的问题:(1) 组织的长期总体目标是否实现及其实现程度;(2) 由若干短期指标衡量的短期经营绩效,这些指标通常代表着经营的成果,可以由其自身的数值加以判断,将它们综合为一组指标后就可以决定组织的最终经营情况;(3) 从属的、低层次的子指标群,它们反映当前的经营状况,并预示迄今所取得的进展和实现最终目标或结果的可能性。西肖尔认为上述 3 个问题可以概括在一个金字塔结构中(见图 3-3)。首先,最顶层的为最终标准,它是评价那些直接衡量组织经营绩效的较次要标准的基础,但它自身是无法衡量的,除非由历史学家去做结论。其次,处于金字塔中间的为中间标准,它是影响短期经营效益的要素或参数,其内容不超过最终标准的范围,是一种输出性或结果性的

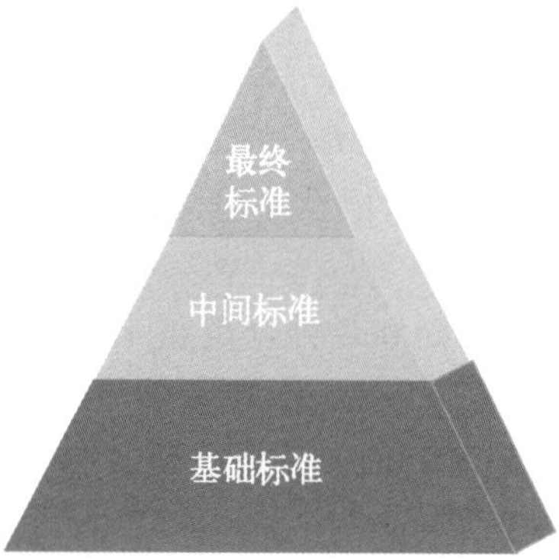

图 3-3　组织效能评价标准金字塔

① Seashore S.. Criteria of Organizational Effectiveness[J]. Michigan Business Review, 1965, Vol.7: 26-30.

标准，它们的加权组合将决定最终标准的取值。中间标准中比较典型的指标有销售额、生产效率、营业增长率、利润率等财务指标，以及员工满意度和客户满意度等行为指标。最后，也就是处于金字塔最底端的，是组织绩效的基础标准，它是对当前活动进行评价的标准。基础标准是经过理论分析或根据实践经验确定下来的，是实现各项中间标准所必需的前提条件。比较典型的指标有次品数量、短期利润、生产进度、设备停工时间、加班时间等硬指标，以及员工士气、企业信誉、内部沟通的有效性、缺勤率、员工流动率、群体内聚力和顾客忠诚等软指标。

西肖尔的主要贡献在于对衡量企业各种目标的指标进行了详细的分析和论述，并将各种评价指标及其相互关系组合成一个金字塔式的层次结构，从而使原先处于混乱状态的评价指标体系具有了逻辑性和系统性，不过西肖尔为各类指标安排的位置却未必适当。①

20 世纪 70 年代后，绩效评测指标的设计发生了前所未有的变化。其一，由于市场竞争日益激烈，营销、生产、研发、财务、人力资源各职能部门的相互协调与配合显得越来越重要，在这种背景下孤立地从某一方面研究绩效评价就显得毫无意义。② 其二，随着高科技的快速发展，企业的竞争优势越来越取决于无形资产的开发和利用，人力资源的作用日益突出，财务指标的短期性使员工的日常行动与企业的长期战略目标脱节。20 世纪八九十年代，随着来自企业外部的压力不断增加，财务指标由于无法反映企业未来价值创造等缺陷，以至于无法满足资本市场和股东的要求。此时出现了两种研究导向：一种研究导向是不断地深化财务指标的设计。1986 年，阿尔弗雷德·拉帕波特（Alfred Rappaport）在《创造股东价值》一书中，提出了一个从股东价值角度评价企业绩效的方法，即“股东价值＝公司价值－债务”，这一思想极大地促进了基于股东价值角度的企业绩效评价研究的发展。1991 年，斯特恩·斯图尔特（Stern Stewart）公司提出了经济增加值指标。1997 年，杰弗里（Jeffrey）等人提出修正的经济增加值（Refined Economic Value Added，REVA）指标，进一步发展了经济增加值指标。③

另外一种研究导向是强调企业的系统性，强调各部门之间、各经营活动之间的相互协调性，此时基于战略管理的绩效评价体系受到关注，产生了一些比较有代表性的文献，比如麦克奈尔（McNair C. J.）、林奇（Lynch R.）和克罗斯（Cross K.）提出了绩效金字塔模型。④ 该模型从战略管理角度给出了绩效指标体系之间的因果关系，反映了战略目标和绩效指标之间的互动性，揭示了战略目标自上而下和经营指标自下而上逐级反复运动的层级结构。

2. 非财务指标评测体系的产生

由于财务指标的局限性和滞后性，人们对财务绩效指标对现代企业的有效性产生了怀疑，越来越多的人对传统的基于财务指标体系的绩效管理方法开始表示不满。很显然，一些公司绩效要比另一些公司好，但是仍旧很难去定义什么才是一个高绩效的公司⑤，或者说很难通过财务数据来衡量某一时刻某家公司的绩效状况。⑥ 年度报告和账户由于人们所创造的会计

① 王化成，刘俊勇．企业绩效评价模式研究[J]．管理世界，2004(4)：82－91.

② Munro J. L.. The Scope of Tropical Reef Fisheries and Their Management[M]//Reef Fisheries，Chap.1，Chapman & Hall，1996.

③ Jeffrey G.. The Albino Retina：an Abnormality that Provides Insight into Normal Retinal Development[J]. Trends in Neuroscience，1997，20(4)：165－169.

④ McNair C. J.，Lynch R.，Cross K.. Do Financial and Nonfinancial Performance Measures Have to Agree? [J]. Management Accounting，November，1990：28－36.

⑤ Brown M.，Laverick S.. Measuring Corporate Performance[J]. Long Range Planning，1994，27(4)：89－98.

⑥ Nohria Nitin. Is a Network Perspective a Useful Way of Studying Organizations? [M]//N. Nohria，R. G. Eccles (eds.). Networks and Organizations：Structure，Form and Fit. Boston，MA：Harvard Business School Press，1992.

数据而变得更加糟糕,因而对一种更为合适的评价方法需求迫切。随之,一系列基于非财务指标体系的绩效测评方法逐渐被提出,其中影响最大、具有较大权威性的为卡普兰和诺顿提出的平衡计分卡。卡普兰和诺顿认为可以从企业的财务、顾客、业务流程、学习与成长4个方面设计绩效指标,他们不仅构建了财务指标与非财务指标相结合的指标体系,而且在其后的论文中给出了具有可操作性的实施步骤,使平衡计分卡成为实施战略管理的有效工具。① 平衡计分卡不只是单纯地进行测评,它还是一种在产品、过程、顾客和市场开发等关键领域有助于企业取得突破性进展的管理体系②;它能使企业在了解财务结果的同时,对自己未来发展能力的增强和无形资产收购方面取得的进展进行监督。平衡计分卡作为新的战略管理的柱石,解决了传统管理体系的一个严重缺陷,即它们不能把企业的长期战略和短期行为联系起来,而平衡计分卡可以帮助管理层选择与企业目标和竞争需要相关的指标,并且鼓励有效的行为来达到这些目标。正如巴特勒(Butler A.)、莱地齐亚(Letza S.)和尼尔(Neale W.)③所说的:“传统的衡量系统侧重于控制……而平衡计分卡却是假设人们可以有选择地采取达到目标的行动。”

【案例3-1】

基于ESG理念的绿色PPP项目绩效评价体系

ESG是环境(Environmental)、社会(Social)和治理(Governance)的缩写,其目标是关注企业在环境保护、社会责任、公司治理3个方面的非财务绩效表现和企业评价标准。PPP项目是为了满足公众社会的需要,由政府与私企共同出资设立的。而绿色PPP项目在此基础上又增加了绿色属性,即注重环境的可持续发展,这与ESG的理念相同。为此,将ESG理念引入绿色PPP项目绩效评价具有3个优势:第一,有利于提升绿色PPP项目社会、经济、生态等综合效益;第二,考虑多元化的相关利益方;第三,有利于PPP项目的绩效管理。

基于文献研究、专家访谈并结合绿色PPP项目的特点,运用ESG理念,从环境、社会、治理3个方面构建绿色PPP项目的绩效评价体系。

1. 与环境相关的绩效评价指标

绿色PPP项目具有生态价值,而环境治理与低碳发展是其重要的建设目标之一,因此绿色环境评价指标具有一定的重要性。“双碳”目标的提出使碳排放量成为考核的重要指标,而项目建设时期往往伴随自然资源的消耗和污染物的排放,因此项目建成后要考虑该绿色PPP项目是否达到了环境治理效果。基于此,本文设置了环保投入、碳排放量、废水和固体废物等污染物的排放量、自然资源消耗、能源回收利用率、环境治理达标率等指标。

---

① Kaplan R. S., Norton D. P.. The Balances Scorecard: Measures that Drive Performance[J]. Harvard Business Review, 1992, Vol. 70(1), 71-79.

② 彼得·F. 德鲁克,等.公司绩效测评[M].北京:中国人民大学出版社,2004.

③ Butler A., Letza S., Neale W.. Linking the Balanced Scorecard to Strategy[J]. Long Range Planning, 1997, Vol. 30(2): 242-253.

2. 与社会相关的绩效评价指标

由于绿色 PPP 项目具有公益性、项目运营和投资回收期长等特点，所以员工和周边社区都需要得到关注。同时，项目建成后是否带动了周边环境优化、居民生活水平提升、经济改善也是必须考虑的因素。基于此，在指标体系中设置了员工福利待遇、员工的健康与安全、就业贡献、区域经济增长贡献率、居民生活水平、噪声影响等各类诸如投诉和群众性事件处理、重大事故次数、项目可持续发展能力等社会指标。

3. 与治理相关的绩效评价指标

绿色 PPP 项目的治理责任应该充分考虑项目自身的特点，从全生命周期角度全面反映各利益主体的满意度。基于此，本文根据项目决策、采购、执行、结果等不同阶段分别设置了融资资金到位率与及时率、组织机构和人力资源配置、可行性报告水平、信息披露质量、档案资料完整性、风险管控水平和风险分配合理性、项目完工及时率、项目验收合格率、成本控制、政府满意度等治理指标。

［资料来源］杨林芝，姚惠芳.基于 ESG 理念的绿色 PPP 项目绩效评价体系构建[J].产业发展，2022(11)：9－14.

(二) 企业员工层次的绩效指标体系

员工层次的绩效指标主要体现在工作能力、员工行为及工作结果 3 个方面。

1. 工作能力指标

不同的岗位对员工的工作能力要求是不同的，同时只有在员工的绩效指标体系中加入工作能力方面的评价指标，才能使评价结果真正反映员工的整体绩效。通过能力指标的引导将有助于鼓励员工提高与工作相关的工作能力，并做出各种有关人事调整的决定。能力是一个比较复杂的概念，包括认知能力(包含智力以及特殊认知能力，如归纳和演绎推理、语言理解、记忆、数字计算等)、运动和身体能力。现在组织比较关注的是员工的工作导向能力[①]，主要包括：与思想水平和工作有关的能力、知识能力(必须学习和了解的)、技能(他必须能做的)、行为能力(态度、原则、规范、价值观、风度、保持各自位置所需的内驱动力)。诸如授权、指导、管理、独立工作、以客户导向方式行动、愿景、合作、人际关系技能、组织、流程导向、提前行动、鼓舞、果断、说服力等都是重要的工作导向能力。在实际操作中，5～20 种能力适用于大部分要进行的工作。对某些特定的职业来说，这个数字要更高，例如多普勒(Doppler)和劳滕伯格(Lautenberg)为组织改革顾问推荐了一个 33 项能力的清单(见表 3－1)。

表 3－1　组织变革者的能力

A. 个人特征
(1) 健康的体格(自信、稳定、抗压力)
(2) 根本上积极的态度(乐观、积极的态度)
(3) 坦诚和诚实(直率的、本能的、诚恳的)
(4) 愿意承担责任(个人承诺)
(5) 合作性(反对精英主义、等级制度、独裁主义)

① 休伯特·K. 兰佩萨德.全面绩效计分卡[M].北京：机械工业出版社，2006.

续 表

(6) 坚持自己的立场并独立做出决策的勇气
(7) 会议义务(约定)
(8) 直觉(进入感情)
(9) 真实感(寻找真实的东西)
(10) 幽默感(提供放松的能力)
B. 专门技能
(1) 建立坦诚信任环境的能力
(2) 能够很好地倾听(积极地倾听)
(3) 信任他们并且取信于他们(以便他们得到激励并且把他们视为一体)
(4) 整合能力(将团队里的成员集合在一起,也能够让团队作为整体工作)
(5) 冲突控制(不惧怕有自己的观点,敢于面对面)
(6) 处理能力(理解和指导发展)
(7) 混乱控制(在复杂情况下继续工作的能力)
(8) 战略能力(看出复杂关系并采取相应措施的能力)
(9) 跨文化能力(在不同的社会结构中工作的能力)
(10) 清楚地交流(清晰地思考、简洁、切中要害、以简单明了的方式表达)
C. 特殊经验
(1) 自我感知,自我观察(能够长时间地集中观察自己,以便了解自己的个性、动机和社会行为)
(2) 个人指导(建议、引导和指导个人)
(3) 团队和发展(领导和建立小团体)
(4) 给大团体中的交流提供指导(组织和领导员工团队的工作会议)
(5) 方案管理(组织和领导变革方案)
D. 特殊知识
(1) 心理学基础知识
(2) 商务经济学基础知识
(3) 系统和混沌理论
(4) 团体动力学
(5) 组织理论
(6) 组织心理学
(7) 组织发展的确立(目标、战略)
(8) 组织发展领域内的干预(工具、方法和流程)

[资料来源] Léon de Caluwé, Hans Vermaak. Learning to Change: A Guide for Organization Change Agents[M]. Thousand Oaks, CA: Sage Publications. 2003: 263.

2. 员工行为指标

企业常常出现的现象是,一个能力很强的人出工不出力,没能实现较高的工作绩效;而一个能力一般的员工兢兢业业,却做出了十分突出的工作绩效。这两种不同的工作行为产生了截然不同的工作结果。因此,为了对员工的行为进行引导从而达到绩效管理的目的,在绩效评价中有必要对工作行为进行评价。工作行为与工作能力在一定程度上共同决定了一名员工的实际工作绩效。但是,即使有好的工作行为,工作能力也未必能够得到全部的发挥,转化为相应的工作绩效。这是因为从能力、行为向绩效转化的过程中,还要受到除了人为以外的一些因素的影响,如工作环境是否正常、工作分工是否合理等,这些也在一定程度上说明了能力评价与行为评价的必要性。

3. 工作结果指标

工作结果就是工作行为所产生的最终成果表现。绩效的评价结果直接反映了绩效管理的最终目的，即是否提高了企业的整体绩效以实现既定的目标。组织成功的关键要素往往决定了绩效评价中需要确定的关键绩效的结果。这种关键绩效结果规定了在评价员工绩效时应着重强调的工作结果指标。比如企业试图采取成本领先战略实现其市场竞争地位，此时，员工的成本节约程度就是一个很好的结果评测指标。这些结果指标可能表现为该岗位的关键工作职责或一个阶段性的项目，也可能是年度的综合结果。工作结果通常具体表现为完成工作的数量指标、质量指标、工作效率指标以及成本费用指标。

综合运用这 3 类指标进行绩效评价指标体系的设计，是一种较为常见的方式。表 3 - 2 给出了这 3 类评价指标的对比。有些西方学者指出，在这 3 类绩效评价指标中选择的最好方式就是将评价指标名称冠以“能力”的标签，评价指标的定义和尺度则采用行为导向和结果导向相结合的方式。

表 3 - 2　3 类评价指标的比较

	能　力	行　为	结　果
指标范例	智力、归纳和演绎推理能力、语言理解能力、运动和身体能力、人际关系技能、说服力	迟到、盗窃、赌博、与顾客发生激烈冲突、抱怨、每 3 天拜访 1 次客户	月销量 200 台电脑、每月平均新开拓客户 3 家、每月节约业务招待费 1 000 元
适用范围	适用于对未来的工作潜力做出预测	适用于评价可以通过单一的方法或程序化的方式实现绩效标准或绩效目标的岗位	适用于评价那些可以通过多种方法达到绩效标准或绩效目标的岗位
不足	◇ 没有考虑情景因素，通常预测效度较低 ◇ 不能有效地区分实际工作绩效，员工易产生不公正感 ◇ 将注意力集中在短期内难以改变的特质，不利于快速改进绩效	◇ 需要对那些同样能够达到目标的不同行为方式进行区分，以选择真正适合组织需要的行为方式，是十分困难的工作 ◇ 当员工认为其工作重要性较小时意义不大	◇ 结果有时不完全受被评价对象的控制 ◇ 容易诱使评价对象为了达到一定的结果而不择手段，使组织在获得短期利益的同时丧失长期利益

实际上，企业在构建指标体系时，一般既要考虑到组织层面的财务指标与非财务指标，还必须考虑到员工层面的能力指标、行为指标与结果指标，甚至要考虑到组织内部的流程指标与客户指标，完善的系统和指标体系是实现企业绩效管理目标的基础。有关指标体系的设计范例可参见表 3 - 3。

表 3 - 3　企业绩效指标的一个综合体系

视角	绩效测量指标	视角	绩效测量指标
财务	◇股东价值 ◇ 返回 ◇ 投资回报 ◇ 投资水平 ◇ 现金流	内部流程	◇ 效率＝预期成本/实际成本 ◇ 整体时间＝处理时间＋检查时间＋行动时间＋等待/储藏时间 ◇ 生产循环效力＝处理时间/整体时间 ◇ 下降的时间

续 表

视角	绩效测量指标	视角	绩效测量指标
财务	◇ 营收增长 ◇ 销售额 ◇ 营业成本占销售额的百分比 ◇ 保证金 ◇ 利润率＝销售额/成本＋获得的收益 ◇ 背离预算的百分比 ◇ 生产率＝产出/投入＝结果/成本 ◇ 实际生产率＝实际结果/实际成本 ◇ 预期生产率＝预期结果/预期成本 ◇ 结果＝产出＝(所有生产单位×销售价格)＋股息 ◇ 劳动生产率＝成果/劳动成本 ◇ 劳动成本＝工时×小时工资 ◇ 资本生产率＝成果/资本成本 ◇ 资本成本＝已使用资本货物的年金价值 ◇ 物资生产率＝成果/物资成本 ◇ 物资成本＝购买物资－储备成本 ◇ 杂项生产率＝成效/杂项成本 ◇ 杂项成本＝能源、维修、保险等 ◇ 综合生产率＝成果/(劳动成本＋投资成本＋物资成本＋杂项成本) ◇ 效率＝实际结果/预期结果 ◇ 总增加值＝销售额－所用原材料、货物和生产这些产品所需的服务 ◇ 净增加值＝总增加值－折旧(耐久资本商品的消耗) ◇ 每年销售额的增加值 ◇ 作为销售额百分比的购买份额 ◇ 股票的流通周转率 ◇ 存货率 ◇ 购买价格/市场价格 ◇ 与销售额有关的采购份额 ◇ 供应商数量 ◇ 新产品收入百分比	内部流程	◇ 失败的次数 ◇ 可用性＝MTBF/MTTR MTBF＝在失败中的大部分时间 MTTR＝补救的大部分时间 ◇ 失败率＝(失败的次数/被检测的所有产品的个数)×100％ ◇ 失败率＝(失败的次数/运作时间)×100％ ◇ 实际运作流程对等待时间 ◇ 机器可用性＝(生产时间－中断时间)/生产时间×100％ ◇ 失败的整个时间＝派发时间－注意时间 ◇ 开发票速度 ◇ 传递时间(订单和投递之间) ◇ 提供一个位置所需时间 ◇ 被延迟的订单百分比 ◇ 一个服务询问的答复时间 ◇ 产品开发的指导时间 ◇ 新产品的销售百分比 ◇ 在市场中开发一个新产品所需要的时间(即时市场) ◇ 病假的百分比 ◇ 迟到的百分比 ◇ 员工的满意度 ◇ 人员流动的百分比 ◇ 认为自己正在有效的领导之下工作的人员的百分比 ◇ 认为正在从事挑战性工作的人员的百分比 ◇ 正确填写表格的百分比 ◇ 功能导向行为被正确执行的百分比 ◇ 质量等级＝[(生产数量－残次品的数量)/生产数量]×100％ ◇ 拒绝百分比或通过百分比 ◇ 废料百分比 ◇ 损坏百分比 ◇ 回报百分比 ◇ 由于危险的工作受伤的百分比 ◇ 安全事故的百分比 ◇ 环境事故的百分比 ◇ 合理化流程的百分比 ◇ 带有实时质量反馈流程的百分比 ◇ 订单延迟的百分比 ◇ 交货的可靠性;按时按规格交货的百分比 ◇ 根据特殊需要传递的百分比 - 内部故障成本：与产品交付前纠正错误有关的成本，例如废料、不合格产品、调整、设备停机、等待修理时劳动者的闲坐和对次品的打折销售

续　表

视角	绩效测量指标	视角	绩效测量指标
		内部流程	◇ 外部故障成本：关于产品交付之后的故障调整的成本，例如维修成本、交通住宿花费、替换的成本、备品条件、客户商誉丧失、担保和保修成本、调遣成本 ◇ 防范成本：与以上提及成本有关的成本，例如设计产品和质量的有关流程、计划质量控制流程、预防性维修成本、资本成本、质量培训和标准工作流程 ◇ 判断成本：不得不测量、评估产品和流程以求保证其符合特定要求的成本。例如输入检查、实验室检测、取得专门的检测仪器、接受调查、质量报告和 ISO 审计
客户	◇ 市场份额 ◇ 市场增长 ◇ 由于不满而终止与组织关系的客户的百分比 ◇ 高满意度客户的数字 ◇ 客户的满意度 ◇ 潜在客户的数字 ◇ 潜在营业额 ◇ 所需答复投诉的时间 ◇ 所需解决投诉的时间 ◇ 客户的忠诚度 ◇ “未销售”的数量 ◇ 与失去客户或者获得新客户有关的成本 ◇ 由于不满意的客户引起的销售损失 ◇ 拜访重要客户的次数 ◇ 与客户群会面的次数，了解他们的需求、要求、想法和抱怨 ◇ 与客户满意度有关的具体目标的数量 ◇ 与最高客户满意度有关的指导方针的数量 ◇ 电话响 3 声之内被接听情况的百分比 ◇ 可达到性 ◇ 营销成本 ◇ 销售营销部 ◇ 内部客户的满意水平 ◇ 传递时间(下订单和投递之间) ◇ 安排一个位置所需时间 ◇ 订单传递延迟的百分比 ◇ 一个服务询问的答复时间 ◇ 客户联系的数量 ◇ 客户调查的数量 ◇ 担保声明的数量 ◇ 客户投诉的数量 ◇ 客户回报百分比 ◇ 客户对沟通满意的百分比	学习成长	◇ 劳动生产率＝成果/劳动成本 ◇ 每个劳动成本的增加值 ◇ 每个员工的增加值 ◇ 单位劳动时间的增加值 ◇ 每个员工的收入 ◇ 每个员工的销售额 ◇ 战略信息的可用性 ◇ 员工在信息交换方面的经验水平 ◇ 沟通失败的百分比 ◇ 可用能力的百分比 ◇ 有用技能的数量 ◇ 被要求和被推崇的培训课程的数量 ◇ 合格员工的百分比 ◇ 接受过必要技能培训的员工的百分比 ◇ 需要掌握关键技能的员工的百分比 ◇ 员工的培训成本 ◇ 执行长官和经理人的培训成本 ◇ 培训成本占销售额的百分比 ◇ 解决问题的数量 ◇ 每个员工提出建议的数量 ◇ 被执行的建议的数量 ◇ 可用战略信息占可用信息的百分比 ◇ 有能力的员工的百分比 ◇ 创新技术的存在程度 ◇ 可用战略技能的百分比 ◇ 某人保持同一位置的平均时间 ◇ 个人抱负与组织共同抱负相联系的员工比例

[资料来源] 休伯特·K. 兰佩萨德.全面绩效计分卡[M].北京：机械工业出版社，2006：69－73.

第二节 绩效指标设计的基本方法

绩效指标要具有可操作性,就必须从实际工作的具体情况出发,准确对指标进行定位、分解、筛选和审核,由此确定出具体的、可测量的、符合实际的绩效测量指标。本节将逐一介绍绩效指标的定位、分解、筛选的基本方法。

一、绩效指标定位:OGSM 法

OGSM(Orientation-Goal-Strategy-Measure)法,是一种非常重要且有效的经营计划管理方法,它的基本思路表现为确定方向→制定目标→采取策略→进行测量。

方向(O)——确定企业的发展方向,即企业在经营过程中所要达到的市场竞争地位和管理效率要求。用以衡量企业发展方向的因素很多,比如行业领先地位、总体规模、市场份额、收入和盈利增长率、投资回收率、企业形象、竞争优势排名等。

目标(G)——对企业战略目标实现具有重大影响的变量和领域,它是制定关键性绩效指标的依据,通常考虑的是战略目标赖以实现的重点资源和约束条件,如产品的品种或者质量、营运资金占用水平、关键性人才的流失等。

策略(S)——为解决关键问题所采取的具体手段,体现为对于具体领域内的竞争方式、关键行为、成功因素的确认。在不同的发展阶段,对应于不同的发展重点,往往也就需要不同的具体策略。如为了降低关键性人才的流失,就可以要求直线主管和人力资源部等相关部门建立有效的沟通机制,并从沟通的频率、沟通的技能水平等指标出发来衡量直线主管和人力资源部门的绩效状况。

测量(M)——对企业的发展方向、战略目标、经营策略和手段都应进行具体的测量,并且方向、目标和策略的测量指标体系是不同的,但又是存在一定的相关性,且都是为了企业能够获得更好的绩效和竞争优势。

【案例 3-2】

为何采购管理需要采用 OGSM 模式

据说最早启用 OGSM 模式的是美国国家航空航天局(NASA)。在 20 世纪五六十年代,时任美国总统肯尼迪(John F. Kennedy)为了增强民众的民族自豪感,提出要在 10 年内将美国宇航员送上月球,再把他们安全接回来。为达成这一目标,NASA 采用了 OGSM“登月神器”,把一个宏大的愿景拆解成不同策略,继而制订具体的行动计划,以及各个部门各成员要完成的数字指标。肯尼迪成功地将每位 NASA 人的日常工作纳入了登月计划这个宏伟蓝图,每个人都清楚如果实现了团队的目标,他们就为人类首次登月的壮举做出了贡献。后来的结果也为全世界所知。

如今,宝洁、可口可乐和玛氏等世界 500 强企业都将 OGSM 视为规划策略的主要工具,并在其采购部门运用。为什么要在采购管理中运用 OGSM? 一千个人眼中就有一千个哈姆雷特。就采购部应实现的愿景,即发展蓝图而言,每位管理者的理解和认识都有可能相差甚远。如果管理者不能清晰定义部门愿景，团队成员受限于自己的认知，在理解领导意图、绩效要求上就会有较大的偏差。仅仅制定 KPI 是不够的，KPI 是最后一步，让团队成员系统地理解长期的愿景、目标和战略方法是实现 KPI 的前提，而 OGSM 是帮助成员达成一致认识的一项有效工具。

下面用一个案例来阐释采购团队 OGSM 的制定。

B 公司是一家传统国企，被全球知名集团公司 J 收购后，采购部的管理和转型成为重中之重。新上任的采购总监经过调查，收集到如下信息：

J 集团公司看中 B 公司产品在国内的知名度，能补足其国内的产品线；通过 J 公司的全球知名度以及雄厚的资金，迅速实现业务增长和盈利翻倍。

B 公司原是一家国企，直接采购属于生产部管辖，间接采购权归属于各职能部门，并没有集中管理。被收购后仍有一大半的员工将继续留下来工作，其中包括一些主管级别的人员。

J 收购 B 后的首要目标是流程规范化，以满足集团严格的合规要求；其次各部门的业务流程逐步与 J 集团公司的管理体系实现统一。

采购总监认为制定采购部 OGSM 首先要重点考虑公司的规模、性质、发展背景、短期和长期的目标及策略；其次要考虑采购团队或者采购行为主导团队的背景、现状及上一级管理者的期望值。为此，采购总监制定的部门 OGSM 如下：

（一）Objective 愿景

通过建立集中采购部、采用战略采购方法，获得可持续的采购声誉。

鉴于间接采购权归属于各职能部门，传统国企的风格是各部门划定自己的地盘，从工作中获得个人利益是公开的秘密。而 J 集团公司的采购管理理念非常先进，间接采购集中率已达到 100%，采购成员按品类管理分工，所有实体公司的采购组织既实线汇报给该公司的管理层，也虚线汇报到集团层面的采购管理层。

树立这个愿景的最终目的是改变采购部的形象、树立良好的声誉，以专业、积极的形象展现在全新的 B 公司中。

（二）Goal 目标

目标一：逐步扩大集中采购的覆盖率；

目标二：严格控制采购流程不符合项；

目标三：制定和完善供应商评审与绩效评估流程。

采购权的集中需要有计划地逐步收回，而不是一揽子工程。主要考虑几点：先要招聘到对每个品类有一定专业能力、有经验的采购员，凭实力去接管该品类的采购业务。如果采购员对品类产品和服务完全不了解，贸然接手不仅容易有风险，而且容易被人嘲笑不专业。另一点是权力的交接必然引起冲突，公司需要持续生产运营。如果采购部同时与众多部门发生争执，势必对生产、公司稳定性造成负面影响。

（三）Strategy 策略

策略一：团队成员按品类管理采购，提升专业度；

策略二：将采购流程落实到全部业务流程如预算制定阶段；

策略三：在严格审核的基础上选择供应商并与之建立长期的战略合作伙伴关系。

（四）Measurable 衡量

指标一：第一年的集中采购的覆盖率达到 50%，在 3 年内实现 90%的覆盖率；

指标二：采购流程不符合项控制在 5%；

指标三：供应商评审与绩效评估完成率 80%。

［资料来源］外企采购人.最早 NASA 采用的 OGSM 模式，为什么需要用在采购管理中？［EB/OL］.（2023-01-09）［2023-03-03］.https://mp.weixin.qq.com/s/nZhBiPI6swP9hJ7NskqTgQ.

二、绩效指标分解：鱼骨图法

诸如 OGSM 等指标体系和方法确定了建立指标体系的基本框架与思路，依据指标定位，企业可以按照鱼骨图法逐层建立指标体系，即将影响企业发展方向和战略目标实现的关键指标分解出来，进而建立一个复合的多层次的绩效指标体系。鱼骨图法的主要思路体现在：(1) 确定影响企业战略和目标实现的关键成功因素是什么，即确定能够有效驱动战略目标实现的关键性因素的范围；(2) 从关键性因素范围中确定关键性绩效要素；(3) 基于关键性要素，确定关键绩效指标。鱼骨图法的制定流程和方法如图 3-4～图 3-6 所示。

假定企业的战略目标定位于提高企业竞争优势。那么，首先要采用科学方法确定影响企业竞争优势的关键性因素的范围。这是一个非常复杂的工作，主要原因在于企业外部环境的变化充满不确定性，企业内部的资源与能力也处于一个不断更新的阶段，影响企业竞争优势的因素非常多，哪些因素才是最为关键的因素，这无法通过简单的主观臆断，而应采取科学方法。① 现假定从已知的关键成功因素范围中选取以下关键绩效因素：(1) 产品开发；(2) 利润；(3) 组织架构；(4) 变革管理；(5) 文化建设与管理改进；(6) 客户满意；等等。

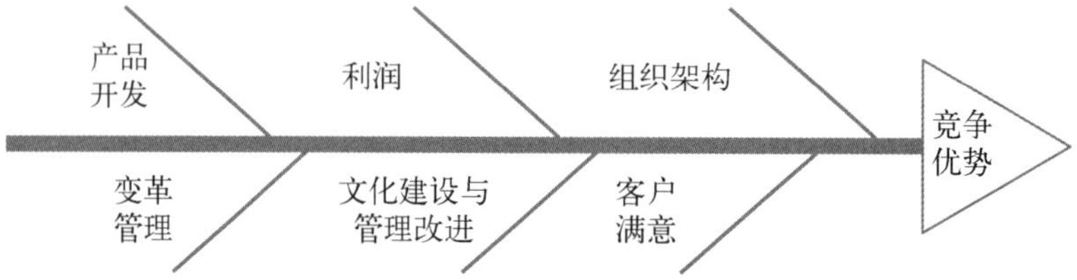

图 3-4 鱼骨图法之一

根据上述关键性绩效因素，还要进行进一步的指标分解，比如基于影响利润的因素，对指标进一步分层就得到以下衡量指标：新产品开发、市场开拓、成本降低、销售增长、及时回款等。

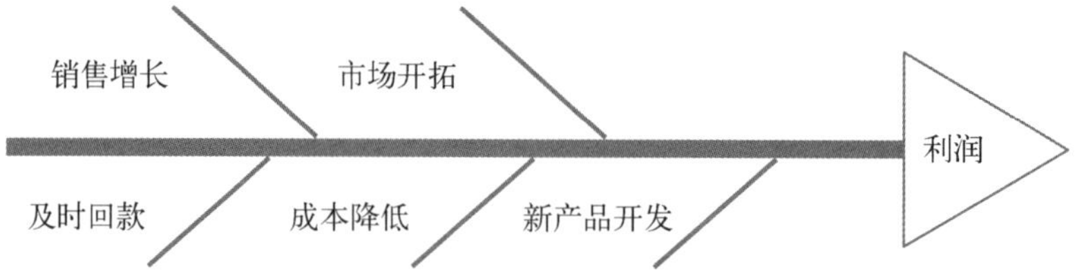

图 3-5 鱼骨图法之二

① 贺小刚，李新春，方海鹰.动态能力的测量与功效：基于中国经验的实证研究[J].管理世界，2006(3)：94-103.

依据同样方法可以确定影响新产品的市场开拓、成本降低、销售增长和及时回款的关键因素，比如影响新产品开发的因素主要有团队合作、挖掘新机会、缩短开发周期、项目管理等，据此进一步分解得到更详细的可具体操作的测量指标。

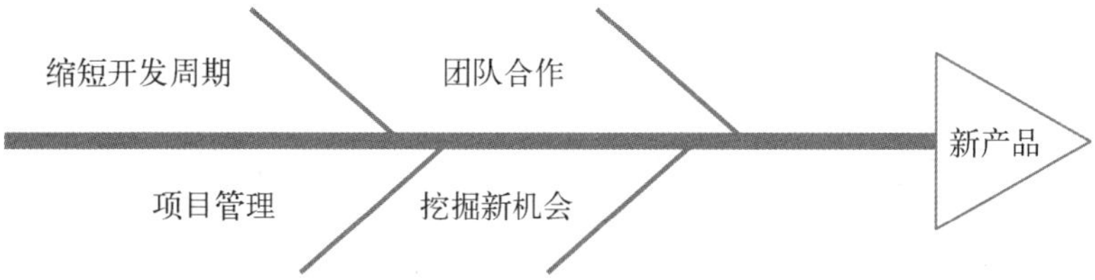

图 3-6 鱼骨图法之三

【案例 3-3】

如何运用鱼骨图进行企业 KPI 设定

Z 公司在企业的愿景、价值观确定后，通过 SWOT 分析，确定自身战略为——在保证利润持续增长的同时，大力实施品牌经营，促进各类客户群规模发展；以客户为中心，加快企业全面转型。精确管理，科学运营，持续提升整体运营水平；加强人才队伍建设，提升创新能力，不断增强企业的核心竞争力，保证企业可持续性发展。

Z 公司经过分析，提炼出公司获得成功的 5 个关键成功要素：创新能力、利润增长、优质服务、人力资源、优质网络。关键成功要素是对企业战略的定性描述，具有很强的概括性和抽象性，所以要将其进一步分解为更具体的 KPI 要素(见图 3-7)。

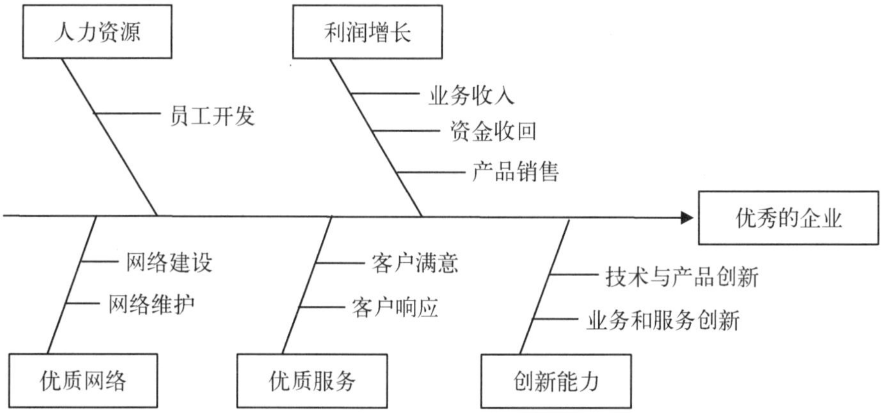

图 3-7 Z 公司 KPI 要素分解图

“利润增长”KPI 维度。第一，确保完成预算目标是企业肩负的责任和工作的基本要求，确定“业务收入”为 KPI 要素。第二，为确保业务收入的真实实现，保证资金的良性循环，避免呆账、坏账，确定“资金收回”这一 KPI 要素。第三，将“产品销售”列入“利润增长”这一 KPI 维度，是因为在收入基本面保持稳定的基础上，产品销量是“利润增长”的直接拉动因素。

"优质网络"KPI维度。表现在两个方面:一是"网络建设",主要是承载网的建设、核心网功能的完善、积极做好网络建设准备工作;二是"网络维护",确保网络系统安全、稳定、高效运行是保证优质网络的基础工作。

"优质服务"KPI维度。以客户为中心是企业长期坚持的核心理念。客户是利润和收入增长的源泉,只有客户满意才能带来销售良性增长,才能取得持续的经营成功。企业在内部管理中也应强化客户服务意识,规范为客户服务的流程。对客户需求的及时响应是企业客服工作的重点。

"人力资源"KPI维度。多年的发展、良好的业绩为企业积累了人才。如何使人才在企业的工作中最大限度地发挥作用,并在企业发展的同时使个人不断进步,为企业做出更多贡献,是企业人力资源工作中的关键。针对新业务,针对个人的情况进行相应的培训是盘活人力资源的有效手段。

"创新能力"KPI维度。不断研发的新技术、新产品使Z公司的市场占有率不断提高,从中可见产品创新是企业发展的源泉。提高产品的开发能力。建立创新体系,使创新成为企业内化的一种能力。差异化服务、维护外包等业务与服务创新使企业在提高客户满意度、降低企业成本等方面取得了成效。

[资料来源]合众智业.绩效管理:如何运用鱼骨图进行企业KPI的设定[EB/OL].(2017-12-25)[2023-03-03].https://mp.weixin.qq.com/s/P1pPtBXsvqZckw9C7XKwNA.

三、绩效指标筛选:KPI法

指标筛选常见的方法是关键指标法,即KPI(Key Performance Indication)法,该方法采取"20/80原则",基本出发点在于关注指标的重要性,即只将注意力放在战略性活动中起到80%贡献度的一小部分指标上。企业在利用KPI法进行指标筛选时应该注意以下几点:(1)指标应该精确、易懂和完整;(2)指标在实践中应该可以测度;(3)为确保信息含量,指标最好使用百分比;(4)指标要包括报告频率(如每月、每季或每年);(5)指标的制定应该综合能力、行为和结果而进行分类。在确定KPI时,第一种方法是管理者根据自己的工作经验对各项指标的重要性进行评分、排列,进而挑选出最符合的关键指标;第二种方法是专家法,即通过聘请业内知名专家参与协助企业管理者一同确定KPI;第三种方法则是通过广泛的社会调查收集数据,并基于统计处理量化出每个指标的重要程度,这种方法耗费高,但更加具有科学性,所以是今后绩效管理过程中的最优备选方法。

四、确定绩效指标的捷径:标杆基准法

企业可以根据自身的经营状况确定企业的关键性经营活动及其主要的绩效指标,如通过业务价值链分析确定哪个环节、部门的贡献大,通过关键驱动因素敏感性分析来确定关键性指标,但一种比较简单且具有实用价值的方法则是标杆基准法,即找出一家优秀企业作为参考对象,分别从企业总体层面、流程与职能层面、员工个体层面进行比较分析,以找到企业的关键性因素和指标。这种方法对于那些采取追随战略的企业更为适应、有效,当然这种方法也存在不足,主要是容易失去对环境的敏感性,很容易迷失方向。

【案例 3 - 4】

基于标杆基准法的 KPI 指标体系

随着 KPI 指标体系在全球的风靡及标杆企业的成功应用,国内企业也纷纷使用 KPI 指标体系进行绩效考核,但是伴随企业的快速发展,原有的 KPI 指标体系已经不能支撑企业战略目标的实现,究其原因,是 KPI 指标体系的建立方法出现了问题,那么如何解决 KPI 指标体系中出现的问题就成为企业管理者头疼和关注的问题。本案例将具体讲解如何运用标杆基准法建立 KPI 指标体系。

H 公司是一家大型通信企业集团,是以程控交换机为主的高新技术企业。H 公司的经营层实行 KPI 与中期述职制度相结合的考核模式,在年初的考核指标主要有 4 个财务指标:销售额、利润、应收账款周转天数和净资产收益率。年初由集团总裁与 H 公司经营层签订业绩合同,年终根据业绩完成情况进行考核。H 公司于 2017 年提出成为世界一流通信企业的战略目标,为实现这一战略构想,H 公司经营层发现原有的考核指标导向体系已经不能支撑企业战略目标的实现。

H 公司以前的指标体系建立的方法存在的问题:(1) 单一的财务指标导向:财务指标注重的只是对过去结果的反映,对企业发展状况和管理状况表现很少。只注重财务指标,不主动对企业经营状况进行分析和管理,并不能与组织的战略目标有机融合起来。(2) 财务指标很大程度上代表的是股东的价值取向,偏重短期利益,容易引发公司经营管理者和员工的行为短期化。单一的财务指标导向,往往忽视企业发展的最关键决定要素——客户,缺乏对客户资源的有效管理,从而导致公司基本目标的偏离。(3) 不利于培育企业的核心竞争优势:单一的财务指标也反映不出企业竞争优势所在——核心能力,必然难以引导企业持续成长和发展。

针对上述分析,通过导入标杆基准法对 H 公司的关键业绩指标体系进行了改进。公司在选择基准化“标杆”时遵循两个标准:第一,应具有卓越的绩效,尤其是在基准化的内容方面,即它们应是行业中具有最佳实践的领先企业。第二,标杆企业的被瞄准领域应与本企业成本部门有相似的特点。选择标杆的范围首先是竞争对手及其他有潜力的公司,也可以是在同一行业或跨行业企业中一个相近的部门。标杆的选择一定要具有可比性并且管理实践是可以模仿的。标杆的选择也可以是企业内部的,即对企业内部两个相似部门进行瞄准。

基于以上分析,基于标杆基准法的 KPI 指标体系建立流程如下:

(1) 寻找标杆企业的关键成功要素:H 公司通过收集资料和数据,深入分析标杆企业的经营模式,从系统的角度剖析与归纳其竞争优势的来源(包括个体行为标杆、职能标杆、流程标杆与系统标杆),总结其成功的关键要领。通过分析,H 公司认为标杆企业在人与文化、技术创新、制造优秀、顾客服务、市场领先、利润增长和 IT 方面有卓越的业绩。

(2) 寻找差距,建立公司级的 KPI 指标体系。H 公司通过比较标杆企业的绩效与实践与本企业的绩效差距,寻找影响公司人与文化、技术创新、制造优秀、顾客服务、市场领先、利润增长与 IT 等关键成功因素的关键节点,建立了公司级的关键业绩指标体系。

(3) 建立部门级 KPI 指标,通过流程重点、部门职责之间的联系中提取部门级的 KPI 指标。

(4) 部门级 KPI 指标提取示例。

(5) 建立职位 KPI。

[资料来源] 善林阁.当你用这 3 种思路,你的 KPI 绩效会跟别人不一样[EB/OL].(2018-01-30)[2023-03-03].https://mp.weixin.qq.com/s/P1pPtBXsvqZckw9C7XKwNA.

第三节 绩效指标设计的方法与程序

一、绩效指标的来源

在进行绩效考评指标体系设计时,首先要明确绩效考评的指标来源,这是指标设计的前提和基础,一般而言,绩效考评指标的来源主要包括以下 3 个方面:

1. 组织战略与经营规划

绩效考评作为一种落实战略的有效手段,其指标体系设计必须坚持战略导向,在充分研究企业的战略规划与年度经营计划的基础上,逐级构建指标体系。因此,组织战略和经营规划是企业绩效考评指标的首要来源,对绩效指标的设计具有指引作用。如果企业追求质量,那么它的绩效考核就应该引入产品质量指标,以及控制产品质量的过程指标;如果企业追求顾客满意度,就要考核顾客满意指标,以及考核影响顾客满意的过程指标。清晰的企业战略与明确的年度经营计划是绩效指标设计的前提,企业战略规划的实施,必须通过战略导向绩效指标的设计来实现,而根据企业战略与年度经营计划分解、提炼出来的绩效指标,被称为关键绩效指标。

【案例 3-5】

基于绩效棱柱的企业 ESG 战略实施效果评价

请用手机微信扫以下二维码,学习本案例内容。

2. 部门职能与岗位职责

通过工作分析明确工作职责,是设计绩效指标的基础性工作。绩效指标要解决的是工作的哪些方面需要考核,因此,管理者必须依据工作分析的结果,研究、分析被考核者所在部门及岗位的工作内容、性质及完成工作所具备的条件等。在企业内，部门职责主要包括企业设立本部门的目的、本部门职权以及部门工作对企业战略实施的帮助。对于那些与企业战略目标、年度经营计划的联系并不是很密切的部门和岗位，比如行政后勤部门、保安员岗位等，其部门与岗位绩效指标可以根据其部门职责与岗位职责来提取。

3. 绩效短板与不足

在绩效内容选取时，需要把握一个原则，即“要什么，考什么；缺什么，考什么”。所谓“要什么，考什么”，就是要对与实现组织战略和完成岗位职责所需要完成的工作内容进行考核；而“缺什么，考什么”则是要对员工绩效中存在的“短板”和不足进行考核，以达到绩效提升和改进的目的。因此，绩效指标的另一个来源是企业和各部门存在的主要问题及其改进程度，以及被考核者绩效沟通与改进的结果等，这样才能保证指标来源的针对性和可操作性。

二、绩效指标设计的方法

绩效指标设计的方法很多，下面介绍几种比较常用的设计方法。

（一）绩效指标图示法

所谓绩效指标图示法，就是将某类员工的所有候选指标用图表描绘出来，然后加以分析研究，进而确定绩效指标。这种方法一般将某一类员工的绩效指标按需要评价程度分档，然后根据少而精的原则进行选取。分档可以是 3 档（非评价不可、非常需要评价、需要评价），也可以是 5 档（非评价不可、非常需要评价、需要评价、需要评价程度低、几乎不需要评价）。如对推销员的绩效指标体系的制定，就可以在工作分析的基础上，用绩效指标图示法分为 3 个档次（见表 3－4），并结合绩效评价指标体系的设计原则，对不同的候选指标逐个进行比较，最后确定以下推销员的绩效指标：出勤率、销售率、销售费用、遵守制度、不良债权比率、销售额及其增长率、对客户礼貌、从公司全局出发、采取可行的工作推进方式。

表 3－4　推销员的绩效考评指标

候选指标	非评价不可	非常需要评价	需要评价
出勤率			+
销售率		+	
销售费用	+		
遵守制度		+	
不良债权比率	+		
销售额及其增长率	+		
对客户礼貌	+		
从公司全局出发	+		
采取可行的工作推进方式			+

注：本表的“候选指标”是基于员工岗位分析确定的。

某公司的某类生产人员和管理人员的绩效考评要素图示法举例可见图 3-8 与图 3-9。

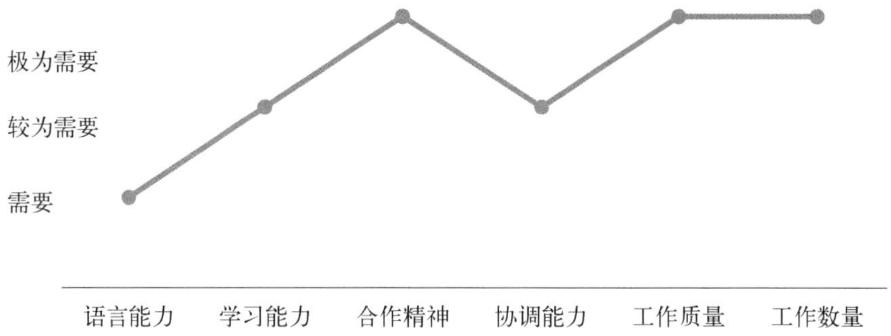

图 3-8　某类生产人员绩效考评要素图示法举例

[资料来源] 中国就业培训指导中心.企业人力资源管理师二级[M].3 版.北京：中国劳动社会保障出版社,2014：326.

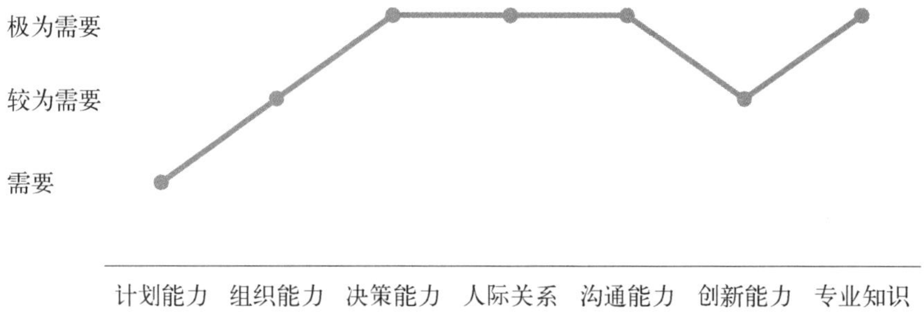

图 3-9　某类管理人员绩效考评要素图示法举例

[资料来源] 中国就业培训指导中心.企业人力资源管理师二级[M].3 版.北京：中国劳动社会保障出版社,2014：326.

(二) 问卷调查法

问卷调查法是设计者以一种书面形式,将项目以问题形式呈现出来分发给有关人员填写,以收集和征求不同人员的意见,从而确定员工绩效指标体系的方法。其程序主要是,根据绩效评价目的要求、评价对象的工作性质等情况设计问卷,然后分发问卷给专家,之后收回问卷并进行统计处理,在此基础上,确定员工的绩效指标。

问卷调查法按答案的类型可分为开放式问卷和封闭式问卷两大类。开放式问卷没有标准化答案,被调查者可以按照自己的意愿自由回答。如某企业对推销员绩效评价指标的问卷中有以下两题：(1) 你认为该岗位的员工最重要的是应具备何种能力?(2) 你认为对该岗位的员工来说考勤重要吗?

封闭式问卷分为是非法、选择法、排列法、计分法 4 种。

(1) 是非法,即问卷列出若干问题,要求被调查者做出“是”或者“否”的回答。例如,销售人员需要具备较强的口头表达能力吗? A. 是　B. 否。

(2) 选择法,即被调查者必须从并列的两种假设提问中选择一项。例如,A 部门主管应该具有高深的专业理论知识,A 部门主管应该具有协作能力。从已知的备选中选取一个恰当的作为绩效指标。

（3）排列法，即调查者要对多种可供选择的方案按其重要程度排出名次。例如，一名优秀的主管应具有民主作风、协调能力、高度的责任心、丰富的专业知识、足够的耐心5项特性，可在表3-5中按重要性依次排列这五大特性（1为最重要，2为较重要，以此类推）。

表3-5　排列法示例

1	2	3	4	5

（4）计分法，即问卷列出几个等级分数，要求被调查者进行判断选择。如图3-10所示，要求问卷填写者判断研究人员的口头表达能力应是下面哪一个等级。

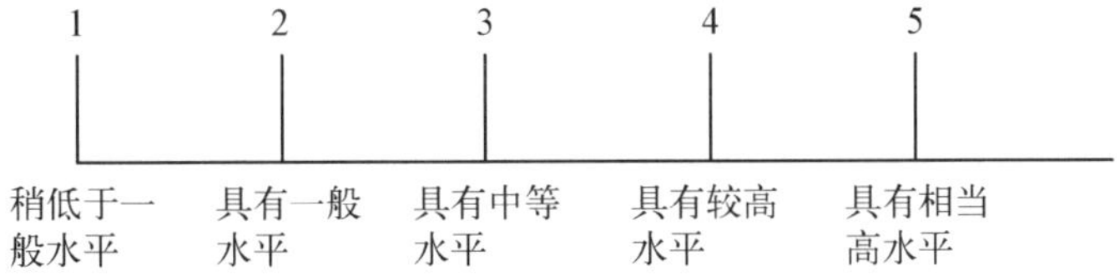

图3-10　等级分数图

表3-12是一张适用于企业推销人员绩效考评指标的调查访谈表，通过该调查表可以进行调查，利用算术平均或加权平均法来计算指标的需要程度，然后经排序后遴选出最需要考评的指标。

表3-6　某企业推销员绩效考评要素调查表

绩效考评指标	指　标　内　容	对需要程度的判定
1. 出勤率	实际出勤时数/应出勤时数×100%	1□ 2□ 3□ 4□ 5□
2. 销售额	考评期内各类产品销售总金额=∑销量×价格	1□ 2□ 3□ 4□ 5□
3. 销售费用	推销产品过程中全部费用总和	1□ 2□ 3□ 4□ 5□
4. 不良债权率	不良债权发生额/销售总额	1□ 2□ 3□ 4□ 5□
5. 销售增长率	报告期销售额/基期销售额×100%=100%	1□ 2□ 3□ 4□ 5□
6. 顾客投诉率	投诉件次/接待顾客总人数×100%	1□ 2□ 3□ 4□ 5□
7. 年度接待客户数	本年度通过各种方式接待客户总数	1□ 2□ 3□ 4□ 5□
8. 商品知识更新程度	所有产品新知识培训考试成绩优良	1□ 2□ 3□ 4□ 5□
9. 推销术创新程度	写出年度报告说明自己在推销技术上的新观念、新方法及其取得的成效	1□ 2□ 3□ 4□ 5□

注：1代表必须进行考评，2代表较为需要考评，3代表可以进行考评，4代表不太需要考评，5代表根本不需要考评。

［资料来源］中国就业培训指导中心.企业人力资源管理师二级[M].3版.北京：中国劳动社会保障出版社，2014：327.

(三) 工作分析法

工作分析法的实质是从员工的职业生涯与职业活动的调查入手,顺次分析员工的职务、职位、职责、任务与要素的过程,并由此确定工作的性质要求与任职条件。工作分析的主要内容由两部分组成:一是职务说明书,二是任职要求。职务说明书包括各类员工的工作性质、职务、责任、进行工作所需的各种资料、物理环境、社会环境、与其他工作相联系的程度等;任职要求则包括员工完成本职工作应该具备的智力、专业知识、工作经验、技能要求等。在制定绩效指标体系过程中进行的工作分析,就是要采用科学的方法收集员工的工作信息,并通过分析与综合所收集的这些工作信息确定影响员工工作绩效的关键因素,其中最重要的就是分析从事某一职位工作的员工必须具备哪些能力和条件,并指出这些能力和条件与评价指标中哪些更为相关和重要,哪些则相对不那么重要,并对不同的指标进行界定。

(四) 经验总结法

所谓经验总结法,就是指依靠众多专家总结经验,提炼绩效评价指标的方法。一般可分为个人总结法和集体总结法。个人总结法是请人力资源管理专家、学者回顾员工过去的工作,通过分析最成功或最不成功的人力资源决策来总结经验,并在此基础上设计出评价员工绩效的指标目录。集体总结法是请若干(一般6～10人)人力资源管理专家或企业内有关部门的主管集体回顾过去的工作,分析员工绩效差异的根源,列出长期以来评价员工的常用绩效指标,并在此基础上提出新的评价指标。经验总结法有助于迅速取得有关指标体系构成的信息,提高绩效管理的效率。表3-7是依据经验总结法,列示出与秘书工作职责相关的关键绩效指标。

表3-7　秘书的工作职责与关键绩效指标

工作职责	关键绩效指标
录入、打印各种文件	错误率、时效性、客户(给予任务者)满意度
起草通知、便笺或日常信件	主管人员满意程度、工作的独立性(是否需要主管人员进行修改和指导)
为出差人员安排旅程	时效性和准确性、客户(出差人员)满意度
安排会议	会前准备充分性、会议过程中突发问题的处理能力

(五) 个案研究法

个案研究法就是通过选取若干具有代表性的典型人物、事件或岗位的绩效特征进行分析研究,来确定绩效考评指标和考评要素体系。

个案研究可分为典型人物研究和典型资料研究两种形式。典型人物研究就是以表现典型人物的工作情况,具体表现为研究的直接对象,通过对其观察分析,确定其所代表的人物或岗位的绩效考评要素体系。典型资料研究就是以典型人物或事件的文字资料为直接研究对象,通过对这些材料的总结分析,归纳出绩效考评要素体系,在实际应用时,应根据研究情况和条件而定,如能同时具备则更好。

选择典型人物和资料时,可以选择成功的典型人物和资料,也可选择失败的,也可将两者结合起来。

（六）面谈法

面谈法是通过与各类人员，如被考评者的上级、人力资源管理人员、被考评者以及与被考评者有较多联系的有关人员的访问和谈话搜集有关资料，以此作为确定考评要素的依据，它有两种具体的形式：

1. 个别面谈法

该法是指与某类岗位有关的人员，通过面对面的访谈，以深入全面了解和掌握该类岗位人员工作绩效的主要影响和制约因素，然后将所采集的各种相关数据资料，进行整理汇总归纳总结，找出那些具有共性和相关性的指标，由专家小组进行进一步的筛选，最终构成绩效考评的要素体系。

2. 座谈讨论法

该法是召集有关部门具有一定知识和经验，以及对本类工作岗位比较熟悉了解的人员（参加座谈的人员一般应控制在 5～8 人），围绕“被考评对象的工作性质”“本岗位工作绩效的表现形式”“影响和制约本岗位工作绩效的主要因素”等一系列相关问题展开讨论，通过座谈研讨，集思广益，为绩效考评要素的确定提供依据。

三、绩效指标设计的程序

一般而言，确定员工绩效指标的完整过程主要包括以下几个环节：岗位分析、工作流程分析、员工绩效指标的重要性分析、指标验证与确定、指标的补充与修订。

（一）岗位分析

通过对被评价者的工作内容、性质及完成这些工作所具备的条件等进行研究和分析，了解被评价者在该岗位工作所应达到的目标、采取的工作方式等，就可以初步确定员工绩效评价的各项指标。比如通过对营销岗位进行分析发现，营销人员经常性的活动包括与客户沟通、收集客户资料、对客户进行分类等，这些工作性质中潜藏着一些重要的绩效指标，比如沟通与交流的能力、说服能力、分析能力、关系处理能力等。

（二）工作流程分析

现代企业具有团队生产的性质，由于每个员工所承担的工作都只是企业整体经营活动中很小的一部分，在评测员工的绩效时要考虑到某一特定岗位的员工与其他员工的交流活动，所以完善员工绩效指标必须从流程中去把握，即根据被评价对象在流程中扮演的角色、责任以及同上游、下游之间的关系，来确定衡量其工作的绩效指标。由于企业内部存在很多交易的环节，所以从工作流程角度进行分析并确定指标，对于提高企业运作效率是非常重要的。以营销人员的岗位而言，它除了与客户有交流活动之外，与设计部门的员工等也存在非常紧密的关系。比如营销人员是否及时、定期地将客户的意见反馈给设计部门的员工，可能就是提高企业潜在的市场营销力的重要指标。

（三）员工绩效指标的重要性分析

员工岗位分析和工作流程分析提供了潜在的员工绩效因素，但是否就一定有必要将所有这些因素作为测量指标以指导员工的工作则是一个非常复杂的问题。企业很有必要对所有潜在的绩效因素进行分析，以确定它的重要程度。比如可以使用图标标出各指标的特征，按其重要性进行分档——非评价不可、非常需要评价、需要评价、需要评价程度低、根本不需要评价,然后交由专家对该指标进行评价,最后根据少而精的原则按照不同的权重进行选取。

(四) 指标验证与确定

依据重要性原则挑选出来的指标一般还不能直接地加以运用,它的有效性和可靠性还有待验证。检验的方法有专家效度法、统计分析法等。经过检验后,删除或修正某些指标之后,就可以确定有效的指标体系了。

(五) 指标的补充与修订

为了使确定好的指标更趋合理,往往应对其进行修订。修订有两种情况:(1) 评价前修订。通过专家调查法,将所确定的评价指标提交领导、专家会议及咨询顾问,征求意见,修改、补充、完善绩效评价指标体系。(2) 评价后修订。根据评价及评价结果应用之后的效果等情况进行修订,使评价指标体系更加理想和完善。

最后,应该注意的是,整个员工绩效指标制定过程,是一个全员参与、了解企业战略的过程。乔治·迪奥恩(George S. Diorne)认为:管理体系的指标可以被理解为一种过程,它依靠管理组织的上层和下层一起辨明他们的共同目标,根据每个管理人员对自身工作成果的预想来规定每个人的主要工作职责范围,并用这些价值标准来指导推进这个组织的工作,来评价其中每一个成员的贡献。[①] 因此,绩效指标的形成过程是绩效管理的重心。通过这个过程,上级可以将企业面临的挑战以及企业的战略意图明晰地传达给下级,而下级则可通过这个过程将一线面临的实际问题反馈给企业高层管理者们,从而使企业的全体员工不仅了解企业战略和企业目标,而且愿意自觉地为实现企业的目标而努力工作。尤其在经营环境变化迅速的今天,这种对管理过程的强调已显得越来越重要了。

四、绩效指标的设计原则

绩效指标林林总总、不一而足,很多企业在进行绩效指标体系设计时,常常会因为纷繁庞杂的指标体系而不知所措,针对这种情况,在进行绩效指标设计时,重点要把握好以下 8 个主要原则。

(一) 效度与信度原则

在绩效评估中最常见的问题就是"需要 A 却鼓励 B",这是因为绩效指标在效度上出现偏差而导致的。[②] 所谓效度,是指测量的准确程度,测量的效度越高,则表示它所测量的结果越能正确反映工作绩效。为了使绩效评估的测量有效度,在选取绩效指标时必须考虑绩效指标的以下 3 个因素:(1) 绩效指标内容。绩效指标内容的效度就是适当地确定拟评估的工作行为和绩效的许多不同因素。例如,一个医生的工作至少要包括临床诊断的准确性、直接治疗病人的态度和质量、对助理医生以及护士的管理及配合病人等。(2) 绩效指标的层次。绩效测量的效度取决于适当的分析层次,即组织、群体或个人层次上的效度概念是不同的。选取指标时必须考虑这 3 种层次的差异性。(3) 时间。时间是影响绩效效度的第三个重要因素。绩效指标总是与时间维度相联系。如员工的工作行为往往在工作完成时就表现出来,而企业的利润、市场占有率等则可能需要几个月或几年才能表现出来。用过早或过晚的错位指标体系去

---

① George S. Diorne. Management Decision by Objectives[M]. Englewood Cliffs: Prentice-Hall, 1969.

② 赵曙明.绩效管理与评估[M].北京:高等教育出版社,2004:65.

测量绩效肯定是没有效度的。

信度是指所得分数的稳定性或可靠性，主要表现为测量过程中各项目的得分是否基本相符和两次测量评估的分数是否前后一致。也就是说，信度实际上是与绩效的资料收集方法的两个特点有关，即一致性和稳定性。一致性要求收集同一资料的两种可交替方法在其结果方面应当一致，稳定性要求同一测量设计在连续几次运用中产生相同的结果。

（二）简明性原则

由于企业组织目标的复杂性，企业各部门和员工个人的绩效指标可能呈现范围广、数量多的现象，这会导致绩效评估所需的信息庞大，耗费大量的人力和财力却并不一定能取得与之相称的结果和效益。由此，绩效指标的选择应当坚持简明性的原则，即在资源有限的情况下找出那些最关键的、最具代表性的绩效指标。从管理实践的角度来看，依据简明性原则，一般要求绩效指标数量不宜过多。

（三）科学性原则

绩效考评要素指标体系确定，应以科学的绩效指标设计思路为依据，采用科学的调查研究方法（如问卷调查法、个案研究法等），借用先进的测量工具，通过数据资料的采集、整理、汇总、分析和处理，以保证所选择确定的要素指标能够系统、全面、正确地反映和体现岗位工作性质和特点的要求。

（四）明确性原则

在所确认的绩效考评体系中，每个考评要素指标都要有明确的内容、定义或解释说明，必要时还要列出计算公式，使考评要素和指标的概念内涵明确、外延清晰。同时，考评要素指标的文字表述应力求精练、直观、通俗，所选择的要素指标要少而精，使考评体系的设计达到规范化和标准化的要求。

（五）完整性原则

该原则要求在设计绩效指标时要能够完整地反映考评对象系统运行总目标的各个方面，从多个角度对考评对象的绩效进行考评，全面衡量员工绩效。如果绩效指标过于单一，则有可能产生“晕轮效应”的绩效考评偏误，影响考核结果的准确性。

（六）合理性原则

合理性主要包括两个方面：一是指绩效指标要能够准确反映考评对象的绩效，例如战略决策能力适用于对高管人员的考核，但不能放入一般员工的考评体系；二是指绩效指标要能够科学引导员工的行为，如果指标设计不合理，则会导致员工行为出现偏差。

（七）独立性原则

独立性原则指的是考评指标之间的界限应清楚明晰，不存在含义上的重复。各个考评指标之间的内容存在可比性，能明确分清它们的不同之处、在内涵上的明显差异。考评指标名称的措辞要讲究，使每一个指标的内容界限清楚，避免歧义性。在必要的时候通过具体明确的定义给出具有可操作性的定义，避免指标之间出现重复。

（八）可测性原则

考评指标之所以需要测量和可以测量，最基本的特征就是该考评指标指向的变量具有变异性，即考评能够产生不同的考评结果。另外，在确定绩效考评指标时还要考虑到考评中可能遇到的种种现实问题,确定获取所需信息的渠道和是否有相应的考评者能够对该指标做出考评。因此,考评指标本身的特征和该指标在考评过程中的现实可行性共同决定了考评指标的可测性。

【案例 3-6】

绩效指标设定实践

某电商公司的老板给该公司负责招聘的经理讲,咱公司目前的招聘团队,工作绩效不怎么好,虽有考核,但流于形式。所以才会一直无法满足各电商业务板块的阶段性人员需求,从而影响销售业绩。你晚上加个班,将你们团队的招聘组成员绩效指标重新设定,以期达成具备激励和末位淘汰的作用,鼓励能干的人多拿点,能力差的人少拿点,别再吃"大锅饭"了。

先说明该电商公司的业务及人员需求状况,以便在后面围绕绩效指标设计出现的问题后,看到这个案例的人能容易理解指标设计的实践性和可操作性。

该电商公司在当地还是有一定影响的,销售规模及业绩也不错,主要是通过代理京东、淘宝等平台,为平台上的大品牌进行销售、客服及相关的服务工作,因此其代理的品牌越多,品牌影响力越大,其销售业绩也就越好,同时需要的人也就越多。公司根据不同时期代理的不同品牌并结合代理规模来确定需要的人才。每个月需要的人才数量在 100 人左右。而在"618""双 11"等促销时段,需要的人员更多。简单而言,就是人员需求量大。招聘团队连同经理一共 4 人。今天要讨论的就是设计招聘成员 3 人的绩效指标。

那么,如何设计这个招聘小组成员的绩效指标?从实践经验来看,设计绩效指标要从以下几个方面来考量:一是成员既往收入构成及收入稳定性和偏差性,并与公司及领导敲定绩效工资部分的提取比例。在这个案例中,3 人招聘小组皆为同一岗位,故而提取比例应该相同。二是绩效指标设计的输出应用要明确,以激励能干的员工为目的,通过激励实现末位淘汰及能力价值差异化。三是绩效指标设计中 SMART 原则如何应用,才能实现组织设定绩效指标的目的。四是绩效指标不同权重的比例设定,要充分考虑关键核心指标和通用指标、定量指标与定性指标的区别。

在这个案例中,既往招聘团队成员完成组织目标设定的完成率还不到 50%,基于这一事实,并结合 SMART 原则,如何在此基础上通过指标的阶梯设计达到激励员工通过进一步努力能在业绩输出上向好的业绩更进一步就很关键。例如,招聘到位达成率在 50%的情况下,设计指标时就要考虑团队成员既往达标率最低的规律,并将其设定为得分起点。以确保员工虽然未达标但有客观实际的付出,从而能获得基本的合理的绩效得分。通过分析既往数据,我们将招聘达标率的起步点设定在低于 50%大于 35%的情况下,可以得到该项指标下权重的 20%得分。如此设计,就不会让员工难以接受,也体现了低能低付出低回报的原则,相信员工也比较容易接受。反而如果直接将低于 50%的达标率定位得分为 0 分的话,那么团队成员在这一核心指标高权重项的考核下,将会产生很大的损失。如此不仅没有起到激励的作用,反而会让员工产生消极怠工、负面情绪、抱怨牢骚甚至产生离职的念头。

同时，在更高激励层面，则要采用阶梯密度较大的设计原则来进行激励，因为既往达标率难以突破50%，或者几乎就是50%为最好了，这时候为了鼓励员工再上一个台阶，那就要在50%的基础上，设定一个合理的计分标准。例如达标率达到50%，得分可以为该指标权重下的60%的得分，而每超过50%以后的几个完成率百分点，其得分台阶就要高于完成率台阶，这样才能起到激励的作用。这段话看起来比较拗口，实际上就是绩效指标在实践设计中的具体应用，所谓管理就是如此，它不是简单地搬个工具就照猫画虎，如此设计的方案往往得不偿失，这也应了那句话——“没有绩效考核还好，有了绩效考核企业会死得更快”。这句话讲的不是绩效管理或绩效考核工具不好，而是绩效工具在实践中应用不当所产生的后果。

综上，可总结出绩效指标设计的实践原则就是通过对员工既往业绩的数据分析，并结合组织的预期目标，寻求差距，通过绩效指标设计来逐步缩小差距的过程，在这个过程中实现适者生存以及能力价值创造、能力价值评价及能力价值分配。

［资料来源］江佩南.绩效指标设定在实践中的案例[EB/OL].(2022-09-28)[2023-01-01]. https://mp.weixin.qq.com/s/9NzGQLj0eVgxrH4umv08wQ.

第四节　关键绩效指标体系的设计

关键绩效指标体系作为一种系统化的指标体系，包含以下3个层面的内容：(1) 企业层面KPI，即通过基于战略的关键成功要素分析得来的KPI；(2) 部门层面KPI，即根据企业层面KPI、部门职责、业务流程分解而来的KPI；(3) 个人层面KPI，即根据部门层面KPI、岗位职责和业务流程演化而来的KPI。这3个层面的指标相互协同，构成了企业关键绩效指标体系。

一、企业层面的KPI确定

要确定企业层面的KPI，一般需经过以下3个过程：首先是要明确企业战略目标和愿景，其次是要在第一步的基础上确定关键的绩效因素，最后是设计企业层面的KPI。

(一) 明确企业战略目标和愿景

没有明确的战略和战略目标，关键绩效领域和关键绩效指标也就成了无源之水，因此，明确战略目标是企业建立KPI体系的前提。战略是一种定位和未来发展的规划，明确企业战略就是要明确企业自身在经营环境中的地位，也就是说企业应该通过对外部环境、行业结构以及竞争对手的分析，明确自己在行业中的相对地位，从而把企业的重要资源集中到合适的产品和市场上，形成一个有利的“生长圈”，否则无法实现企业与外部环境相匹配和融合这一目标。通常情况下，企业通过PEST(Political, Economic, Social, Technological)分析、SWOT分析来完成战略分析。制定战略和愿景是企业确定KPI的基础，图3-11显示了企业愿景与绩效管理中指标设计的关系。

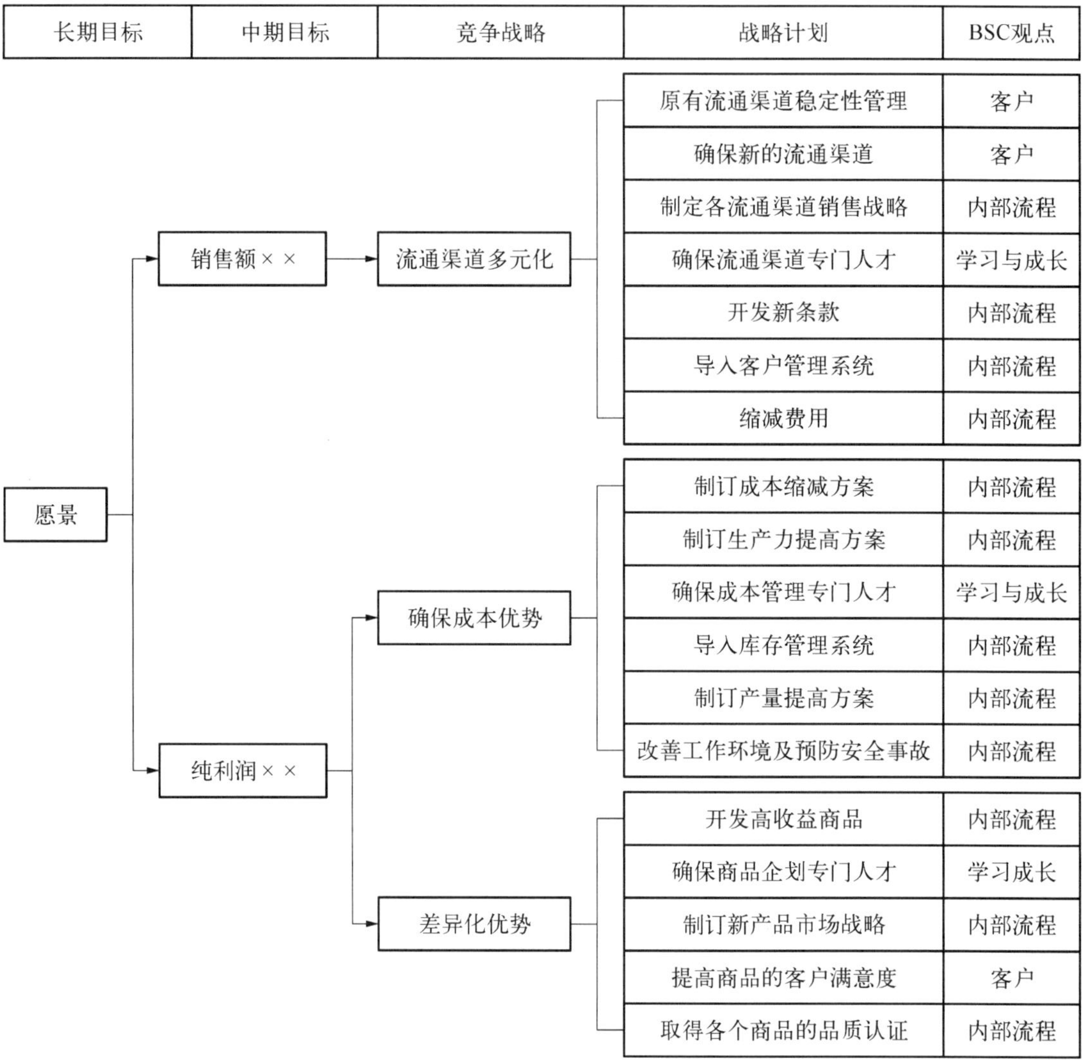

图 3-11　企业愿景与企业 KPI 制定

(二)确定关键的绩效因素

在明确了战略和战略目标后,企业需要确定有效地驱动战略目标实现的关键绩效因素,它是指对企业总体竞争定位和企业战略目标的实现具有重大影响的变量,是制定关键性评价指标的重要依据。影响企业成功的绩效因素非常多,这也是一个非常复杂的问题,并且它与行业、生命周期存在很大的相关性(见表 3-8 和表 3-9)。

表 3-8　不同行业关键成功的绩效因素

行　业　类　别	关键成功的绩效因素(部分)
石油、煤炭	原料资源、开采的地理环境
船舶制造、钢铁制造	生产设施、生产规模
航空、音响	设计能力、服务水平

续　表

行　业　类　别	关键成功的绩效因素(部分)
纯碱、半导体	生产能力、研发能力
零部件	产品范围、花色品种、范围经济
大规模集成电路、计算机	设计和技术能力、创新能力
汽车、电梯、家电	销售能力、售后服务
啤酒	销售网络

表 3－9　不同产品生命周期的绩效因素

	投 入 期	成 长 期	成 熟 期	衰 退 期
市场	广告宣传、开辟销售渠道	建立商标信誉、开拓新的市场渠道	保护现有市场、渗进竞争对手的市场	选择市场区域、改善企业形象
生产经营	提高生产效率、开发产品标准	改进产品质量、增加花色品种	强化与顾客的联系、降低成本	缩减生产能力、保持价格优势
财务	利用金融杠杆	集聚资源以支持生产	控制成本	提高管理控制系统的效率
人力资源	使员工适应新的生产和市场	发展生产和技术能力	提高生产率	面向新的增长领域
研究与开发	掌握技术秘诀	提高产品的质量和功能	降低成本、开发新的品种	面向新的增长领域
成功的关键性要素	销售、消费者和信息、市场份额	对市场需求的敏感、推销、产品销量	市场效率和产品功能、新产品开发	回收投资、缩减生产能力

［资料来源］方振邦.战略与战略性绩效管理[M].北京：经济科学出版社，2005：181.

(三) 设计企业层面的 KPI

在确定了企业的关键性绩效因素之后，可以采取鱼骨图分解法将那些影响企业战略和战略目标实现的关键因素分解出来，建立比较完善的 KPI 指标体系(见表 3－10)。

表 3－10　企业层面 KPI 的确定

关键成功领域	关键成功因素	关键绩效指标 KPI
制造能力	质量控制	来料通过率
		次品降低率/废品降低率
	成本控制	单位产值费用降低率/杂项成本(能源、维修、保险等)降低率
	交货能力/事故(安全事故百分比和环境事故百分比)	准时交货率

续 表

关键成功领域	关键成功因素	关键绩效指标 KPI
市场领先	市场份额	目标市场占有率
		销售增长率/潜在营业额
	网络能力	销售计划完成率
		货款回收率
		业务拓展效率
技术研发	新产品开发	新产品开发计划完成率
		新产品立项数
	核心技术地位	设备维修平均时间
		与竞争对手产品对比分析
客户服务	响应力	服务态度
		问题及时答复率/所需答复投诉的时间
	主动服务	客户拜访计划完成率
		客户拜访效率
		产品售后调查及时性
	服务质量	质量问题处理及时性
		质量问题处理成本
人力资源	员工满意度	员工满意度综合指数
		优秀员工流动性
	员工开发	绩效改进计划完成率
		员工培训满意度
利润与成长	资产管理	资产负债率
		应收账款周转率
		存货周转率/净资产收益率
	利润	销售利润率
		成本费用利润率
		销售毛利率

二、部门层面的 KPI 确定

部门层面 KPI 的设计主要有两个途径：(1) 通过分析企业层面的 KPI；(2) 通过分析部门的职责。将企业层面的 KPI 分解到相应部门，是关键性部门 KPI 的主要来源，只有如此才有可能通过实现部门的目标进而实现企业的整体目标。但也有一些部门，比如办公室、财务部等常规性的部门与机构，它们很少成为企业的关键部门，所以一般而言这些部门的 KPI 主要是依据其职责来设定。

(一) 企业 KPI 的分解

企业的 KPI 有两种类型：(1) 可以由一个部门来承接的 KPI，比如单位产值费用降低率、新产品立项数等，它们可以根据部门职责直接分配到该部门成为部门 KPI；(2) 不能由一个部门来承接完成，比如次品废品率降低率、目标市场占有率等，它们必须分解后才能被分配到相应部门，成为部门的 KPI。企业一般采取矩阵分解分析法将不能由部门直接承接的企业层面 KPI 分解为部门能承接的部门层面 KPI，从而引导各部门为企业目标的实现而努力，保证部门目标与企业战略的一致性。表 3 - 11 给出了次品废品率降低率分解矩阵的范例。分解的结果表明，企业的采购部、技术品保部和制造部都承担了相应的责任，对相应的指标负责。表 3 - 12 更清晰地列示了企业 KPI 和部门 KPI 的关系。

表 3 - 11　次品废品率降低率分解矩阵

部　门	采 购 部	技术品保部	制 造 部
采购部 (原材料供应)	物资采购部的有效性		
技术品保部 (生产技术支持)		◇ 批量不合格品率 ◇ 生产工艺改进 ◇ 生产技术问题处理的有效性	
制造部 (精密制造)			◇ 提高自检合格率 ◇ 生产技术问题处理的有效性

表 3 - 12　企业 KPI 和部门 KPI 对照

<table>
<tr><th colspan="2" rowspan="2">企业 KPI</th><th colspan="4">各部门 KPI</th></tr>
<tr><th>市场部</th><th>制造部</th><th>采购部</th><th>技术品保部</th></tr>
<tr><td rowspan="2">制造质量</td><td>来料通过率</td><td></td><td></td><td>◇ 采购合同差错率
◇ 供方评价</td><td>◇ 销售合同技术评审准确性
◇ 原材料采购方案
◇ 供方评价</td></tr>
<tr><td>次品废品率降低率</td><td></td><td>◇ 提高自检合格率
◇ 生产技术问题处理的有效性</td><td></td><td>◇ 批量不合格品再发生率
◇ 生产工艺改进
◇ 生产技术问题处理的有效性</td></tr>
</table>

续 表

企业 KPI		各部门 KPI			
		市场部	制造部	采购部	技术品保部
制造质量	单位产值降低率		单位产值降低率		
	准时交货率		准时交货率	物资齐备率	原材料采购方案
客户服务	服务态度				服务态度
	问题及时回答率	问题及时回答率			问题及时回答率
	客户拜访计划完成率	客户拜访计划完成率			客户拜访计划完成率
	产品售后调查及时性	产品售后调查及时性			
	质量问题处理机制性	质量问题处理机制性			质量问题处理机制性
	质量问题处理成本	质量问题处理成本			质量问题处理成本

[资料来源] 方振邦.战略与战略性绩效管理[M].北京：经济科学出版社,2005：187.

(二) 部门 KPI 的分解

部门职责界定了该部门的所有工作,但企业没有必要将所有的部门工作都细化为评价指标,可以采用关键成功因素法来确定部门的 KPI,其方法与企业 KPI 的建立方法相同。

另外在 KPI 分解过程中,还有一种新的方法值得借鉴。由于企业是由许多经营活动和流程组成的,企业之所以能够创造价值关键在于所有这些活动和流程得以顺利进行。所以在确定关键成功因素后,一个非常重要的工作就是要将这些因素分解到企业的不同活动和流程中,有效地对经营活动和流程进行绩效管理。分解的方法主要包括以下两个步骤。

步骤一：确定企业关键成功因素(CSF)与企业经营流程之间的关系。要注意的是,应尽可能详细地列示所有的流程和经营活动,不要遗漏,不要给绩效管理留下死角。表 3 - 13 是某企业所确定的关键成功因素与企业流程的关系,“√”表示某个关键性因素在该流程中是非常重要的。从该表中可以发现该企业的处理订单、分配和管理几乎没有创造什么价值,是一些非必要流程,所以可以向高层管理者建议,将这些流程外包出去。

步骤二：考虑到每个流程和活动的本质性质、功能等因素,分别将不同的关键性成功因素详细分解到每一个流程和活动中。在确定细化的绩效指标时,要注意的是,同一关键性成功因素在不同流程中的 KPI 是不同的,但又不是孤立的。以表 3 - 13 为例,就关键性成功因素“客户导向”而言,在“获得订单”环节,一个 KPI 可能是“客户丢失率”,但假如这一流程的员工顺利完成甚至超额完成这一指标的目标,而处理订单流程中的员工没有及时处理订单,则仍旧无法提高企业的整体绩效，所以就“处理订单”流程而言，一个 KPI 可能就是“订单的全部时间”，等等。表 3－14 是某企业将关键性成功因素分解到各个经营流程中的具体案例。

表 3－13 关键成功因素矩阵与企业经营流程

经营流程	关键成功因素(CSF)			
	被激励的员工	客户导向	产品质量	成本控制
1. 销售				
1.1 获得订单	√	√	√	√
1.2 处理订单		√		
2. 采购				
2.1 选择供应商	√	√	√	√
2.2 签订购买合同	√		√	√
2.3 下采购订单			√	√
2.4 收到货物	√		√	√
2.5 开购买发票	√			√
3. 生产	√	√	√	√
4. 分配			√	
5. 管理	√			

表 3－14 某企业的经营流程中 KPI 与关键成功因素

经营流程	关键成功因素(CSF)			
	被激励的员工	客户导向	产品质量	成本控制
1. 销售				
1.1 获得订单	◇ 每个销售人员销售的百分比 ◇ 病假的百分比	◇ 客户丢失百分比 ◇ 非销售的数量 ◇ 合适的营销能力的百分比 ◇ 客户投诉的数量 ◇ 市场份额 ◇ 市场增加 ◇ 客户忠诚度	◇ 关于产品质量客户投诉的数量	◇ 从新产品获得的销售利润的百分比 ◇ 营销成本 ◇ 营销成本降低的百分比
1.2 处理订单	◇ 劳动生产率 ◇ 员工营业额百分比 ◇ 流程速度	◇ 完成大量订单 ◇ 订单处理的及时性	◇ 流程失误的数量 ◇ 客户信息中失误的百分比	◇ 效率 ◇ 营销部门营业额

续 表

经营流程	关键成功因素(CSF)			
	被激励的员工	客户导向	产品质量	成本控制
2. 采购	◇ 采购的满意水平 ◇ 采购人员培训水平 ◇ 认为自己在有效的领导下工作员工的百分比	◇ 传递速度(预定与递送之间的时间) ◇ 供应商开出发票所需时间 ◇ 订单被晚递送的百分比 ◇ 订单递送太多或太少的百分比	◇ 合格物资的百分比 ◇ 退货的百分比 ◇ 供应商递送可靠性	◇ 购买价格/市场价格 ◇ 与销售相对的购买份额 ◇ 供应商的数量 ◇ 提供1种商品的供应商的数量 ◇ 每个供应商平均订单规模
3. 生产	◇ 生产员工的病假百分比 ◇ 劳动生产率 ◇ 每个员工成本的增加值 ◇ 人员流动率	◇ 客户投诉数量 ◇ 生产的全部时间	◇ 生产浪费的百分比 ◇ 生产中不合格品的百分比 ◇ 效力 ◇ 生产流程中的ISO标准增加值 ◇ 质量等级	◇ 机器可用性 ◇ 质量成本 ◇ 生产浪费百分比 ◇ 效率 ◇ 综合生产率 ◇ 投资生产率 ◇ 物资生产率 ◇ 增加值/销售
4. 分配	◇ 分部门病假百分比 ◇ 劳动生产率	◇ 根据特殊要求完整准时递送的百分比 ◇ 递送速度	◇ 损坏货物退换的百分比 ◇ 效力	◇ 库房 ◇ 库存水平 ◇ 循环速度 ◇ 资源运输有效性 ◇ 投资生产率
5. 管理	◇ 劳动生产率 ◇ 感觉自己有挑战工作的员工的百分比	◇ 解决投诉所需要的时间	◇ 效力 ◇ 管理过失的数字	◇ 账单速度 ◇ 应收账款的时间 ◇ 效率

[资料来源] 休伯特·K. 兰佩萨德.全面绩效计分卡[M].北京:机械工业出版社,2006:97.

三、员工 KPI 的设计

在企业层面和部门层面的 KPI 确定以后,各个部门的主管根据企业层面的 KPI、所在部门的 KPI、职位职责和业务流程,将部门的关键性指标进一步细分,分解成为员工 KPI。在确定员工 KPI 之前,首先应该确认哪些企业层面和部门层面的 KPI 可以由员工个人直接承接,比如企业层面的 KPI"客户拜访计划完成率"可以由市场销售业务主管、国际贸易主管分别直接承接,部门 KPI"生产工艺改进"可以由技术品保部生产工艺主管承接。对无法由单个员工来承接的部门 KPI,通过业务流程和组织结构进行分解,细化为员工个人的 KPI,比如技术品保部的部门 KPI"产品和生产用物资检验准确率"就可以分解到生产工艺主管、品质管理主管和检验主管。表 3-15 是某位客户服务主管的 KPI 体系。实际上对于员工个人的 KPI 如何确定,目前学界及实践界仍旧处于一个理论探讨阶段,有学者提出可以类似于界定企业的 KPI 一样，分别从财务、客户、流程和学习 4 个维度进行测量，也就是说员工个体也可以用平衡计分卡进行分析。[①]

表 3 - 15　客户服务主管的 KPI 设计

工作职责	增值产出	KPI 及其标准
领导客户服务团队为客户提供服务	满意的客户（为客户解决的问题和提供的信息）	1. 1 个月内客户投诉次数不超过 5 次 2. 1 个月内没有在承诺的期限之内解决的客户投诉次数不超过 1 次 3. 95%以上的客户能够对以下方面感到满意：(1) 客服人员能够迅速到达；(2) 客服人员能对所有问题做出准确回答；(3) 客服人员非常有礼貌；(4) 问题解决的结果
向领导和相关人员提供信息和数据	提供的信息和数据（常规的报告、对信息要求做出的应答）	1 个季度内，信息接收者提出的投诉不超过 1 次，这种不满意可能来自：(1) 不正确的数据；(2) 想要的东西没有找到；(3) 提供信息迟到
为解决问题提供建议	所提供的解决问题的建议	1. 客户对解决问题的建议表示满意 2. 解决问题的方案
管理下属	下属的生产力和工作满意度	1. 下属有能力和按照时间表工作 2. 通过调查发现：(1) 员工能够理解公司的发展方向、部门的目标和自己的角色；(2) 员工能够了解上司对自己的期望；(3) 员工能够了解自己的工作表现以及在哪些方面需要改进；(4) 员工拥有胜任工作的知识和技能；(5) 优秀绩效的表现：培养出可以替代客户服务经理的员工

［资料来源］北京银通国泰咨询.职位说明书与绩效考核范本[M].北京：中国商业出版社，2005：265.

通过确定企业、组织和个人 KPI，企业的关键绩效指标体系就初步建立了。但随着企业的发展和战略目标的改变，应该对关键绩效指标进行修正、补充，经过一段时间的发展，企业就可以建立起一个相对完整的关键绩效指标库。如此，企业就可以根据其不同发展阶段、不同战略和组织结构选取不同的关键绩效指标来引导员工的工作行为。

【案例 3 - 7】

J 文化旅游景区关键绩效指标体系的建立

请用手机微信扫以下二维码，学习本案例内容。

① 休伯特・K. 兰佩萨德.全面绩效计分卡[M].北京：机械工业出版社，2006.

第五节 空白地带与关键绩效指标设计

一、企业的空白地带

社会分工产生了巨大的专业化优势,但同时加大了协调的难度。组织设计的一个基本原则就是将基于分工后所形成的各个相互关联的生产活动交由不同的部门来完成,并赋予这些部门相应的职责。企业通常以特定经营活动的差异性和技术可分性来划分各个职能部门,这种职能划分导致组织活动的物质流和信息流被切断,部门间的合作、沟通及协同完成组织战略目标等活动出现了隔阂,这就是所谓的企业空白地带。

图 3 - 12 是典型的制造流程中所观察到的水平部门划分情况。图 3 - 12 中灰色部分为垂直状的职能部门划分区域,水平方向表现为从产品开发到成品产出销售给客户。部门之间存在着各种交接与信息的反馈,就像接力赛中的接力棒交接,可是当发生"比赛"失败时,责任由谁承担?图 3 - 12 仅仅是就产品产生的过程主要经过的部门而做出的组织结构图,现实中企业的部门划分并不会如此简单,可能更加细化和复杂化,比如技术研究部门可能被分成研究开发、技术品保、技术支持等部门;负责直接和客户打交道的不仅仅是销售部门,也会有客户服务部门。除了水平部门划分外,组织层次的多少也对空白地带的程度起着决定性作用。按照组织层次设计原理,管理跨度的缩小使得层次增加,而层次的增加势必产生更多的任务转接及需要协作沟通的空白地带。如果不采取有效的机制进行管理,那么由于企业规模的扩大与分工的细化,这些空白地带所带来的问题将越来越多,甚至越来越严重。

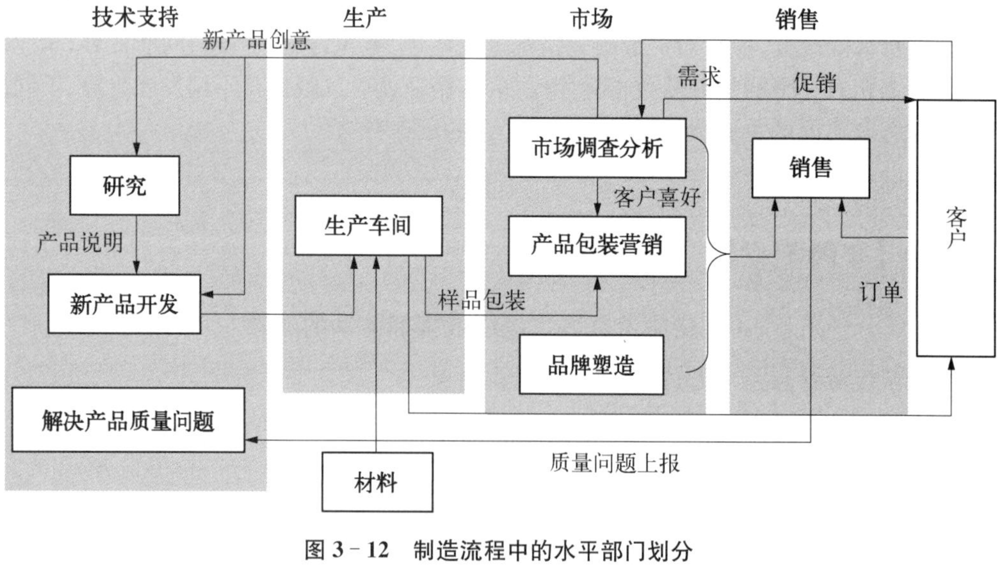

图 3 - 12 制造流程中的水平部门划分

二、空白地带产生的影响①

(一) 职责不清,相互推诿

企业生产活动一环紧扣一环,部门与部门之间经常因为职责不清而对工作和责任相互推诿,若部门之间原本就存在本位思想,则此现象更为严重。如制造部门的产品出现次品,他们有可能将责任推向采购部门;研发部门设计好了产品而最终销量不尽如人意,这样的责任他们会推卸给销售部门、市场部门或质检部门;等等。企业部门之间因为其职权边界的责任互相推诿导致企业的运作失灵和反应迟缓。

(二) 机会主义者谋取利益

由于企业无法监控每个员工或部门的行为,无法对每项行为做出奖罚,因此有些员工和部门就利用这一点为自己谋取额外的私人利益。空白地带成了许多机会主义者捞取职权外的利益或者膨胀个人利益的场所,导致企业所有者利益的极大缺失。比如一些部门会尽量减少自己工作的风险度,拒绝承担额外的职责,采取"不求有功,但求无过"的消极怠工策略。随之带来的就是空白地带无人进行有效的管理。

(三) 加剧沟通成本

空白地带构成了部门与部门之间的屏障。由于部门专业的细化、部门利益最大化和业务交接的不熟悉导致部门之间沟通发生困难;另外,空白地带的决策需要空白地带相关部门一起进行,而各部门的独立性让他们希望增加本部门的独立权限和对决策的影响,导致一些人为的沟通阻碍。所有这些因素都将带来高额的沟通成本。

(四) 破坏团队意识

企业总体目标的实现离不开部门之间和员工之间的业务往来和团结协作,空白地带的存在不可避免地成为纠纷迭起的区域。部门之间的责任推卸和自我防护会给企业的部门和谐、团队的建设带来致命的破坏。空白地带的特殊性处理不好就会挫伤部门之间的团结士气和协作意愿。

由于每位员工都在尽职尽责地做好自己的分内之事,因此部门之间的空白地带将成为无法跨越的组织问题。

三、解决空白地带的指标设计方法

(一) 信息收集的基本思路

要解决企业内部的空白地带问题,关键还在于各个部门、岗位都要思考和解决以下几个问题:

1. 我们提供哪些产品和服务? 我们必须提供什么?

每个部门和岗位都要尽可能正确地定义自己所能够提供的产品或服务,这个定义显示了部门或岗位的管理者作为供给者的能力,并且这个定义越具体,下游客户的需要就越有可能得到很好的满足。表 3-16 是飞利浦(Philips Electronics)公司定义所能够提供的产品或服务的方法。

---

① 贺小刚,李林曼.企业空白地带的绩效改进设计[J].经济管理,2008(3):46-50.

表 3－16　飞利浦公司定义提供的产品和服务

公司认为它的客户想要什么?
不必要和________一样
公司认为它必须提供什么?
不必要和________一样
公司确实提供什么?
不必要和________一样
客户如何感受这个?
不必要和________一样
客户真正想要什么?

2. 谁是我们的客户？我们如何满足他们的需要？

企业的各个部门和岗位要深入地了解所有客户，要对每个客户的需要分别进行调查，并且内外部客户都应该在考虑之列。事实上，如果公司不能满足内部客户的需要，又怎么能够满足外部客户的需要呢？客户是生产活动链条中的一环，不同单位和不同企业部门的员工都应该被看作客户和彼此的供应者。通过将员工们作为客户和供应者聚在一起，在企业部门中的传统的阻碍被铲除了。图 3－13 所示就是部门 C 作为部门 B 的内部客户发挥作用，并且部门 A 是部门 B 的内部供应者。要加强这种外部客户服务的质量，那么组织中的每个部门和岗位都必须学习思考这样的问题：谁是我的内部客户，并且我如何能够满足他们的需要？

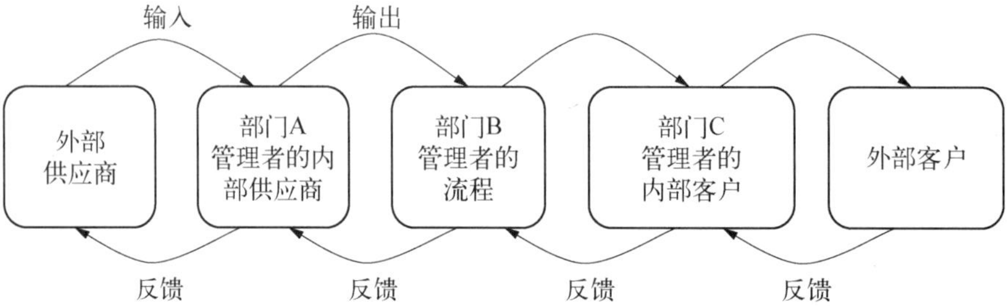

图 3－13　内外部客户关系

［资料来源］休伯特·K. 兰佩萨德.全面绩效计分卡[M].北京：机械工业出版社，2006：98.

3. 客户想要什么？客户对我们的期望是什么？

在这个阶段沟通是很重要的。各个部门和岗位负责人要询问客户如何看待所提供的产品和服务；竭力去了解客户如何使用它；努力找出客户真正需要什么，多问这些问题——客户有什么样的期望和问题？如果管理者不能满足客户的需要，原因是什么？各个负责人要专心倾听客户所说的，并总结出哪对“客户-供应商”关系需要改进。

(二) 指标设计

解决空白地带问题有许多种不同的方法，绩效指标设计只是其中之一，不过它的最大优点在于可以事先解决问题。

1. 指标设计原则

空白地带考核体系的设计应基于以下 3 个原则：(1) 适用性原则，即空白地带的考核体系是对企业现有考核体系的补充，在基本保证评价结果的客观性、全面性的基础上尽量地简化评测指标以减少企业更改现有评测体系的成本。(2) 科学性原则，即无论是利用何种定性、定量的方法来建立指标体系，都必须是对客观现实的抽象和精确描述，必须依靠一套科学的方法进行检验。(3) 引导性原则，即该指标要具备对员工和部门起到教育和引导性的功能，能够提醒员工和部门关注空白地带并积极去弥补空白地带所带来的效率损失。

2. 空白地带指标体系的构建

(1) 培养员工全方位思考的能力。设计此维度的目的在于期望员工通过增进对自己工作的了解、对自己部门在公司中所做出的价值贡献的了解，以及对其他部门的人员安排、部门目标的了解，从而自发地意识到空白地带现象与问题，与其他部门形成良好的协作关系。

(2) 部门间工作交接。从产品生产流程的角度来看，在新产品的开发和生产过程中，有将近 60%的团队会发生沟通的不和谐，而不同部门之间资源的共享和相互沟通协作却又是产品成功的关键。① 所以，部门之间的这种合作关系及合作过程也是一个重要的评测维度。

(3) 上下级之间的工作交接。组织中存在着多层组织层次关系，而管理者的主要贡献就是对职能部门之间的分工合作进行协调，解决职能之间的冲突问题，提高管理的价值。所以，上级管理层如何对下级进行监督和工作布置自然成为解决空白地带问题的一个指标维度。

(4) 目标一致性。此维度强调的是部门乃至个人的目标应时刻与企业目标保持一致。只有每个员工和部门所开展的工作都与企业的总体目标相一致，在为企业的价值做出贡献，企业的凝聚力才会越来越大。在目标一致的前提下，各部门之间的空白地带也会逐渐缩小，进而确保工作流程不至于中断，客户的利益也不会因此而受损。

(5) 培养合作能力。以往在设计绩效指标时虽然已经考虑到了能力的重要性，但主要侧重于各部门或岗位自身的独立运作能力。在考虑到跨职能活动之后，就要求员工不仅要有独立的能力，而且要有合作的能力。表 3 - 17 展示的是典型的对合作能力的界定，该指标的设计对于解决空白地带问题将起到非常重要的作用。

表 3 - 17　合作能力的详细描述

定义：对实现共同团队目标做出贡献
级别： 1. 参与者：团队活动的参与者，做他自己那部分工作，遵守团队决议，将相关信息传达给他人，当被要求时提供帮助 2. 鼓励他人：鼓励团队成员的优点，在他们不足的领域给予帮助；鼓舞他人并且让他们觉得自己是重要的；有建设性地回应他人的想法；改进共同的交流 3. 创建参与：对他人表示赏识，尊重他人；融入大家，并且以此建立自我评价；积极参与并且起到帮助作用；倾听同事的问题 4. 激励团队学习：以团队成员知识的不断发展和更新为核心；评价他人的信息，跟他们学习，也从自己的错误中学习；与他人分享知识；评估他人的想法和建议；解释信息；给同事关于如何控制事件的指导；提出建议，提供有建设性的反馈

① Souder W. E.. Managing Relations Between R&D and Marketing in New Product Development Projects[J]. The Journal of Product Innovation Management, 1988, 5(1): 6 - 19.

续 表

5. 团队精神：创建一个有乐趣、热情、奉献和积极性的环境；给团队的努力指明方向和提供指导；建立团队成员互相信任、帮助、彼此接受和欣赏，并且被高度激励的环境；注意自己在团队中的角色和核心质量以及团队其他成员的角色和核心质量；保持团队高度的道德性，避免冲突，能够良好地协商；非常了解内部客户和供应商

[资料来源] 休伯特·K. 兰佩萨德.全面绩效计分卡[M].北京：机械工业出版社，2006：127.

本章思考与案例

1. 你是如何理解绩效指标的？从组织层次和员工层次看，绩效指标有哪些类型？

2. 如何理解绩效指标的定位、分解、筛选与审核？

3. 在设计绩效指标过程中，一般包括哪些步骤和方法？

4. 什么是关键绩效指标？你认为应该如何设计关键绩效指标？

5. 在对某宾馆员工满意度调查中发现，各个部门对工程部维修不及时都很有意见，工程部对此也牢骚满腹：宾馆那么大，维修任务繁重，部门人手根本就不够，其他部门对机器设备又不爱护，即使加班加点"维修速度也跟不上损坏速度"。经调查，问题出在绩效指标的设置上，它将能耗指标和维修费用全算在工程部一个部门头上，与其他部门的考核无关，以至于其他部门对设备不加以爱惜。如果你是该部门的管理者，你将如何通过指标设计的方法解决这一问题？

6. 麦当劳公司有八大成功的战略：成长战略、特许经营战略、选址与经营战略、产品线战略、饭店经营、促销营销和销售、人力资源和培训、社会责任。它的使命是：(1) 持续地增长，为客户提供超值的服务；(2) 永远做一个高效、优质的供应商；(3) 提供美味、高价值的产品；(4) 在全球范围内有效地推销麦当劳品牌。你觉得这些理念对绩效指标的设计具有何种作用？

7. 据报道，像20年前韦尔奇(Jack Welch)确立的口号"各业务要么在其所在行业数一数二，要么被淘汰"一样，近来通用电气内已经出现了一句伊梅尔特(Jeffrey R. Immelt)的新口号"ACFC"：立足于客户，服务于客户(At the Customer，For the Customer)。在公司内部，对于每个人工作的最重要考量就是：你最近为客户做了什么？以通用电气的运输业务为例，它与购买其火车机车的铁路部门合作，计算火车的最佳行车路线；接下来，通用电气会把自己的最佳实践、自己的工作流程，甚至自己的全部与客户分享。请你分析ACFC的理念将对企业绩效指标的设计产生什么影响。

8. 虽然平衡计分卡在解决多重目标的协调方面取得了一定的进展，但正如卡普兰和诺顿所言，完善平衡计分卡是一个持续的、还没有终结的工作。任何理论的进展都是如此，否则该理论就没有生命力了。比如由于平衡计分卡没有对供应商以及社区等其他重要的利益相关者给予足够的重视，它也受到一些学者的批评，如阿特金森等学者指出在考虑到股东和顾客这些主要的利益相关者之外，还应该将雇员和社区考虑进去(见表3-18)。尼利、亚当斯和肯尼尔利(Neely，Adam et al.，2002)则基于利益相关者理论，分别从投资者关系管理、客户关系管理、员工关系管理、供应商和联盟伙伴关系管理、定规者和社区关系管理角度进行了更为详细的阐述。①

① Neely A.，Adams C.，Kennerley M.. The Performance Prism：The Scorecard for Measuring and Managing Business Success[M]. London：Pearson Education Limited，2002.

如果利益相关者的理论假设是科学的、合理的，那么你认为，这将对绩效管理的评测等工作产生什么影响?

表 3-18　蒙特利尔银行利益相关者的主要和次要测量指标

利益相关者群	主要测量指标	次要测量指标
股东	普通股东的投资收益	收入增长、支出增长、生产率、资本比率、周转比率、资产质量比率
顾客	顾客满意度和服务质量	调查顾客对不同市场/产品的需求
雇员	雇员承诺、雇员能力、雇员生产率	雇员意见调查的不同因素(关于雇员能力的)、顾客服务指数的各种构成因素、不同分类下雇员成本对收入的经济比率
社区	公共形象	不同的外部调查结果

［资料来源］Atkinson A. A., Banker R. D., Kaplan R. S., Young S. M.. Management Accounting[M]. London: Prentice-Hall, 1997: 35.

9. 请阅读资料并思考问题。

埃里克·莫尔森(Eric Molson)和斯坦利·F.史莱特(Stanley F.Slater)将企业的战略分为以下4种:(1) 领先者，他们一直努力定位和开发新产品机遇，他们最主要的能力就是在产品和市场上的创新。(2) 防御者，他们试图锁定一部分市场从而创造一些稳定的产品和顾客，在他们认为最有效的生产、服务的系统发展上投资很大。(3) 分析者，他们在以上两者之间充当桥梁，一方面最小化风险以追求最大化利润，所以他们会跟从领先者进入那些有良好前景的市场领域;另一方面会保护一些稳定的产品和顾客，对他们来说，关键能力是柔性，即能够对已经明显的市场机遇迅速反应。(4) 反应者，他们没有一个固定的策略。

他们把企业的指标分为4类:(1) 顾客方面。顾客满意、顾客保持力、顾客抱怨的数目、产品或服务的质量以及企业的声誉。(2) 内部运营。从订货到发货的时间、准时发货和缺货率。(3) 创新和成长。销售或市场份额、销售或市场份额增长、新产品所占销售百分比、从营销人员所得的建议和来自新顾客的销售额。(4) 财务方面。投资回报和销售收益。

他们的调查研究结果表明:(1) 对于领先者，相对于其他组，他们更关注创新和成长，但是在高、低绩效组没有明显区别;在顾客方面，对高绩效明显比低绩效给予更大关注。(2) 对于分析者，高绩效的企业比低绩效的企业在创新和成长、财务和内部运营方面得分要高，但是在顾客方面没有明显区别。(3) 对于低成本的防御者，高绩效的企业在财务方面明显比低绩效的企业给予更大关注，而在顾客、创新与成长方面却比低绩效的企业得分要低。(4) 对于差异化的防御者，高绩效的企业比低绩效企业更强调顾客，而在创新与成长、财务方面没有明显区别。

如果他们的研究结论是正确的话，这个结论对绩效指标的设计将会有什么影响?

4 第四章 绩效指标的权重与标准的设计

全章提要

学习目标

案例导读

- 第一节　设计绩效指标权重的功能
- 第二节　绩效指标权重的设计原则及影响因素
- 第三节　绩效指标权重的设计方法
- 第四节　绩效标准的确定

本章思考与案例

学习目标

1. 了解绩效指标权重设定的意义及影响因素；
2. 掌握绩效指标权重设定的定性方法，如德尔菲法等；
3. 熟悉绩效指标权重设定的定量方法，如比较法、层次分析法等；
4. 了解绩效标准的类型及设定的方法。

案例导读

华为企业文化对绩效管理的影响分析

一、以奋斗为本的文化与企业绩效管理

1. 鼓励奋斗者的股权激励政策

回顾华为的曲折发展史，将奋斗理念贯彻发挥到了极致。任正非当过兵，经历过许多艰辛与坎坷，也促使其更加清醒地认识到不奋斗，就无法改变华为的命运。

为激励华为人团结一致，在集体中不断发挥奋斗精神，从1990年的初创时期，华为便开始了员工持股的绩效激励模式，伴随企业的发展，股权激励方案也在不断进化。在初创时期，从一家默默无闻的深圳小企业开始，华为喊出“振兴中国，大有作为”的口号，即使技术短缺、资金紧张，也没有接受外资的加入。于是，为解决资金问题，华为开始采取针对员工的股票激励计划，按企业税后利润的15%，以1元1股的价格发售，每年的年末进行股票分红。这在一定程度上激发了员工的使命感和所有感，也激发了创业团队为企业的发展而长期奋斗。“垫子现象”是该阶段的典型象征，天道酬勤，励志研发出属于自己的通信技术，这批青年创业者为了投入更多的精力工作，在无数个日夜里埋头苦干，日夜攻关，加班累了，可以在办公室准备的床垫上睡一觉，起来继续工作。之后，面对21世纪初的网络泡沫危机，实施虚拟受限股，不再配发实体股，员工仅享有增值与分红的权利，为了稳住核心员工防止其大量离职，以4年或3年为周期作为期权的行权期限，激励的目标也将重点放在核心管理层与技术人员，因此也使一批稳定在岗位上艰苦奋斗的优秀员工获得了可观的股票分红，获得了较高的收入，极大地带动了企业内部的工作积极性。面对海外众多发达国家的竞争对手，华为想开拓全球市场，只能在残酷的竞争中摸爬滚打，为了一点点地争取发展中国家的订单，市场高管舍家别妻在许多落后动荡的地方开展业务，生活艰苦，文化排斥，甚至会遇到劫持与战火。随着企业国际化的发展，为进一步激励国内外员工的奋斗热情，华为推出新的绩效激励方案——TUP(时间单位计划)。股权激励对象扩大至外籍员工，参照个人、部门的绩效水平计算配股饱和度，使员工享有分红权和增值权，以5年为单位结算。回顾近30年的股权激励制度，虽然其股权激励制度存在一定问题，但华为也正是通过不断地变革优化股权的激励方案来维持整个组织的活力。

2. 集体奋斗下的绩效计划

任正非在《天道酬勤》一书中提到,没有救世主,全靠我们自己,华为要创造自己的幸福,唯有艰苦奋斗。华为坚持集体奋斗,认为在更高的技术要求下单靠个人的力量是远远不够的,团结协作让华为的奋斗之路走得更加坚定。绩效目标的设定是绩效管理的关键环节,因此,作为PBC绩效管理体系的起点,在PBC目标设定时,其依据的绩效内容除了该职位的职责与业务流程的目标之外,还强调要参考部门间的协作需求、部门整体和企业的长期绩效目标。从企业目标开始从上到下,实现了绩效目标的层层分解,促进了企业内部的自我管理,也让员工在关注个人绩效的同时为团队绩效目标而努力奋斗,华为以此实现个人奋斗与集体奋斗的统一。为了绩效目标的统一与合理,在制定过程中强调上下级的沟通,使员工对组织具有认同感。要求管理者与其下属对其业务重点、工作方向、绩效的期望展开适当的沟通,从而帮助其实现绩效管理目标与组织的上下对齐。为了实现目标思路的对齐,在目标制定过程中要求管理者辅导下属分析个人情况与组织面临的核心挑战,挑战包括近期也包括远期。同时,在观念上,PBC绩效管理模式鼓励其下属树立勇于挑战、乐于为实现集体目标而付出的奋斗理念,保证目标能起到一定激励人心的作用。这也使得华为形成了超强的凝聚力,甚至在困难时期,上下同心通过集体降薪与忘我地工作来帮助公司渡过难关。

二、狼性文化与企业绩效管理

在早期的通信制造业发展过程中,有人把华为比作“土狼”,一家本土企业面对同行业中优秀的跨国公司与合资企业如狮子和豹子般的威胁,为了“活下来”,选择用狼群一样集体作战的方式,不惜一切代价地向强大的对手发起进攻,不断地开拓国际市场,占据发展的优势。这样的奋勇拼搏精神,也激发华为的一代代科研人员,呕心沥血地研发核心科技,前仆后继地在岗位上打磨产品质量。基于狼的灵敏嗅觉,华为在任何时刻都保持“危机意识”,特别在绩效反馈的过程中对此有很好的体现。华为曾召开“最差奖”大会,会上研发骨干带着粗心大意或研发失误导致的失败产品或维修补救费用账单上台“领奖”,以此来反面激励员工认真对待产品的研发与生产。同时,为推动自主创新,培养一支狼性的队伍,从项目研发的专业技术人员开始,对部分岗位实行A、B、C等级的绩效考核评定,A级员工会有相应股权、奖金的绩效激励。针对相对落后的C级员工,公司本身每年也保持5%的辞退率。依据绩效管理的强制排序,排名靠后绩效差的员工就要面临末位淘汰的风险,极大地促进了员工竞争生存者的心态,用业绩说话的无情考核方式也激发了人力资源的活力和价值创造能力。当然,对于考评落后的员工,华为会展开一定的员工培训,使得员工在培训中不断提升自我,为企业长远的发展提供持久的力量。随着企业的发展,获得的利润逐渐可观,甚至在成为世界500强企业之后,华为依旧居安思危地提倡要“自我批判”,定时在内部开展自我批评大会,检讨自己在日常工作流程中出现的问题与工作态度上的不足,并认为只有善于自我批评,才能在不断建设与改进中提升自己,提升团队。这样居安思危的理念也使华为在渡过前期的艰苦创业难关后,依旧能长期保持快速增长的不竭动力。

[资料来源]王泽川.创新型企业文化与绩效管理研究——基于海尔和华为的扎根分析[D].青岛:青岛大学,2022.

通过第三章所介绍的方法挑选出来的指标构成了企业的绩效指标库,但在一个特定的时期,对于特定的活动和部门、特定的岗位,不同指标所起到的作用是存在差异的,不同指标所要达到的标准值也是不同的。所以,企业管理者要根据科学的方法对绩效指标的重要性进行赋值并科学地确定各个指标的标准,以更加客观地评价企业不同层次的绩效状况。

第一节　设计绩效指标权重的功能

所谓权重，就是指绩效指标重要程度的定量分配。确定权重有助于对各绩效指标的作用进行区别对待，从而准确反映各种指标对评估结果的影响程度。确定指标的权重，一方面将起到激励作用，为员工的行动提供一个明确的指南；另一方面还将为薪酬设计、员工培训、员工职业生涯设计等提供依据。

一、指标权重的作用

在企业绩效管理过程中确定绩效指标的权重，主要具有以下 3 个方面的作用[①]：

(1) 激励作用。绩效指标的权重体系反映了环境的影响和组织的战略要求，将对考评对象的行为产生强化的激励。一般而言，绩效指标体系中的指标几乎涵盖了被评对象的所有方面，通过对各指标设定不同的权重可以激励、引导企业文化所倡导的行为或特征。比如一家企业如果强调以服务社会的文化理念为重，那么它的考评指标体系的权重设计就应该偏向于员工的服务意识、顾客满意度等指标。

(2) 稳定作用。与绩效指标体系相对应的权重体系是否准确，将直接地决定绩效评估的信度和效度，也即绩效评估的一致性和稳定性。如果一个权重体系是科学合理的，它不仅反映了企业文化的要求，而且考虑了员工的实际状态，那么它在实施过程中必然是稳定的，能为大多数员工所接受，也能准确地反映考评对象的实际绩效成果。

(3) 基础性作用。绩效指标权重体系对薪酬、调任、升迁、培训具有基础性作用。应该注意的是评估服务的对象不同，其权重的设定也是不同的。比如以薪酬调整为目的的评估，其在工作效果方面的权重要大于以员工培训为目的的权重，后者突出了员工业务素质方面的重要性。绩效管理作为管理系统的一个职能，与其他职能是紧密地结合在一起的，它的考评结果为薪酬、培训、员工职业生涯的设计提供了直接的参考依据，同时为工作分析、人力资源规划、雇员资源化提供了间接参考依据。

二、指标权重的意义

员工的绩效存在多因性，即绩效的优劣往往不是取决于单一因素，而是要受制于主、客观多种因素。因此，员工的绩效指标应该是多维的，即需要用多个维度去分析与考评员工的绩效，形成一个绩效考评的指标体系，通过一系列的指标以综合地评估考评的对象。在多方面考评中，各项指标对评估结果的影响程度取决于该指标在整体评价中的相对重要程度。事实上，没有重点的评估不能算是客观评估，每个被评对象的性质、作用和所处的层次不同，其任务的目标、工作的重点也是不一样的。总体而言，设定指标权重体系具有以下几个方面的意义[②]：(1) 权重突出了重点目标；(2) 权重体现引导意图和价值观念；(3) 权重直接影响评价结果；(4) 权重是企业评价的指挥棒；(5) 权重最终将左右和影响企业文化建设。对决策者来说，权重反映了决策者的偏好、组织的要求及环境的影响，指标权重确定得准确与否直接决定了评估

---

① 赵曙明.绩效管理与评估[M].北京：高等教育出版社，2004.

② 赵曙明.绩效管理与评估[M].北京：高等教育出版社，2004.

结果的信度和效度。与绩效指标体系中各项指标相对应的权重组成了一个权重体系，对于既定的绩效评估指标体系，当权重体系不同时，其评估的结果往往也不同。

第二节 绩效指标权重的设计原则及影响因素

绩效指标的权重设计是一个比较复杂的过程。不同的评价指标对不同的评价对象来说往往具有不同的地位与作用，在设计权重时要根据不同的测评目的、不同的测评时期，以及各评价指标对评价对象反映的不同程度来确定；并且在确定指标权重过程中应遵守一系列的设计原则，如稳定性原则、动态性原则、针对性原则、目标导向原则和系统优化原则。

一、绩效指标权重的设计原则

(一) 权重的稳定性原则

权重的稳定性是指在一段时间内绩效指标体系中不同指标地位重要性基本保持不变，因为绩效考评的结果为人力资源管理的其他职能如薪酬、调任、培训等提供依据，这就必须确保在一段时间内考评结果具有可比性，如果频繁地变动指标和权重的设计，就会使人力资源管理的其他职能无所适从。假定组织的战略目标是提高营业收入，如果员工总的报酬计划包含80%的基础工资和20%的奖励工资或可变报酬，那么20%的这一部分可以通过权重分配的方式对3～5个关键绩效指标的重要性进行调整。一旦正确的量化指标被选作激励报酬的基准，且这一标准在员工工作期间保持稳定，它们将对员工行为产生重要的影响。同样，培训、员工招募也需要一个稳定的考核方式及稳定的考核结果作为依据，这种稳定性要求应适当地体现在指标权重的设计上。另外，如果已存在的权重分配经过前段时间实施已证明其合理性，那么在考评指标体系变动不大的情况下就可以继续沿用；且由于指标权重的调整和重新设定需要花费一定的人力和物力，经常变动会导致管理成本的上升，也会使员工无所适从。所以，权重的频繁改动对组织和个体而言都具有一定的破坏性。

(二) 权重的动态性原则

确定权重体系的主要依据是公司战略、价值观、工作流程、关键工作环节及其重要性，在确保其相对稳定的同时也要注意其动态调整性。由于企业所处的客观环境总是在不断发展和变化的，随着时间、空间的推移，各绩效指标的对应问题的影响程度也可能发生变化，原先所确定的初始权重不一定符合实际情况，这就要求企业建立的权重体系应具有不断变化和自我更新的能力。况且企业绩效评估的目的不是简单地评出名次及优劣的程度，更重要的是引导和鼓励被评估对象向正确的方向和目标发展，而正确的目标和方向是随着时间空间变化的，所以权重也需要通过动态变化，引导评估对象向正确的目标和方向发展，所以固定权重值根本无法满足绩效评估工作中的实际需要。

(三) 权重的针对性原则

考评对象的特征往往决定了某个绩效指标对该对象整体工作的影响程度，不同的岗位其不同考评维度的权重应该是不一样的。例如，对于行政管理人员，只要能认真处理好每天的行政事务，保证正常运转，就达到目标了，所以工作态度和工作能力的权重系数要大一些；而对于销售人员，其销售绩效的权重系数要大一些；对于部门负责人，其部属工作绩效的权重系数要大一些，其他方面可小一些。

（四）权重的目标导向原则

绩效指标权重的设计应反映考评者和企业对组织成员工作的引导意图和价值观念，应成为企业管理当局影响员工观念、行动的重要手段之一。通过加重某一指标的权重彰显其重要性，员工在工作中必然给予此项指标以相应的重视以获得较好的考评成绩。从这个意义上来说，指标权重体系是企业文化制度层的一个构成部分。在规定具体的权重时一般也并不需要将引导意图明确到每个绩效评价指标上，比如可以将评价指标分为结果评价指标、能力评价指标和态度评价指标这三大类，之后根据不同的评价目的，对三类评价维度的权重做出合理设定。不过由于员工工作的现实情况往往与人们的主观意愿不完全一致，因此在确定权重时还应该同时考虑现实情况，把引导意图与现实情况结合起来。应综合考虑以下问题：(1) 历史的指标权重和现实的指标权重；(2) 社会价值观念和企业的特殊性；(3) 同行业、同工种间的平衡。

（五）权重的系统优化原则

在绩效指标体系中，每个指标都有其独特的作用和影响，都有它的重要性，每个指标也都只是独立地描述被评估对象的某一方面，但是从系统的角度来看，指标权重之间却存在紧密的相关性。例如，一名工人的绩效，除了产量指标完成情况外，还有质量、原材料消耗、能耗、出勤，甚至团结、服从纪律等方面的指标，当某一个指标权重变动时，其他指标权重势必跟着变动，因为所有指标权重之和等于 1。所以，在确定指标权重时，不能只从单个指标出发，而要处理好各评估指标之间的关系，合理分配它们的权重。这就要求企业遵循系统优化原则，将整体最优化作为出发点和追求的目标。在这个原则指导下，对指标体系中各项绩效指标进行分析对比，权衡它们各自对整体的作用和效果，然后对它们的相对重要性做出判断，以确定各自的权重。要做到既不平均分配，又不片面强调某个指标、忽略其他方面的发展。

二、影响绩效指标权重的因素

绩效指标的权重是各项指标的相对重要程度，不同权重对员工行为具有不同的引导作用。影响绩效指标权重的因素很多，其中最主要的因素包括以下 3 类。

1. 绩效评价的目的

绩效评价的目的是影响指标权重的最重要的因素。绩效评价的结果往往运用于不同的人力资源管理目的。针对不同的评价目的，绩效评价中各个评价指标应被赋予不同的权重。很多时候，组织并不需要明确每个绩效指标的权重，仅将绩效指标分为工作业绩指标和工作态度指标这两个维度，然后根据不同的评价目的，规定这两个评价维度分别占多大的比重。

2. 评价对象的特征

评价对象的特征决定了某个评价指标对该对象整体工作绩效的影响程度。例如，责任感是评价员工工作态度的一个常用指标。该指标对于不同的员工的重要程度各不相同。对一名保安人员来说，责任感可能是工作态度指标中权重最大的指标，而对其他类型的员工来说，责任感的权重可能就不那么大。

3. 组织文化

组织文化倡导的行为或特征也会反映在绩效评价指标的选择和权重上。例如，以客户为中心的组织较为重视运营绩效和短期绩效，而创新型文化组织更为关注战略绩效和长期绩效，因此在指标选择和权重分配上两者会各有侧重。

【案例 4－1】

海尔企业文化对绩效管理的影响分析

请用手机微信扫以下二维码,学习本案例内容。

第三节 绩效指标权重的设计方法

确定权重的方法有很多种,各自使用不同的基本原理①,本节主要介绍主观判断法和定量处理法。

一、主观判断法

主观判断法是在专家的指导下,通过纯粹的主观判断确定不同绩效指标的重要程度,主要包括专家个人意见法、专家会议法、德尔菲法和名义小组法。

(一) 专家个人意见法

专家个人意见法是一种简单的主观判断方法,它是由熟悉绩效管理的专家决策者根据自己的经验和对各项绩效指标重要程度的认识,从权重设定的引导意图出发,对各项绩效指标的重要性进行主观判断,这种方法基本上是一种基于个人经验的决策。② 对于比较简单的绩效评价工作,这个方法花费的时间和精力相对较少,容易被接受。许多中小企业在员工绩效管理中都采用这种方式。但对于较复杂的指标体系,此法的应用将受到专家自身经验、素质、知识、信息和价值观的影响,不同的判断人对各个指标重要性有着很不相同的看法,结果往往带有片面性。而且由于权重的设计是基于单个人的判断,利益不同的各方不能参与并表达自己的意见,这种没有经过充分讨论的权重设计,在执行过程中往往存在执行不力的现象,这就会削弱考评结果的激励作用和导向作用。

(二) 专家会议法

专家会议法通过组成评估专家组来判断绩效指标的权重以避免由于个人意见带来的弊端。专家组成员包括人力资源部门的人员、考评专家以及相关的其他人员。为保证权重的科学性,对于不同的评测对象和不同的评测目的,专家构成可以是不同的。专家会议法可靠性较高,因为集

① 例如熵值法是根据样本数据自身的信息特征做出的权重判断;模糊聚类分析法是基于样本模糊数据的相似性,对评估指标群体做出相对重要程度分类。具体内容参见赵曙明.绩效管理与评估[M].北京:高等教育出版社,2004。

② 赵曙明.绩效管理与评估[M].北京:高等教育出版社,2004.

中众人的意见能弥补个人知识、经验、信息的不足，也可减少专家个人价值观的影响。但这种方法在会议召集时往往需花费一定的时间和精力，同时会议发言的形式也造成了专家会受心理因素的影响，存在从众心理、盲从权威，或碍于面子而不敢坚持自己的意见或不敢提出与众不同的意见等弊端。所以，专家会议法对会议主持人的业务素质、语言引导技能和控制局面的能力要求较高。

（三）德尔菲法

德尔菲(Delphi)法是 20 世纪 60 年代初，美国兰德公司的专家们为避免集体讨论中存在的屈从于权威或盲目服从多数的缺陷而提出的一种定性预测方法。[①] 这种方法在操作中，要求给每位专家发放咨询表，然后将所有专家对每个评价指标的权重系数进行统计处理。德尔菲法不仅要对每个绩效指标求平均值，而且要将每位专家给出的权数与平均值进行偏差分析，并反复比较。德尔菲法作为一种主观、定性的方法，不仅可以用于预测领域，而且可以广泛应用于各种绩效指标体系的建立和具体指标的决策过程。在确定绩效指标权重体系时，德尔菲法同样是一种行之有效的主观判断方法。

采用德尔菲法确定三级绩效评价指标体系权重。指标权重确定过程为：(1) 第一轮专家调查。第一轮专家调查没有任何限制和说明，专家凭各自的经验和理解独立自主打分，直接给出三级指标权重。(2) 对第一轮专家调查数据进行统计处理、分析，将分析结果提供给调查专家，并就指标体系构建思路和内容，任务之间指标重叠的部分如何处理，向调查专家做出进一步解释和说明，由专家进行第二轮打分。(3) 对第二轮专家打分结果进行统计分析，计算各级指标变异系数、肯德尔(Kendall)协调系数，依据专家打分的中位数和均值，最终确定绩效评价三级指标体系的权重。

【案例 4－2】

高校绩效考核指标权重的设定

请用手机微信扫以下二维码，学习本案例内容。

（四）名义小组法

尽管德尔菲法具有明显的优点，但是这种方法还是需要其他方法的补充。德尔菲法的难点在于如何提出简单明了的问题，如何将专家的意见归纳总结。为了弥补德尔菲法在这方面的不足，可采用名义小组讨论法。所谓名义小组讨论法，就是请多位绩效管理专家或有经验的现场管理人员构成一个小组，小组的成员互不通气，也不在一起讨论、协商，因而小组只是名义上的。管理者先把要解决的问题的关键内容告诉他们，并请他们独立思考，要求每个人尽可能地把自己的意见写下来，然后按次序让他们一个接一个地陈述自己的意见。在此基础上，由小

① 周三多，陈传明.管理学[M].北京：高等教育出版社，2000：67.

组成员对提出的全部备选意见进行投票,根据投票结果,赞成人数最多的备选方案即为所要的结果。当然,管理者最后仍有权决定是接受还是拒绝这一结果。

二、定量处理法

主观判断法是获取指标相对重要性的初步的信息方式,但信息形式有多种,于是要科学地界定不同指标的重要性程度还必须有一个量化的过程。定量处理方法主要包括直接运用法、比较法、层次分析法及加权平均法。直接运用法是指在主观判断之后直接对各绩效指标赋予相应的权重,在此不再赘述。本节将重点介绍比较法、层次分析法及加权平均法。

(一) 比较法

比较法则可以采取两两对比法,即在指标之间两两对比,重要者就得到 1 分,不重要者得 0 分,然后求解各个指标的权重(如表 4-1 所示)。

表 4-1　两两对比定量处理法

指　标	A	B	C	D
A	—	1	1	1
B	0	—	0	0
C	0	1	—	0
D	0	1	1	—
指标 得分	0	3 3/6	2 2/6	1 1/6

比较法也可以用逐步对比法,它是指先依据上下两项相邻的指标的重要性进行打分,先暂定,后修正(如表 4-2 所示)。以比较法对表 4-2 中指标的重要性进行初步确定时,如果以 A 指标为基础,可先确定其重要程度为 0.4,如果将 B 指标与 A 指标相比后发现 B 指标的重要性是 A 指标的 4 倍则赋予其重要程度为 1.6,依次可设出 C 指标与 D 指标的各自重要性程度。有时候为了确定上述指标重要性程度设定是否科学,也可以采取与前一次序相反的次序进行比较。比如,以 D 指标作为基础,先赋予它一个量化的重要性程度,然后将 C 指标与其比较,设出 C 指标的重要性程度,以此类推。最后,依据修正的重要性系数即可求出各个指标的权重。

表 4-2　逐步对比定量处理法

指　标	暂定重要性系数 (R_i)	修正重要性系数 (R_j)	权　重
A	0.4	1	1/8
B	1.6	4	4/8
C	0.8	2	2/8
D	0.4	1	1/8
合　计		8	1

(二) 层次分析法

层次分析法是对人们的主观判断进行表达与处理后，通过判断矩阵计算出相对权重，进行判断矩阵的一致性检验，以克服两两相比的不足。层次分析法确定权重的步骤如下：

第一步：建立树状层次结构模型。这一步就是建立一个组织完整的绩效指标体系。

第二步：确立思维判断定量化的标度。在两个因素互相比较时，需要有定量的标度，假设使用下面的标度方法，则其含义如表 4－3 所示。

表 4－3　因素比较定量标准

标　度	含　　义
1	表示两个因素相比，具有相同的重要性
3	表示两个因素相比，一个因素比另一个因素稍微重要
5	表示两个因素相比，一个因素比另一个因素明显重要
7	表示两个因素相比，一个因素比另一个因素强烈重要
9	表示两个因素相比，一个因素比另一个因素极端重要
2,4,6,8	为上述相邻判断的中值

第三步：构造判断矩阵。运用两两比较方法，对各相关元素进行两两比较评分，根据中间层的若干指标，可得到若干两两比较判断矩阵，如表 4－4 所示。

表 4－4　因素比较矩阵

A	A1	A2	……	An
A1	a11	a12		a1n
A2	a21	a22		a2n
……				
An	an1	an2		ann

第四步：计算权重。首先，判断矩阵每列正规化；其次，将正规化后的判断矩阵按行相加；再次，计算权重；最后，计算矩阵的最大特征根。

【案例 4－3】

基于层次分析法的指标权重确定

请用手机微信扫以下二维码，学习本案例内容。

(三) 加权平均法

传统的确定绩效指标的方法是将绩效指标人为地划分为一定比例,这种方法在管理实践中常常出现权重分配不完全的现象。采用加权平均法来确定绩效指标权重的方法,可操作性和科学性都较高。这种方法的实施步骤如下:首先,将所有指标划分为3类并赋予不同的权重系数,即全局性指标的权重系数为5,局部性指标的权重系数为3,事务性指标的权重系数为1;其次,每个指标的满分赋值为100分,考核主体依据考核标准进行打分,乘以权重系数后,得到每个指标的加权得分;最后,对所有指标加权得分进行求和,并对权重进行求和,取两者的商即为最终评价得分。

在确定绩效指标权重体系时,考虑到指标的数量、处理的便利和确定方法的实用性,主要使用的方法则是主观判断和定量处理相结合的方法,即第一步由专家根据自己的知识、经验、智慧、信息和价值观对指标重要性做主观判断;第二步即通过各种方法对判断结果进行定量处理,将重要性量化为具体的权重值,使之能直接应用于指标值的计算。

第四节 绩效标准的确定

一、绩效标准的定义

在确定绩效指标及其权重以后,下一步重要的绩效管理工作就是要确定绩效指标的标准。绩效指标和绩效标准是两个不同的概念。一般来说,绩效指标指的是从哪些方面对工作绩效进行衡量或评估,而绩效标准指的是在各个指标上分别应该达到什么样的水平;绩效指标解决的是需要评估"什么"的问题,而绩效指标标准解决的是要求被考评者做得"怎样"或完成"多少"的问题。

绩效标准又称为绩效评价标准,描述的是绩效指标需要完成到什么程度,反映组织对该绩效指标的绩效期望水平。绩效考评标准主要由标志和标度两部分构成。绩效考评的结果通常表现为将某种行为、结果或特征,划归为若干个不同级别,标志即是指考评指标中用于区分各个级别的特征规定,通常用字母(如A、B、C、D等)、汉字(如甲、乙、丙、丁等)或数字来表示。标志没有独立的意义,只有赋予它某种意义时,才具有意义。而标度用于对标志所规定的各个级别包含的范围做出规定。或者说,标度是用于揭示各级别之间差异的文字性描述,就是测量的单位标准。它可以是经典的测量尺度(即类别、顺序、等距和比例尺度),也可以是现代数学的模糊集合、尺度;可以是数量化的单位,也可以是非数量化的标号。总之,可以是定量的,也可以是定性的。标度是评价标准的基础部分,它同评价的计量与计量体系有密切的关系。下面以"产品合格率"这一绩效指标为例,具体对指标的标志和标度进行解释,见表4-5。

表4-5 考评指标举例

标志	1	2	3	4	5
标度	100%	90%~99%	80%~89%	70%~79%	70%以下

从上面这个例子我们可以看到，绩效考评指标的标志和标度是一一对应的。标志和标度就好比一把尺子上的刻度和规定刻度的标准。根据标志和标度的不同形式，考评尺度存在多种具体的表现形式。为了使整个考评工具具有统一性，人们在针对不同指标设计不同标度的基础上规定统一的标志，以便于进行综合统计。在这种情况下，标志和标度是可以相互区别的。可是当标度本身就较为简单时，标志和标度往往合二为一。标度规定本身就形成了一系列的标志。区分不同考评尺度的关键问题并不在于是否同时具有标志和标度，而在于考评尺度以什么样的形式规定了考评中所应依据的标准。

绩效标准的设定并非易事。从前面的介绍中我们可以看到，绩效标准定义了绩效的水平，是“标杆”“目标”“任务”。对于量化的绩效指标，设定的评估标准通常是一个范围，如果被考评者的绩效表现超出标准的上限，则说明被考评者做出了超出期望水平的卓越绩效表现；如果被考评者的绩效表现低于标准的下限，则表明被考评者存在绩效不足的问题，需要进行改进。对于非量化的绩效指标，在设定绩效标准时往往要对该指标进行具体的描述。比如衡量新产品设计的一个非常重要的绩效指标是“体现公司形象”，而作为绩效标准则要求更为具体，即更具有可操作性，所以可描述为：“使用高质量的材料、恰当的颜色和样式以代表和提升公司的形象。”表 4－6 中列举了一些绩效指标与绩效标准的实例。

表 4－6　绩效指标与绩效标准实例

工作产出	指标类型	具体指标	绩效标准
销售利润	数量	◇ 年销售额 ◇ 税前利润百分比	◇ 年销售额达 100 万～150 万元 ◇ 税前利润率达 20%～24%
新产品设计	质量	◇ 创新性 ◇ 性价比 ◇ 相对于竞争对手产品的偏好程度 ◇ 独特性 ◇ 耐用性	◇ 至少有 5 种产品与竞争对手不同 ◇ 产品的价值超过了它的价格 ◇ 在不告知品牌的情况下对顾客进行测试，发现选择本公司产品比选择竞争对手产品的概率要高 20%～30% ◇ 客户反映与他们见到过的同类产品不同 ◇ 产品使用的时间足够长
零售网点	数量	◇ 销售额比上年同期有所增长	◇ 销售额比上年同期增长 8%～10%
竞争对手信息	数据质量	◇ 全面性 ◇ 数据的价值	◇ 覆盖了所有已知竞争对手的所有产品 ◇ 提供的数据包括对产品的详细描述，如产品的成本、广告费用、回头客的比例等
	数据及时性	◇ 预定的时间表	◇ 能在指定的期限之前提供关于竞争对手的总结数据
销售费用	成本	◇ 实际费用与预算的差异	◇ 实际费用与预算的差异在 4%以内

实际的、可测量的、容易理解的绩效标准，有利于组织和员工。从某种意义上来说，绩效标准界定了什么是令人满意的工作绩效。在工作实施之前判定标准是十分重要的，只有这样，参与工作的员工才能更好地了解组织期望他们完成的目标。

二、绩效标准的分类

(一) 基本标准与卓越标准

在对绩效指标设定绩效标准时，通常需要考虑两类标准①：(1) 基本标准。这是指对某个被评估对象而言期望达到的水平，也就是指正常情况下多数员工可以达到的水平，是每个被评估对象只要努力都能够达到的水平；并且，对一定的职位来说，基本标准可以有限度地描述出来。基本标准的作用主要是判断被考评者的绩效是否能够满足基本的要求，评估的结果主要用于决定一些非激励性的人事待遇，如基本的绩效工资等。(2) 卓越标准。这是指对被评估对象未做要求和期望，但可以达到的绩效水平。毫无疑问，卓越标准的水平并非每个被评估对象都能够达到。另外，卓越标准不像基本标准那样可以有限度地描述出来，它通常是没有“天花板”的。由于卓越标准不是人人都能达到的，因此卓越标准主要是为了识别角色榜样。依据卓越标准评估的结果可以决定一些激励性的待遇，例如额外的奖金、分红、职位的晋升等。基本绩效标准与卓越绩效标准的比较见表 4-7。

表 4-7　企业员工的基本绩效标准与卓越绩效标准

举例职位	基本标准	卓越标准
司机	◇ 按时、准确、安全地将乘客送达目的地 ◇ 遵守交通规则 ◇ 随时保持车辆良好的性能与卫生状况 ◇ 不装载与目的地无关的乘客或货物	◇ 在几种可选择的行车路线中选择最有效率的路线 ◇ 在紧急情况下能采取有效措施 ◇ 在旅途中播放乘客喜欢的音乐或在车内放置乘客喜欢的报刊以消除旅途的寂寞 ◇ 较高的乘客选择率
文秘	◇ 速度不低于 100 字/分钟 ◇ 版式、字体等符合要求 ◇ 无文字及标点符号的错误 ◇ 会议时间安排没有冲突	◇ 提供美观、节省纸张的版面设置 ◇ 主动纠正原文中的错别字 ◇ 为不同会议提供详细的流程
销售代表	◇ 正确介绍产品或服务 ◇ 达成承诺的销售目标 ◇ 回款及时 ◇ 不收取礼品或礼金	◇ 对每位客户的偏好和个性等做详细记录和分析 ◇ 为市场部门提供有效的客户需求信息 ◇ 维持长期稳定的客户群
管理者	◇ 按时提交工作计划 ◇ 实时检查员工的工作 ◇ 将部门员工团结在一起	◇ 提交工作计划时详细注明可能出现的突发情况和应对策略 ◇ 在检查员工的工作绩效后总结经验与及时反馈 ◇ 在团结员工的同时将部门目标与企业目标联系在一起

从表 4-7 中可以看到，即便是一个非常普通的职位，例如司机、打字员，也会有很多卓越表现的标准。通过设定卓越标准，可以让任职者树立更高的努力目标。这些卓越标准本身就代表着组织所鼓励的行为，组织则对做出这些鼓励行为的人相应地给予奖励。

---

① 付亚和，许玉林.绩效管理[M].上海：复旦大学出版社，2004：14.

(二) 定性标准与定量标准

绩效标准的衡量是对绩效指标达成程度状态的描述，一般有定性和定量两种指标标准。定量指标标准是能够准确定义、精确衡量并能设定绩效目标、反映工作结果的绩效指标标准，是用具体数值进行区分的。定性指标标准是相对于定量指标而言的，即对于工作中无法简单用数字表达结果的考核指标，以描述最终结果的形式进行区分。

1. 定性指标标准

定性指标标准的制定主要有等级描述法及预期描述法。

(1) 等级描述法。

等级描述法是对工作成果或工作履行情况进行分级，并对各级的表现进行描述性界定，据此对被考核者的实际工作完成情况进行评价。该方法适用于考核那些经常或重复进行的工作，因为其能够很清楚地用数据或事实描述出各个级别的不同。例如"优秀""良好""一般""及格"和"不及格"5 个级别，便是等级描述法。

在实践中，等级描述可以针对某一特定要素设定，也可以针对整体职责而设定。表 4－8 是对员工整体工作状态进行判断的五级程度划分。整体性判断的分级描述相对比较粗糙，尽管它的定义比较简单，所需的考核成本也较低，但是判断起来相当困难。另外，整体性判断的描述也缺乏客观性，因为它的描述中涉及许多不同的绩效内容，如知识、经验、行为、态度、结果等，每个方面相互交叉在一起，因果关系不清楚，且每一个方面的重要程度在不同考评者看来是不同的。最后，这种方法还可能存在多次评估的问题。例如，某员工可能是经验不足而产生了不理想的绩效，因而"经验"被评估了一次，"结果"又被评估了一次。因此，如果采用描述性标准评估方法时，最好使用分要素的描述性定义(见表 4－9)。分要素描述使考核时有了比较客观的依据，在一定程度上限制了考核者打分的随意性。而更为重要的是，由于清晰界定了各类维度的具体等级，使被考核者明确了上级对其工作的要求，明确了努力的方向，因此有利于被考核者不断提高自己的绩效水平。

表 4－8　指标标准的整体性判断与界定

绩效等级	状 态 描 述
危险	◇ 由于他的无能，对其他同仁(包括你本人)已造成一些士气上的问题 ◇ 对工作缺乏兴趣 ◇ 拖累了其他人的工作 ◇ 很可能该员工明知其工作做不好 ◇ 不像是要把事情做完 ◇ 如果继续留他，工作会一直落后，整个部门会受很大影响 ◇ 错误连续发生，有些一错再错
一般	◇ 该员工的工作大体不坏，能达到最起码的要求 ◇ 该员工的绩效并不是真的很糟，但是如果您手下人都像他一样，您就麻烦了 ◇ 您很想看到他能再进步，但同时您又挑不出什么毛病 ◇ 您需要密切监督，他才能做好 ◇ 他表露出上进心但还需要充实工作知识 ◇ 您可能需要帮他把工作一步一步地安排好 ◇ 某些时候您的其他部属得扶他一把

续 表

绩效等级	状 态 描 述
能干	◇ 他做事完整,正是您所期望一位有资格、有经验的人所表现的 ◇ 如果您的手下都能像他一样,那么整体的工作表现就该是令人满意的 ◇ 您很少听到与其工作有关的人埋怨他 ◇ 错误极少,也很少有重复的现象 ◇ 不在不重要的事情和问题上花费时间 ◇ 采用他的意见时,您觉得很放心 ◇ 只需要适度的督导,通常能按时做好工作 ◇ 工作有关的各方面几乎都曾经历过,而且都证明其能力很强 ◇ 在其工作范围内交付任何事情都觉得很放心
可嘉	◇ 您不会再要求他有什么重大的改进;如果有,那对整个部门的效益是件好事;如果没有,您也无话可说 ◇ 您发现他做得比您希望的要多 ◇ 他能承接额外的工作而不致妨碍到其他的工作 ◇ 他经手的每一份工作都完整无缺 ◇ 该员工决策与行动的效果比预期的要高 ◇ 时常有额外的贡献,时常超越目标 ◇ 只偶尔需要督导或追踪 ◇ 自行预做计划,设想可能的问题并采取适当的行动 ◇ 能掌握全局,设想不局限于小节,朝着部门整体的目标努力
优秀	◇ 该员工即使在其工作中最困难与复杂的事务上仍有超过要求的表现。他能面对具有挑战性的目标自行开展并完成工作 ◇ 其表现出来的知识,通常需在该项工作上有相当多的经验才能获得 ◇ 公认是其所任工作上的专家 ◇ 其表现显示他对工作了解的程度远远超出指定的范围,因为他对部门工作各方面都具有丰富的知识,常有外人求助于他 ◇ 很少或完全不用督导 ◇ 几乎可以说他是永远抱着务必尽善尽美的心态工作

表 4-9 要素的描述性定义

项 目	评 价 等 级 定 义
计划与组织管理	定义:有效地利用人、财,计划性安排和组织工作 1 级:缺乏预先制订的工作计划,解决问题准备不足 2 级:有计划,但缺乏系统性,导致工作执行不利 3 级:能有效地计划和组织下属工作 4 级:对工作的执行和可能遇到的问题有计划性解决方案,并能够组织实施 5 级:具有系统、准确、迅速解决问题的工作行为特征,并进行有效的工作分解,以较佳的方式达成工作目标
目标管理	定义:建立工作目标,制定合理的行为规范与行为标准 1 级:目标设置模糊、不现实。实现标准不明,没有明确的时间要求 2 级:仅设置总体目标,细化分解不足。制定标准不恰当,时间要求不合理 3 级:多数情况下,目标设置合理现实,但会出现目标设置标准忽略现实要求的情况 4 级:总是设置具有现实性的目标,但有时目标设置得过高 5 级:设置目标合理、有效,计划性、时间性强

续　表

项　目	评 价 等 级 定 义
管理控制	定义：组织协调各种工作关系，领导群体实现目标 1级：回避群体控制，批评多但不提建议 2级：面临困难易放弃原则，管理思想和工作风格不易为他人接受 3级：保持必要的指示、控制，获得他人的协作，对他人表现出信任 4级：善于激励，能对下属及同事的行为产生影响，以管理者的身份体现其影响力 5级：善于控制、协调、干预，使群体行为趋同于目标的实现
管理决策	定义：设计决策方案，并以文案进行迅速评估，以适当的方法采取行动 1级：较少制定、做出决策或表现出决策的随意性 2级：决策犹豫，忽略决策的影响信息 3级：做出日常的、一般性决策，在较为复杂的问题上采取中庸决策策略 4级：决策恰当，一般不会引起争议 5级：善于综合利用决策信息，经常做出超出一般的决策，且大多数情况是正确的选择
沟通合作	定义：交流沟通，与人合作 1级：缺乏沟通方式，不善交流，难以表达自己的思想、方法 2级：交流、沟通方式混淆，缺乏中心议题，不易于合作 3级：沟通清楚易于接受，表现出互相接受的合作倾向 4级：善于沟通，力求合作，引人注意 5级：很强的沟通愿望和良好的沟通方式，使合作成为主要的工作方式、方法

［资料来源］付亚和，许玉林.绩效管理［M］.上海：复旦大学出版社，2004：19.

在现行的等级描述法中，还有一种更为粗糙和简单的做法，即只做指标程度的等级区分而不对不同等级的标准进行确切描述（见表4-10）。显然，各个指标的分级标准是无法统一的，它只能依赖管理者对各个标准程度的自我理解，所以当管理者不能承担考核责任时，它很容易使考核流于形式。当然在假设参与考核的员工都具有很好的责任感和素质时，这种方法则显得非常简便易行。

表4-10　无分级定义的考核

评 定 项 目	评分等级	评 定 项 目	评分等级
① 对他的成绩您是如何看的？ 得分［　］	5 4 3 2 1	④ 假定他不是本公司的职员，如果他想在目前同样的条件下到本公司就职，您是否录用他？ 得分［　］	10 8 5 2 0
② 对他的工作情况您是如何看的？ 得分［　］	5 4 3 2 1	⑤ 如果上司托您推荐某人为（　）长的候选人，您是否推荐他？ 得分［　］	10 8 5 2 0

续 表

评定项目	评分等级	评定项目	评分等级
③ 对他的能力您是怎么看的？ 得分	10 8 6 4 2	⑥ 您认为在从事同样工作的人中，他的工作优秀程度如何？ 得分	10 8 6 4 2

（2）预期描述法。

预期描述法是考核双方对工作要达到的预期标准进行界定，然后根据被考核者的实际完成情况同预期标准的比较，来评价被考核者业绩的方法。在实际工作中，有时会面对一些对新任务或新工作的评价，这时候考核双方往往没有或很少有先例可循，制定考核标准时也往往缺乏数据和事实的支持，这种情况下等级描述法就无能为力。因此，建议采用预期描述法，即通过考核双方尽量明确和清晰地界定预期标准，来为评价被考核者的业绩提供依据。

预期标准能够通过培训、答疑等形式将有关制度和流程对相关人员进行有效宣传；能够将研发管理体系在公司内推行下去，使试运行比较顺利；能够及时解决试运行过程中的一些问题，并根据试运行中的情况对原方案进行细化和完善；通过试运行，使公司的研发管理工作能够比较规范和有序地开展，能够有力地促进研发工作，并初步见到效果。虽然预期描述法只描述了一个标准，但仍然比没有标准强，也能在一定程度上限制考核者的随意打分。而更为重要的是，通过对预期标准的制定，使被考核者明确了上级的预期和要求，这在下属面对新工作或新任务时，无疑是十分重要的。

定性指标虽不如定量指标客观，也容易受评价人的知识、经验、判断能力和对评价标准把握等因素影响，但通过科学的方法，仍然可以较为合理地对定性指标给予评价。所以，对定量和定性指标的使用要相互结合、取长补短。

2. 定量指标标准

确定定量指标的绩效标准主要有 3 种方法：加减分法、规定范围法和公式法。

（1）加减分法。

采用加减分的方式确定指标标准，一般适用于目标任务比较明确、技术比较稳定，同时鼓励员工在一定范围内做出更多贡献的情况（见表 4-11）。应该注意的是，采用加减分的方式来计算指标值时，最大值应当以不超过权重规定值为限，最小值则不能出现负数。

表 4-11　定量指标标准设定示例(一)

绩效指标	权重	评价标准
产量	25 分	按照标准折合为标准产量，9 箱/台班为基数，得分为 20 分，每±1 箱则±1 分，最多加 5 分。折算标准参照相关文件规定
消耗	15 分	按照标准折合为标准消耗，以 1.5 千克/件为基数，基数得分 13 分。每±0.01 千克/件则±0.1 分，15 分封顶，8 分保底。折算标准参照相关规定
质量检验	20 分	自检滞后－2 分/次，自检漏项－1 分/项，记录不真实－2 分/次，记录不及时－1 分/次，记录不规范－1 分/次，不保底

（2）规定范围法。

经过数据分析和测算后，评价双方根据就标准达成的范围约定来进行评价（见表 4－12）。

表 4－12　定量指标标准设定示例（二）

绩效指标	权重	评价标准			
		A	B	C	D
销售预测	30 分	90%＜销售预测准确率＜100%	80%＜销售预测准确率＜90%	60%＜销售预测准确率＜80%	销售预测准确率＜60%
		29～30 分	25～28 分	20～24 分	10～19 分
项目管理	20 分	项目进度报表上报及时率 100%，完整性好；项目分析对计划和预测能提供强有力的依据；对大项目监控得力	项目进度报表上报及时率＞80%，完整性好；项目分析对计划和预测能提供比较有力的依据；对大项目监控比较得力	项目进度报表上报及时率＞60%，完整性较好；项目分析对计划和预测能提供一定的依据；对大项目监控效果一般	项目进度报表上报及时率＜60%，完整性差；项目分析对计划和预测能提供的依据不明显；对大项目监控不得力
		19～20 分	15～18 分	12～14 分	6～11 分

（3）公式法。

加减分法评价标准表达比较明确，易于理解，得到了广泛的应用，但这种方法有一个最大的弊端，就是用软件系统实现自动打分比较困难，对某些信息系统应用比较普遍的企业而言，对需要设定目标的定量指标采用公式法进行打分，更利于信息系统的支持。

设计评价标准时要注意能够做到有效区分，要对实际数值的极限范围做出估计，根据工作性质确定起始得分标准，根据事件性质确定激励强度（最高 18 分、15 分、12 分、10 分），然后设计合适的评价标准。

定量指标最能够精确地描述考核指标的状态，目前被广泛使用在生产、营销、成本、质量等管理领域。但是，如果用它来衡量某些管理职能的活动，就变得有些力不从心。另外，量化指标标准的设计需要考虑两个方面的问题：一是指标标准的基准点，二是等级间的差距。这些都是非常重要的问题（见表 4－13）。

表 4－13　指标与指标标准分级

1. 等级划分
绩效指标的评估等级按 7 级划分，7 级为最高，1 级为最低
2. 绩效指标说明
（1）销售总量：各类品种销售量之和
（2）销售收入：各类品种销售收入之和
（3）资产利润率：利润额/量化资产额
（4）总成本费用：生产成本＋销售成本＋管理费用＋财务费用
（5）净利润：以事业部为单位的内部利润

续 表

(6) 货款回收率：加款数额/实际商品发出价值额
(7) 产品合格率：合格产品量/全部生产量
(8) 市场覆盖率：实际供货市场/目标供货市场
(9) 市场占有率：实际销售量/市场销售总量
(10) 设备利用率：设备运行/设备能力
(11) 安全生产：以人身伤残事故次数计算。重大事故定义为人员因事故致伤、致残，使之暂时或永久丧失劳动能力
3. 绩效标准说明
(1) 销售总量：以 85 000 吨为 4 级，每增加 3%，提升一个等级；每减少 2%，降低一个等级
(2) 销售收入：以 5.4 亿元为 4 级，每增加 2%，提升一个等级；每减少 1%，降低一个等级
(3) 资产利润率：以目标规定数额为 4 级，每增加 3%，提升一个评价等级；每减少 2%，降低一个等级
(4) 总成本费用：以目标规定数额为 4 级，每减少 5%，提升一个等级；每增加 3%，降低一个等级
(5) 净利润：以目标规定数额为 4 级，每增加 3%，提升一个等级；每减少 2%，降低一个等级
(6) 货款回收率：以目标规定数额为 5 级，每增加 0.5%，提升一个等级；每减少 0.5%，降低一个等级
(7) 产品合格率：以目标规定数额为 5 级，每增加 0.5%，提升一个等级；每减少 0.5%，降低一个等级
(8) 市场覆盖率：以目标规定数额为 7 级，每减少 0.5%，降低一个等级
(9) 市场占有率：以目标规定数额为 4 级，每增加 1%，提升一个等级；每减少 0.5%，降低一个等级
(10) 设备利用率：以 80%为 4 级，每增加 3%，提升一个等级；每减少 2%，降低一个等级
(11) 安全生产：以目标规定数额为 7 级，每发生一次重大人身事故，降低一个等级

［资料来源］付亚和，许玉林.绩效管理［M］.上海：复旦大学出版社，2004：22.

三、设计绩效标准应注意的问题

企业在为部门或员工设计绩效标准时，一是要注意绩效标准的压力问题，二是要确保标准的稳定性。①

(一) 绩效标准的压力要适度

设计绩效标准要达到这样一种水平，即对大多数人而言经过努力是可以达到的。这样的标准所形成的压力会使员工更好地挖掘自己的潜能、更有效地完成任务。事实表明，有一定压力的绩效标准要比没有压力的标准更有助于提高员工的努力程度和信心。但同时，绩效标准又不能定得过高，令人感到可望而不可即。如果这样，考核对象很可能产生沮丧、自暴自弃的情绪，甚至导致员工精神始终过度紧张、工作思维迟钝，效率反而下降。因此，绩效标准的水平要适度，标准产生的压力以能提高劳动生产率为限。

(二) 绩效标准要有一定的稳定性

绩效标准是考核工作绩效的权威性文件，因此需要有相对的稳定性，以保证标准的权威性。当然，这种权威性还必须建立在标准水平的适度性基础上。一般来说，标准一经制定，其基本框架不会改变。当然，环境变迁、技术进步和知识更新会对员工的绩效标准提出新的要求，此时有必要对标准做一定的修订。一部好的绩效考核标准，即使出现修订往往也只是对某些条款的修订，只是一种量的修订，而不可能做很大的改动。对于一家刚刚创立的企业而言，

① 付亚和，许玉林.绩效管理［M］.上海：复旦大学出版社，2004：16.

由于缺乏经验，标准的制定往往不够完善，因此，修订绩效标准往往是不可避免的。在这种情况下，吸取同行业其他企业的经验，参照国际的、国内的先进标准，是建立有效的绩效考核体系不可或缺的步骤。

本章思考与案例

1. 什么是指标权重？它具有什么意义和作用？
2. 谈谈你对绩效指标权重的设计原则的理解。
3. 如何设计绩效指标的权重？
4. 什么是绩效标准？它有哪些类型？
5. 请找一家企业，了解它在确定绩效指标权重时主要考虑了什么因素。

第三篇

绩效实施的过程与基础

5 第五章 绩效管理计划的制订

全章提要

学习目标

1. 掌握绩效管理计划的内涵及其地位，了解绩效管理计划的类型；
2. 熟悉绩效管理计划的制订程序，了解绩效管理计划的参与人员及其职责；
3. 了解绩效目标的来源与制定程序；
4. 了解绩效考核周期的相关概念及影响因素，以及如何合理设置绩效考核周期。

案例导读

发现金融服务公司的绩效计划

发现(Discover)金融服务公司采取了一系列措施及步骤来确保绩效计划及员工发展能够符合组织的发展目标。发现金融服务公司是摩根士丹利公司下属的一家运营公司，主要负责经营发现卡(Discover Card)系列品牌。这一品牌旗下包含多款银行卡，包括发现经典卡、发现货金卡、发现白金卡、发现英里卡以及一系列慈善卡。除此之外，发现金融服务公司还提供包含定期存款、货币市场账户、汽车保险及家庭贷款业务在内的附加服务。该公司总部设在美国伊利诺伊州伍兹镇，拥有近 1.4 万名员工。发现金融服务公司的人力资源管理专家需要定期参与公司的业务会议，这样做的目的是了解什么样的知识、技能和能力可以满足一些特定业务部门的发展需求。发现金融服务公司还要求管理者参加统一的课程及网络学习，在学习的过程中，这些管理者要组成讨论小组来探讨他们都学到了什么，以及学到的这些东西如何帮助他们应对自己独特工作任务的挑战。同时，在这个有关学习的战略中还包含其他几部分的内容：首先，管理者要在绩效计划阶段与员工开会讨论，就绩效计划阶段的标准达成一致；其次是制订行动方案，最后还要制定一项评价和打分标准来评判这一学习是否取得成功。总之，发现金融服务公司采取了一系列绩效管理措施来确保员工开发活动成为公司的一项热点内容，而且这些开发活动能与营造支持高绩效的工作环境的使命保持高度相关。

[资料来源] 赫尔曼·阿吉斯.绩效管理[M].3 版.北京：中国人民大学出版社，2013：44.

启发思考：作为绩效管理的第一个环节，绩效计划怎样影响整个绩效管理过程？

第一节 绩效管理计划概述

一、绩效管理计划的内涵

绩效管理计划是指组织上层管理者和下级依据组织战略和年度工作目标，通过绩效计划面谈，共同确定组织、部门以及个人的工作任务，并签订绩效目标协议的过程。绩效管理计划是一个确定组织对员工的绩效期望并得到员工认可的过程，通过绩效管理计划，这个过程可以将个人目标、部门或团队目标与组织目标结合起来，并使每个员工都能明确自己的职责和任务。绩效管理计划是绩效管理的第一个环节，也是绩效管理成功实施的关键环节。我们可以从以下几个方面对绩效计划的内涵进行深入理解。

(一) 实现组织的战略目标是绩效管理计划的目的

绩效管理的战略性集中体现为绩效管理实践要体现并支持组织战略，具体到绩效管理的计划环节，就是要将组织的战略目标转化为组织层面、部门层面和个人层面的绩效目标，使每个员工的工作行为和结果都能够有效促进组织绩效的持续改进和提升。因此，绩效管理计划的目的就是确保部门和每个员工的绩效目标与组织的战略目标协调一致。确保绩效管理计划与组织战略目标的一致性，这一般是通过在组织的使命、核心价值观、愿景和战略的指引下制订绩效管理计划来实现的。

(二) 绩效管理计划面谈是绩效管理计划的重要环节

绩效管理计划面谈是管理者与下属就绩效管理计划进行的双向的、全面的和持续的沟通。通过绩效管理计划面谈，管理者与下属就绩效目标、指标和评价标准进行充分的沟通，达成共识并共同确定行动计划。绩效管理计划面谈是一个双向沟通和全员参与的过程，管理者和下属需要对此进行深入了解。

(三) 确定绩效目标、绩效指标、绩效评价标准和行动方案是绩效计划的主体内容

绩效计划的主体内容是在充分沟通的基础上，管理者和下属确定在一个绩效周期内应该“做什么”的问题。“做什么”在绩效计划中具体体现为确定绩效目标、绩效指标和绩效评价标准。管理者还需要通过沟通，确保组织战略目标能分解到部门和个人，最终实现组织战略目标在个人目标上的落地。

组织在制订绩效计划的过程中，确定了“做什么”之后，最重要的就是确定“如何做”的问题，即确定行动方案。在确定行动方案的过程中，组织应该着重关注行动方案是否能帮助管理者和下属都达到规定的绩效标准，并确保各类行动方案的配合和协同，从而达成组织的战略性目标。目前许多组织都在执行各种各样的行动方案，但很多组织的行动方案都与组织目前既定的战略目标关联不大，各种方案相互争夺有限的资源，消耗管理者和员工的时间和精力。因此，如何通过制订科学的绩效计划，实现行动方案与组织的绩效目标和指标无缝对接，让行动方案为达到绩效标准保驾护航，就成了具有高度创造性和挑战性的工作。

(四) 签订绩效协议是绩效计划的最终表现形式

社会心理学家多伊奇(M. Deutsch)和杰勒德(H.B. Gerard)的研究表明，做出了公开承诺或比较强的私下承诺的人非常倾向于坚持最初的意见。大量研究发现，人们坚持或改变某种态度的可能性主要取决于两种因素：一是他在形成这种态度时的投入程度，即是否参与了态度形成的过程；二是他是否为此进行了公开表态，即是否做出了正式承诺。因此，人们对自己亲自参与做出的选择投入程度更大，这增加了行动方案的可执行性和实现目标的可能性。在绩效计划阶段，通过沟通，管理者和下属对绩效目标达成共识，签订正式的绩效计划协议，就是为了让下属对自己的绩效计划内容做出很强的公开承诺，促使他们履行自己的工作计划；同时，管理者也通过向下属做出承诺，提供必要的支持、帮助和指导，从而实现管理者和下属上下一心，共同推动组织目标的达成。

绩效协议是一项关于工作目标和标准的契约。管理者与下属根据组织和部门的目标共同制定并修正个人绩效目标以及实现目标所需的步骤。绩效协议的主要内容包括绩效目标、绩效指标、目标值、指标权重和行动方案等。管理者和下属经过充分沟通,对绩效协议的内容达成共识,经双方确认之后,签订绩效协议,这一过程标志着绩效计划工作的完成。

作为影响绩效管理能否成功实施的关键环节,从绩效管理计划的内涵中可知其具有以下几个作用:(1) 使绩效考核对象明确自身所应达到的期望,只有当员工、团队或部门明确了企业对自身的期望是什么,才有可能通过努力达到期望的结果。(2) 能使员工目标与组织目标有机统一起来。制订绩效计划除了能够更加合理地分解组织目标外,还能够让员工清楚地认识到他们的工作与组织目标之间的联系。对团队目标和组织目标的深入理解,将有助于员工更容易判断自己的行为是否有利于团队和组织目标的实现。(3) 绩效计划协议的签订体现了上下级之间或不同部门之间相互承诺的绩效目标的严肃性,使决策层能够把精力集中在对公司价值最关键的经营决策上,确保公司总体战略的逐步实施和近期发展目标的实现。(4) 绩效管理计划有利于在企业内部创造一种突出绩效的企业文化。

二、绩效管理计划的分类

根据不同的分类标准,可以将绩效计划分为不同的类型。根据绩效层次的差别,绩效管理计划可以被分为组织绩效计划、部门绩效计划、个人绩效计划;根据不同人员在组织内所处岗位层次的不同,绩效计划可被分为高层管理者绩效计划、部门管理者或团队领导绩效计划、一般员工绩效计划;根据绩效周期的差别,绩效计划可以被分为任期绩效计划、年度绩效计划、半年绩效计划、季度绩效计划、月度绩效计划、周绩效计划甚至日绩效计划等。各类绩效计划并不是独立的,而是相互影响、相互渗透、相互融合的。绩效管理在实践中最为普遍接受的分类方式仍然是组织绩效计划、部门绩效计划和个人绩效计划。从绩效管理体系推广层次看,绩效管理计划分为宏观绩效管理计划和微观绩效管理计划两个层面。

(一) 宏观层面的绩效管理计划

宏观层面的绩效管理计划实际上是在企业范围内推广实施绩效管理体系的行动计划,具体内容包括以下几个方面。①

1. 对绩效管理体系在企业广泛推行的效果预测

绩效管理的实施效果不仅受到系统本身的影响,而且受到组织文化、企业环境、组织战略和员工素质等多方面因素影响,因此,在全面推行绩效管理体系前,应当进行系统分析,明确绩效管理体系执行可能遇到的各种限制性因素。

2. 确定当期绩效管理的总目标和目标分解方式

在一个组织里,每个绩效管理周期都有与企业战略和规划相适应的特定目标。只有在总目标明确的前提下,才能将目标层层分解,并最终落实到每一个部门和员工。

3. 确定绩效管理实施的执行人

在绩效管理计划实施过程中,涉及的执行人一般有以下几种类型:(1) 主管人员。被考评者的工作目标主要是在与主管人员进行沟通之后设立的,因此主管人员最有责任和权力对被考评者的目标达成情况进行监控。(2) 被考评者。由于绩效管理活动主要目的是改进和提

---

① 赵曙明.绩效管理与评估[M].北京:高等教育出版社,2004:146.

高被考评者的绩效和能力水平，提高被考评者自我管理、自我提高的能力，所以被考评者的参与和配合在整个绩效管理过程中非常重要。(3) 下属或客户。对于被考评者的某些方面，下属或客户可能更为了解，因此，让下属或客户参与绩效管理是一种有效的选择。(4) 同事。同事之间的评估有助于加强部门间的沟通和合作，有利于整个组织目标的达成，特别是对那些业务支持部门来说，其他部门对它们所提供的服务支持的满意度至关重要。

4. 评估的时间/频率

一般的绩效管理周期是半年或一年。在具体时间选择上，一般而言部门间的评估和客户(或下属)评估应稍早于主管人员对下属评估的完成时间，这样人力资源部才留有时间向部门和主管人员进行反馈沟通，调整最终结果。

5. 制订宣传、培训等随附计划

人力资源部必须在绩效计划开始实施前进行充分的准备，让员工了解绩效管理体系的有关信息，并掌握相应技能。因此，宣传计划和培训计划是宏观绩效管理计划不可缺少的一部分。

6. 对当期绩效管理的诊断和评估

实施计划还应当包括对实施效果的诊断和评估计划。只有认真对每一个绩效管理周期进行分析评估，整个组织的绩效管理才能不断提升，实现螺旋式上升的良性循环。

另外，企业在制订年度或半年度绩效管理计划时，还应强调员工或部门绩效评估结果的应用，重申这些结果的法律有效性。

(二) 微观层面的绩效管理计划

宏观层面的绩效管理计划通常由高层管理者确定目标，人力资源管理部门负责具体制订并推动实施。人力资源部门在推动企业的宏观绩效管理计划的同时，还必须协助完成微观层面的绩效管理计划的制订。所谓微观层面的绩效管理计划，是指管理者对下属进行绩效管理时，对工作目标和工作职责达成的共识。表 5－1 是一个微观绩效管理计划的实例。

表 5－1　某企业员工绩效目标计划表

受约人：＿＿＿＿＿＿　职位：＿＿＿＿＿＿
直接主管：＿＿＿＿＿　绩效期间：＿＿＿＿＿＿＿＿

工作目标	主要产出	完成期限	衡量目标	评估来源	完成目标所需条件、资源
完善××管理规范	修订后的《××管理规范》	2008 年 8 月底	《××管理规范》中责任明确、流程清晰，反映了客户需要	主管评估 自我评估	
完成对×客户的销售目标	销售额、回款率	2008 年 1 月底	销售额达到 500 万元，回款率不低于 80%	销售记录	
建立客户数据库	客户数据	2008年12月底	信息能够及时准确地反映在数据库中，能够与整家企业管理信息系统接轨，使用便捷	主管评估 自我评估	

受约人签字：＿＿＿＿＿＿＿＿　主管人员签字：＿＿＿＿＿＿
时间：＿＿＿＿＿＿

注：本绩效计划若在实施过程中发生变更，应填写计划变更表。最终的绩效评估以变更后的绩效计划为准。

可以把微观层次的绩效管理计划看成一个主管人员和下属对工作目标达成一致的绩效契约。这项契约主要应包括以下内容:(1)员工在本次绩效期间所要达到的工作目标是什么?完成目标的结果如何?(2)这些结果将从哪些方面去衡量?评判标准是什么?(3)如何获得有关员工的工作信息?(4)如何将目标进行阶段性分解并按期实现?(5)如何进行阶段性检查和控制?绩效契约的样本见表5-2。

表5-2　企业绩效契约样本

<table>
<tr><td>受约人姓名:</td><td colspan="3" rowspan="8">发约人姓名(1):
职位:
发约人姓名(2):
职位:
发约人姓名(3):
职位:
发约人姓名(4):
职位:</td><td colspan="3">权重类别:</td></tr>
<tr><td>职位:</td><td colspan="3" rowspan="7">财务类指标:
过程管理类指标:
客户类指标:
员工管理类指标:
工作目标完成效果评价:</td></tr>
<tr><td>工作代码:</td></tr>
<tr><td>级别:</td></tr>
<tr><td>专业公司:</td></tr>
<tr><td>业务单位:</td></tr>
<tr><td>合同有效期:</td></tr>
<tr><td>签署日期:</td></tr>
<tr><td colspan="7">职位描述(关键职责):</td></tr>
<tr><td>关键绩效指标</td><td>权重</td><td>单位</td><td>完成目标</td><td>挑战目标</td><td>实际</td><td>完成百分比</td></tr>
<tr><td>◇ 财务类指标(略)</td><td></td><td></td><td></td><td></td><td></td><td></td></tr>
<tr><td>◇ 过程管理类指标(略)</td><td></td><td></td><td></td><td></td><td></td><td></td></tr>
<tr><td>◇ 客户类指标(略)</td><td></td><td></td><td></td><td></td><td></td><td></td></tr>
<tr><td>◇ 员工管理类指标(略)</td><td></td><td></td><td></td><td></td><td></td><td></td></tr>
<tr><td>◇ 工作目标完成效果评价(略)</td><td></td><td></td><td></td><td></td><td></td><td></td></tr>
</table>

签订绩效契约具有以下几个作用:(1)使管理者将精力集中在对企业价值最关键的经营决策上,在企业上下创造业绩至上的企业文化,同时,以合同的方式体现被承诺的业绩达成的严肃性。(2)明确企业中每个部门如何创造价值,实现企业内部资源的合理分配,将资源集中从事最具潜力的业务,提高企业内部管理透明度,对业绩进行监督和及时反馈。(3)将个人对业绩负责的做法制度化,建立有效的激励机制,促使员工,尤其是管理者改变行为,使他们的利益与企业利益相一致。

不过在签订绩效合约时应注意以下原则:(1)体现企业经营业绩;(2)建立以价值创造为核心的企业文化;(3)全面体现各岗位关键业绩成果和岗位特色;(4)开放的、充分的上下级沟通;(5)计划的前后衔接性和横向的可比性。

三、绩效管理计划的组织工作与参与者的责任

制订绩效管理计划的目的在于通过实现个人的绩效目标进而实现组织的整体目标。作为促进组织目标实现的重要手段,在制订企业的绩效管理计划时,应成立一个相关的绩效计划制

订委员会，它通常是一个矩阵式的组织，主要由高层管理者和人力资源部门的相关人员组成，它的主要工作在于对每期的绩效管理计划工作进行统筹安排、协调和指导。另外，由于绩效管理计划涉及如何控制预期绩效的整个过程，所以部门主管和员工本人都必须参与绩效计划的制订。因此，绩效计划需要委员会、部门主管及员工共同参与。

（一）委员会与部门主管的共同参与

委员会在整个绩效管理计划的制订过程中，有责任向部门主管提供必要的指导和帮助，以确保整个组织绩效管理计划具有相对的稳定性，从而保证整个绩效管理体系的战略一致性。但是，由于绩效管理计划过程要求掌握许多相关的职位信息，而部门主管最了解每个职位的工作职责和每个绩效周期应完成的各项工作，所以，部门主管在整个绩效管理过程中承担着非常重要的角色。委员会要与部门主管一起设计一个符合各个部门情况的绩效管理计划框架，有助于确保绩效计划工作更好地实现组织目标。

（二）部门主管与员工的共同参与

委员会与部门主管共同制订各部门的绩效管理计划后，需要部门主管将其分解到各个岗位。部门主管根据每个绩效周期的特定工作安排制定或修订各个职位的工作职责和绩效标准，以确保本绩效周期员工工作任务的完成以及部门工作任务的完成。部门主管在分解目标和制订绩效管理计划目标的过程中，更重要的是让员工也参与其中。员工一方面要据实反映自己的前期工作状况及未来考核周期内的打算；另一方面还应就企业的绩效管理计划内容发表自己的意见，部门主管则应及时地将所有员工的意见进行反馈。绩效计划的制订是一个员工全面参与管理、明确自己的任务和职责的过程。通过部门主管与员工的共同参与，将个人目标、部门或团队目标与组织目标进行有机结合。鼓励员工参与绩效计划的优点主要体现在，首先，只有当员工明确了组织和部门对自己的期望是什么时，他们才有可能通过自己的努力达到期望的结果；其次，共同制订绩效管理计划，有助于使员工更容易接受绩效计划并产生满意感。

【案例 5－1】

绩效计划中全员参与的重要性

王经理是某企业部门主管，分管 3 个小组：小组 A、小组 B、小组 C。相比于小组 B 和小组 C，小组 A 的绩效最好，因此最受王经理赏识，长久以来与王经理的关系也最为紧密。小组 A 的成员常常向王经理汇报工作的进展，并向王经理提出一些管理建议。王经理也经常与小组 A 的成员沟通，在制订绩效计划时充分参考小组 A 的意见。王经理认为，小组 B 和小组 C 绩效欠佳，制订的绩效计划内容不够全面，因此小组 B 和小组 C 提出的绩效计划往往不被采纳，并且王经理懒得与小组 B 和小组 C 的成员进行沟通。为了提高小组 B 和小组 C 的绩效，王经理请小组 A 的成员针对小组 B 和小组 C 的绩效计划提出建议。然而，过了一段时间，小组 B 和小组 C 的绩效不仅没有提高，两组成员反而对王经理心生不满，认为王经理过分倚重小组 A。王经理却觉得小组 B 和小组 C 是“扶不起的阿斗”，对小组 B 和小组 C 愈发失望。

［资料来源］方振邦.绩效管理——理论、方法与案例[M].北京：人民邮电出版社，2018：80.

四、绩效管理计划的制订程序

绩效管理计划通常包括以下阶段：准备阶段、确定绩效目标阶段、沟通阶段、审定和确认阶段，如图 5－1 所示。

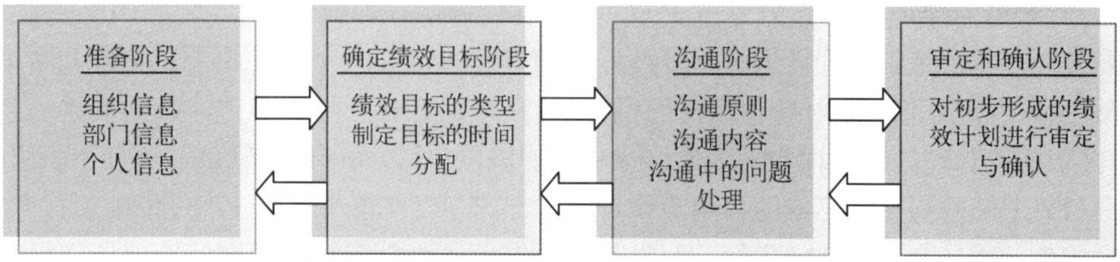

图 5－1　绩效计划制订的基本步骤

绩效计划是由包括组织高层管理者在内的委员会与部门主管共同协商、部门主管与员工共同协商而制订的。为了使协商取得预期的效果，必须事先准备好相应的信息。完善的绩效计划是建立在充分信息的基础上，这些信息主要包括组织信息、部门信息和个人信息等；既涉及企业长远发展规划和近期战略方案，也涉及过去的经营状况和存在的问题，尤其是有关企业、部门和员工个人的历年绩效状况的信息、指标体系及指标权重和标准等信息尤为重要。

绩效目标的确定是一个非常复杂的过程，我们将在下一节中将进行详细阐述。应该强调的是，组织的高层管理者根据战略目标的分解，在与部门协调沟通的基础上，与部门主管就一年或半年的绩效任务签署绩效协议，同样，各部门的员工也应该签署绩效协议，否则绩效管理工作很容易流于形式。

沟通阶段是委员会与部门主管、部门主管与员工经过充分的交流，对部门和员工在绩效计划内的工作目标和计划达成共识的过程，主要遵循平等沟通、听取被考评者意见、指导与协调、共同决策等的原则进行。

在经过了周密的准备并且进行了充分沟通之后，绩效计划便初步形成了，之后便进入审定和确认阶段，即审定绩效计划工作是否已成功完成，是否还需要根据绩效计划过程中所出现的各种情况，尤其是员工的一些建议进行补充。

第二节　绩效目标的确定

一、绩效目标的内涵及其作用

绩效目标是绩效计划的关键内容。绩效目标通过对组织战略的分解和细化，将抽象的战略转化为具体的、可操作的行动，是制定绩效指标、绩效标准和行动方案的起点和基础。

在绩效管理系统中，绩效目标是管理者与下属在使命和核心价值观的指引下，对愿景和战略进行分解和细化，具体体现为绩效主体在绩效周期内需要完成的各项工作。理解绩效目标的内涵还需重视以下内容：

1. 绩效目标的来源

绩效目标主要来源于以下两方面：(1) 通过对战略的分解与细化，形成组织绩效目标、部门绩效目标和个人绩效目标；(2) 职位职责，即这个职位需要对组织有什么样的贡献或产出。

2. 绩效目标的理解差别

不同的绩效管理工具对绩效目标的理解有较大差别：(1) 在目标管理中，绩效目标通常采用“绩效指标加上绩效标准”的表述形式；(2) 在关键绩效指标中，没有明确提出绩效目标的概念，不同层次的绩效计划通过指标分解建立起相互联系；(3) 平衡计分卡主张将绩效目标和绩效指标分开，其绩效目标的具体表现为一个动宾词组，比如“增加团体客户总量”和“开发和维持战略伙伴关系”等。在不同层次的绩效计划中，绩效目标之间是一个具有因果关系的逻辑体系，通过绩效目标的承接与分解建立关系。

根据目标设定理论①，绩效目标可以通过以下几个机制起作用：(1) 通过导向机制，可以将员工的注意力和努力集中到预想的最终结果上，即可接受的绩效水平上，因为具体的绩效目标会清楚地向员工表明什么是有效的、更好的绩效。(2) 通过设定具有一定挑战性的目标，调动员工积极性，即激励员工，因为面对较难的工作时，人们会更努力一些，人们更可能坚持完成那些较难的工作。根据目标设定理论，绩效目标类似于一种“自动机制”，是促进组织目标实现的基础。此外，一个具体的绩效目标能够帮助员工更好地了解自己的工作情况，并进行自我反馈；量化目标还能够使员工自行发现自己的工作绩效与目标之间的差距，对这种差距的了解是一个很好的自我反馈方式，在这种反馈下，员工能够为此有意识地努力工作，并不断追求自身的工作提升。通过绩效目标的牵引能使得企业、部门和员工向一个方向努力，共同完成企业的战略目标。表 5－3 对绩效目标的作用进行了简要归纳与补充。

表 5－3　绩效目标的作用

◇ 目标提供了绩效标杆。它们注重组织活动及组织成员努力的方向
◇ 目标提供了与组织活动相关的计划和管理控制的基础
◇ 目标为决策提供了指导，并且证明了所采取行动的合理性。它们减少了决策中的不确定性，防止了可能招致的批评
◇ 目标有助于加强个人和团队对组织活动的投入。它们注重有目的的行为，并且为激励和奖励系统提供了基础
◇ 目标可以作为评估变革和组织发展的基础
◇ 目标是组织目的和政策的基础

二、绩效目标的来源

管理者在设定目标时，一般应根据上一级部门的目标并围绕本部门的目标，围绕本部门的业务重点、策略目标和 KPI，制订本部门的工作目标计划，以保证部门朝着公司要求的总体目标发展。然后，管理者根据下属职位应承担的责任或 KPI，将部门目标层层分解到具体责任人。因此，绩效目标大致有以下 3 个主要来源②：

(1) 来源于公司的战略目标或部门目标。这体现了绩效目标对企业或部门绩效的支撑。比如，员工的绩效目标大多直接来源于主管，也就是部门的绩效目标，只有这样，才能保证每个

① Locke E. A., Latham G. P.. Work Motivation and Satisfaction: Light at the End of the Tunnel[J]. Psychology Science, 1990(1): 240－246.

② 张明.人力资源管理实用手册[M].合肥：安徽音像出版社，2004：578.

员工都按照公司要求的方向去努力,企业战略目标才能真正得以落实。

(2) 来源于岗位职责。岗位职责是描述一个岗位在组织中所扮演的角色,即这个岗位对组织有什么样的贡献或产出;绩效目标是对在一定条件下、一定时间范围内所达到岗位职责和要求的描述,所以岗位职责往往很自然地成为绩效目标的重要依据之一。

(3) 来源于内、外部客户的需求。组织的产出是通过流程生成的,而流程的目标和手段是由内、外部客户的需求驱动的,很多绩效目标的设定,就是源于流程中与企业具有相关性的利益者的需求,尤其是内外部客户的需求。

三、绩效目标的类型

设定绩效目标,首先应弄清楚目标的类型。目标类型的划分各种各样,如可依据它的功能、性质、顺序、层次等标准来划分。(1) 按功能进行分类,绩效目标包括工作目标,它与工作的主要任务范围和预期的结果相关;开发目标,即个人为提高技能和工作绩效而制定的学习目标。(2) 按目标性质进行分类,包括定量化绩效目标和定性化绩效目标。(3)按目标达成的顺序可划分为成果目标和手段目标。(4) 按目标的层次,可划分为总目标、次目标和个人目标。(5) 按结果和行为进行分类,则划分为结果目标和行为目标两种[①],前者是指员工在特定的条件下必须要达到的阶段性成果,比如"2023 年年底,在预算范围内市场份额提高 8%""2023 年客户满意度达到 97%"等;后者是指在员工完成目标成果过程中的行为表现必须达到的标准要求,比如"所有研发项目的开发过程符合 ISQ 产品开发流程""2023 年年底将公司绩效和奖励政策在本部门宣传、推广,让每一位员工都清楚"等。

【案例 5-2】

公立医院的绩效目标

公益性是公立医院的根本属性。"公益"的基本语义是"公共利益",即有关社会公众的福祉和利益。从经济学意义上讲,强调公立医院公益性,就是要解决医疗服务的公平性、适宜性和可行性问题,保障医疗服务的质量和效率,维护人民健康权益最大化。但公益性又有别于福利性。公益性的实现程度要与社会经济的发展水平相适应。公立医院经营管理的经济效益与所要呈现的公益性是相互联系的。在一定程度上,公立医院公益性的实现取决于其本身的经营管理效率。只有公立医院以最低的成本获得既定的效益,才能保证公益性的实现。否则,就会造成社会卫生资源的浪费,最终损失的还是公共利益。基于公立医院的公益性,其在绩效目标设定时会有特定倾向。某公立医院所设定的绩效综合目标体系。主要涵盖以下 4 个方面内容:

1. 医疗质量管理目标

主要效率指标如治疗有效率、出入院诊断符合率、危重患者抢救成功率、感染率等。医疗质量管理目标对医疗安全运行起到了强有力的控制作用,保证了医疗技术及质量管理在持续改进中不断上升。

① 张明.人力资源管理实用手册[M].合肥:安徽音像出版社,2004:579.

2. 工作效率目标

主要指标有门诊人次、病床使用率、病床周转率、住院患者平均占床日等。这类指标对医院和科室的医疗供给能力起到规划作用，依照优化资源配置原则，医院及科室能达到规模效益者都是在医疗技术发展与市场需求相适应状态下形成的，我院的高效率运营即是资源配置正确决策下的产物。

3. 社会效益目标

主要指标有公共卫生服务目标、医疗救助任务目标、科研技术创新目标、教学任务目标、住院患者控费目标、患者满意度等。我院作为本地规模最大、级别最高的公立医院，坚持社会效益和经济效益的完美统一始终是院领导的管理理念之一。但在日常医疗活动中，由于受到看病难、看病贵及不良医疗纠纷等影响，医院的公益性不易凸显。

4. 经济效益目标

在目前的公立医院补偿机制条件下，医院的财务收支平衡主要靠医疗收入和药品收入来支撑。医疗成本主要由政府制定的医疗项目收费价格来弥补。我院控制经济的指标主要有业务收入指标、百元成本节余率、药品收入比重率、设备投资回报率、收费划价准确率等，这些经济指标建立在医院两级成本核算体制上，对医院评价运行及发展起到了控制作用。上述综合目标体系也是医院绩效评价标准体系，评价的对象涉及医院管理运营的各个层面，对科室和职工个人的绩效情况同样具有动态评价的管理效能。

[资料来源] 尹涤.公立医院绩效管理与社会责任的关联性分析[J].河北联合大学学报(医学版)，2015,14(3)：412.

四、绩效目标的制定与分解

绩效目标的制定与分解是公司的期望和要求的压力传递过程，也是牵引工作前进的关键，由此绩效目标必须准确、恰当。

(一) 绩效目标的 SMART 原则

(1) S——具体的(Specific)，即目标是否具体。制定的目标要明确，确保每个人能明白它的意思。诸如“成为最好的”“增加销售额”“打败竞争对手”等的目标通常会引起问题。“最好的”是指年产量最大、生产率最高、员工的数量最多、销售额最高，还是工厂的订单最多？这些都要清楚地注解出来，以便每个员工都能得出一致的理解。

(2) M——可衡量的(Measurable)，即目标是否可以衡量。如果目标不具有可衡量性，则无从得知目标是否完成。因此，通常在目标后面加上数字，比如“退货率减少 15%”“在中国开设 5 个新的工厂”“把客户投诉减少 90%”“把交货时间减少 10 个小时”等。通过目标的量化，就比较容易判断是否完成了所设定的目标。

(3) A——可达成的(Attainable)，即目标能否达成。所谓可达成，是指可以将目标分解成可以执行的项目并分配给不同成员来完成。一旦一个特定的、可以完成的目标建立起来后，就需要决定：第一个行动是什么？谁来负责？每个行动计划最终只有一个人负责整个行动，如果负责人多于一个，则可能出现大家都在等别人采取行动的状况。虽然每个具体行动计划只有一个负责人，但这并不表示大家不需要合作或不能授权，它只是强调目标的明确分工。

(4) R——现实的(Realistic)，即目标与工作是否相符。如果目标不现实就会对员工起误导作用。当员工意识到无法达到目标时,他们的士气就会下降,这样会给员工带来消极的影响。当然目标也不能太简单,要有一定的挑战性,要让员工觉得只有全力以赴才能实现目标。目标的设定要尽可能找出一个黄金分割点,使建立的目标让大家既觉得现实可行,又同时能保持最大工作效率和高水准的工作要求。这就要求在绩效目标制定时充分考虑到各种资源的限制性条件,包括员工自身的人力资源条件和客观的物质资本条件。

(5) T——基于时间的(Time-based),即目标有无明确的时间要求。没有时间性的目标是没有意义的,因为员工无法感觉到时间的压力。一个目标要有明确的完成期限,且最后期限的确定要兼顾现实性和挑战性。

企业和部门在制定绩效目标时还必须注意到绩效目标应该是动态的。绩效目标是根据每个绩效周期的现状确定的,而现实情况处在不断变化之中。因此,管理者应注意对目标进行及时的动态调整。特别是在制定有分阶段目标的情况下,这种调整就更为频繁。当员工轻易地达到上一阶段的目标时,就应该分析其中是否有特殊的原因,并通过目标的调整来适应情况的变化。同样,如果目标明显地不可实现,也应该在分析原因之后适当地下调。

【案例 5-3】

某企业销售部门共100人,为提高销售部门绩效,决定为各销售员工设定绩效目标。在年初,该企业将上一年度员工销售额从高到低排序,发现销售额呈现正态分布。为了最大限度地提高员工的销售额,该企业决定将第10名员工的销售额作为本年度的绩效目标。顺利完成该绩效目标的员工可以得到至少与上一年度相同的年终奖金,并根据超额完成任务的情况给予奖励;未能完成该绩效目标的员工的年终奖则比上一年度有所下降,下降幅度与绩效差距相关。一年后,该企业发现,仅20名员工顺利完成了绩效目标,其余员工均未能达到目标。不仅如此,许多排在后面的员工还提出离职申请,该企业的离职率大大提高。

请思考:该企业在制定绩效目标上存在什么问题?

[资料来源] 方振邦.绩效管理——理论、方法与案例[M].北京:人民邮电出版社,2018:198.

(二) 绩效目标的制定方法

绩效目标的制定方法一般分为传统的目标设定和参与式的目标设定。(1) 传统目标设定方法在于,绩效目标是由组织的最高管理者设定的,然后分解成子目标落实到组织的各个层次上,它更多的是自上而下向员工下达任务,体现对员工的控制作用。(2) 参与式的设定方法,是由下级与上级经过沟通共同制定具体的绩效目标,并且定期检查完成目标的进展情况,是自上而下和由下而上的反复过程。这种方法主张管理者不是用目标来控制下属而是用它们来激励员工。

使员工有机会参与到确定绩效目标的过程中,这是非常重要的。只要把员工纳入确定绩效目标的进程中,他们履行承诺的程度就会有所增加。这就要重视双向沟通。要实现企业目标,一个关键点即在于如何让企业目标与个人目标相一致,只有双方观点一致,才能达到目标。但实际上员工未必清楚他们将要完成的工作和目标,他们不清楚被期望做什么,应该先做什么,需要怎样去做,他们的工作是怎样影响团队目标实现的。所以在最终确定绩效目标之前,必须让员工用自己的语言来表达他们对企业绩效目标和自身目标的理解,并比较他们理解的与企业所认可的是否存在差异。只有员工充分了解自己的工作，才能制定初步的工作目标。共同协商是制定最合适的绩效目标的基本保障措施。同时，只有当员工参与了上述目标的制定，知道了上述问题的答案后，他们才能进行自我管理。①

(三) 绩效目标的制定程序

绩效目标的制定一般可分为以下 4 个步骤②：(1) 企业确定经营重点，并以经营计划的形式发布；(2) 部门制定部门目标并将任务分解到员工；(3) 员工依据部门目标分解的个人任务，制订工作计划；(4) 员工与主管人员就工作计划进行沟通并达成一致，形成绩效目标；(5) 各部门和员工都相应地签订绩效目标责任状，对绩效目标的完成做出承诺。虽然员工和部门的绩效目标来源于企业的总体目标和计划，但是无论员工个人的工作目标和计划还是部门的工作目标和计划都应根据企业内部的经营状况、市场竞争状况、企业内部的财务状况在不同的考核期内做出调整。

(四) 绩效目标的分解

绩效目标的分解是一个比较复杂但又非常重要的过程，现以某商务客机公司为例进行说明。表 5－4 提供了某商务客机公司的企业计分卡与其下属部门、团队及个人之间的联系。③在绩效目标分解过程中应注意：(1) 财务目标、客户绩效目标、流程绩效目标和知识与学习目标之间存在必然的因果关系；(2) 在同样一个绩效层次，如财务绩效，安全部门、保安团队和个人之间存在必然的关系。在此例中，安全部门的绩效因素、指标和目标都相应地被分解到机场保安团队绩效因素、指标和目标。这些团队由 8～10 个成员构成。每年团队成员会与其专门管理者商议并设定他们的个人绩效计划。例如，其中一个团队的平衡计分卡(包括财务、客户、内部流程、知识和学习 4 个方面)与其成员约翰·范达姆的个人绩效计划相匹配，他个人计分卡的因素(包括财务、客户、内部流程、知识和学习 4 个方面)也被合并进去。约翰是保安团队的领导者，年初他和他的经理(史蒂夫·丹尼尔)一起设定他的个人绩效计划，这一计划在他与其经理史蒂夫参与的周期性的培训指导和评估会议中是很重要的。

表 5－4 某商务客机公司企业绩效目标分解

	组织部门	绩 效 因 素	绩 效 指 标	目 标 值
财务	安全部门	◇ 成本控制	◇ 运作成本 ◇ 背离部门预算的百分比	◇ 2003 年年底降低 13% ◇ 每年最高 10%
	保安团队	◇ 更低的劳动成本 ◇ 更低的住房成本 ◇ 完成失败成本的研究	◇ 劳动成本 ◇ 每平方米的成本 ◇ 失败成本	◇ 2 年内降低 10% ◇ 到 2002 年 8 月降低 10% ◇ 16 个月内降低 40%
	个人 (约翰)	◇ 更加有成本意识地工作 ◇ 执行成本节约方法 ◇ 对于失败成本研究的贡献	◇ 效率 ◇ 执行的方法的数量 ◇ 所建立的改进计划的数量	◇ 2002 年有 10%的增长 ◇ 每季度至少 2 个 ◇ 2002 年增长 30%

① 罗伯特·巴考尔.绩效管理 24 准则[M].北京：中信出版社，2005：21.
② 张明.人力资源管理实用手册[M].合肥：安徽音像出版社，2004：583.
③ 休伯特·K. 兰佩萨德.全面绩效计分卡[M].北京：机械工业出版社，2006：87.

续 表

	组织部门	绩效因素	绩效指标	目标值
客户	安全部门	◇ 作为一家安全可靠的航空公司在公众中熟悉程度的改进水平	◇ 作为一家安全可靠的航空公司的熟悉程度分数	◇ 15 个月内至少达到 75%
	保安团队	◇ 关于航班安全问题乘客满意度的改进	◇ 客户调查的次数 ◇ 机场客户满意度的分数	◇ 每年 10 个 ◇ 2002 年年底至少 70%
	个人（约翰）	◇ 执行保安任务时客户友好的行为	◇ 来自客户投诉的数量	◇ 今年至少降低 50%
内部流程	安全部门	◇ 最佳的安全度	◇ 安全意外的百分比	◇ 2 年内至少降低 75%
	保安团队	◇ 控制风险分析 ◇ 整个保安团队的安全意识的提高 ◇ 最佳劳动条件	◇ 建立和提出的安全建议的数量 ◇ 在从机场起飞的我们的航班上发生的安全意外的百分比 ◇ 病假的百分比	◇ 每年增长 30% ◇ 降低到 1 年内少于 2% ◇ 2 年内至少降低 75%
	个人（约翰）	◇ 为风险分析所做的贡献 ◇ 建立安全流程 ◇ 在执行安全任务期间减少严重的失误 ◇ 被激励 ◇ 作为机场安全改进计划团队领导所做的贡献 ◇ 身体和精神的健康 ◇ 对团队成员有效的指导 ◇ 关于工作完成管理的信任	◇ 建立的安全建议的数量 ◇ 建立和更新的安全流程的数量 ◇ 严重失误的数量 ◇ 劳动生产率 ◇ 具体安全想法的数量 ◇ 病假的百分比 ◇ 压力的百分比 ◇ 认为他们被有效指导的员工的百分比 ◇ 安全管理者的满意水平	◇ 每季度最少 2 个 ◇ 2002 年内 8 个流程 ◇ 今年底降低 50% ◇ 2002 年 12 月最高增加到 80% ◇ 2002 年至少 5 个 ◇ 2002 年 10 月前降低到 2% ◇ 2002 年年底至少降低到 30% ◇ 2002 年达到 75% ◇ 2002 年年底至少 75%
知识和学习	安全部门	◇ 员工关于安全方面能力的提高	◇ 有安全技能员工的百分比 ◇ 培训成本	◇ 18 个月内增加 40% ◇ 每年 315 000 美元
	保安团队	◇ 关于保安团队成员更深刻的认识水平 ◇ 关于安全团队成员技能的提高 ◇ 安全导向的企业文化	◇ 一个团队成员能做好的不同安全任务的数量 ◇ 合格员工的百分比 ◇ 培训成本 ◇ 内外部客户的满意度	◇ 15 个月内增加 40% ◇ 15 个月内达到 95% ◇ 每年 75 000 美元 ◇ 2 年内达到 75%

续　表

	组织部门	绩效因素	绩效指标	目标值
知识和学习	个人（约翰）	◇ 安全领域的能力的改进 ◇ 同事间公开诚恳的知识交流 ◇ 积极参与改进团队 ◇ 被培训“寻找和处理危险乘客” ◇ 改进指导技能	◇ 安全证书 ◇ 知识与经验的交流程度 ◇ 已解决的安全问题的数量 ◇ 已受训员工的数量 ◇ 关于指导方法团队成员的满意度	◇ 2002年至少达到证书规定内容的30% ◇ 2002年年底达到人均10次 ◇ 2002年底增加30% ◇ 2002年20个同事 ◇ 2002年年底至少达到75%

［资料来源］休伯特·K. 兰佩萨德.全面绩效计分卡[M].北京：机械工业出版社，2006：87－89.

五、绩效目标制定中所存在的问题和困难

尽管有很多证据表明了绩效计划和目标设定的价值，但这一过程也存在着一些问题亟待解决，其中既包括实践上的困难，又存在理论上的弱点。①

第一，个体目标应该同部门、组织目标相结合，但实际上组织目标的设定程序存在一些困难，它并非按照通常所提倡的理性的、有条理的方式进行设定。即使设定了高层目标，在这些目标中也可能存在冲突，这也正是平衡计分卡所要解决的问题。这意味着组织目标的框架可能很复杂。应将个体目标同部门、组织层次目标结合起来的观点传递给组织上下所有成员并得到他们的认可与落实，但并不是所有的组织，包括那些宣称实行绩效管理的组织，都能有效地传达它们的宗旨声明。

第二，存在一个主观性问题。通常认为目标是客观的，而不是主观的，然而个体目标设定程序的主观性非常强，解释目标完成情况的程序也是如此。无论从哪种层次进行分析，从个人目标一直到组织目标，情况都是如此。例如，人们可能认为产品数量是汽车装配厂有效性的一个客观指标。然而，必须告诉我们多大数量算是好的目标，多大数量算是不好的目标，否则，具体的产品数量毫无意义，在这种标准开发中就包括了许多主观评判。

第三，在内、外部环境相对稳定的组织中，确定可以衡量和奖励的绩效是可能的；但如果组织内存在着相当程度的混乱的话，今天所确定的目标和绩效范围到了明天可能就不适用了。②这是绩效计划和绩效目标制定过程中无法避免的一个难题。

第四，企业可能只注重容易衡量的目标，将所要求的绩效水平表达为最低标准；企业也可能存在将注意力集中于容易完成的目标的误区。在绩效计划制订过程中一个很大的困难在于并不是对工作的所有方面都能够制定具体目标，更不用说相对客观、定量的目标了。如此，那些所使用的衡量标准也就存在着一定的缺陷，因为（对于整个工作的）绩效指标和雇员的注意力被错误地引向绩效可衡量的方面，而忽视了绩效其他的重要方面，这会导致出现“目标欺骗”等问题。

① 理查德·S. 威廉姆斯.绩效管理[M].大连：东北财经大学出版社，2003：97－98.

② Mabey C., Salaman G.. Strategic Human Resource Management[M]. Massachusetts: Blackwell, 1996.

第三节 绩效目标考核周期的确定

一、绩效目标考核周期的内涵

在管理实践中，人们常将绩效目标考核周期与绩效管理周期、数据收集频率等概念相混淆，如果不能对其进行有效区分，将影响绩效考评的有效性。

绩效目标考核周期是指多长时间进行一次绩效评价。针对不同的指标和管理特点，绩效目标考核周期也会有所不同，如有些指标可能需要每月评价一次，而有些指标则需要每年评价一次，因此绩效目标考核周期不能一概而论，应该根据具体情况合理设置。而绩效管理周期则是指从绩效计划、绩效监控、绩效评价一直到绩效反馈这一系列过程的时间跨度，是一个相对比较稳定的概念，大多数组织通常以一年作为绩效管理周期。

企业对员工的考核应遵循统一的时间，这样，既可以避免将考核周期外的信息强行引入当期考核凑数的现象，又可以防止被考核人员对考核时间的归属各取所需的现象。对人力资源部门来说，固定的、统一的时间表有利于取得持续的、可比性较强的信息，从而能准确地记录和衡量员工的实际工作表现。绩效考核周期的确定没有统一标准，典型的考核周期是月、季、半年或一年，也可在一项特殊任务或项目完成之后进行。但考核频率不宜太密，否则不但浪费精力和时间，还会给员工造成不必要的干扰，易造成心理负担；不过周期过长、反馈太迟，也不利于改进绩效，使大家觉得绩效考核作用不大，可有可无，以致流于形式。

二、如何确定绩效目标考核的周期

绩效考核周期的确定，可根据企业的特点、评价对象以及考核目的来进行。具体来讲，有以下几种情况。[①]

（一）按照考核对象的层级来确定

考核对象职位层级高，那么其工作复杂程度高，对能力、智力和素质的要求也更高，其相应的绩效考核周期就越长；反之，职务层级低，工作要求相对简单，其绩效考核周期就短。因此，高层领导的评价往往以半年或一年为周期，中层管理人员的评价周期为半年或季度，专业人员一般为季度或月度，操作类人员一般为月度。按考核对象确定考核周期的办法，优点在于根据考核对象的工作周期和职务特点确定考核周期，层级分明、针对性强。局限性在于未能顾及组织情境和管理方式，划分太细，不利于考核的统一组织，同时，由于上下级采用不同考核周期，如果操作不当，很可能导致绩效目标难以自上而下落实。

（二）按考核目的和功能来确定

绩效管理主要有两大功能：一是行政管理，二是职业规划。前者强调的是准确，往往要求对员工在考核期间的表现进行分析，且对照事先确定的标准或要求进行比较，这种评价结果往往是为了薪酬分配的需要。因此，行政管理目标导向下的绩效考核周期可能相对较长一些。而基于员工规划的素质考核则从挖掘员工的潜力入手，着眼于过程管理和问题解决。因此，考

① 张明.人力资源管理实用手册[M].合肥：安徽音像出版社，2004：607.

核周期相对较短。另外，不少企业还有单独的任职能力评价、晋升评价等，不同的考核目的需要确定不同的考核周期。

（三）按照绩效反映期长短来确定

根据企业的实际情况，也可以设定以绩效反映期为考核周期。比如，对于实行目标管理的企业，可以实行以组织阶段性目标的周期作为考核周期，可以是一年或更长，也可以是半年或者每季、每月进行考核；对于实行合同制的企业，可以以整个合同期作为考核的周期，也可将合同期划分为若干阶段作为考核区间；对于实行承包制的企业，则可以将整个承包期作为考核的周期，也可将承包期划分为若干阶段作为考核区间。

企业在设定考核周期时，还需要考虑到企业自身一直沿用的考核周期。如果企业过去一直沿用的是某一种考核周期，大家也都非常赞同现有的运作方式，并且考核的信度和效度都不错，那就不一定非要进行改变与调整。另外，企业在确定考核周期时，也要考虑到实际操作和成本问题。员工的工作性质及企业员工的数量规模等因素也同样影响考核周期的确定。

【案例 5－4】

技术进步改变绩效管理

某科研机构对科研人员实施绩效管理。考虑到收集各位科研人员的发表和出版信息是一项非常烦琐的工作，需要耗费较大的时间精力，该机构每年只进行一次绩效评价。2019 年，该机构与某大学合作开发了一个科研人员绩效信息平台，可以在该平台的多个数据库中实时抓取出各位科研人员的全部发表和出版信息，极大地节省了科研人员和管理人员的时间精力。此后，该科研机构每当需要进行职称评聘或者评优奖励等工作时，都会利用该科研人员绩效信息平台抓取出最新最全的绩效信息进行评价。除此之外，该科研机构还会根据各位科研人员的工作进展情况，对绩效评价周期进行适当缩短或延长。

点评：在实践中，绩效评价周期除受到评价指标、管理层级、职位类型、绩效管理实施的时间和评价目的等因素的影响外，还可能受到技术进步的影响。本案例中，新的科研人员绩效信息平台的引入使收集绩效数据的工作变得简单易行，因此，该科研机构有条件将评价周期缩短。管理者可以根据不同的管理需要，随时进行绩效评价。

［资料来源］方振邦．绩效管理——理论、方法与案例［M］．北京：人民邮电出版社，2018：187．

本章思考与案例

1. 什么是绩效管理计划？它具有什么作用？
2. 宏观层的绩效管理计划与微观层的绩效管理计划有什么联系？
3. 如何理解企业绩效契约的本质与功能？
4. 绩效管理计划的制订是谁的责任？
5. 绩效目标具有什么作用？

6. 谈谈你对绩效目标的制定和分解的理解。

7. 如何确定绩效目标的考核周期?

8. 案例分析

华鹤集团绩效计划体系的设计

华鹤集团的总部坐落在素有丹顶鹤故乡之称的黑龙江省齐齐哈尔市,该集团主导产品为华鹤家具、华鹤木门,它在公司总部和北京,建有二十余万平方米的生产基地 2 个,拥有 3 家家具制造公司和 1 家与德国豪迈金田木业有限公司合资的成品木门制造公司,以及装饰工程、家居商场等公司,员工超过 3 500 人。多年来,华鹤集团先后从德国、意大利、日本引进了具有当今世界先进水平的家具、木门生产制造设备及工艺技术,是目前我国家具、木门制造业的龙头企业,也是对欧美、亚太等国家和地区的重要出口企业之一。

作为我国家具业的领头羊,如何设计科学合理的绩效计划体系,既能够管理和提升企业整体绩效,又能够实现集团内各部门、各子公司之间的有效协同,是摆在公司高层管理者面前的一道难题。为此,公司高层管理者以平衡计分卡为系统工具,自上而下设计了一套涵盖集团所有部门、子公司及个人的绩效计划体系。华鹤集团绩效计划体系的构建分为 5 个步骤。第一,开发总公司的战略地图和平衡计分卡,形成集团总部的绩效计划。华鹤集团的高层管理者在专家团队的指导下,明确了公司的使命、核心价值观、愿景和战略,并将这些要素转化为 4 个层面的目标、指标、行动方案、预算,为集团绩效计划体系的建立奠定了基础。华鹤集团总部的绩效计划如表 5-5 所示。

表 5-5 华鹤集团总部绩效计划体系(示例)

层面要素	目标	指标		目标值	行动方案
财务	F1:提升长期股东价值	F1-1:投资回报率(ROI)		略	略
	F2:持续降低成本基数	F2-1:总成本基数		略	略
	F3:提高资产利用率	F3-1:总资产周转率		略	略
	F4:有效管控财务风险	F4-1:坏账比率		略	略
	……	……		……	……
客户	C1:统筹子公司形成协同的客户价值主张	C1-1:子公司客户价值主张清晰度	金鹤	略	略
			华美	略	略
			华鹤	略	略
	C2:提升分支品牌价值	C2-1:分支品牌市场占有率	金鹤	略	略
			华美	略	略
			华鹤	略	略
	C3:为客户提供最佳的整体价值	C3-1:客户满意度		略	略
	……	……		……	……

续　表

<table>
<tr><th>层面要素</th><th>目　标</th><th colspan="2">指　标</th><th>目标值</th><th>行动方案</th></tr>
<tr><td rowspan="8">内部业务流程</td><td rowspan="2">I1：实现对流程和技术的优化管理</td><td colspan="2">I1－1：共享流程数量</td><td>略</td><td>略</td></tr>
<tr><td colspan="2">I1－2：共享技术数量</td><td>略</td><td>略</td></tr>
<tr><td rowspan="2">I2：高度整合企业价值链</td><td colspan="2">I2－1：协同销售收入</td><td>略</td><td>略</td></tr>
<tr><td colspan="2">I2－2：共同客户人数</td><td>略</td><td>略</td></tr>
<tr><td rowspan="3">I3：平衡发展战略和风险掌控力</td><td rowspan="3">I3－1：自我识别的风险问题个数</td><td>财务风险</td><td>略</td><td>略</td></tr>
<tr><td>技术风险</td><td>略</td><td>略</td></tr>
<tr><td>管理风险</td><td>略</td><td>略</td></tr>
<tr><td>……</td><td colspan="2">……</td><td>……</td><td>……</td></tr>
<tr><td rowspan="4">学习与成长</td><td rowspan="2">L1：提升与整合战略执行能力</td><td colspan="2">L1－1：人力资源准备情况</td><td>略</td><td>略</td></tr>
<tr><td colspan="2">L1－2：交叉提升高管人次</td><td>略</td><td>略</td></tr>
<tr><td>L2：建立关键岗位储备计划</td><td colspan="2">L2－1：已储备人员的岗位比率</td><td>略</td><td>略</td></tr>
<tr><td>……</td><td colspan="2">……</td><td>……</td><td>……</td></tr>
</table>

第二，设计总公司职能部门的战略地图和平衡计分卡，形成集团总部支持单元的绩效计划。在实施平衡计分卡体系的过程中，华鹤集团将总部职能部门（如财务部、人力资源部等）的角色定位由传统的纯费用中心转变为战略伙伴，在充分理解公司战略并将其行动与公司战略紧密连接的基础上，使总部职能部门的工作变得更有成效。因此，在设计职能部门的绩效计划时，华鹤集团充分考虑了其与集团总部绩效计划之间的协同，将公司战略转化为各职能部门的具体政策，确保了职能部门的绩效计划能够支持总公司战略目标的实现。华鹤集团质量管理部的绩效计划如表 5－6 所示。

表 5－6　华鹤集团质量管理部绩效计划（示例）

层面要素	目　标	指　标	目标值	行动方案
财务	F1：控制质量成本	F1－1：外部故障成本损失率	略	略
		F1－2：内部故障成本损失率	略	略
	F2：扩大合理化建议收益	F2－1：合理化建议收益	略	略
	……	……	……	……
客户	C1：提供卓越的产品/服务	C1－1：完工产品合格率	略	略
		C1－2：客户满意度	略	略

续　表

层面要素	目　标	指　标	目标值	行动方案
客户	C2：提供专业化的质量指导	C2－1：子公司满意度	略	略
	C3：提供有效的决策支持	C3－1：上级认可度	略	略
	……	……	……	……
内部业务流程	I1：完善质量管理体系	I1－1：内/外审整改完成率	略	略
	I2：加强生产现场管理	I2－1：5S检查整改完成率	略	略
	I3：强化质量/客服监督	I3－1：重大质量/客服事故次数	略	略
	……	……	……	……
学习与成长	L1：提高质量管理能力	L1－1：培训考核达标率	略	略
	L2：塑造追求卓越的企业文化	L2－1：文化认知度	略	略
	……	……	……	……

第三，确定各子公司的战略地图和平衡计分卡，形成子公司的绩效计划。各子公司不仅要为满足客户需求从事价值创造活动，从而在市场中脱颖而出，而且要为达成集团总体的协同效应做出贡献。因此，华鹤集团根据子公司的不同特点及定位，在集团总部绩效计划的基础上，开发了各子公司的绩效计划，既体现了各子公司的独立性和针对性，也确保了总公司的战略优先工作逐层分解到子公司，形成在财务层面、客户层面、内部业务流程层面、学习与成长层面的全面协同。华鹤集团子公司金鹤门业的绩效计划如表5－7所示。

表5－7　金鹤门业绩效计划(示例)

层面要素	目　标	指　标	目标值	行动方案
财务	F1：提升利润总额	F1－1：利润增长率	略	略
	F2：扩大合理化建议收益	F2－1：材料成本降低率	略	略
		F2－2：制造费用降低率	略	略
		F2－3：期间费用降低率	略	略
	F3：提高资产利用率	F3－1：流动资产周转率	略	略
	……	……	……	……
客户	C1：提供高品质产品	C1－1：无缺陷订单交付率	略	略
	C2：提供差异化的客户服务	C2－1：客户满意度	略	略
	……	……	……	……

续　表

层面要素	目　　标	指　　标	目标值	行动方案
内部业务流程	I1：实现对流程和技术的优化管理	I1－1：内/外审整改完成率	略	略
		I1－2：技术标准化目标达成率	略	略
	I2：强化产品质量管控	I2－1：完工产品合格率	略	略
		I2－2：内部故障成本损失率	略	略
		I2－3：外部故障成本损失率	略	略
	……	……	……	……
学习与成长	L1：提升与整合战略执行能力	L1－1：人力资本准备情况	略	略
	L2：建立关键岗位储备计划	L2－1：已储备人员的岗位比率	略	略
	……	……	……	……

第四，子公司职能部门的战略地图和平衡计分卡，形成子公司职能部门的绩效计划。子公司职能部门除了要对子公司提供支持外，也需要对总部所对应的职能部门负责。因此，华鹤集团在为各子公司的职能部门设计绩效计划时，充分考虑了如何从自身职能定位出发为其所在子公司的战略服务，也综合了集团总部对应职能部门的相关要求。金鹤门业技术研发部的绩效计划如表5－8所示。

表5－8　金鹤门业技术研发部绩效计划(示例)

层面要素	目　　标	指　　标	目标值	行动方案
财务	F1：控制产品研发成本	F1－1：产品研发周期成本	略	略
	F2：降低产品成本	F2－1：技改收益	略	略
	……	……	……	……
客户	C1：确保新产品市场领先	C1－1：无缺陷订单交付率	略	略
		C1－2：新产品铺样率	略	略
	C2：提供良好的技术指导与服务	C2－1：相关部门满意度	略	略
	……	……	……	
内部业务流程	I1：整合资源开发新产品	I1－1：开发的新产品数量	略	略
		I1－2：新增专利个数	略	略
	I2：强化产品质量管控	I2－1：技术标准化目标达成率	略	略

续 表

层面要素	目　　标	指　　标	目标值	行动方案
内部业务流程	I2：强化产品质量管控	I2-2：研发流程是否优化	略	略
	……	……	……	……
学习与成长	L1：提升与整合战略执行能力	L1-1：员工胜任度	略	略
		L1-2：组织培训的次数		
	L2：建立先进适用的信息系统	L2-1：综合评价指数	略	略
	……	……	……	……

第五，制作个人平衡计分卡，形成个人绩效计划。为了切实有效地执行战略，华鹤集团在制订完上述组织与部门的绩效计划之后，依据个人职责和分工，继续将绩效计划体系向下延伸到个人层面，真正做到化战略为全体员工的行动。

华鹤集团运用平衡计分卡将集团的战略通过分解、承接等方式落实到集团内各部门、子公司，乃至每个员工，形成了一套完整的绩效计划体系，让集团上下统一思想、明确目标、促进协同，为集团战略目标的实现打下了坚实的基础。

[资料来源] 方振邦.绩效管理——理论、方法与案例[M].北京：人民邮电出版社，2018：131-134.

分析与思考：

1. 请你运用相关理论，对华鹤集团绩效计划体系构建过程进行评价。

2. 你认为华鹤集团在实施绩效计划时需要注意哪些问题？

6

第六章 绩效考核的基础工作

全章提要

学习目标

1. 掌握绩效考核的相关概念，了解绩效考核工作的重要性及目的；
2. 了解绩效考核专题会议的主要流程及操作要点；
3. 熟悉绩效考核者的来源，了解其主要职责；
4. 熟悉绩效考核误差的主要来源。

案例导读

美林公司：从绩效评价到绩效管理的转变

美林公司(Merrill Lynch)是一家全球知名的财富管理、资本市场服务和咨询公司。美林公司为全球范围内的私人客户、中小企业、机构和公司客户提供资本市场服务、投资银行和咨询服务、财富管理、投资管理、保险、银行和相关产品及服务。作为投资银行，美林公司还是证券和资产等衍生品的交易商和承销商，是公司、政府、机构和个人的战略顾问。美林公司的总部位于美国纽约。美林公司在全球一百五十多个国家和地区设有分支机构，管理的客户总资产约为2.2万亿美元。

美林公司过去的绩效管理的重点停留在对员工进行简单评价，而转变之后的重点则着眼于提高员工绩效。为此，美林公司在绩效管理过程中非常重视绩效辅导、绩效反馈以及管理者与员工之间的绩效沟通。绩效评价在美林公司的绩效管理体系中仍然占有一席之地，但已不再是关注的唯一重点。每年年初，美林公司的员工要与其管理者共同制定工作目标；到了年中，管理者要对工作目标进行评价，并对员工行为适时做出调整从而确保其能够达成工作目标。同时，管理者还关注员工个人发展计划的实施情况；到了年底，管理者会对员工的绩效进行评价，并结合360度反馈获得的信息对员工需要改进的地方提出建议。在整个绩效管理周期内，管理者会给予员工持续的绩效反馈，以帮助其顺利完成工作目标。为了适应绩效管理体系上的变化，美林公司出台了一系列的举措：一方面，美林公司将绩效评价结果的等级从5个缩减为3个，这样就避免了管理者在与员工面谈时总是要解释为何其评价为某一等级，而能够将时间和精力放在如何提高员工绩效上；另一方面，美林公司加强了管理者面谈技巧方面的培训。美林公司一直将管理者与员工的有效沟通视为绩效管理成功的重要基础。因此，为了让管理者在绩效管理周期内与员工持续不断地进行良好沟通，美林公司制订了全方位的培训计划。例如，对管理者如何开展面谈的培训、如何与员工共同协商从而制定目标的培训等。

［资料来源］Dayton Fandray. Managing Performance the Merrill Lynch Way[J]. Workforce Magazine, 2001(4).

分析与思考：

1. 你认为美林公司转变之后的绩效管理体系有哪些特点？

2. 试结合美林公司的实际情况，谈谈绩效管理与绩效考核的区别是什么？

每个绩效管理周期的期初，员工要根据部门的工作重点和自身的工作职责拟定个人的绩效目标，并与主管共同讨论、协商确定，之后则进入具体的完成绩效目标的实施过程。在此过程中，管理者通过沟通、检查实施绩效跟踪，并辅导员工共同解决问题、根据实际的工作情况对目标进行必要调整等一系列的活动，此时就有一个阶段性的"产出"，这就自然地进入一个绩效考核的阶段。绩效是可以衡量和可以控制的，一旦对绩效指标及其标准和目标进行了确认，就可以通过对绩效的考核与管理来对绩效的形成过程和绩效的最终结果进行控制与改进。

第一节　什么是绩效考核

一、绩效考核的基本概念

绩效考核又称为绩效评估（Performance Appraisal），是一个对考核对象的工作过程与结果做出评估的过程，其目的可以是评估其培训需求，确定合格的留任者，进行薪水调整以及晋升等等。在当代管理实践上，绩效评估或绩效考核一直是一个敏感话题，牵动着每位相关者的神经。所以，清晰界定绩效考核的内涵和外延是很有必要的。目前，学者们对绩效考核的理解存在一定的差异，主要观点有以下几种：

（1）绩效考核是从企业经营目标出发对员工工作进行考评，并使考评结果与其他人力资源管理职能相结合，以推动企业经营目标的实现。

（2）绩效考核是人力资源管理系统的组成部分，它运用一套系统的和一贯的制度性规范、程序和方法，由考评者对被考评者的日常职务行为进行观察、记录，并在事实的基础上，按照一定的目的进行考评，达到培养、开发和利用组织成员能力的目的。

（3）为客观确定员工的能力、工作状态和适应性，对员工的个性、资质、习惯、态度以及对组织的相对价值进行有组织的、实事求是的考评，它是考评的程序、规范、方法的总和，是定期考评和考察个人或工作小组工作绩效的一种正式制度。

（4）绩效考核是对组织成员在日常工作中所表现的能力、态度和业绩等进行以事实为依据的评价。

（5）对员工现任职务状况的出色程度以及担任更高一级职务的潜力，进行有组织的、定期的并且是尽可能客观的考评，其目的就是要对组织中成员的贡献进行排序。

总结以上对绩效考核的界定，我们可以看到这些界定都蕴含了这么一层含义：绩效考核是对员工的工作行为及其结果进行评价的过程，它不是单纯地为了考核而考核，而是希望通过绩效考核来确认员工的绩效水平，并通过对考核结果的各种合理运用达到激励员工努力工作的目的。

为此，本书将绩效考核界定为：考评主体对照绩效目标或绩效标准，采用科学的考评方法，评定部门及其员工的工作任务完成情况、工作职责履行程度和发展情况，并将评定结果反馈给部门及其员工的过程。在阐述绩效考核的相关内容时，本书将主要以员工工作为考核对象进行分析。

英国人事管理协会（Institute of Personnel Management）1992 年的调查表明，在 60%具有

正式绩效管理体系的组织中,时常进行绩效考核的频率要高于只进行年度考核的频率;英国一家产业协会的调查表明,最常见的是每半年或每季度进行一次考核。[①] 通过绩效考核,绩效优秀者会因为自己的行为及结果得到领导和同事们的肯定而备受鼓舞,那些绩效不佳者则会因为自己的行为及结果受到领导和同事们的否定而感受到一定的压力,处于中间状态者则会因为上述两类员工的情绪感受而受到感染。在组织层面应用绩效考核结果,如奖惩、培训资格、晋升及离职等,使组织的绩效目标与考核具有无形的强化作用,从而保证对企业绩效的有力控制。

关于绩效考核的类型,主要取决于考核的具体内容的不同,主要可以分为 3 类:

(1) 结果取向型:结果取向型考核着眼于“干出了什么”,而不是“干了什么”。其考核的重点在于产出和贡献,而不关心行为和过程。这类考核对于那些最终绩效表现为客观的、具体的、可量化的指标的员工是非常适合的,诸如在一线从事具体生产的操作人员。

(2) 行为取向型:行为取向型考核重点是评价员工在工作中的行为表现,即工作是如何完成的。这种考核类型适用于绩效难以量化考核或需要以某种规范行为来完成工作任务的员工,如管理人员、服务人员等。行为取向型考核的主要问题是实际考核时难以开发出所有与工作行为相关的标准。

(3) 特性取向型:特性取向型考核主要用于考核员工的个性特征和个人能力等。所选择的内容主要是那些抽象的个人基本品质,诸如决策能力、对公司的忠诚度、主动性、创造性、交流技巧以及是否愿意与他人合作等。这种类型的考核对员工工作的结果关注不够。

【案例 6-1】

是考核,还是管理?

A 经理最近情绪糟糕透了,临近年末,除了要做好销售业绩冲刺外,公司年中才开始推行的“绩效管理”也要做。

A 经理叹了一口气:天天讲管理,市场还做不做?管理是为市场服务的,不以市场为主,这管理还有什么意义?又是规范化,又是考核,我们哪有精力去抓市场?不过,还得应付,否则,公司一个大帽子扣过来,自己吃不了还得兜着走。

好在“绩效管理”也是轻车熟路了,A 经理给每位员工发了一份考核表,要求他们尽快完成自评工作,同时自己根据员工一年来的总体表现,利用排队法对所有员工进行了排序。排序是件非常伤脑筋的工作,时间过去那么久了,下属又那么多,自己不可能每个都那么了解,谁好谁差确实难以区分。不过,好在公司没有什么特别的比例控制,特别好与特别差的,自己还是可以把握的。

排完队,员工的自评差不多也结束了,A 经理随机选取 6 名下属进行了 5～10 分钟的考核沟通。问题总算解决了,考核又是遥远的下个年度的事情了,每个人又回到“现实工作”中去。至于考核的报表则交给其他人去处理吧。

A 经理一年一年地应付着,至于这是绩效考核,还是人事部 B 经理说的“绩效管理”

① 理查德·S. 威廉姆斯.绩效管理[M].大连:东北财经大学出版社,2003:157-187.

他不关心，只要全身心把市场搞上去就可以了。

[资料来源]佚名.莫把“绩效管理”变“绩效考核”[EB/OL].(2020-06-12)[2023-01-01].http://www.docin.com/p-1054067103.html.

绩效管理与绩效考核，无论是基本理念、目标体系，还是具体的实际操作，都存在很大的差别。对这些差别加以正确的区分，可以帮助我们树立正确的绩效观和考核观，有效地运用绩效管理的体系、方法和工具以提高组织的管理水平，改善员工的绩效能力，从而获得比较满意的绩效水平，达到绩效管理的目的。

表 6-1　绩效考核与绩效管理的区别

区　别	绩效考核	绩效管理
假设前提	假定人们不会也不知道采取行动的行为以实现组织的目标，战略目标的制定和实施与一般员工无关	假定人们都是愿意与组织同舟共济的，会主动采取必要的行为以努力实现事先确定的组织目标和个人目标
出发点	以控制为中心，绩效考核是为了更有效地控制部门和员工个人的行为	以战略为中心，绩效管理体系的设计和运用都是为战略服务的
对象	对某一时间段或时间点的考核	对整个过程的监控与管理
	仅仅是事后的考核评估	事前、事中、事后相结合
	主要评估过去的表现，向后看	既关注过去，更关注未来的发展
方法	主要手段就是考核、自上而下的单项考核，被考核者只是被动接受	计划、监控、考核、沟通、反馈相结合，被考核者主动参与，全员参与
目的	主要目的是为实施奖惩提供依据，重点是薪酬调整和奖励	主要目的是促进企业战略的落实、绩效的改进和员工的共同成长

通过表 6-1 我们可以看到，绩效管理与绩效考核的区别主要表现在：

(1) 绩效管理是一个有关企业战略、绩效、竞争力和人力资源管理，以及计划、促进、考核、反馈、结果运用等各环节的完整系统，绩效考核只是这个系统中的一个环节、一个部分；

(2) 绩效管理不仅关注结果，更关注过程，而绩效考核是一个阶段性的总结，关注的是一个时期工作完成的结果；

(3) 绩效管理具有前瞻性，由于它关注的是未来，因而能帮助企业和管理者前瞻性地看待问题，以有效地规划企业和员工未来的发展，而绩效考核则只关心过去的一个阶段的工作绩效，不具有前瞻性；

(4) 绩效管理是一套从计划、促进、监督、控制到考核、反馈、沟通的完整的体系和方法，而绩效考核则只是种简单地、被动地接受与提取信息的手段；

(5) 绩效管理注重组织竞争力和员工能力的培养，实现的是企业和员工的双赢，而绩效考核只关注员工的考核结果，以一时的得失论英雄，以简单的结果论成败；

(6) 绩效管理能够促进管理者与员工之间建立互信合作的伙伴关系，有利于双方朝着共

同的目标努力,而绩效考核可能使管理者和员工处于对立的状态,甚至造成考了还不如不考的负面影响;

(7) 绩效管理是一种绩效导向的管理思想,其最终目标是建立企业特有的绩效文化,形成具有激励作用的工作氛围,而绩效考核只是为了监督员工工作、督促员工改进绩效,并没有上升到企业文化的高度。

当然,绩效管理与绩效考核也不是截然分开的,它们之间既有区别,也有联系。绩效管理是人力资源管理体系的核心内容,绩效考核则是绩效管理体系中的关键环节,起着承前启后的作用,既能够检验绩效管理前期的计划和促进工作成果的取得,也能够为今后的绩效沟通与改进工作提供参考依据。因此,不能因为绩效管理与绩效考核的种种区别而忽视绩效考核在绩效管理甚至人力资源管理中的关键地位和基础作用。

具体来看,实施绩效考核的目的和意义主要包括以下内容:

(1) 评估往期绩效结果,帮助改善当前业绩;

(2) 作为订立下一次绩效目标的依据;

(3) 检验员工招聘和培训的效果;

(4) 作为员工任用、岗位调整、职位升降的依据;

(5) 作为确定员工工资、奖惩等薪酬决策的依据;

(6) 作为绩效反馈的依据,激励员工的工作积极性;

(7) 有助于了解团队和员工的培训教育需求;

(8) 有助于协助员工制定和评估职业发展规划;

(9) 有助于收集管理信息,为其他管理活动提供依据。

二、绩效考核的地位

作为现代企业管理的核心环节之一,绩效考核对组织绩效影响的重要性已经为企业管理者普遍关注。绩效考核的功能多种多样,不仅体现在人力资源管理领域,随着企业管理的需求和发展,它的功能已经扩展到更为广阔的领域,如确保企业战略的实现。下面将从战略管理、行政管理与员工职业规划等角度来分析绩效考核的地位。①

(一) 绩效考核与战略管理

绩效管理的主要功能之一是检查企业是否实现了战略目标和愿景。从企业的具体实践来看,现代企业所推行的绩效考核,其功能已远远超出了人力资源管理的领域。如通过绩效考核及相应的管理,可以提高企业核心竞争力、实现企业战略转型,并且能够确保企业将组织短期目标与长期目标相联系等,绩效考核因而成为企业在竞争环境中确保生存和发展的有效手段。图 6-1 是采用平衡计分卡的方法对企业战略目标实现所进行的绩效考核设计。

从图 6-1 可以看出,为了实现企业的使命,即成为行业的领导者,企业提出了 5 项战略目标:超出顾客需要的服务,为顾客提供意想不到的服务;实现顾客的高满意度;持续的改进力,使企业具有不断的成长性;雇员素质的不断提升,以适应企业在竞争环境中的适应性;股东预期的实现,确保股东的利益。同时,为了实现企业 5 个方面的战略目标,在企业的财务、顾客、内部经营和员工发展 4 个维度不仅要确定各自具体的绩效考核指标,以便通过绩效考核进行

① 付亚和,许玉林.绩效管理[M].上海:复旦大学出版社,2004:29.

有效的引导，保证这些战略目标的顺利达成；更重要的是要定期或不定期地考核这4个维度的绩效状况，做到实时管理。所以从战略角度来看，企业的绩效考核经常成为企业提高核心竞争力、实现战略转型以确保在竞争的环境中生存和发展的有效机制。

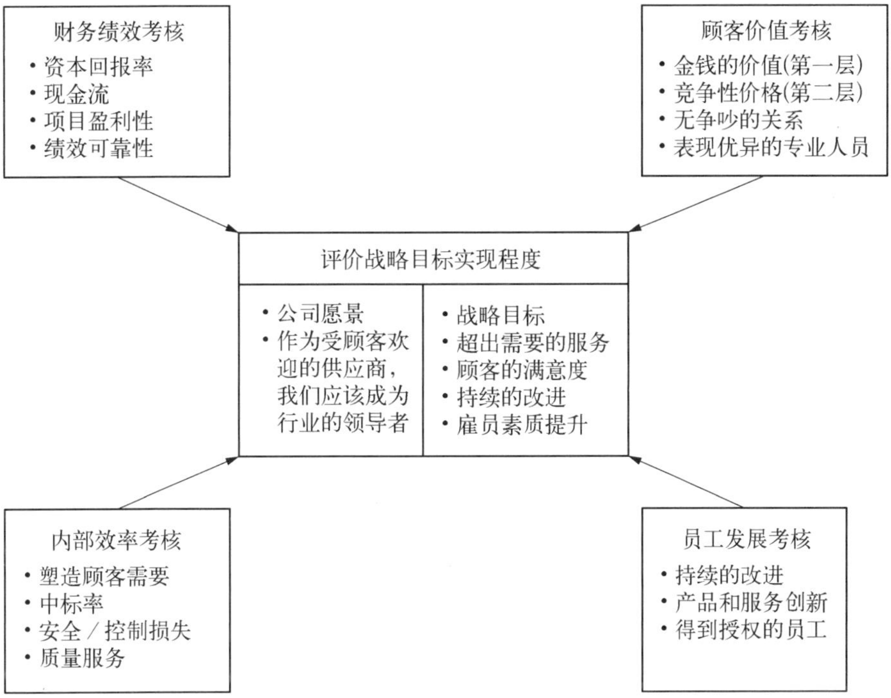

图6－1　绩效考核的战略领域功能

(二) 绩效考核与行政管理

在人力资源管理领域里，绩效考核的功能体现在两个方面：一类是从维持和发展组织的角度出发而考虑绩效问题，另一类是从对员工个人进行管理的角度出发而进行的绩效考核。后者主要表现为从员工规划角度培养人力资本，而前者主要从员工的行政管理角度提高工作效率。

绩效考核的行政功能体现在人力资源管理活动的诸多层次。比如，研究发现，"按劳取酬"的操作方式在所有形式的企业中均有运用，绩效考核在报酬决策中被广泛运用。与此同时，企业通过保存准确、客观的员工工作绩效记录，可以作为诸如提升、薪资分配和停止聘用等有关人力资源管理工作的重要依据；绩效考核数据还可以被用来做出人力资源规划，如在岗位评定计划中衡量某个岗位的相关价值；绩效考核还能为企业在发生涉及人力资源方面的纠纷与诉讼时提供原始的"书面证据"。

(三) 绩效考核与员工职业规划

绩效考核为评价员工优缺点和提高工作绩效提供了一个反馈渠道。无论员工处在哪个工作层次，评价程序都会为其提供一个发言的机会以消除潜在的问题，并为员工制定新的目标以达到高的绩效。所以，新的绩效评估方法应更注重为员工制订培训、发展和成长计划。作为各级考评者的经理们，他们的任务是改善员工的工作方式，而不仅仅是评价员工过去的绩效。因此，以发展为目的的绩效评估方法，其主要优点之一就是为员工的绩效改进建立了一个合理的基础，并且这种提升员工工作执行能力或职业能力的绩效考核越来越被企业所重视,表 6-2 是一个经典的例子。在该例子中,管理者对每一个销售人员的 12 种业务能力和 20 种知识技能进行逐项评估,这将为提升每一个销售人员的职业能力奠定基础。从表 6-2 中,我们可以找到该销售人员的能力提升点:在销售技术方面,该销售人员在接近客户和成交时机把握方面是有待进一步改进的,而且这可能就是该人员绩效提升的瓶颈所在;而在业务能力方面,客户的开发、销售计划的制订、销售状况的分析、广告宣传以及具体的商品销售等方面,也需要立即改善;等等。

表 6-2 以提高员工职业能力为目的的绩效考核

知识技能业务能力			销售技术						回收管理				专门知识									
			1	2	3	4	5	6	1	2	3	4	1	2	3	4	5	6	7	8	9	10
			访问计划	访问准备	接近顾客	谈话方法	沟通技术	时机把握	赊销管理	票据管理	债权维护	信用评估	销售计划	推销分析	开店条件	消费心理	发型时装	内外装潢	宣传广告	POP	行业知识	促销计划
1	访问销售	A	A	B	C	B	A	C					A	B		B	A		B	B	B	B
2	开发客户	C																				
3	回收货款	B																				
4	索赔业务	A																				
5	销售报告	A																				
6	市场调查	B																				
7	销售计划	C																				
8	销售分析	C																				
9	起草合同	A																				
10	指导客户	B																				
11	促销业务	B																				
12	广告宣传	C																				

注:A 表示达到要求,B 表示尚需培训,C 表示立即改善。

三、绩效考核的目的与意义

如果绩效考核仅仅是对历史成果的追溯性收集,那么就绩效管理而言,这几乎起不到什么作用。① 许多评论家②指出,一些被广泛使用的指标,如会计指标,所展示的都是过去的情况,

① Bredrup H.. Performance Evaluation[M]//Rolstadas A. (Eds.). Performance Management: A Business Process Benchmarking Approach, Chapman & Hall, 1995: 191-198.

② Chakravarthy B.. Measuring Strategic Performance[J]. Strategic Management Journal, 1986, Vol.7: 437-458; Eccles R.G.. The performance Measurement Manifesto[J]. Harvard Business Review, 1991, Vol.69(1): 131-137.

要使考核有助于绩效管理，则必须向前看并关注绩效的提高。布雷德拉普(Bredrup H.)[①]提出了使用绩效考核系统的8个主要原因(见表6-3)，这些原因揭示了绩效考核系统的重要目的所在。

表6-3 绩效考核的重要目的

1. 决策支持。在理想状态下，考核应指明行动的方向，也许还应指明怎样行动，并希望能监督行动的影响。决策应建立在知情的基础上，而考核在提供信息方面起着很重要的作用
2. 监督战略计划的影响。实施战略计划时应加以监督，进行必要的修正，以保证实现长期目标。组织可选择相应指标对战略计划的实施进行实时监督
3. 绩效评价。要求进行评价的原因很多，例如追踪改进潜力、设定新标准、满足利益相关者的要求、激励等
4. 诊断。公司需要通过指标进行诊断。如果业绩下降，绩效衡量系统应能预警，并提供相应可探寻原因的角度。然而，很难分清原因与结果的关系
5. 持续改进过程管理。持续改进过程常常逐步进行，不易察觉，不易衡量，如释放能力、降低未来成本和向顾客提供更大的价值。衡量对于是否进一步对此过程进行投资和努力、对过程进行管理以保证战略的一贯性、将改进转化为事业成就等都很重要
6. 动力。有必要对过程进行衡量，以决定是否应做进一步努力来改进过程。在多数组织中反对变革的阻力都很大，这足以扼杀一项计划或一个过程
7. 比较。对绩效和绩效计划进行评价需要有一个参考以确定绩效差距。通过考核就有可能识别这些差距
8. 记录发展。顾客、业主、合作伙伴等利益相关者可能要求提供记录发展的文件。记录发展的文件也可作为积极的“营销工具”，对员工绩效的衡量可以为他们的改进过程提供投入，从而提高生产率

绩效考核主要服务于行政管理和员工职业发展两个方面，目的是增强组织的运行效率、提高员工的职业技能、推动组织的良性发展，最终使组织和员工共同受益。明确绩效考核的重要性将有助于员工和管理者正视绩效考核，并以积极的态度参与这项工作。不论是管理者、员工，还是组织，都应该看到绩效考核的意义所在。

绩效考核作为支撑企业人力资源管理的有力工具，在实际应用中具有多个方面的意义，比如给上级衡量员工优缺点的途径、给员工定期与上级就绩效进行沟通的机会、作为组织成员提高竞争意识与危机意识的手段。首先对员工而言，绩效考核主要具有以下几个方面的意义[②]：(1) 确定员工以往的工作为什么是有效的或无效的；(2) 确认员工应如何完善以往的工作方法以提高绩效；(3) 确认员工工作执行能力和行为存在哪些不足；(4) 确认员工如何改善员工的行为和能力；(5) 确认管理者和管理方法的有效性；(6) 确认和选择更为有效的管理方式和方法。绩效考核不仅仅是对员工有意义，更重要的是对管理者的意义，主要体现在：(1) 考核是直线管理者不可推卸的责任，员工的绩效就是管理者的绩效；(2) 认真组织考核不仅体现了管理者对员工、自身和组织的负责精神，而且反映了管理者自己的工作态度。

此外，绩效考核是与组织的战略相连的，它的有效实施将有利于把员工的行为引导到战略目标上来。绩效考核的过程是经理与员工一起评估员工在完成绩效计划中所定目标方面所取得的进展的过程。[③] 所以通过考核就有助于总结一下在过去一段时间内哪些干得比较好、哪些还不够好。同时，考核本身也是一个沟通的过程，组织可以充分利用这个讨论会陈述公司中

① Bredrup H.. Performance Evaluation[M]//Rolstadas, A. (Eds.). Performance Management: A Business Process Benchmarking Approach. London: Chapman & Hall, 1995: 191-198.

② 付亚和，许玉林.绩效管理[M].上海：复旦大学出版社，2004：126.

③ 罗伯特·巴克沃.绩效管理——如何考评员工表现[M].北京：中国标准出版社，2002.

哪些过程和程序是无效的、徒劳的,甚至是破坏性的。因此,绩效讨论会不仅仅是评估员工的工作,而且是一个解决问题的机会。

四、绩效考核的负面影响

绩效考核过程可以提供给员工正式的、定期的并且是被记录的反馈信息,作为薪资或绩效奖金调整的依据,作为赏罚的依据,作为协助职业生涯规划的依据,作为发掘教育训练的需求、人才培育的依据,等等。但不准确或不符合实际的绩效考核可能不会起到积极的激励效果,反而会给组织人力资源管理带来重重障碍,使员工关系紧张、团队精神遭到损害。我国不少企业在实施绩效考核时过于强调绩效考核的行政功能,强调考核与利益分配的关系,而忽视了绩效考核对于企业人力资本开发的作用,并没有有效发挥考核的主体功能。值得强调的是,考核的目的并不仅仅与利益的分配相关,组织应更多地通过有效运用考核手段来提高员工的工作绩效和职业能力。有关绩效考核对企业绩效的影响参阅本章思考与案例第8题。

五、绩效考核的基本原则

为确保绩效考核的有效性,组织就必须遵循一些基本原则,如公开与开放原则、反馈与提升原则、定期化与制度化原则、可靠性与有效性原则、可行性与实用性原则[①],以及公平性原则。

(一) 公开与开放原则

绩效考核不是某一个部门,更不是某一个人的责任,而是组织内各级管理者及其下属员工共同的责任,每一个主体都承担着相应的考核职责,这就要求绩效考核过程中必须遵循公开与开放原则。一个良好的绩效考核体系首先是公开的,借此取得上下认同,从而推进绩效考核的具体实施。在贯彻公开与开放原则时,应注意做到以下几点:(1) 借助工作分析确定企业对其成员的期望和要求,制定客观的绩效标准,以此将组织对其成员的期望和要求公开地表示和规定下来,这样,就可以使绩效考核具有总体性、全局性的特点。(2) 将绩效考核的活动公开化,注重进行上下级间的直接对话,避免因缺乏沟通而引起对考核的抵触情绪。(3) 根据企业经营性质的不同,分阶段引入绩效考核的标准和规则,使企业的员工有一个逐步认识、理解的过程。(4) 引入自我评价及自我申报机制,对公开的考核做出补充。通过自我评价,可增进个体目标与组织目标的一致性,而且有利于绩效信息的提取,在一定程度上降低因对考核结果不认可而导致的冲突;通过这种自我评价,还有助于侧重能力考核,有利于员工发现自身差距,弥补自身的不足。

(二) 反馈与提升原则

反馈与提升原则就是指把考核后的结果及时反馈,好的东西坚持下来,不足之处则加以纠正和弥补。在现代人力资源管理系统中,关注员工绩效水平的持续提升是绩效考核的出发点,缺少反馈的绩效考核没有什么意义,因为它无法实质地做到开发员工潜能的作用。因此,企业在绩效考核过程中必须增加一个重要的环节,即必须构筑起反馈系统,以实现对绩效形成的过程进行引导、对绩效的最终结果进行控制的作用。

(三) 定期化与制度化原则

绩效考核是一个连续的管理过程,因而必须定期化、制度化。绩效考核既是对员工能力、

① 付亚和,许玉林.绩效管理[M].上海:复旦大学出版社,2004.

工作结果、工作行为与态度等的评价，也是对他们未来行为表现的一种预测。因此，只有程序化、制度化地进行绩效考核，才能真正了解员工的潜能，才能发现组织中的问题，从而有利于组织的绩效提升。

（四）可靠性与有效性原则

绩效考核的可靠性是指绩效考核方法应保证收集到的有关员工能力、结果、行为与态度等信息的稳定性和一致性，它强调不同评价者对同一考核对象评价的一致性。绩效考核的有效性衡量的是绩效考核结果是否与实际绩效状况相吻合，即测量结果的准确性程度，它主要强调的是内容效度，即考核能够反映特定工作内容（行为、结果和责任）的程度。绩效考核体系要想获得成功就必须具备良好的可靠性和有效性，这主要体现在工作分析和绩效考核工具选择这两个环节上（有关绩效考核的技能、工具选择等内容参见第七章），因为这两个环节是绩效考核的基础。工作分析明确了员工该做什么和要将哪些内容进行记录，并使其他采取同样程序的员工能得到相同的结果。换句话说，在用这些标准对员工工作绩效进行考评时，两个或两个以上的人能重复进行并得到相同的结果。考核工具也很重要，如果考核因素和考核尺度是明确的，那么评价者就可以在同样的基础上对员工的绩效进行评价，从而有助于改善绩效考核的信度与效度。工作分析应作为构建考评工具的基础，因为工作分析的结果规定了判断员工工作是否有效的重要标准。内森（Nathan B. R.）和卡西欧（Cascio W. F.）指出，工作分析可以验证考核工具是否具有内容效度，因为它反映的是对员工在与工作相关的方面进行评估的程度，工作分析提供的信息将工作内容与绩效考核的内容进行了联系。①

（五）可行性与实用性原则

所谓可行性，是指任何一次考核方案所需的时间、物力、财力要为使用者的客观环境条件所允许。因此，它要求在制订绩效考核计划时应根据考核目标设计合理的方案，并对其进行可行性分析。在对考核方案进行可行性分析时应关注以下 3 个因素：(1) 限制因素分析。由于任何一项考核活动都是在一定条件下进行的，所以必须研究该考核方案所拥有的资源、技术及其他限制性条件。(2) 目标与效益分析。在建立绩效考核时，企业要全面分析和确定考核所要实现的目标，全面评价考核方案对组织所能带来的直接和间接的效益，包括经济效益和社会效益。(3) 潜在问题分析。预测绩效考核方案可能发生的问题、困难、障碍，发生问题的可能性和后果如何，找出原因，准备应变措施。解决这一问题的办法是在实施考核活动前，对各种考核工具进行预试，通过预试发现问题，减少考核误差。绩效考核的实用性原则要求做到以下几个方面：(1) 考核工具和方法应适合不同测评目的的要求，要根据考核目的来设计和选择考核工具；(2) 所设计的考核方案应适应不同行业、不同部门、不同岗位的人员素质的特点和要求。

（六）公平性原则

各类考核结束后，被考评者有权了解自己的考核结果，考评者有向被考评者通知和说明考核结果的义务，这是员工绩效考核过程中非常重要的程序公平原则。如果被考评者对考核结果存有异议，应首先通过沟通方式解决。解决不了时，有权向二次考评者申述；如果被考评者对二次考评者的考核结果仍有异议，可以向人力资源部门提出申诉。人力资源部门通过调查和协调，在规定的时间之内（比如 10 日内），向申诉者答复最终结果。

---

① Nathan B. R.，Cascio W. F.. Introduction：Technical and Legal Standards[M]//R. A. Berk（Eds.）. Performance Assessment. Baltimore：The John Hopkins University Press，1986.

六、绩效考核程序

一套科学、合理的评价方案,需要一个清晰、明确的操作程序,绩效考核程序是实施评价时的操作指南,因此,要周密、细致、前后衔接紧密,避免出现中断和前后矛盾。一个有效的绩效考核程序主要包括以下几个步骤[①]:(1) 收集、整理评价依据。该阶段是管理者收集与记录员工行为和结果的关键事件与数据的过程,是与员工的执行过程紧密相连的。(2) 对照标准评定绩效。期末,员工的主管可以依据员工绩效评价指导书等文件的要求和步骤,综合考核周期内所收集到的绩效信息,对照员工期初确定的绩效目标,组织相关考评者客观、公正地对员工进行初步评价。(3) 综合评价,确定结果。直接主管的上级主管作为二级评价者,对评价结果负有监督责任,必须保证不同的评价者之间的一致性,处理员工对评价结果的不同意见。(4) 评价面谈,确认结果。面谈并确认评价结果,在二级复核完毕之后,直线主管要针对评价结果与员工进行正式的反馈与沟通。(5) 汇总结果,上报人力资源部等相关部门。经确认后的评价结果,要及时上报人力资源部归档,并让上级知道员工的绩效状况。下一节还将就此内容进行阐述。

思政园地

当今世界,经济全球化潮流不可逆转,任何国家都无法关起门来搞建设,中国也早已同世界经济和国际体系深度融合。我们绝不会走历史回头路,不会谋求"脱钩"或是搞封闭排他的"小圈子"。

——2020 年 11 月 19 日,习近平总书记在亚太经合组织工商领导人对话会上的主旨演讲

综合研判世界发展大势,经济全球化是不可逆转的时代潮流。实践证明,过去 40 年中国经济发展是在开放的条件下取得的,未来中国经济实现高质量发展也必须在更加开放的条件下进行。这是中国基于发展需要作出的战略抉择,同时也是在以实际行动推动经济全球化造福世界各国人民。

——2018 年 4 月 10 日,习近平总书记在博鳌亚洲论坛 2018 年年会开幕式上的主旨演讲

第二节 绩效考核专题会议

在具体的绩效考核之前,召开有关绩效考核的专题会议是非常重要的。绩效考核会议的流程主要包括以下 6 个环节[②]:第一,计划和准备;第二,明确考核目的;第三,基于绩效计划进行评价;第四,制订绩效改进的行动计划;第五,将交谈结果做成文档;第六,安排后续会议。

一、计划和准备

在企业绩效考核过程中,管理者必须进行准备和计划,以便让员工知道企业对他们有什么

① 张明.人力资源管理实用手册[M].合肥:安徽音像出版社,2004:634.

② 罗伯特·巴克沃.绩效管理——如何考评员工表现[M].北京:中国标准出版社,2002.

要求，并让他们知道这个过程的重要性。成功的绩效考核会议应具有下列条件[①]：(1) 管理者以帮助者和问题解决者的身份出现，而不是以主要评价者的身份出现。(2) 双方都知道召开绩效评价会议的原因——它不是惩罚人的，而是为了提高绩效，以保证员工和企业都有利。(3) 员工是积极的合作者并且进行真实的自我评价。(4) 员工在进入会议室之前能准确地知道会议的内容和作用。(5) 管理者运用适当的人际关系技巧与员工打交道。(6)管理者高度重视这个会议，认为它是不能推迟或重新安排的。

(一) 计划

由于绩效评价与下一期的绩效计划循环是相连的，所以进行绩效评价的理想时间是财政年度的年末或公司制订下一年度计划和目标的时候。当然正如上一章所述，考核周期并不是唯一的，企业可视具体情况事先予以确定，也可以根据企业发展情况做出修正，实际上管理者最清楚这项工作应何时进行。有些管理者和企业在员工受雇周年纪念日前后进行绩效评价，这样做的优点就是经理们不必在较短的时间完成所有员工的绩效评价工作，其缺点是在绩效会议与财政年度错开的情况下，很难将个人目标同企业下一年度的绩效计划过程联系起来。但不管如何，绩效考核会议的时间安排要合理，且要做好会议内容的进展安排。最后，管理者要高度重视这个过程，不要经常改变绩效考核专题的计划。

(二) 准备

绩效考核会议的准备工作主要包括两个方面[②]：(1) 要做好主持会议的准备。首先，要制订与员工的约见计划。跟员工制订约见计划时，最好在两周前通知他们，这可使他们有足够的时间进行准备。其次，重视员工的工作要点。在员工会议、私下讨论和任何书面材料中，需要重申以下几点：一是考核过程需要合作；二是尽可能地要求员工进行自我评价，他们最清楚怎样将工作干得更好；三是要向前看，不要向后看；四是不要进行责备；五是可以考虑给每位员工一页纸的总结性的备忘录以再一次强调这项工作，此备忘录最好在会议前一两天送出，以提醒会议时间和在会议上要完成的事项。(2) 员工要做好积极参与的准备工作。员工在了解了会议目的、关键议程和主题后，要在绩效考核会议开始前做好思考或准备工作。

二、明确考核目的

会议开始的前几分钟要用来建立一种比较舒适的气氛，并再一次明确会议目的以及会议将如何进行。管理人员要像接待客人一样对待参加会议的员工，让员工觉得不紧张，这是会议前的热身运动。此后将话题逐渐转移到绩效问题上来，而且要鼓励员工说出他们的疑虑。紧接着就是确定会议目的，并宣读评估会议的议程，以及会议的重要性等，要强调绩效考核会议有助于员工更好地完成工作目标。

三、基于绩效计划进行评价

管理者只要有一套明确的目标和标准，并在考核过程中不断地进行绩效沟通，那么回顾绩效的工作、对每个目标和标准进行检查以确定员工达到的程度，就是很容易的事情了。实际操作时，不妨以提问来开始这个过程。首先询问员工的感受，让员工对即将进行的程序发表看法

---

① 罗伯特·巴考尔.绩效管理24准则[M].北京：中信出版社，2005：53－55.

② 罗伯特·巴克沃.绩效管理——如何考评员工表现[M].北京：中国标准出版社，2002：122.

是促使谈话顺利进行的一个好方法;其次可以询问员工是否达到了某目标,又是如何知道是否达到该目标的。这种做法的目的就是鼓励员工进行自我评价,并用数据、信息等来证明这个评价。另外一种方法是,告诉员工管理者的看法。管理者依据数据、信息和观察结果等来重新审视员工的自我评价。若双方意见相差较大,则应设法找到双方都能接受的中间定论。如果无法达成共识,则需要分别记下双方观点。实际上,如果绩效计划工作和考核过程中的沟通工作都顺利完成,关于绩效问题的严重分歧发生率就较低(关于绩效沟通等内容参见本书第四篇)。

四、初步制订绩效改进的行动计划

员工绩效改进的行动计划是绩效考核过程的继续。与实现了的目标相比,经理和员工们往往更能注意到没能实现的目标,但一定要尽量使两者达到平衡,尤其是管理者应特别注意到员工超额完成某些任务或某些工作做得很到位的情形,加以口头表扬、物质激励等,使员工得到应有的重视。另外更为重要的是,针对绩效考核过程中所发现的影响上一考核周期绩效的关键性因素,管理者要及时地进一步找到一次性或逐步解决该问题(或缓解矛盾)的方法,并与员工就改善措施达成初步协议,如安排培训或辅导、重新分配资源、重新修订“纪律措施”等都属于下一考核周期的员工绩效改进行动计划的重要依据。在员工绩效考核之后,管理者将绩效评价同绩效计划结合起来,制订新的计划(包括目标、目的和工作任务等)。

五、将交谈结果做成文档

绩效评价会议上,交流内容、讨论情况、评价结果等都应做成文档以便保存应用。做文档的方法有多种,取决于企业需要的是什么以及何种方法对经理和员工有用。例如,一些企业采用某种形式的评价表来总结绩效评价过程,另一些企业则采用一些更为灵活的方式,甚至在具体给人事部门提供什么资料方面经理有很大的选择余地。如果采用结果导向的评价方法,那么文档可能包括绩效计划(目的和标准)、证明员工是否达到目标的方法依据,还可加入部分谈话记录。尤其对于存在重大分歧的问题,需要做好记录,并邀请员工附上他的解释。如果采用评级表,那表格就是文档的重要组成部分。一般而言,有关记录分歧及特别好或特别差的项目的材料,建议将它们同评级表一并保存。由于许多企业将绩效考核专题会议的文档作为个人永久档案的一部分,因此经理和员工在这个文档上签名是必要的。签名并不表明双方对评价情况或文档中全部材料意见一致,这只是证明经理和员工进行过文档中记述的交谈。

六、安排后续会议

有时在一次会议上不能完成全部的员工绩效考核工作,有时很有必要继续探究一些事项,特别是存在不明确的结论时更是如此。比如需要一些额外信息和数据来确认员工是否达到了目标。此种情况下,一旦得到了相关的支持性数据,就可以安排一次后续会议。或者,需要给双方一定的问题思考时间,特别当出现了重大分歧的时候。

完成评价过程后,接下来就是进入安排下一轮绩效计划会议阶段了。正如前文所述,将上一个绩效考核周期的评价会议时间与下一个绩效计划会议的时间安排得越近越好,因为这样可以充分地、及时地利用绩效评价会议的信息。

第三节　绩效考评者及考评误差的来源

一、绩效考评者的来源

绩效考核的考评者的来源是多方面的(见图 6－2),一般而言,员工在组织中的关系是上有主管,下有下属,周围是自己的同事,组织外部还可能有客户。这就意味着参与评估的人员可能包括上司、同事、小组成员、员工自己、下属和客户。由于现代企业中岗位的复杂性,仅仅凭借一个人的观察和评价很难对员工做出全面的绩效考核,那么到底由谁来担任考评者最为适合呢?

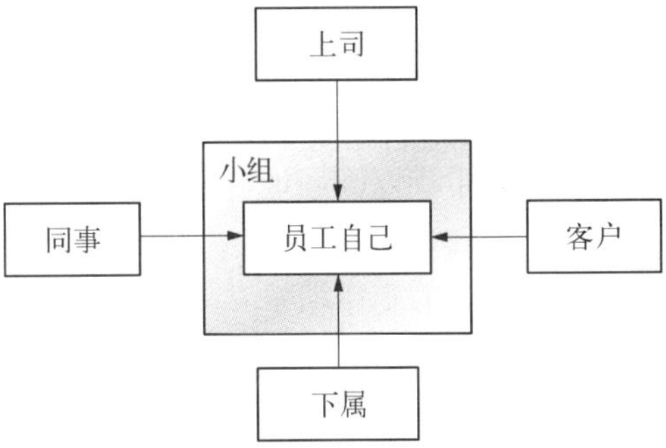

图 6－2　员工绩效考核信息的来源

(一) 经理/直接主管评估

绩效评估在绝大多数情况下都是主管应承担的责任,这主要是因为主管最熟悉员工工作以及他们的工作状况和工作结果,而且评估也是主管的一种管理工具,他们可以利用评估直接或间接地对员工的行为进行管理。如果主管没有权力对员工进行评估,他们的权威或对员工的控制能力就会被大大地削弱。[①] 当然主管评估也存在缺陷,因为他们所掌握的信息并不是完整的,也存在一定的片面性。

(二) 同事评估

尽管主管拥有充分的有关被考评者的工作要求和工作绩效的信息,但是一些企业也采用由被考评者的同事考评的方式来代替主管考评,因为被考评者的同事可以从不同的角度反映被考评者的工作绩效,或作为对主管考评的补充。被考评者的同事参与评估、提供额外的信息,这将有利于消除考评者的个人偏见,有助于最后形成一个对被考评者的工作绩效的统一评价,从而得到员工对绩效评估制度的更大的认同。当然以被考评者的同事来代替主管或作为主管的补充也会遇到一些障碍:(1) 员工利益的冲突可能影响评价的真实性,因为如果给予自己的同事较高的评价可能影响自己的发展机会。(2) 由于友谊、团结等人际关系的考虑,考评者可能高估同事的绩效。(3) 对同事进行评价会受到同事间既有的关系好坏的影响。这些都是在决定是否要邀请被考评者的同事以及邀请哪些同事参与评估时应考虑到的重要问题。

(三) 自我评估

一些企业采用员工自我评价的方式确定其真实绩效。自我评价不仅可以揭示上级与下级之间关系的协调状况,而且评估的结果与主管的评估结果之间不太具有相关性,所以是对主管评估的一个很好的补充,同时还可以避免由光环效应而产生的误差。[②] 与主管评价相比,参与

---

① 张明.人力资源管理实用手册[M].合肥:安徽音像出版社,2004.

② 所谓光环效应,又称晕轮效应,它是一种影响人际知觉的因素。这种爱屋及乌的强烈知觉的品质或特点,就像月晕的光环一样,向周围弥漫、扩散,所以人们就形象地称这一心理效应为光环效应。有关绩效考核过程中可能出现的各种误区和问题等内容,可参见本书第十章。

自我评价的员工不仅更能坦然地接受对自己的批评意见,而且自我约束也往往更强。但是,这种方法也不是完美无缺的,大多数的研究表明,员工对自己的工作绩效的评价,往往比他们的主管人员或同事对他们的绩效评价等级要高[①];自我评价与上级评价可能出现分歧,也有可能激化管理者与员工的矛盾,特别是当评价的结果被用于管理决策(如加薪)时,这一问题尤为突出。

(四) 小组评估

小组评估是同事评估的延伸。小组评估的支持者们认为,在某些情况下,个人评估会造成评估体系的混乱,因为个人评估所关注的重点可能并不是小组的工作重点,且很难将小组中各个成员的贡献单独区分开来。正是出于这一点的考虑,波音公司、德州仪器公司、琼斯迪恩和奥迪斯公司(Jostens & Otis Engineering)等组织已经开始采用小组评估的方法,即将小组所有成员的工作看成一个整体来评估,以小组评估的结果部分地代替对员工的绩效评估。因此,小组评估对于难以确切地区分个人绩效的团队进行考核是有价值的。同时,建立在小组评估基础上的绩效考核,可以减少团队中成员的彼此竞争,强化团队的凝聚力,使每一个小组成员都来关心团队的工作绩效。

(五) 下属评估

在对管理人员进行评估的时候,其下属的评估是一种特别有价值的绩效信息来源。事实上越来越多的企业让下属以不署名的方式参与对他们的主管人员所进行的绩效考核过程,这种过程通常被称为自下而上的反馈。由于下属能够站在一个独特的角度观察与工作有关的管理者的行为,下属参与的绩效评估将有助于企业的高层管理者对企业的管理风格进行诊断,更深入地认识到企业中存在的人事问题,而且能够使上级主管了解到下属是如何评价他们的。采用下属评估所产生的问题主要是:(1) 这种评价角度赋予了下属超过他们上级管理者的权力,因而会使管理者陷入困境,可能导致管理者更重视员工的满意度而不是工作效率;(2) 对上级主管工作的某些特殊方面运用下属评估可能是没有什么效度的,比如计划与组织、预算、创造力、分析能力等方面,这些信息具有很强的隐藏性,下属一般是很难准确地观察到的。

(六) 客户评估

对企业来说,保持良好的客户关系至关重要,尤其是服务业的快速增长以及客户满意度对企业发展的重要性更加迫使企业将客户纳入评价体系。因此,企业可以选择与被评估的员工直接打交道的客户作为考评者,对员工的表现进行考评,也可以采用客户调查的方法来评估员工的工作绩效。让客户进行评价,不仅有助于评价员工的绩效,而且有助于确定企业是否应当为改善服务质量而改进其他人力资源活动(如培训、薪酬制度等)。另外,企业集团内部不同分公司(内部客户)也是客户评价的责任者,内部客户评价能较为准确地提供员工、团队的工作所带来的价值增值,这种评价既可服务于开发目的,也可用于日常管理的目的。客户评估现已成为实现企业市场营销与人力资源活动和政策的整合战略目标的又一重要服务工具。

---

① 不过也有学者对我国台湾地区的调查发现,员工自我考评的分数远低于上司的考评,这一结果非常稳定,并且不受性别、年龄和教育程度的影响,出现这一结果的主要原因是,华人普遍比较谦虚。参见 Farh J. L., Dobbins O., Cheng B. S.. Culture Relativity in Action: A Comparison of Self-rating Made by Chinese and US. Workers[J]. Personnel Psychology, 1991, Vol.44: 129 - 147。

二、绩效考评者的选择原则

正如前文所述，员工绩效的考评者可以是直接上级、同级同事、员工自己、下属员工以及客户或供应商，那么选择谁来担任员工绩效考评者最为适合呢？在众多考评者的候选人中，应该基于怎样的原则来选择合适的绩效考评者？企业在选择和确定绩效考评者时应该遵循以下原则：(1) 合适的考评者应该是最了解被考核岗位的工作性质、工作内容和要求，以及考核标准与公司政策的人；(2) 绩效考评者应该是那些最了解和熟悉被考评者本人的工作表现，尤其是本考核周期内，有直接近距离观察其工作的机会的人；(3) 绩效考评者能将观察结果转化为有用的评价信息，并能公正且客观地提供评价结果；(4) 考评者的选择，还要充分考虑企业所采用的绩效评估的方法和工具，不同的方法和考核工具所要求的参与的考评者是不同的。[①]

现在不少企业主张采取 360 度考核，即广泛、综合地考虑到不同考评者的意见，要求被考评者的主管、同事、下属、客户及员工自己都参与考核。一个包括各种身份评价者的评价系统自然会占用更多的时间，费用也较高，但它同时具有许多由单个主体进行绩效评价时所不具有的优点。最重要的优点在于，多主体评价方式通过多渠道的评价信息增加了评价的客观性。不同的评价主体从不同的角度出发可能做出不同的结论，所以多人评价所得出的综合性结果在很大程度上比单一评价主体做出的评价结果更加可信、公正和易于接受。另外，当评价者在评价等级上有分歧时，此时正好是向企业反映了不同情况下的员工的绩效表现，这正是绩效管理中十分重要的信息。当然，需要注意的是，即使使用 360 度的评价主体的做法，也应当由评价者的直接上级审查评价的结果并做出最终的结论。

三、绩效考评者的职责

绩效考核过程中要求所有部门和管理者都参与，绩效考核的工作不单纯是人力资源部门的事，而是企业全体员工共同参与的大事。企业各级各类员工都要充当一定的角色(见图 6－3)。那些被选中的参与员工绩效考核的人员都应该履行相应的职责，为绩效的考评提供充分的、客

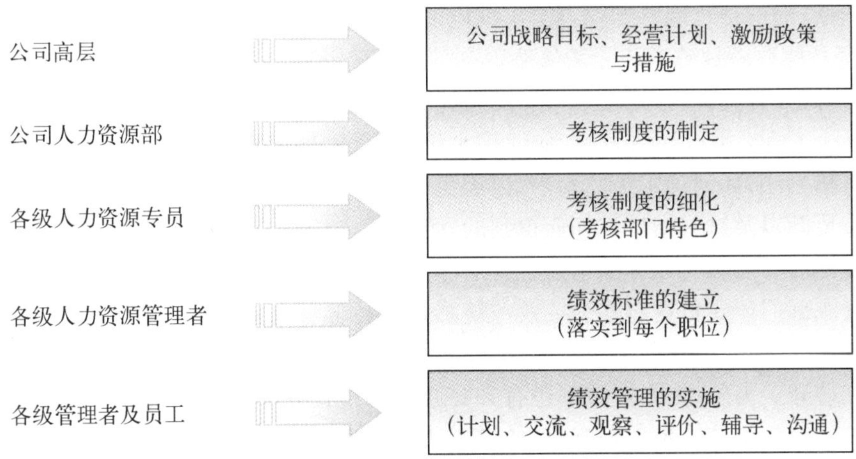

图 6－3　绩效考核中的职责

① 劳伦斯·S. 克雷曼.人力资源管理(英文版)[M].北京：机械工业出版社，1999：236－237.

观的信息。参与考核是一种权利,但更是一种义务,所有参与者都应为考核工作做好充分的准备。参与者是否积极地履行自己的考核职责将直接地影响绩效考核的结果及其应用,即影响绩效考核的功能发挥直至整个绩效管理体系的效率。

下面就员工绩效考核过程中有关管理者的职责及人力资源部的职责进行解释。

(一)各级管理者的职责

不管进行绩效评估的目的何在,如果缺乏各级管理者的支持,评估计划就无法取得成功。即使是一个经过精心策划的评估计划,如果在具体的实施中没有得到高层的支持与鼓励,评估工作也不会取得理想的成效。在绩效评估过程中,各级管理者对绩效评估的实施负有主要责任。[①]

1. 客观地填写评分

一个绩效评估系统的成功与否很大程度上受到管理者所提供的评分的准确性和公平性的影响。然而,管理者经常是这个系统中的薄弱环节,他们在评价其员工的工作绩效时经常会犯各种各样的错误,其中一些是有意的和有目的的。

2. 提供绩效反馈

反馈的主要目的之一是通过向雇员们提出建设性批评以使他们知道自己的缺点,从而改进雇员的绩效。

3. 设定绩效目标

在一个绩效考核周期结束时,各级管理者需要和他们的下属进行充分的沟通,并制订今后的绩效改进计划,尤其是要根据层层分解的战略目标和下属一起设定下一个绩效考核周期的具体的个人绩效目标。

(二)人力资源部门的职责

人力资源管理部门在绩效考核过程中起到十分重要的作用,它主要应履行以下 3 个职责。

1. 选择有效的绩效考核工具

如果没有一个有效的绩效考核工具,管理者在提供有意义的评分方面会存在较大压力。例如,一位经理被要求用一种图解式评定量表来对员工进行评分时,如果这个考核工具的绩效标准模糊的话,他就很可能感到很难给出准确的评分和有用的反馈。

2. 为参与绩效考核的考评者提供培训

人力资源部门需要向参与绩效考核的考评者提供适当的培训,对考评者的培训内容通常涉及以下几个方面:举行评估面谈,如何提供绩效反馈,如何运用绩效考核工具,如何选择适当的绩效考核方法,如何确定绩效水平,以避免评估中的各项失误,为什么准确的评分和有效的反馈是重要的以及这些结果是如何得到的,等等。

3. 监督和评价绩效考核体系的实施

人力资源部门还要负责对整个绩效考核系统进行监督和评价,以保证它们能被恰当地实施。在监督过程中,人力资源部应采取有效的步骤以保证每次评估都得以及时地实施且相关的指示得到遵守。另外,人力资源部还有必要通过测量使用者对绩效考核系统的满意度来评价企业当前的绩效考核体系是否有效,如果考评者与被考评者不满意评估结果,那么就可能要重新评估或修改评估结果,并在下一个考核周期对考核体系进行更换。

---

① 付亚和,许玉林.绩效管理[M].上海:复旦大学出版社,2004.

本章思考与案例

1. 什么是绩效考核？这个环节与战略管理、人力资源管理存在什么关系？具有什么作用与意义？

2. 在实施绩效考核时应掌握什么原则？

3. 请在教师的指导下去企业调查，以深入掌握企业是如何举行绩效考核的专题会议的。

4. 哪些参与者可能成为绩效考评者？如何选取绩效考核人员呢？

5. 360度考核法已经成为一种非常重要的绩效信息收集方法了，你认为360度考核时，每个参与者的意见是一样重要吗？为什么呢？

6. 绩效考评者具有什么样的职责呢？

7. 由多个参与者参与考核的360度评价方法具有全方位、多角度、误差小等优点，但也有人指出，这种方法存在陷阱：(1) 过于强调定性评价；(2) 多角度评价的交易成本比较大，并且很有可能不同的评价者对同一员工的评价存在非常显著的差距；(3) 如果培训不到位，很可能造成紧张气氛，影响员工的士气；(4) 可能强化组织内部的裙带关系，导致监督失效；(5) 过于依赖360度反馈方法，使员工更加关心的“不是做了什么，而是你做的方式”。所以要采取应对性的策略，主要包括以下几点：(1) 结合KPI等方法，加大定量评价；(2) 对评价者的个别意见保密；(3) 确保评价者的意见真实可靠；(4) 防止评价者之间作弊、合谋；(5) 识别和估计偏见、偏好等对业绩评价结果的影响；(6) 在组织面临士气问题、过渡时期或下坡路时不太适应360度反馈。请结合中国的文化特征谈谈你的看法。

8. 从20世纪80年代开始，关于如何设计有效的绩效考核体系引起了许多学者的关注，但这些研究主要集中在如何设计、实施和运用不同的绩效考核指标，对于绩效考核体系的建立如何影响企业效率方面的研究相对较少。从现有的文献来看，对于绩效考核是否有助于改进绩效存在正反两种不同的看法。支持绩效考核的作者主要是认为这种机制有助于员工能力的提高，有助于组织成本的减少。正因为如此，采取绩效考核体系的企业出现逐步递增的趋势，如勒歇尔(Locher A. H.)和蒂尔(Teel K. S.)[①]调查发现北美的不少企事业组织认为绩效考核对他们的管理越来越重要，1977年美国只不过有89%的组织实行过绩效考核，而到1988年却已有94%的组织实行了绩效考核，赞同绩效考核的行业已由1977年的11%上升到1988年的30%。后来一些学者的实证研究也发现，绩效考核对组织效率起到正向影响作用，劳森等(Lawson R.，Stratton W.，Hatch，T.)的相关研究[②]证明，通过实施绩效考核体系，可以帮助企业控制和减少25%的成本以及提高企业的销售和利润。

企业往往花费大量的时间和人力来设计和运行绩效考核方案，这也引起了许多学者的质疑。在实际应用中，人们对于绩效考核也往往表现出失望甚至是反感的情绪。迈耶(Meyer)、凯(Kay E.)和弗伦奇(French，J. R. P.)的研究[③]发现，在绩效考核的3个月内员工的绩效一直在减少，这表明员工带有攻击及谴责绩效考核与绩效考核人员的倾向。戴明(W. Edwards Deming)[④]

---

① Locher A. H.，Teel K. S.. Assessment：Appraisal Trend[J]. Personnel Journal，1990：130－144.

② Lawson R.，Stratton W.，Hatch，T.. The Benefits of a Scorecard System[J]. CMA Management，2003：24－26.

③ Meyer Kay E.，French J. R. P.. Split Roles in Performance Appraisal[J]. Harvard Business Review，1965，Vol.43：123－129.

④ W.爱德华兹·戴明.戴明论质量管理[M].海口：海南出版社，2003.

曾指出,绩效考核是困扰北美主管人员的最大问题之一,他在各种场合反对任何形式的绩效考核或年度评比制度,认为绩效考核给公司造成的危害是致命的。索伦森等研究发现,那些受到绩效考核的管理者往往趋向于利用知识而不是开发知识,这就降低了他们的创新能力和承担风险的能力。① 马蒂尼和肯尼尔利以能源行业为例,从绩效考核体系的设计、执行、运用和评测 4 个角度证明了绩效考核对企业内部和外部绩效有积极作用的同时也具有较强的负面影响。②

请在教师的指导下,或者自己前往企业调查这一重要的绩效管理问题:绩效考核真的有效吗?去调查之前请设计好调查的提纲,明白所要了解的问题。

① Sorenson, Sörenson J. B.. Finding the Right Mix: Organizational Learning, Plural Forms, and Franchise Performance [J]. Strategic Management Journal, 2001, Vol.22: 713-724.

② Martinez V., Kennerley M.. Impact of Performance Management Reviews: Evidence from an Energy Supplier[J]. EUROMA Conference Proceedings, 2005, June: 19-22.

7

第七章 绩效考核的技术与方法

全章提要

学习目标

案例导读

- 第一节　绩效考核方法概述
- 第二节　绩效考核的特性法、行为法与结果法
- 第三节　绩效考核的比较法
- 第四节　绩效考核方法的选择

本章思考与案例

学习目标

1. 掌握绩效考核的相关概念，了解绩效考核的重要性及目的；
2. 了解绩效考核的特性法、行为法及结果法；
3. 熟悉绩效考核者的比较法；
4. 了解绩效考核方法的选择技巧。

案例导读

荷兰皇家壳牌石油公司管理人员的绩效评价

荷兰皇家壳牌石油公司(Shell)(以下简称“壳牌公司”)是目前世界上第一大石油公司，其总部位于荷兰海牙，由荷兰皇家石油与英国壳牌公司合并组成。壳牌公司是全球主要的石油、天然气和石化产品生产商，也是国际主要的石化产品、公路运输燃料、润滑油、航空燃料和液化气销售商。壳牌公司组建于1907年，经历百年的发展，已经成为一家全球化的能源和化工集团，其业务遍布九十多个国家和地区，员工人数超过10万。2014年，壳牌公司在《财富》杂志发布的2014年度世界500强企业中排名第二，仅次于沃尔玛，实现营业收入4 595.99亿美元，利润163.71亿美元。

在评价内容方面，壳牌公司对管理人员的绩效评价是业绩与胜任力的结合。在业绩评价方面，在结合职位分析、个人发展计划和组织经营发展计划的基础上，管理人员需要提出年度工作目标，从而确保公司的整体业务绩效和经营发展计划的顺利达成，壳牌公司将这一评价统称为目标和业绩评价(Goals and Performance Appraisal, GPA)。在胜任力评价方面，管理人员的领导力是壳牌公司关注的核心，其主要目的是实现管理人员的个人发展，因此壳牌公司将胜任力评价称为个人发展计划(Individual Development Plan, IDP)。壳牌公司的胜任力模型关注管理人员的基本能力、执行能力和处理关系能力。为此，壳牌公司专门创建了适应自身需要的管理人员素质胜任力模型，它包括能力(Capacity)、成就力(Achievement)和关系力(Relationships)3个方面，简称CAR模型。

在评价主体方面，壳牌公司从多元视角对管理人员进行评价，从上级、协作者到下属和客户，全方位收集考核信息，考察管理人员的工作表现，以保证考核信息的完整和客观性。在考核过程中，管理人员必须进行自我评价。然后，管理人员的上级、同事、下属和客户等，都会对管理人员进行匿名考核。最后，由管理人员的直接上级根据相关人员对其的考核，对比管理人员的自我评价，向管理人员提供反馈，以帮助管理人员提高业绩和能力水平。

在评价周期方面，壳牌公司管理人员的评价周期分为定期评价和不定期的平时考核，定期评价就是对包括业绩和个人发展胜任力的全面评价，往往每年评价两次，一般在每年的6月和12月进行，不定期的平时考核是在动态中进行的，因为壳牌公司不仅对常规工作目标和内容进行评价，而且对管理人员的流动工作进行考核。无论管理人员到哪里工作，即使是短期外派工作，也必须跟踪评价，随时随地观察其工作表现。管理人员在每次短期工作结束后，其临时上级和合作者都要对其进行评价。这种无处不在的评价方式保证了管理人员绩效评价的有效性和连续性。

在评价结果应用方面，壳牌公司将评价结果广泛运用在个人发展、绩效薪酬和晋升决策等方面。首先，管理人员的个人发展计划在壳牌公司的绩效管理中发挥着重要作用，尤其在促进绩效不断提升方面作用更大。壳牌公司通过绩效考核将管理人员的个人发展与绩效管理紧密相连，从而构成十分有效的绩效支持结构。其次，为了充分发挥薪酬的激励作用，壳牌公司在通过职级和平衡机制等薪酬体系要点设计保证内部公平性的同时，将个人薪酬与实际绩效挂钩，从而确保管理人员的薪酬不仅与个人绩效考核相关，而且与部门、企业的绩效逐层挂钩，使每一位管理人员重点关注个人工作的同时也关注部门和企业的绩效，从而培养管理人员的整体意识，壳牌公司管理人员的评价结果与薪酬的关系主要体现在年终奖和对基本工资的调整两个方面。最后，壳牌公司管理人员绩效考核结果与其职业生涯上的晋升紧密相关，最典型的就是壳牌公司管理人员的机会晋升。机会晋升通常意味着岗位变动，当出现空缺职位的时候，公司会根据管理人员的业绩和能力评价结果、工作背景和工作意愿，将其调整到该空缺职位上来，这种晋升形式可以将绩效突出者提拔起来。

[资料来源] 黄玉玲.壳牌：以管理者能力为核心的考核[J].企业管理，2014(11)：68－69.

分析与思考：

1. 试运用相关理论，对壳牌公司管理人员绩效评价的做法进行分析。

2. 你认为壳牌公司在管理人员的绩效评价方面有哪些成功经验？

要对员工进行绩效考核就必须借助一定的工具，采用科学的方法，这些工具和方法是建立在绩效指标体系的基础上的。不同的是，考核工具可以直接地运用于员工绩效的评估，而指标还只是考核工具中的重要组成部分。绩效考核的方法很多，而且分类的方式也很多。本章将对绩效考核的技术与方法进行具体介绍。

第一节　绩效考核方法概述

一、绩效考核方法的类型

从实用的角度出发，可以将绩效考核的方法分为以下几类①：

（一）系统化的考核方法

这类考核方法，多与组织的战略目标、企业文化、经营目标、核心能力培养等目的相关。目前经常使用的此类方法有，与企业年度经营计划相联系的目标管理法、以确保企业在行业上竞争优势的标杆管理法、以提高企业核心竞争能力的关键绩效指标法、以全面衡量企业经营能力的平衡计分卡法等。系统化的考核方法强调企业是一个整体，每一个部门和岗位都只是作为组织系统中的有机细胞而存在。

（二）衡量关键职务职责履行状态的考核方法

这类考核方法，是一种与每一个工作或职务的关键工作要项和关键职责领域的达成度相

① 付亚和，许玉林.绩效管理[M].上海：复旦大学出版社，2004.

关的考核方法。其中既有相对的方法(如人物比较法、因素排序法、配对比较法、强制分布法、交替排序法等),也有绝对的方法(如关键事件法、图表尺度法、行为标准法等);既有定性的方法(如述职报告法、人物评语法、要素评语法等),也有定量的方法(如增/减分法、系数法、指标法等)。而且各种方法在分类中存在互相交叉。

(三) 基于绩效形成过程的考核方法

这类考核方法一般与常规性工作任务的控制有关,尤其强调对程序的遵循和对工作过程中行为态度的特定要求,如基于流程的考核法、行为特征控制法等。

(四) 关注员工能力与素质状态的考核方法

这类考核方法是考察员工的任职资格和职业能力的,特别适应那些职责领域不清晰、目标任务变化快、工作的非程序化程度高的职业类型。因为这类职务绩效的特点在于员工的能力高低和努力程度,在努力程度同等的状态下,能力是绩效水平高低的决定性因素。这类考核方法包括心理测量法、领导行为效能法、公文处理法、潜能评价法等。

本章第二、第三节将重点介绍员工绩效考核的几种典型方法,包括绩效考核的特性法、行为法、结果法、比较法等。

二、影响绩效考核方法甄选的因素

不同的企业有不同的情况,不同的绩效考核与管理方法适用于不同的条件,这是不言而喻的。因此,企业不可能都选择同样的绩效考核方法,同一种绩效考核方法不可能适用于所有企业,也不可能适用于同一家企业的所有部门和岗位。我们可以看到同一种绩效考核方法在某些企业成功了,在另一些企业却没有什么效果,这是一种正常现象。那么对于绩效考核方法的甄选究竟需要考虑哪些因素?

一般来讲,企业在甄选绩效考核方法时应综合考虑以下因素:企业战略与绩效考核目标、企业组织特点、员工的工作性质、考核结果的用途、承担考核成本的能力等,以此来判断和考虑应该采用哪一种或几种适合自身状况的绩效考核方法,使绩效考核成为帮助企业与员工共同发展的有力工具,不断提高企业的核心竞争力。

(一) 企业战略与绩效考核目标

企业战略与绩效考核的主导目标决定了它应该选择何种绩效考核方法。例如有的企业经营业绩不佳,急需在一定时期内提升经营业绩,完成既定的目标,企业追求的是如何快速地实现绩效目标,这时结果导向型绩效考核方法可能就比较适合这类企业的需要。

然而,有的企业追求的是建设一支高素质、稳定的员工队伍,企业的短期绩效目标完成情况并不是首先考虑的问题,这类企业就比较多地采用行为导向型绩效考核方法。

(二) 企业组织特点

1. 组织的规模大小

当组织的规模不断扩大时,分工越来越细化。工作相关性较高的正式组织中,每个员工只负责完成工作总量的很小一部分,组织很难考核其工作行为是否与组织目标的实现直接相关,因此组织中的各个子系统必须采用一种简单的能够为组织中其他成员所清晰理解的绩效衡量手段,采用结果导向型绩效考核方法就比较合适。而对于分工层次不很明晰、员工个人绩效对组织绩效具有直接影响的组织而言,采用行为导向型绩效考核方法则更适宜。比如一个只有七八个人的小组织，通过行为观测就能很清晰地了解其工作效果，所以采用行为导向型绩效考核方法就可以进行有效评估。

2. 组织的文化类型

如果一个组织的领导类型是倾向于关心人、拥有强调员工发展意识时，那么以观测员工行为过程为基础的行为导向型绩效考核方法更适合该类组织。而如果一个组织的领导类型是倾向于关心工作任务本身，其组织文化倾向于关注员工工作结果的输出，那么结果导向型绩效考核方法应该在此类文化的组织中更适用。

3. 组织的外部环境

处于不同行业以及不同生命周期的企业所面临外部环境的压力是不同的。如果组织的开放性强，所面临的外部环境复杂多变、竞争激烈，那么组织为了迅速适应外部竞争的需要，往往更强调当前的工作成效，因而采用获得数据相对迅捷的结果导向型绩效考核方法比较适宜。而如果组织所处外部环境相对稳定，同行业竞争压力较小，或处于生命周期中持续上升的回报期，那么因为其企业实力和时间允许，并且企业更倾向可持续发展，因而选用行为导向型绩效考核方法更符合组织目标。

（三）员工的工作性质

1. 工作的独立性

企业内部员工工作的独立性主要取决于相互间工作的依赖程度，这与工作内容的可分解程度密切相关。对于团队合作性要求较高、工作结果在很大程度上受到相关外部因素的影响、独立性低的工作而言，采取行为导向型绩效考核方法比较适宜。而对于独立性较高、个人对工作控制力强、对他人依赖较小的工作，采用结果导向型绩效考核方法可能更为合适。

2. 工作的结构化程度

员工工作的结构化程度，主要通过其工作内容、完成方式、程序和结果等的确定性来判断。结构化程度高的工作，其外在控制影响力弱，个人自由发挥空间有限，工作内容、程序、完成方式都是确定的，员工只要按照程序化的要求行动就可以达到预期的工作效果，因而一般以采用行为导向型绩效考核方法为宜；反之，结构化程度低的工作，员工的工作方式和内容自主空间大，上级较难通过行为观察推断其工作绩效，因而一般以采用结果导向型绩效考核方法为好。

3. 工作内容的复杂程度

工作内容复杂程度的实质是工作内容的可分解程度，这可以从横向与纵向两个角度进行分析。

从横向角度看，工作内容的难易程度决定了工作的可分解程度。简单的劳动可以分解成不同的工作程序或环节，且每一工作环节可以为独立的个体所承担；而复杂的劳动往往很难被清晰分解成单一的工作程序或环节，即使可以被分解成相对独立的工作程序与环节，独立的个体也往往难以胜任。

从纵向角度看，完成一项任务的工作时间的延续性决定了工作的可分解程度。一项工作时间短且不延续的任务往往较易分解为阶段性的工作程序和环节，可由独立的工作个体完成；而复杂性任务往往伴有工作时间长且延续性要求高的特征，很难分解为个体可独立承担的具体工作环节，因此也很难衡量该工作期间个体的具体工作行为。这样，对于复杂程度高的工作往往以结果导向型绩效考核方法为主进行评估；对于复杂程度低的工作则可通过观察个体行为，以行为导向型绩效考核方法为主进行评估。

4. 岗位层级的高低

岗位层级指的是员工在组织中所处的位置,岗位层级的高低和工作性质密切相关,并影响着绩效考核方法的选择。一般而言,在组织中低层级岗位的工作内容大多微观,具体、结构化程度高,一般可以通过工作行为和结果进行衡量,所以采用行为导向型为主的绩效考核方式相对有效;而高层级岗位的工作则较多涉及宏观决策,复杂抽象,常常是思维活动的结果,一般难以通过具体的工作行为显示其绩效,因而采用结果导向型为主的绩效考核方法来评估比较适当。

5. 工作目标的可量化度

由于工作性质各异,各项工作目标的可量化度是不同的。一般工作目标可量化度越高,越适宜采用结果导向型绩效考核方法;反之,如果工作目标难以量化,则根据工作行为可测的程度选择相应的行为导向型绩效考核方法为佳。

(四) 考核结果的用途

考核结果可以为企业众多其他工作提供基础性支撑,比如可为招聘与选拔提供反馈信息,或作为确定员工劳动报酬的依据,员工提薪、晋升和奖励的重要参照标准,员工岗位调配的依据,也可据此确定培训、开发的对象与内容等。绩效考核方法的选择必须事先考虑好其考核的目的。例如员工比较评价法,由于它评价的基础是整体的印象,而不是具体的比较因素,较难发现问题存在的领域,因此不适合用来对员工提供绩效改进的建议反馈和辅导,而且在为奖金的分配提供依据方面的作用也是有限的,但是如果企业进行绩效考核的目的是进行重大的人事决策,比如晋升和提薪等,那么评价者就必须对员工进行相互比较,这时员工比较评价法就是不可或缺的。又如目标管理法,由于不同的部门、不同的岗位所设立的目标一般有所不同,部门之间、员工之间的可比性不强,因此使用这种方法的评价结果就不便于为奖金的分配提供依据,也不适宜为日后的晋升决策提供支持,但是这种方法能够发现具体的问题和差距,便于制订下一步的工作计划,因此非常适合用来对员工提供绩效改进的建议反馈和辅导。

(五) 承担考核成本的能力

绩效考核成本往往为绩效管理者或设计者所忽视,但是我们在实践中发现它很重要,经常成为决定绩效考核成败的一个重要因素。绩效考核成本不仅包括直接发生的绩效考核费用和时间成本,而且包括间接的机会成本、组织成本等。组织承担考核成本的能力也成为选择考核方法的重要影响因素。越复杂的考核方法越需要花费更多的考核成本,不仅需要大量的经费,而且需要大量的时间和精力。比如要请专家开发专门的考核量表,如果领导要进行更慎重的讨论和决策,绩效考核的组织管理部门平时就要有所准备和积累,还要在考核运行中运用大量的统计分析,要考虑各类员工管理资料存储在计算机的情况,考核信息与计算机相匹配的问题等,因此成本较高。出于降低管理成本的考虑,很多企业可能更愿意选择一些便于操作、简单易行的方法以减少考核时间、费用和精力。当然,无论采用何种方法,并不仅仅看其是否能节约成本,还要看其是否符合科学、有效的原则,以企业利益的最大化为标准。

第二节 绩效考核的特性法、行为法与结果法

本节将系统地介绍企业绩效考核的特性法、行为法与结果法,并对它们进行比较分析。

一、绩效考核的特性法

员工绩效考核的特性法是指考评者主要评估员工在多大程度上具有某些被认为对企业的成功非常有利的特性。在使用这种方法之前，需要对那些被认为对企业的成功非常有利的特性，诸如主动性、领导力、竞争力、创造力、沟通能力等一一加以界定，并根据这些特性来对员工绩效进行评估。下面将介绍两种特性法：其一是图评估尺度法(Graphic Rating Scales)，其二是混合标准尺度法(Mixed Standard Scales)。

(一) 图评估尺度法

图评估尺度法，也被称为等级评价法，是很常用的一种绩效考核的方法。此方法使用前必须先确定两个因素：一是确定评估指标，即从哪些方面评估员工绩效；二是确定指标的标度和标志，即每一个指标都有明确的等级分级以及具体的定义和描述。在使用过程中，考评者每次只考察一位员工，然后从中圈出一个与被评估员工具有某一种特性的程度最为相符的分数(或等级)即可。表 7－1 是一家制造业企业所采用的图评估尺度法的例子。从表中可以看到，在一张清单中所列举的每一项衡量特性的绩效指标都要被一个 5 分评估尺度进行等级评估。表 7－2 则是一个按照工作质量、工作数量、工作知识和工作协调 4 个方面，每个方面分 5 个档次的员工绩效评估的例子。

表 7－1　图评估尺度法(例一)

下列绩效指标对大多数职位都非常重要。请你对这些绩效指标进行评估，并将相应的分数圈起来

绩效指标	评价尺度				
	优秀	良好	中等	需要改进	不令人满意
知识	5	4	3	2	1
沟通能力	5	4	3	2	1
判断力	5	4	3	2	1
管理技能	5	4	3	2	1
团队合作	5	4	3	2	1
人际关系能力	5	4	3	2	1
主动性	5	4	3	2	1
创造性	5	4	3	2	1
解决问题能力	5	4	3	2	1

[资料来源] 雷蒙德·A.诺伊，约翰·霍伦拜克，拜雷·格哈特，帕特雷克·莱特.人力资源管理：赢得竞争优势[M].3 版.北京：中国人民大学出版社，2001：355.

表 7-2　图评估尺度法(例二)

姓　名：　　　　　　职务：

评估项目	评　级　记　分										得分
工作质量	5	太粗糙	10	不精确	15	基本精确	20	很精确	25	最精确	
工作数量	5	完成任务极差	10	完成任务较差	15	完成任务	20	超额完成	25	超额完成一倍	
工作知识	5	缺乏	10	不足	15	一般	20	较好	25	很好	
工作协调	5	差	10	较差	15	一般	20	较好	25	很好	
总　分											

[资料来源] 亚瑟·W.小舍曼,乔治·W.勃兰德,斯科特·A.斯耐尔.人力资源管理[M].大连：东北财经大学出版社,2001：320.

图评估尺度法的具体操作步骤：

第一步,挑选出对企业成功比较重要的一些特征,并对其进行界定或分级。

第二步,评价者一次只考虑一位员工,然后对照评价的图尺度,从中圈出与被考评者所具有的特征程度最相符的分数。该法既可以为评价者提供大量的不同点数,也可以提供具有连续性的点数,评价者只需要在这个连续段上做出一个复选标记即可。

比如,首先,在一张图表中列举出一系列绩效评价要素,如“生产率”“工作知识”“勤勉度”等;其次,为每个绩效特征要素列出取值范围,如“不令人满意”“需要改进”“良好”“很好”和“杰出”,分别对应评价尺度为 60 分以下、60～69 分、70～79 分、80～89 分和 90～100 分等;再次,从每一要素的备选等级中分别选出最能反映员工实际工作绩效的等级,并相应确定各个要素所得的分数;最后,计算每位员工所得到的所有分值,即可得出其最终的绩效评价结果(见表 7-3)。

表 7-3　图评估尺度法(例三)

评价要素	评价尺度	权重	得分	事实依据及评语
专业知识：经验以及工作中的知识信息	30　24　18　12　6 s　a√　b　c　d	30%	a	(略)
计划能力：对要完成的工作的有效设计	15　12　9　6　3 s　a　b√　c　d	15%	b	(略)
沟通能力：以书面和口头方式清晰、明确地表达思想、观点或者事实的能力	10　8　6　4　2 s　a√　b　c　d	10%	a	(略)
……	……	…	…	……

续　表

评价要素	评价尺度	权重	得分	事实依据及评语
s：极优 a：优 b：良 c：中 d：差	最终得分：62 分 最终档次：s　a　b√　c　d	档次划分		s：80 分以上 a：65～79 分 b：49～64 分 c：33～48 分 d：16～32 分

［资料来源］方振邦.绩效管理——理论、方法与案例［M］.北京：人民邮电出版社，2018：191.

使用图评估尺度法具有以下优点：(1) 考核内容全面，打分档次设置细致；(2) 实用且开发成本小。但使用图评估尺度法也具有一些不足，这主要表现在：(1) 被考评者的绩效评估分数受考评者的主观因素影响比较大，尤其是对于工作质量、工作知识、可靠性及合作性等指标难以进行确切的评估；(2) 这种方法没有考虑到绩效考核指标的权重，每一被评指标对员工绩效评估的总结果都具有同样的重要性；(3) 此种方法得出的绩效评估结果难以指导行为，员工并不知道自己该如何改善自己的行为才能得到高分，也不利于绩效评估的反馈。

图评估尺度法还可以进行一定的修改、补充。表 7-4 是对一位汽车工人进行绩效评估的图表，该表并没有在评估表上给出分数，其目的是使考评者避免分数的干扰，从而使考评者给出更为准确的评估，最后的分数由人力资源部门在事后计算并加上评语，这有助于提供更丰富的绩效评估信息。

表 7-4　图评估尺度法(例四)

<table>
<tr><td colspan="4">请根据本表评估员工在当前岗位上的绩效。在你认为最合适的等级上打“√”。同时你可以自由地进行相应的评价</td></tr>
<tr><td rowspan="2">1. 工作所需要的知识
对其工作的各个分阶段及有关知识的理解</td><td>需要指导
□　□</td><td>具备自己工作及相关的知识
□</td><td>具备比自己工作及相关情况更多的知识
□　□</td></tr>
<tr><td colspan="3">评价：在汽车发动机方面特别在行</td></tr>
<tr><td rowspan="2">2. 首创性
创造新想法及推动工作进展的能力</td><td>缺乏想象力
□</td><td>可达到必需的要求
□　□</td><td>通常很有创见
□　□</td></tr>
<tr><td colspan="3">评价：问到时，一般有好想法；不问的话就不说。有时有点缺乏自信</td></tr>
<tr><td rowspan="2">3. 操作
关注工作，能够操作</td><td>浪费时间
需要认真监督
□　□</td><td>稳定、愿意工作
□</td><td>特别能干
□　□</td></tr>
<tr><td colspan="3">评价：布置工作都能完成</td></tr>
<tr><td rowspan="2">4. 工作质量
工作的完整性、整洁和正确</td><td>需要改进
□</td><td>通常能达到要求
□　□</td><td>一直高质量
□　□</td></tr>
<tr><td colspan="3">评价：他做的工作总是质量最高的</td></tr>
</table>

续　表

5. 工作数量	应该增加 ☐	通常能达到要求 ☐　☐	一直高产出 ☐　☐
	评价：如不是总检查来检查去的话，工作量可以更高		

［资料来源］Arthur W. Sherman，George Bohlander，Scott Snell. Managing Human Resources[M]. 11th ed. Mason：South-Western College Publishing，1998：320.

(二) 混合标准尺度法

混合标准尺度法又称混合标准量表法，简称混合量表法，它作为与工作标准相对照的一种绩效考核方法，是由美国学者伯兰兹(Blanz)和吉塞利(Ghiselli)在传统的评价量表的基础上提出的，解决了图评估尺度法的一些缺陷，主要减少了诸如晕轮效应和过宽、过严误差。这种考评方法不让考评者知道所考评的标准是什么，考评者只需要根据行为指标评价员工的表现，是优于(＋)、等于(0)，还是差于(－)行为指标描述的内容即可。它主要进行了两方面的改动：首先是在对相关绩效指标维度进行界定之后，再分别对每一个维度内部代表好、中、差绩效的内容加以阐明；再在实际评价表格的基础上将这些说明与其他维度中的各种绩效等级说明混合在一起。表 7－5 所示的就是一个混合标准尺度的例子。考评者要注明被评估员工的实际情况是高于(＋)、等于(0)还是低于(－)陈述中所描述的水平，并填写评估表格。然后根据一个特定的评分标准来确定每一位员工在每一种绩效维度上的得分。比如说，如果一位员工在某个绩效维度上所获得的评价都高于表格中所陈述的 3 种标准，那么他/她就可以获得 7 分。如果一位员工在某个绩效维度上所获得的评价分别是低于"高"的、相当于"中等"的、高于"低"的，那么他/她就能够得到 4 分。而如果一位员工在某一绩效维度上所得到的评价低于表格中所陈述的 3 种标准，那么他/她就只能得到 1 分。将这种分数运用于所有的绩效维度便可得到员工的总体绩效分数。

表 7－5(a)　混合标准尺度法——评价等级说明(1)

被评价的 3 个特征	评价等级及其说明		实际绩效等级说明
主动性	高	1. 该员工确实是个工作主动的人。这个人一贯都是积极主动地做事，从来不需要上级来督促	＋
智力	中	2. 尽管这位员工可能不是一个天才，但是他/她确实比我认识的许多人都更聪明	＋
与他人的关系	低	3. 这位员工有与别人发生不必要冲突的倾向	0
主动性	中	1. 虽然通常来说这位员工工作还是积极主动的，但是有时候也需要由上级来督促其完成工作	＋
智力	低	2. 尽管这位员工在理解问题的速度方面比某些人慢一点，学习新东西也比别人要花更长的时间，但是他/她还是具有一般的智力水平	＋
与他人的关系	高	3. 这位员工与每一个人的关系都不错，即使是与别人意见相左的时候，他/她也能够与其他人友好相处	－

续　表

被评价的3个特征	评价等级及其说明		实际绩效等级说明
主动性	低	1. 这位员工有点儿坐等指挥的倾向	＋
智力	高	2. 这位员工非常聪明，他/她学东西的速度非常快	－
与他人的关系	中	3. 这位员工与大多数人相处都比较好，只是在少数情况下偶尔会与他人在工作上产生冲突，这些冲突通常都是很小的	－

说明：请在每一项陈述后面标明员工的绩效情况，如果高于陈述水平的，则填"＋"；如果相当于陈述水平的，则填"0"；如果低于陈述水平的，则填"－"。

表7－5(b)　混合标准尺度法——赋分标准(2)

陈　述			得　分
高	中	低	
＋	＋	＋	7
0	＋	＋	6
－	＋	＋	5
－	0	＋	4
－	－	＋	3
－	－	0	2
－	－	－	1

表7－5(c)　混合标准尺度法——确定得分(3)

评价特征	陈　述			得　分
	高	中	低	
主动性	＋	＋	＋	7
智力	0	＋	＋	6
与他人的关系	－	－	0	2

［资料来源］雷蒙德·A. 诺伊，约翰·霍伦拜克，拜雷·格哈特，帕特雷克·莱特.人力资源管理：赢得竞争优势［M］.3版.北京：中国人民大学出版社，2001：355－356.

为对混合标准量表法做出更多的介绍，表7－6和表7－7给出了相对更简单的例子。为了更好地了解量表的内容，我们在表7－6的左侧给出了与描述相对应的评价指标。这在正式的表格中是不必给出的。另外，我们可以从表7－7中看到赋分的标准以及计算最后得分的过程。

表 7-6　混合标准量表法

被评价的 3 个维度	绩效等级说明
主动性;智力;与他人的关系	高;中;低

说明：请在每一项陈述后面标明雇员的绩效是高于陈述水平的(填"＋")、相当于陈述水平的(填"0")，还是低于陈述水平的(填"－")

主动性	高	1. 该雇员确实是个工作主动的人，个人一贯都是积极主动地做事，因此从来不需要上级来督促	＋
智力	中	2. 尽管这位雇员可能不是一个天才，但是他确实比我认识的许多人都更聪明	＋
与他人的关系	低	3. 这位雇员有与别人发生不必要冲突的倾向	0
主动性	中	4. 虽然通常来说工作还是积极主动的，但是有时候也需要由上级来督促其完成工作	＋
智力	低	5. 尽管这位雇员在理解问题的速度方面比某些人要慢一点，在学习新东西方面也比别人要花更长的时间，但是他还是具有一般的智力水平	＋
与他人的关系	高	6. 这位雇员与每一个人的关系都不错，即使是与别人意见相左的时候，也能够与其友好相处	－
主动性	低	7. 这位雇员有坐等指挥的倾向	＋
智力	高	8. 这位雇员非常聪明，学东西的速度非常快	0
与他人的关系	中	9. 这位雇员与大多数人相处都比较好，只是在少数情况下偶尔会与他人在工作上产生冲突，这些冲突很可能是要受到监督的	－

［资料来源］方振邦.绩效管理——理论、方法与案例[M].北京：人民邮电出版社，2018：196.

表 7-7　混合标准量表法

赋分标准

陈述			得分
高	中	低	
＋	＋	＋	7
0	＋	＋	6
－	＋	＋	5
－	0	＋	4
－	－	＋	3
－	－	0	2
－	－	－	1

续 表

根据上述评价等级确定分数的过程举例

	陈 述			得 分	
	高	中	低		
主动性	+	+	+	7	
智力	0	+	+	6	
与他人的关系	—	—	0	2	

［资料来源］方振邦.绩效管理——理论、方法与案例［M］.北京：人民邮电出版社，2018：196.

【案例 7－1】

评价巡警的混合标准评价量表

请用手机微信扫以下二维码，学习本案例内容。

混合标准尺度法最初是被作为特性导向尺度法开发出来的。但是，这种技术后来被广泛用在了以行为描述而不是以特性导向描述为基础的绩效评价工具中，在那里，它被作为一种减少绩效评价误差的重要手段。

二、绩效考核的行为法

员工绩效评估的行为法是一种试图对员工有效完成工作所必需显示出来的行为进行界定的绩效考核方法。这种方法的主要内容和步骤是，首先采用各种技术对员工行为加以界定，然后要求考评者对员工在多大程度上显示出了这些行为做出评价。以下将重点讨论 4 种基于员工行为的绩效评估方法。

（一）关键事件法

关键事件法是企业管理者将员工在工作中所展现出来的代表有效绩效的优良行为与无效绩效的不良行为的具体事例记录下来进行评价的一种方法。这种方法要求在管理的过程中，企业应为每一个员工准备一本记事本，由管理人员或负责评估的人员将员工每日工作中的关键事件随时记录下来。所记录的事件既可以是好事也可以是坏事，但必须是比较突出且与工作绩效相关的。平时只需记录具体事件和员工的行为，无须对事件和员工行为本身加以评价，待到绩效评估时再由评估人员根据其历史行为进行评价。美国通用汽车在 1955 年运用这种方式获得了成功。通用汽车公司一位处于一线的领班对下属杰克(Jack)的工作“协作性”的记录如下：

其一,有效行为。

虽然今天没轮到杰克加班,但他还是主动留下加班到深夜,协助其他同事完成了一份计划书,使公司在第二天能顺利地与客户签订合同。

其二,无效行为。

总经理今天来视察,杰克为了表现自己,当众指出了约翰(John)和查理(Charles)的错误,导致同事之间的关系紧张。

下面所举的就是对一位家用电器维修人员的绩效进行评估时采用关键事件评估法的例子。

【案例 7-2】

一位顾客打来电话说其电视机出现图像不稳定并且每隔几分钟就要发出噼噼啪啪的打火声的问题。这位维修人员在出发前就提前诊断出了引起故障的原因,然后检查自己的工具箱里是否备有维修所需的必要零部件。当他发现自己的工具箱里没有这些零配件时,他就到公司仓库中去查找到了这些零部件,以保证在他第一次上门维修时就能把顾客的电视机修好,从而让顾客很快就能感到满意。表 7-8 是这一案例的概括。

表 7-8　关键事件评估表

姓名：张三　　岗位：维修工

<table>
<tr><th>关键行为</th><th colspan="2">反馈</th><th>期末评价
(2023 年 12 月 30 日)</th></tr>
<tr><td>1. 询问电视机故障表现,诊断出故障的 3 个可能性原因</td><td rowspan="5">对张三师傅的电视维修活动给予奖励</td><td rowspan="5">2023 年
1 月 9 日</td><td rowspan="5"></td></tr>
<tr><td>2. 检查维修工具是否齐全</td></tr>
<tr><td>3. 到公司仓库领取所缺的 5 个零部件和 2 件工具</td></tr>
<tr><td>4. 在与客户约定时间内到达指定地点</td></tr>
<tr><td>5. 到仓库退回 2 件维修工具</td></tr>
</table>

关键事件法通过将记录下来的关键事件及时地向员工反馈,让员工清楚地知道自己哪些方面做得好、哪些方面做得不好,有助于员工改进自己的工作行为。此外,在使用关键事件法时,还可以通过重点强调那些能够最好地支持组织战略的关键事件而与组织的战略目标紧密联系起来。当然关键事件法也存在一些不足,主要包括：(1) 管理者每天或每周对其下属员工进行记录是很困难的,存在很多的观察成本;(2) 由于每一个事件对每一个员工来说都是特定的,因此要对不同的员工进行比较,也是有一定的难度的。

(二) 行为锚定等级评估法

行为锚定等级评估法是建立在关键事件法基础之上的。设计行为锚定等级评估法的目的主要是通过建立与不同绩效水平相联系的行为锚定，来对绩效指标加以具体的界定。典型的行为锚定等级评估量表包括7～8个个体行为特征，这些行为特征合称为“维度”。每一个行为特征都是用以反映不同绩效水平的具体工作行为的例子，并且都被一个7分或9分的量表加以锚定。表7－9～表7－11所列举的都是行为锚定等级评估法的应用实例。从表中可以看到，在同一个绩效维度中存在着一系列的行为事例，每一种行为事例分别表示这一维度中的一种特定绩效水平。

开发一项行为锚定评定量表的过程相当复杂，主要需经历以下几个步骤[①]：(1) 搜集大量的代表工作中的优秀和无效绩效的关键事件；(2) 将这些关键事件划分为不同的绩效维度(如巡逻前准备工作、教学内容等)，在此基础上确定评估员工工作绩效的重要维度，列出维度表并对每一维度进行定义；(3) 把那些被专家们认为能够清楚地代表某一特定绩效水平的关键事件作为指导考评者评估员工工作绩效的行为事例的标准；(4) 为每一维度开发出一个评定量表，用这些行为作为“锚”来定义量表上的评分。管理者的任务就是根据每一个绩效维度来分别考察员工的绩效，然后以行为锚定为指导来确定在每一绩效维度中的哪些关键事例是与员工的情况最为相符的，这种评价就成为员工在这一绩效维度上的得分。表7－9为一个行为锚定评价的例子。

【案例7－3】

表7－9　行为锚定量表法：对宿舍管理员的评价

姓名：　　工作部门：　　评价者：　　评价日期：

评价指标：关心学生		
指标定义：积极结识住宿学生，发现并真诚地对待他们的需要		
评价等级	(1) 最好	当学生面有难色时上前询问是否需要帮助
	(2) 较好	为住宿学生提供一些关于生活、学习方面的建议
	(3) 一般	发现住宿学生时主动问候
	(4) 较差	友好地对待住宿学生，与他们讨论困难，但并未跟踪解决困难
	(5) 最差	批评住宿学生不能解决自己遇到的困难
评价结果：		

行为锚定法的优点主要表现在：(1) 它可以通过提供一种精确、完整的绩效维度定义来提高考评者信度；(2) 绩效评估的反馈有利于员工明确自己工作中存在的问题从而加以改进。行为锚定法的缺点则主要表现在：(1) 由于那些与行为锚定最为近似的行为是最容易被回忆起来的，因此它在信息回忆方面存在偏见；(2) 管理者在使用过程中很容易与特性评估

① 赵曙明.绩效管理与评估[M].北京：高等教育出版社，2004.

法混淆。

(三) 行为观察评估法

行为观察评估法是在关键事件法、行为锚定等级评估法基础上发展起来的一种变形的形式。行为观察评估法具有以下特点:(1) 行为观察法并不剔除那些不能代表有效绩效和无效绩效的大量非关键行为,相反,它采纳了这些事件中的许多行为以更为具体地界定构成有效绩效(或者会被认为是无效绩效)的所有必要行为,这是一系列工作的成功所要求的合乎希望的行为,所以在开发行为观察量表时需要收集关键事件并对其按维度分类;(2) 行为观察评估法并不是要评估哪一种行为最好地反映了员工的绩效,而是要求管理者对员工在评估期内表现出来的每一种行为的频率进行评估,所谓频率一般是通过 5 分制或 7 分制的量表(从极少到总是)来界定的;(3) 考评者通过将员工在每一行为项目上的得分相加计算出员工绩效评估的总评分并确定相应的等级,高分意味着员工经常表现出合乎希望的行为。表 7 - 10 是行为观察评估法的一个例子。

【案例 7 - 4】

表 7 - 10 行为观察评估法所使用的评估维度:巡逻军官[1]

考核维度:巡逻前的准备

7 — 总是提前开始工作,不仅带齐工作所需的所有必要装备才去,而且穿戴整齐。在点名之前抽出一段时间检查上一班巡逻人员的活动以及各种新的公文。在点名过程中,将上一班巡逻人员的活动记录下来

6 — 总是提前开始工作,不仅带齐工作所需的所有必要装备才去,而且穿戴整齐。在去参加点名之前检查一下前一班巡逻人员的活动情况

5 — 提前开始工作,带齐工作所需的所有必要装备,穿戴整齐

4 — 按时参加点名,带齐工作所需的所有必要装备,穿戴整齐

3 — 点名时还未完全穿戴整齐,没有带齐工作所需的所有装备

2 — 点名时迟到,不检查装备或车辆是否存在损坏或需要修理的地方,不能在点完名之后立即赶去工作,而是不得不回到存物间、车上或者回家去取齐必要的工作装备

1 — 在点名时间已经大部分过去之后才赶到,不检查装备或车辆,也没有带齐工作所需的装备

[资料来源] Harvey R. J.. Job Analysis[M]//Dunnette M. D, Hough L. M., eds. Handbook of Industrial and organizational Psychology. Palo Alto, Calif: Consulting Psychologists Press, 1991: 138.

行为观察评估法实际上是图尺度量表法和行为导向量表法的结合。在行为观察评估法中我们只需要找出有效行为,并通过有效行为的发生频率对评价对象的绩效做出评价即可。行

① 对于“维度”和“指标”这些概念一般不作太严格的区分,虽然有些学者习惯地认为“维度”是由多个不同的测量“指标”构成的。

为锚定量表法有一个很明显的问题，即评价者在尝试从量表中选择一种代表某人绩效水平的行为时往往有困难，因为有时一个人的行为表现可能出现在量表的两端。在行为观察评估法中，这个问题得到了有效的解决。下面是一个案例。

【案例 7－5】

评价项目：工作的可靠性

有效地管理工作时间。

几乎没有　1　2　3　4　5　几乎总是

能够及时地符合项目的截止期限要求。

几乎没有　1　2　3　4　5　几乎总是

必要时帮助其他下属工作，以符合项目的期限要求。

几乎没有　1　2　3　4　5　几乎总是

必要时愿意推迟下班和周末加班工作。

几乎没有　1　2　3　4　5　几乎总是

预测并试图解决可能阻碍项目按期完成的问题。

几乎没有　1　2　3　4　5　几乎总是

总分＝

0～13 分：很差；14～16 分：差；17～19 分：一般；20～22 分：好；23～25 分：很好

采用行为观察评估法具有以下优点：(1) 能够比较容易地将高绩效者和低绩效者区分开来；(2) 能够维持一定的客观性；(3) 便于向员工提供绩效评估反馈；(4) 便于确定员工培训需求；(5) 在管理者及其下属员工中容易被使用。行为观察评估法的主要缺点是它所需要的信息可能超出大多数考评者所能够加工或记忆的信息量，因此在实施的过程中对考评者的要求比较高。一套行为观察评估体系可能涉及 80 种以上的行为，且考评者还必须记住每一位员工在 6 个月或 12 个月这样长的评估期内所表现出的每一种行为的发生频率，更何况考评者通常要对 10 个或 10 个以上的员工进行评估。所以，使用这种评估法对考评者而言，工作十分烦琐。[①]

(四) 评价中心法

评价中心法主要用于甄选和晋升决策时考察员工是否具有从事管理性工作所必需的一些人格特征、管理技能、人际关系技能、团队精神。但这种方法现在已被作为一种衡量管理绩效的方法。

评价中心法是一个由多位考评者对员工在模拟情景中的一系列练习中的行为表现进行评估的过程。一般情况下，每次被评估的员工有 6～12 名，评估人员一般由 6～8 位高级管理人员和心理学家组成。评价中心法主要的形式有无领导小组讨论、“文件筐”公文处理、角色扮演等。无领导小组讨论就是由 5～7 名被评估的员工组成一个小组讨论一个困难的实际业务问

① 赵曙明.绩效管理与评估[M].北京：高等教育出版社，2004.

题,要求他们在规定时间内共同解决这一问题,如购买及销售商品、开发和生产某一种产品、评选某人作为先进工作者等,这种方法有助于测验员工的领导能力、处理人际关系能力、想象力及利用资料的能力。"文件筐"公文处理则要求被试员工扮演某一角色处理可能在案头出现的各种各样的文件,员工被要求在阅读完这些文件后提出相应的解决问题的办法,这种方法有助于评估员工是否有系统性、是否能建立先后次序、是否能授权下级等。角色扮演则要求被评估的员工扮演一位管理者或其他某位员工,被评估的员工会获得有关这一角色的相关信息,在充分准备后将所扮演角色的行为表现出来,这种方法有助于评估员工人际关系的敏锐力、从言谈举止中获取信息的能力、洞察力和同情心。评价中心法也包括一些心理测试,主要有兴趣和智力测试、人格测试、容忍力测试、管理人员特性测试。

评价中心法往往要求员工完成大量的模拟任务,而评估人员则会对这些员工在完成各种任务时所表现出来的行为进行观察,然后评价他们作为一名管理者所具有的相关技能或潜力。评价中心法具有不少优点,比如它对于员工在从事管理任务方面的绩效能够提供客观性的衡量,它还能提供特定的绩效反馈并且设计出个人化的绩效开发计划。但在应用评价中心法对员工绩效进行评价时必须遵守以下要求[①]:(1) 必须应用多项评估方法;(2) 评估人员必须有多位;(3) 评估结果必须根据所有参加评估的评估人员的意见做出;(4) 必须对被评估员工的行为做出综合的评估而不是基于仅观察到的行为进行评估;(5) 必须实施模拟练习。

最后,值得注意的是,依据行为学家的动机理论,员工的未来行为将主要取决于员工的过去行为是否得到正式的反馈和强化,所以考评者或咨询人员将这些关键行为告知员工,并且为员工制定目标,要求员工必须以何种频率来表现出这些行为,就显得非常重要。[②]

三、绩效考核的结果法

结果法注重的是对目标的管理及对员工或群体的工作结果进行评估。此方法假设绩效评估过程中的主观因素是可以消除的,且工作的结果是衡量员工为组织所做贡献的最为接近的指标。结果法主要包括目标管理法以及生产率衡量与评价系统法。

(一) 目标管理法

目标管理法的主要内容已经在第二章介绍了,它是由美国管理学家彼得·德鲁克于1954年在《管理的实践》一书中提出来的。根据德鲁克的观点,管理过程中应遵循的一个原则是每一项工作都需为达到总目标服务。员工的工作绩效根据其对实现总目标所作贡献的大小来确定。作为一种成熟的绩效考核模式,目标管理模式迄今已有几十年的历史了,如今也广泛应用于各个行业。目标管理的模式过程如图7-1所示。

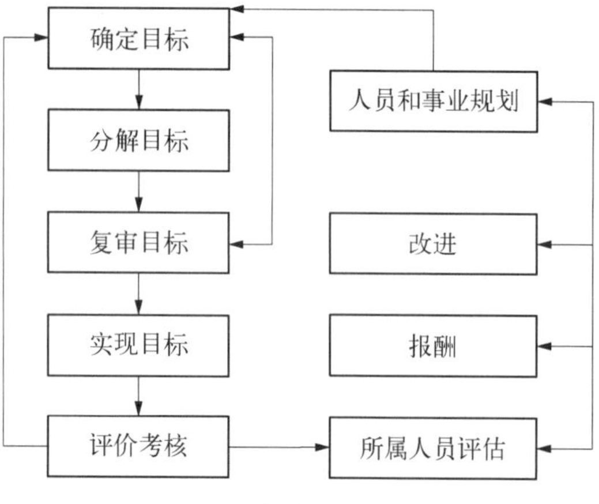

图7-1 目标管理的模式过程

目标管理具有3个主要特征:(1) 它要求

① 赵曙明.绩效管理与评估[M].北京:高等教育出版社,2004.
② 赵曙明.绩效管理与评估[M].北京:高等教育出版社,2004:121.

确定具体的、有一定难度的、客观的目标。下面举例说明一家财务服务公司在其目标管理系统中所确定的目标(见表 7－11)。(2) 目标管理法中所确定的目标通常是由管理者及其下属人员共同参与制定的,而不是由管理层单方面确定的。(3) 管理者在整个评估期间通过提供客观反馈的方式来监控员工实现目标的进展过程。

表 7－11　工作绩效评价的目标管理法举例

关键结果领域	目　　标	完成百分比(%)	实 际 绩 效
债券组合管理	在今后的 6 个月内将债券组合的价值提高 10%	90	在过去的 6 个月内将债券组合的价值提高了 9%
销售额	在今后的 6 个月内实现 3 万美元的服务费收入	150	在过去的 6 个月内实现 4.5 万美元的服务费收入

目标管理法具有以下优点:(1) 目标管理法通常能提高生产率。[①] (2) 当公司的最高管理层对目标管理法具有很强信任感的时候,这种方法所能够实现的生产率增长是最大的;当高层的信任感比较强的时候,生产率的平均增长幅度在 56%。[②] (3) 由于目标管理法中的目标是通过全员参与制定的,因此目标管理法较容易将员工个人的绩效与公司的战略目标联系在一起。目标管理法的不足主要表现在:(1) 设计目标评估体系所需花费的资金和时间较多,因此成本较高;(2) 容易使员工过于注重短期目标而忽视组织的长期目标;(3) 评估时往往重结果轻行为。

(二) 生产率衡量与评价系统法

生产率衡量与评价系统法旨在激励员工提高工作效率,使生产率水平朝更高方向前进,这是一种对生产率进行评估及向全体员工提供反馈信息的手段。生产率衡量与评价系统法主要包括 5 个步骤:(1) 公司全体员工共同确定提供何种产出,以及从事何种系列活动或达成何种目标。(2) 全体员工一起界定有哪些指标能代表产出。(3) 全体员工一起确定所有绩效指标的总量及与这一总量相对应的各种总体绩效水平。(4) 建立一套为员工和工作团队提供的关于他们在每一个指标上所得到的特定绩效水平的信息反馈系统。(5)通过将每一个指标上的有效得分进行加总计算出总体的生产率分数。生产率衡量与评价系统法的优点主要是对提高生产率很有效,其缺点主要是开发这套系统很费时间和精力。

四、特性法、行为法与结果法的比较

员工的特性是预测员工行为的依据,员工的行为是我们分析员工是否在努力完成工作任务的基础,员工工作的结果是员工的行为与组织目标之间的联系的证据。这 3 种类型的员工绩效评估方法所使用的绩效评估内容及优缺点各不相同,见表 7－12 的总结。

---

① 美国的研究人员在对目标管理法进行考察的 70 项研究中,有 68 项研究都表明这种管理方法带来了生产率方面的收益,而只有 2 项研究发现因为采用这种方法而导致了生产率的损失。

② 当高层的信任程度一般时,生产率的平均增长幅度为 33%;而当高层的信任程度比较低时,生产率的增长幅度只有 6%。

表 7－12　特性法、行为法与结果法的比较

考核方法	主要考核内容(举例)	优　点	缺　点
特性法	◇ 工作知识 ◇ 力气 ◇ 眼手协调能力 ◇ 证书 ◇ 商业知识 ◇ 成就欲 ◇ 社会需要 ◇ 可靠性 ◇ 忠诚 ◇ 诚实 ◇ 创造性 ◇ 领导能力	◇ 开发费用低 ◇ 使用的维度有意义 ◇ 容易使用	◇ 出现偏差的可能性高 ◇ 不易量化 ◇ 主观随意性大 ◇ 受干扰因素多
行为法	◇ 完成任务 ◇ 服从指令 ◇ 报告难题 ◇ 维护设备 ◇ 维护记录 ◇ 遵守规则 ◇ 按时出勤 ◇ 提交建议 ◇ 不吸烟 ◇ 不吸毒	◇ 使用具体的行为维度 ◇ 员工及领导均可接受 ◇ 可以提供反馈 ◇ 用于奖金及晋升时比较公平	◇ 开发及使用耗时多 ◇ 开发费用高 ◇ 可能出现评估偏差
结果法	◇ 销售额 ◇ 生产水平 ◇ 生产质量 ◇ 浪费 ◇ 事故 ◇ 设备修理 ◇ 服务的客户数量 ◇ 客户的满意程度	◇ 很少有主观偏见 ◇ 上下级均可接受 ◇ 将个人绩效与组织绩效结合 ◇ 鼓励共同设定目标 ◇ 适用于奖金及晋升决策	◇ 开发及使用耗时多 ◇ 可能鼓励短期行为 ◇ 可能使用错误的标准 ◇ 可能使用不充分的标准

第三节　绩效考核的比较法

员工绩效考核的比较法是指评价者将一名员工的绩效和其他员工的绩效进行比较，从而确定每名被评估员工的相对等级或名次的方法。具体而言，比较法可分为排序法、强制分配法以及配对比较法。

一、排序法

排序法是指根据被评估员工的工作绩效进行比较，从而确定每一名员工的相对等级或名次。等级或名次可从优至劣或由劣至优排列。比较的依据，即指标可根据员工绩效的某一方

面(如出勤率、事故率、优质品率)确定,也可根据员工的总体工作绩效进行综合比较。排序法可分为简单排序法和交替排序法。

(一) 简单排序法

简单排序法要求管理者将本部门的所有员工从绩效最高者到绩效最低者(或从最好者到最差者)进行排序(见表 7-13)。

表 7-13　排序评估表

部门：__________	评估内容：__________
工作绩效最好的员工	工作绩效最差的员工
1. __________	1. __________
2. __________	2. __________
3. __________	3. __________
4. __________	4. __________
……	……
N. __________	N. __________

(二) 交替排序法

交替排序法是针对简单排序法的一种改进,它根据某些工作绩效指标将工作绩效最好的员工到绩效最差的员工进行排序。由于从员工中挑选出最好的和最差的要比绝对地对他们的总绩效进行排序容易得多,因此,交替排序法是一种运用非常普遍的工作绩效评价方法。操作方法如下:(1) 将需要进行评价的所有员工名字列举出来,然后将不是很熟悉从而无法对其评价的人的名字划去;(2) 运用如表 7-14 的表格,在被评价的某一绩效指标上,确定哪位员工的表现是最好的、哪位员工的表现是最差的;(3) 再在剩下的员工中挑出最好的和最差的。以此类推,直到所有必须被评价的员工都被排列到表格中为止。表 7-14 是一份绩效排序评价表。

表 7-14　交替排序评价法的工作绩效评价等级

评价所依据的指标：________
针对你所要评价的指标,将所有员工的姓名都列出来。将工作绩效评价最高的员工姓名列在第一行的位置上,将评价最低的员工姓名列在第二十行的位置上。然后将次优的员工姓名列在第二行的位置上,将次差的员工姓名列在第十九行的位置上。将这一交替排序继续下去,直到所有的员工都被排列出来
评价等级最高的雇员
1. __________
2. __________
3. __________
……
19. __________
20. __________
评价等级最低的员工

排序法的缺点是当被评价的人数较多时,要准确地将他们依次排列,费时费力,而且效果也不一定好,另外,如果存在工作性质差异,或是对跨部门的人员进行评价,则该方法不适用;特别是那些同员工报酬联系起来的排名方法,将会刺激员工希望他的同事干得更差些。而且它也有评级方法的许多缺点,比如评判标准经常是模糊的。尽管排序法可以建立在客观标准之上,但实际情况是排名经常是很主观。所以,有学者认为排序法应该被淘汰了。[①]

表 7-15 总结了排序法的一些问题,更为详细的内容可参见本节的阅读材料[罗伯特·巴克沃(Robert Bacal)对排序法的观点]。

表 7-15　对排序法的简要评价

基于绩效标准的评级法	员工绩效排序法
有助于组织协调单位之间的工作,有助于使个人的目标与组织的大目标一致	它本身不能,没有把重点放在工作任务上
帮助找到那些影响生产率提高的障碍	不能,强调员工之间的比较会导致察觉不到员工存在的障碍问题
提供符合法律要求的文档并有助于绩效沟通	只有在排名是基于单个可以度量的标准时可以
提供一些可靠的用于决策提升、员工发展和培训等工作的信息	只有在排名是基于单个可以度量的标准时可以。基于模糊标准的排名太主观
为经理们及时提供信息,以便他们预防问题	不能,如果是一年进行一次这样的工作而忽视其余时间的话,当然不能。因为这时重点不在提高,而在比较
提供一个发现问题、分析问题、消除个人成功障碍的合作论坛	由于模糊容易产生争论,推动员工相互竞争,这对公司来说可能不是好事
有助于经理协调他所管员工的工作	不能,强调评价而没有强调计划和协调
提供定期的、持续的反馈,以激励员工进步	如果是一年一次的话不行
通过明确期望、建立共同理解和授权避免错误	不能,强调向后看而不是向前看,需要增补其他方法以实现这个目标
简便可行	方法是如此容易以至促使我们做表面工作
文字工作和官僚现象少	取决于如何实现
满足经理、员工和组织的需要	一般不能,许多员工对被比较而不是单个进行评价感到不舒服
时间上应可行	排名可以很快完成;完成得越快,也就越没有用

[资料来源] 罗伯特·巴克沃.绩效管理——如何考评员工表现[M].北京:中国标准出版社,2002:110-111.

二、强制分配法

强制分配法同样是采取排序的形式,只不过对员工绩效的排序是以群体的形式进行的,它

① 罗伯特·巴克沃.绩效管理——如何考评员工表现[M].北京:中国标准出版社,2002:108.

按照事物“两头小，中间大”的分布规律[①]，把评估结果预定的百分比分配到各部门，然后各部门根据各自的规模和百分比确定各等级的人数(见图 7－2)。在图 7－2 中，评价者必须根据 20 名员工的总体绩效将其分别放入 5 个绩效等级中。所占比例一栏中的数字表明评价者必须将该数量的员工放入这一对应的绩效等级。在同一绩效等级内通常不需要再排序。强制分配法会迫使管理者根据分布规则的要求而不是根据员工个人的工作绩效来将他们进行归类。因此，此方法得出的结果是一个相对的概念，比如说，即使一位管理人员手下的所有员工的绩效水平都高于平均水平，这位管理者也会被迫将某些员工的绩效评价为“无法让人接受”。使用这一绩效评价方法的目的主要在于减少因评价者主观故意而给予的普遍的高(或低)评价。

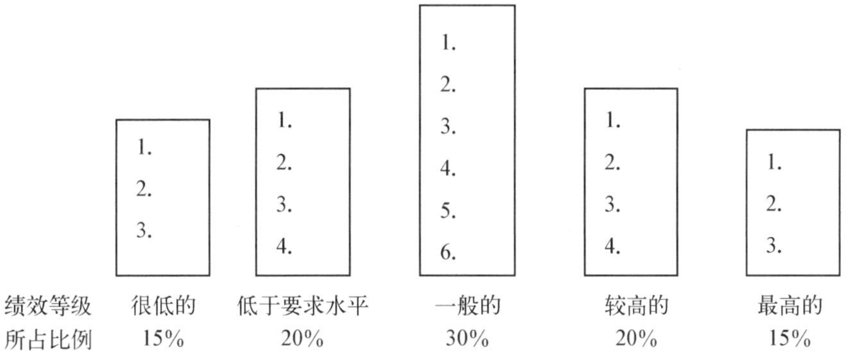

图 7－2　强制分布图法示例

在实践操作过程中，强制分配法可以根据部门绩效来确定目标员工的绩效等级(见表 7－16)。表 7－16 表明，在绩效最差的部门中(无法让人接受)，只能有 1%的员工能够得到最高一级的绩效评价(TF＝绩效最佳的前 5%)，而在绩效最好的部门中(卓越)，则可以有 8%的员工获得最高等级的评价。强制分配法也可根据员工工作绩效确定目标员工的绩效等级(见表 7－17)。

表 7－16　根据部门绩效确定目标员工的绩效等级

		部门绩效评价等级				
员工绩效评价等级	等级类型	卓越(%)	优秀(%)	高标准(%)	有改进余地(%)	无法让人接受(%)
TF：前 5%	相对	7	6	5	3	1
TQ：前 20%	相对	20	17	14	12	10
OU：突出	绝对	71	75	76	78	79
VG：很好	绝对					
GD：好	绝对					
TF：最差的 5%	相对	2	2	5	7	10
NA：无法让人接受	绝对					
PR：正在进步	不适用					

① 赵曙明.绩效管理与评估[M].北京：高等教育出版社，2004：110.

表 7－17　根据员工工作绩效确定目标员工的绩效等级

评估内容	员工工作绩效				
绩效等级	最好	较好	一般	较差	最差
百分比	8%	27%	30%	25%	10%
员工姓名	A______ B______ ……	J______ K______ ……	P______ Q______ ……	WJ______ UB______ ……	HX______ XS______ ……

适用强制法的条件有两点①：(1) 分配比例的估计要基本符合企业员工的工作绩效状况；(2) 由于评价者缺乏辨认各项评价指标的信息以及员工之间业绩差异较小，因此评价者们无法在员工中进行配对比较(关于配对比较法详见下文)。在确定各项绩效等级的比例时，通常是居中的等级赋予最大的频率值，而对两个极端的等级(最好或最差)赋值最小。在实际操作中，这种评价工具的使用方法通常是这样的：首先将准备评价的每一位员工的姓名分别写在一张小卡片上，然后根据每一种评价要素，即绩效指标来评价员工；最后，根据评价结果将这些代表员工的卡片放到相应的工作绩效等级上。

【案例 7－6】

某民营企业的强制分布法

珠三角有一家音响器材厂，老板秉性敦厚，原本生意不错。为了使管理走上正轨，公司开始了轰轰烈烈的考核。公司采用强制分布法，将考核结果分为 4 级，分别是优异 10%、优秀 10%、一般 75%、较差 5%。对考核"优异"的员工，工资上调 20%；对考核"优秀"的员工，工资上调 5%；对考核"一般"的员工，不调工资，根据当月效益给予一定的奖金(优异和优秀的员工同样可获得)；对考核"较差"的员工，无任何奖金。并且限期改善绩效，否则只能被淘汰。没有想到，考核开始了，该老板的烦恼也开始了，该老板遇到的问题如下。

一、团队合力问题

考核"优异"的毕竟只有 10%，考核"优秀"的员工对此颇有微词。有的甚至距"优异"只差一点点，但最后得到的奖励相距甚远。考核"一般"的员工更不平衡：奖励都让你们拿了，工作也由你们干好了。大家开始出工不出力，考核"优异"的员工受到排挤，情绪也开始消沉起来。

二、分数的公正性问题

有的部门，员工整体素质与绩效都很不错，部门内评价"一般"的，也许到部门外可以得到"优秀"，但根据强制分布法的规则，必须有人是最差的，部门领导难以接受，更不忍心"下手"。

另外，对行政人事部、财务部、车间办公室等部门，因为人数太少(大多两三个人)，难

① 张明.人力资源管理实用手册[M].合肥：安徽音像出版社，2004：590.

以区分出 4 种结果，所以，该企业采用了“滚雪球”的办法，将这几个部门员工的考核成绩捆绑计算，按总排名计算出 4 个等级。为了使自己部门的员工能够有更好的排名，部门负责人使出浑身解数，以提高部门员工的考核分数。于是，对员工要求较严的负责人顿成众矢之的。有的人受不了内挤外压，辞职了；留下来的，关系也微妙起来，大家的关注点由原有的工作转移到高深莫测的考核政策上来。

三、结果的运用问题

1. 淘汰难以实行

对能力以及绩效都很差的员工，不存在太大问题；可有些岗位的员工，比如专业性强、行业内比较紧缺的，即使考核结果很差，公司也不能将其淘汰。因为只要公司一开除他们，就有大把公司等着要呢。考核结果一出来，有些人自己就痛痛快快地炒了公司的“鱿鱼”。

2. 奖励难以兑现

考核结果出来后，出乎大家的意料，不少领导和员工心中的好员工，却不知为何拿不到好的成绩；而考评“优异”的，却有相当一部分难以服众。老板也不情愿给二流的人员发一流的工资。于是考核“优异”的，责怪老板言而无信；考核“优秀”的，心里不服气；考核“一般”的，有了推卸责任的借口；考核“较差”的，一部分要老板付出心力苦苦挽留，一部分要企业付出金钱谨慎淘汰。混乱的局面，直到取消考核才开始好转。

［资料来源］林新奇.绩效管理——技术与应用[M].3 版.北京：中国人民大学出版社，2021：192 - 193.

三、配对比较法

配对比较法是管理者按照所有的评价要素(工作数量、工作质量等)将每一名员工与工作群体中的所有其他任何一名员工进行一对一的比较，如果一名员工在与另外一名员工的比较中被认为是绩效更为优秀者，那么此人将得到 1 分，否则为 0 分。在全部的配对比较都完成之后，管理者再统计出每一名员工获得较好评价的次数(也就是对所得分数进行加总)，这便是员工绩效评估的分数，然后根据员工所获分数将员工进行排序。

配对比较法对管理者来说是一种很花时间的绩效评价方法，并且随着组织变得越来越扁平化、控制幅度越来越大，这种方法会变得更加耗费时间。例如，管理人员对 5 名员工进行绩效评估则需进行 10 次(5×4/2)比较，具体比较过程如表 7 - 18 所示；但如果是一位手下有 10 名员工的管理人员则必须进行 45 次(10×9/2)比较；如果这一工作群体的人数上升到 15 人，则这位管理者必须进行的比较次数就上升到了 105 次(15×14/2)。①

表 7 - 18　员工合作精神配对比较结果

员工姓名	A	B	C	D	E
A	—	1	1	1	1
B	0	—	1	1	1

① 如果需对 n 个员工进行评估，则需进行 $n(n-1)/2$ 次的比较。

续　表

员工姓名	A	B	C	D	E
C	0	0	—	1	1
D	0	0	0	—	1
E	0	0	0	0	—
配对胜出次数	0	1	2	3	4

阅读材料

罗伯特·巴克沃对排序法的观点

请用手机微信扫以下二维码，学习本阅读材料。

第四节　绩效考核方法的选择

影响企业选择绩效考核方法的因素很多，如企业的绩效管理战略、企业绩效评估的目的、绩效评估方法的特点、员工工作的特点、企业管理水平、企业员工的素质等。下面着重分析组织管理的文化特征，考核目的、考核对象，考核方法的特点，管理者的能力和态度等因素对企业选择员工绩效考核方法的影响。

一、组织管理的文化特征对考核方法选择的影响

组织的分工特征、技术特征、人员特征、管理文化不同，对绩效产生的影响是不一样的，同时对考核方法的选择与实施的影响也是不同的，在选择绩效考核方法时，需要认真考虑组织管理的文化特征，选择与之相适应的考核方法。表 7－19 给出了几种典型的组织管理文化对绩效考核的影响。从表 7－19 可以看出，组织管理文化的特征必然对企业人力资源管理的文化产生关键性的影响，从而对考核方法的引入和分类实施产生重大影响，也就是说，组织管理的文化特征通过该组织的人力资源管理文化体现出来，并对考核方法的选择起影响作用。表 7－20 则表示了不同企业的人力资源管理文化对考核及方法选择与引入的影响。

表 7－19 不同组织管理文化对考核的影响

	文化类型与评估的主要参与者	应该进行考核的方面	矛盾与冲突
职能型文化组织	1. 管理特征：强调组织的行政职能与权力的作用 2. 典型代表：大型制造业、政府 3. 评估的主要参与者：职能型的管理者或管理者的管理者	1. 职能型的支持能力，如财务、制造、采购等职能的专业技能 2. 逻辑推理/分析思考能力 3. 员工明确工作任务的绩效 4. 带动其他绩效的能力 5. 培养条理性 6. 在职能范围内加强其他能力	1. 高度评价团队工作 2. 重视个人在综合性团队中的作用 3. 将注意力集中在有争议的机能上 4. 评估程序结构松散，内容空泛
程序文化组织	1. 管理特征：强调以顾客为中心，并以此作为一项关键要求，组织通过策划和委托制度为顾客提供服务 2. 典型代表：销售、研发团队 3. 评估的主要参与者：团队的领导以及团队内外的人员，包括顾客	1. 相关的特殊能力 2. 个人与其他团队成员的合作情况 3. 技能 4. 技巧 5. 工作成果 6. 不墨守成规，在职权范围内灵活应变，为制度的改善努力	1. 坚守规章的能力 2. 独立工作的能力 3. 评估过程只关心投入，如局限于特定技能，却无视员工的成果
效率型文化组织	1. 管理特征：强调对实力/技术和灵活经营方面的投资，力图以更快更好的方式占领市场 2. 典型代表：软件公司、各种“时尚”公司、组织内的生产/服务小组 3. 评估的主要参与者：小组领导、同事、技能全面的评估人	1. 为达到目标所付出的努力 2. 对其他人的影响 3. 主动性 4. 创造力/理解思考的能力 5. 旺盛的学习热情 6. 极强的适应性	1. 掌握实用技术 2. 精心设计但耗费时间的评估制度
网络型文化组织	1. 管理特征：强调顾客和灵活经营；临时性地吸纳各方面的专门人才；目标明确，适应性强，赢家是处于领先的组织 2. 典型代表：电影公司、咨询公司、发行公司 3. 评估的主要参与者：项目领导、同事、有兴趣的顾客	1. 开辟新思路，尝试新方法的能力 2. 树立自信心 3. 团队合作能力 4. 建立良好关系 5. 提高服务能力 6. 技能不断完善的程度	1. 仅仅只有一套针对个人的评估制度，对某些网络型文化而言是可笑的 2. 评估制度关注的主要不是技能和员工对团队的作用，而是其他无关紧要的问题

［资料来源］付亚和，许玉林.绩效管理[M].上海：复旦大学出版社，2004：41.

表 7－20 不同企业的人力资源管理文化对考核及方法选择与引入的影响

人力资源管理文化类型	对绩效考核及方法选择与引入的影响
漠不关心的人力资源文化：既不关心员工个人，又不关心他们的工作绩效	（1）一般不会进行绩效考核。即使进行绩效考核，也不过是表面的，以取悦股东为主要目的 （2）如果没有其他文化相配合，推行考核制度是不现实的
严厉的人力资源文化：无视员工的个人与家庭状况，向员工提出过高的绩效要求	（1）在目标管理的基础上实施强硬的绩效管理和评估制度 （2）强调员工（尤其是经理人）要向自己承诺的那样干出成绩 （3）不仅不顾评估初始阶段拟订的目标和标准已经变得越来越难以实现，而且进一步强调那些不切实际的工作目标 （4）使人们尤其是被评估的人对目标的制定和修订感到紧张和担忧

续 表

人力资源管理文化类型	对绩效考核及方法选择与引入的影响
富有爱心的人力资源文化：通过明确的机制或制度高度体现对员工的关怀，给人以家长式的感觉	(1) 具有充分的理由施行评估，因为这项制度与其说是评估，倒不如说是讨论员工进一步发展的计划 (2) 不会对员工提出过高的绩效标准，注意不让员工超负荷工作 (3) 如果员工愿意，则另当别论。但不会代表顾客，要求员工实现过高的工作绩效
一体化的人力资源文化：非常重视员工及其绩效，是一种非家长制的关心，也是对员工个人学习、成长及其价值实现的由衷尊重	(1) 非常重视组织针对市场和竞争环境而实施绩效管理 (2) 绩效管理和评估制度对绩效目标、工作任务和学习都很重要，如通过实施培训发展计划 (3) 把对员工的绩效考核融入日常管理

二、考核目的、考核对象对考核方法选择的影响

绩效考核的目标是选择绩效考核方法的决定性因素。当考核的目标是提供反馈信息、改进员工绩效时，像配对比较法、排队法等强调员工之间比较的方法就不太实用，而诸如关键事件法、行为锚定法等评价方法则更为有效。企业绩效考核的目的多种多样，希望利用一种考核方法来达到企业的目的是不可能的。企业应根据不同的评估目的选择不同的考核方法。

考核的基本原则是考核为企业经营战略或是为人力资源管理服务，而不是为了考核而考核。因此，考核方法的选择要考虑它的适应性。从考核对象的角度看，不同考核对象对考核方法的适应性也不同。例如，常规性工作的考核方法以强调对程序、规范、工作纪律服从为特征，而产品研究开发人员更强调对基本素质和创造性的考核，对企业的中高层管理人员则强调管理技能的考核和管理效果的考核，关键事件法更适用于管理人员的绩效评价，而配对比较法则更多地用于非管理人员的绩效评价，等等。考核方法的选择必须视考核对象的不同而选择不同的方法，由此才能更好地对不同对象的绩效进行评测，以保证绩效考核的有效性。表 7－21 简单表述了考核目的、考核对象与考核方法选择之间的关系。

表 7－21　考核目的、考核对象与考核方法选择之间的关系

考核目的	考核指标	考核对象	考核频率	考核方法
分配奖金	成绩工作态度	全体员工	每年数次	结果法、行为法
决定提薪额	◇ 能力 ◇ 成绩 ◇ 工作态度	◇ 全体员工	◇ 每年一次或在适当时候进行	◇ 特性法 ◇ 结果法 ◇ 行为法
调整职位	◇ 能力 ◇ 适应性	◇ 职位调整对象	◇ 根据需要 ◇ 每年数次	◇ 特性法 ◇ 比较法
确定晋升	◇ 能力 ◇ 成绩 ◇ 工作态度 ◇ 适应性 ◇ 人品	◇ 符合晋升条件受到推荐的对象	◇ 根据需要 ◇ 每年数次	◇ 特性法 ◇ 结果法 ◇ 行为法 ◇ 比较法 ◇ 质量法

［资料来源］赵曙明.绩效管理与评估[M].北京：高等教育出版社，2004：128.

三、考核方法的特点对企业选择员工绩效考核方法的影响

每个绩效考核的方法都具有不同的优缺点(见表 7－22),其与企业战略的一致性、信度、效度、可接受性、明确性都不相同(见表 7－23)。在选择考核方法时,一个重要的因素——考核成本——是必须加以考虑的。有些方法,如行为锚定法、目标管理法等,在许多情况下都是比较有效的,但行为锚定法中关键事件的确定、目标管理法中各级目标的制定以及它们的具体实施都要耗费大量的人力、物力和财力,因此,当企业财力有限或仅是对一般岗位工作人员进行绩效考核时,基于考核成本的考虑,不宜选择过于复杂的考核方法。

表 7－22　员工绩效评估方法的优缺点比较

方法	优　点	缺　点
比较法	(1) 比较法相对来说比较容易设计而且在大多数情况下比较容易被使用,评估所花时间和精力非常少,使用成本低 (2) 由于比较法排除了出现宽大误差、居中趋势误差以及过度严格误差的可能性,因此当组织需要区分员工的工作绩效时,此法无疑是一种有效的工具 (3) 通过考评者强制区分员工绩效的好坏,从而有助于管理者比较容易做出加薪、晋升等管理决策	(1) 由于评估员工绩效的标准比较模糊或不实在,具有主观性质,因此评估的准确性和公平性受到严重质疑,它的实际效度和信度往往取决于考评者本人,比较法的信度和效度水平都很一般 (2) 尽管评估人员可以根据员工个人的绩效对于组织战略的支持程度来进行评价,但是这种联系常常并不是外在化地表现出来的,因此,比较法无法将组织的战略目标联系在一起 (3) 由于对员工的绩效评估仅仅是根据对员工的相对排序得出的,因此员工个人完全不清楚他们必须采取何种方法,才能改善自己在绩效排序中的位置,因此比较法的绩效反馈的目的缺乏明确性 (4) 由于每个员工绩效评估的结果都取决于他们自己与一个群体、一个团队或者一个部门中的其他员工之间的相对绩效比较状况,而不是像优秀、良好、一般和较差这样一些绝对的绩效标准,因此,许多员工和管理者都不愿意接受根据比较法所得出的绩效评估结果
特性法	(1) 特性法开发容易、适应性强,是在各种组织中运用得最为普遍的方法之一,对各种不同的工作、不同的战略以及不同的组织都具有普遍适用性 (2) 提高特性法绩效评估信度和效度的途径是注意界定与工作有关的特性并且能够在评价工具中对这些特性做出仔细的定义 (3) 此法由于注重员工素质的状况即员工"人"本身怎么样,而忽视员工的"事"做得如何,因此有利于员工长期的绩效	(1) 特性法通常与组织的战略之间存在不一致性 (2) 特性法的效度和信度通常比较低。主要是由于使用特性法评估员工的绩效,其绩效标准通常非常模糊,这样可能导致不同的考评者对于绩效标准做出不同的解释,因此,不同的考评者对同一个员工的评价结果可能相差很大 (3) 特性法中没有一种技术能够为员工提供具体的指导,告诉他们应当怎样去对公司的目标提供支持或者应当做些什么去改进个人的绩效缺陷 (4) 当考评者提供绩效评价反馈时,这些方法也往往引起员工的抵触心理,这类评估方法较难为员工提供有益的反馈信息

续　表

方法	优　点	缺　点
结果法	(1) 由于结果法是依赖客观的、可量化的绩效指标来评估员工的绩效,因此其能将评估中的主观性减少到最低限度且容易被管理者和员工所接受 (2) 容易把组织的战略和目标与员工的绩效结合在一起	(1) 由于员工的工作绩效除了与员工个人因素有直接关系外,其还受其他外部不可控因素的影响,因此用结果法来评估员工的绩效有时存在一定的缺陷 (2) 容易引导员工只注重在绩效评估中会被评估的因素而忽视那些不被评估的因素 (3) 结果法虽能为员工提供一个比较客观的绩效反馈,但不能使员工明白他们为何和如何改变自己的行为而提高自己的绩效

[资料来源] 雷蒙德・A. 诺伊,约翰・霍伦拜克,拜雷・格哈特,帕特雷克・莱特.人力资源管理:赢得竞争优势[M].3 版.北京:中国人民大学出版社,2001.

表 7－23　绩效考核方法的评价

方　法	标　准				
	战略一致性	效　度	信　度	可接受性	明确性
比较法	较差,除非管理者花时间去建立两者之间的关系	如果等级评价非常仔细,则可能很高	取决于考评者,但通常不使用统一的评估标准	中等,容易建立和使用,但不符合规范化评估标准的要求	很低
特性法	通常较低,要求管理者去建立两者之间的关系	通常较低,如果设计的时候比较仔细,则会有所改善	通常较低,但可通过对特性做出具体的界定来改善	较高,容易建立和使用	很低
行为法	能达到较高水平	通常较高,需要将不合理的成分降到最低	通常较高	中等,难以建立,但在使用的时候很容易被接受	很高
结果法	很高	通常较高,但是可能受到外界因素的影响	较高,主要问题是其再测信度取决于绩效的衡量时间	较高,在评估系统的建立过程中通常吸引被考评者参与	与结果高度相关,但与实现结果所必需的行为之间没有太多的联系

[资料来源] 雷蒙德・A. 诺伊,约翰・霍伦拜克,拜雷・格哈特,帕特雷克・莱特.人力资源管理:赢得竞争优势[M].3 版.北京:中国人民大学出版社,2001:370.

四、管理者的能力和态度对考核方法选择的影响

在不具备考核的前提条件时选择考核方法进行考核,不仅无法有效进行考核,而且会极大地增加考核成本。因此,绩效考核方法的选择必须建立在组织已经具备了考核前提条件的基础上。其中,管理者能力和态度是重要的条件之一。绩效考核方法的操作实施难易度差异较大,它对管理者的能力和管理素质有不同的要求。所以,不论采取什么样的考核方法,必须确保管理者有驾驭该种考核方法的能力,如果管理者不具备使用该考核方法的能力,那么硬性采用该种考核方法,可能达不到绩效考核的目标。此外,管理者对待考核的态度以及对某种考核

方法的态度，也是选择考核方法所要考虑的，管理者对考核和考核方法积极的支持、认可态度，会便于考核方法的运用和考核的顺利开展。

总之，选择适合企业绩效考核的方法是比较复杂的工作，需要综合考虑上述所有因素，确保方法选择的正确性，从而保证绩效考核工作的顺利进行。

本章思考与案例

1. 什么是绩效考核的特性法、行为法与结果法？它们各具有什么样的特点？
2. 绩效考核的比较法有哪些类型？各具有什么特点？
3. 在选择绩效考核方法时一般应考虑什么因素？
4. 阅读以下背景资料，谈谈你对排序法的看法。

房屋销售是一份难做的工作，佣金虽高，但竞争激烈。ABC 房产公司决定为业绩最好的销售人员提供一笔奖金。老板每个季度都要列出个人销售数量，给各销售人员进行排名，并奖励最佳者。结果发生了什么呢？那些销售人员开始只干能助其排名第一的事情。他们不干文字工作，为争取每一个新客户而竞争，几乎是躲在电话机旁伺机猛扑过去抢电话。他们停止了合作，道德观念消失了，争论变得越来越频繁和激烈。短期看，某些销售人员的业绩增加了；然而，从长远看，公司作为一个整体却并不那么成功。

5. 当前在绩效管理理论中，有关员工胜任力的重要性越来越引起注意，并被实践管理者运用于企业绩效管理过程中。表 7－24～表 7－26 是一些员工和管理者的胜任力考核表格。请通过查找有关绩效管理的文献，自己设计有关基于胜任力模型的绩效考核体系。

表 7－24　管理者能力素质考核表

考核期间：　　年　　月至　　年　　月

<table>
<tr><td>姓　名</td><td colspan="2"></td><td>部　门</td><td colspan="3"></td></tr>
<tr><td>岗　位</td><td colspan="2"></td><td>年　度</td><td colspan="3"></td></tr>
<tr><td rowspan="8">能　力
20%</td><td colspan="2">指　　标</td><td>A</td><td>B</td><td>C</td><td>D</td></tr>
<tr><td rowspan="6">能力素质
15%</td><td>人际交往能力 2%</td><td></td><td></td><td></td><td></td></tr>
<tr><td>影响力 2%</td><td></td><td></td><td></td><td></td></tr>
<tr><td>领导能力 4%</td><td></td><td></td><td></td><td></td></tr>
<tr><td>沟通能力 2%</td><td></td><td></td><td></td><td></td></tr>
<tr><td>判断和决策能力 2%</td><td></td><td></td><td></td><td></td></tr>
<tr><td>计划和执行能力 3%</td><td></td><td></td><td></td><td></td></tr>
<tr><td colspan="2">专业知识技能 5%</td><td></td><td></td><td></td><td></td></tr>
<tr><td>总得分</td><td colspan="6"></td></tr>
<tr><td colspan="7">考核人(签字)：
年　　月　　日</td></tr>
<tr><td colspan="7">备注：此表由被考核人的直接上级填写
总得分按 A：95，B：80，C：70，D：50，乘以权重后换算成分数</td></tr>
</table>

表 7-25　一般员工能力考核评分表

考核期间：　　年　　月至　　年　　月

姓　名			部　门			
岗　位			年　度			
能　力 20%	指　　标		A	B	C	D
	能力素质 15%	人际交往能力 3%				
		影响力 4%				
		判断和决策能力 4%				
		计划和执行能力 4%				
	专业知识技能 5%					
总得分						

考核人(签字)：
年　　月　　日

备注：此表由被考核人的直接上级填写
总得分按 A：95，B：80，C：70，D：50，乘以权重后换算成分数

表 7-26　能力素质的标准

	超出目标	达到目标	接近目标	远低于目标
人际交往能力				
关系建立	A	B	C	D
	容易与他人建立可信赖的、积极发展的长期关系	能够与他人建立可信赖的长期关系	较为自我，不易与他人建立长期关系	刚愎自用，不易与他人相处，自我封闭
团队合作	A	B	C	D
	善于与他人合作共事，相互支持，充分发挥各自的优势，保持良好的团队工作氛围	能够与他人合作共事，相互支持，保证团队任务的完成	团队合作精神不强，对工作有影响	不能与他人很好合作，独断专行
解决矛盾	A	B	C	D
	巧妙地和建设性地解决不同矛盾	能够解决已发生的矛盾，不致对工作产生大的负面影响	解决矛盾的手法生硬，影响工作顺利进行	遇到矛盾不知如何解决

续　表

	超出目标	达到目标	接近目标	远低于目标
敏感性	A	B	C	D
	对他人较关心，容易感知别人的想法，体谅他人，善于领会他人的请求，并付之以适当的言行	能关心他人，体谅他人，领会他人的请求，有时帮助想办法解决	有时能关心他人，体会他人的苦衷	不太关心他人，对他人的需求毫无感觉
影响力				
团队发展	A	B	C	D
	易于与他人沟通，积极促进团队协作，在团队中是自然的核心人物，并能引导团队达到组织目标	能根据公司要求努力促进团队的协作和沟通，使工作顺利开展	尚能与人合作，但协调不善，影响工作	无法与人协调
说服力	A	B	C	D
	能够表述自己的主张、论点及理由，比较容易地说服别人接受某一看法与意见	能说服上下级、同事接受某一看法与意见	说服别人比较困难	无法说服别人，或咄咄逼人，或逃避退让
应变能力	A	B	C	D
	待人处世很灵活，善于审时度势，很容易适应岗位或管理的变化所带来的冲击，并能顺应其变化很快适应环境，取得主动	待人处世较灵活，能够根据公司要求，认可公司变化所带来的冲击，并能顺利地完成转变	对公司的变化或角色的转变不太适应，工作开展有困难	待人处世刻板，适应性差
影响能力	A	B	C	D
	能积极影响他人的思维方式和发展方向	能以自己积极的言行带领大家努力工作	有时能影响他人	对他人几乎无影响力
领导能力				
考核	A	B	C	D
	能合理评价他人的技能和绩效，使下属心服口服，并能使下属明确努力方向	能较为合理地评价他人的技能和绩效，指出其不足	能够按公司要求对他人进行考核	无法正确考核他人
反馈、指导和培训	A	B	C	D
	善于了解下属需要，通过一对一的反馈和培训帮助他人成长和发展	能够根据实际情况，通过培训和反馈帮助他人成长和发展	不能很好地利用反馈和培训的手段	对下属的工作无反馈和培训

续 表

	超出目标	达到目标	接近目标	远低于目标
授权	A	B	C	D
	善于分配工作与权力,并能积极传授工作知识,引导部属完成任务	能够顺利分配工作与权力,有效传授工作知识,完成任务	欠缺分配工作、权力及指导部属的方法,任务进行偶有困难	不善分配工作与权力,缺乏指导员工的方法,内部时有不服的怨言
激励	A	B	C	D
	了解他人的需求,善于引导下级积极主动地工作,用奖励和表彰等方式提高积极性,并使员工积极努力地工作	有制度,能够利用奖励和表彰等方式提高员工积极性	有一定的制度,但不能充分发挥作用,无改进措施,员工积极性不高	工作主要靠命令与指示
建立期望	A	B	C	D
	善于与员工沟通,给下属订立明确合理的工作目标和标准并建立合理的期望	能够与员工沟通,给下属订立明确的期望目标和标准	能够给下属订立工作标准和分配任务	无法给员工建立期望
责任管理	A	B	C	D
	能够充分与下属沟通,督导员工的工作进展,及时反馈和培训,让下属对自己的工作担负责任	能够与下属沟通,注重过程管理,指导和协助员工完成任务	虽能与员工沟通,但缺乏对员工的指导和协助	放任自流
沟通能力				
口头沟通	A	B	C	D
	简明扼要,具有出色的谈话技巧,易于理解	抓住要点,表达意图,陈述意见,不太需要重复说明	语言欠清晰,但尚能表达意图,有时需反复解释	含糊其词,意图不明
倾听	A	B	C	D
	能够很好地倾听别人的倾诉,很快明白倾诉人的想法和要求	能够注意倾听,力求明白	能够倾听,有时一知半解	不注意倾听,常常不知对方所云
书面沟通	A	B	C	D
	表达清晰、简洁,易于理解,无可挑剔	几乎不需修改补充,比较准确地表达意见	文章不够通顺,但尚能表达清楚主要意图	文理不通,意图不清,需作大修改

续　表

	超出目标	达到目标	接近目标	远低于目标
判断和决策能力				
战略思考	A	B	C	D
	能透过现象看本质,把握组织面临的挑战和机会,兼顾短期和长远目标	能够根据现状,了解组织面临的挑战和机遇	主要忙于事务性工作,有时也会注意公司的前景和对策等问题	对公司的将来不太关心,也不注意工作上可能出现的机遇和挑战
创新能力	A	B	C	D
	工作中能不断提出新想法、新措施,善于学习新技术和新业务,注意规避风险,锐意求新,在工作中有较大创新,并能够应用到业务实践中	工作中能够努力学习,提出新想法、新措施与新的工作方法,并有风险意识	按部就班,很少提出新想法、新措施与新的工作方法	因循守旧,墨守成规
解决问题的能力	A	B	C	D
	能迅速理解并把握复杂的事物,判断问题的关键所在,找到解决办法	问题发生后,能够分辨关键问题,找到解决办法,并设法解决	发生问题,能够去想解决办法,但有时抓不住关键	遇到问题,束手无策
推断考核能力	A	B	C	D
	对所做决策有良好的权衡和判断考核	能做出正确的判断和考核	对事物有大概的判断和考核,缺乏方法和手段,结果不能十分可信	对日常工作经常判断失误,耽误工作进程
决策能力	A	B	C	D
	善于确定决策时机,提出可行方案,合理权衡,优化选择,对困难的事处理迅速果断	善于确定决策时机,提出可行方案,大多数日常事务处理迅速果断	能够确定决策时机,但很少提出可行方案,常求助于幕僚	遇事优柔寡断,缺乏主见
计划和执行能力				
准确性	A	B	C	D
	能够按照计划严格执行,并确保在每个细节上减少差错	能按照计划执行,比较注意细节,偶有差错发生并能迅速改正	能大致按计划执行,不太注意细节,偶有差错发生	工作无计划,随意,常出差错

续 表

	超出目标	达到目标	接近目标	远低于目标
效率	A	B	C	D
	时间和资源的利用达到最佳,工作效率高,完成任务速度快、质量高、效益好	工作效率尚可,能分清主次,能够按时完成工作,基本保证质量	工作效率较低,需要别人帮助才能完成任务	工作不分主次、效率低,经常完不成任务
计划和组织	A	B	C	D
	具有极强的制订计划的能力,能自如地指挥调度下属,通过有效的计划提高工作效率,以最佳的结果为目的	能根据公司的要求制订相应程序和计划,在权限范围内配置资源,明确目标和方针	制订计划和组织实施有难度,需要别人帮助方能进行	做事无计划,缺乏组织能力

第四篇

绩效改进策略

8 第八章 绩效沟通与反馈

全章提要

学习目标

1. 理解绩效沟通的含义、重要性及作用；
2. 掌握绩效沟通的渠道及方式；
3. 了解一些绩效沟通的技巧；
4. 了解360度绩效考核反馈的内容及操作步骤。

案例导读

谷歌的绩效面谈

在谷歌，绩效面谈分为两次面谈：第一次是绩效结果面谈，侧重员工的职业发展；第二次是加薪和晋级面谈。在谷歌看来，一个过于关注薪资和晋升的员工，未必是个好员工，所以他们把这两个问题分开来谈。两次面谈时间间隔为1个月左右。

为了保证绩效面谈的有效性，谷歌会对经理进行培训，告诉经理应该怎么谈，谈论的主题是什么，怎样才能更和谐地沟通，如何改进绩效计划、实现计划目标。

在绩效面谈之前，经理需要做好以下4个方面的准备：

1. 明确面谈目的

第一次面谈的目的是提高员工的工作绩效，让员工了解自己的优点和需要改善的地方；第二次是关于加薪和晋级的面谈。不要把两者混在一起来交谈。

2. 明确谈话结构

明确整个谈话的过程中，应先谈什么，再谈什么。比如：第一，让员工回顾他一年来的业绩；第二，肯定要告诉他考核的结果；第三，可以表扬他哪些地方做得比较好；第四，向他提出需要改善的地方；第五，谈一些发展计划。

经理在面谈过程中需要非常清晰、有条理地把内容传达给员工，也可以在面谈前把要表达的内容列成一张表。

3. 收集和整理有关绩效的各种真实信息与事实

在绩效面谈前，经理要做好充分的准备，包含绩效评价表格、工作日常情况记录和总结等。在面谈过程中，所有的绩效评价结果都应用事实、数据来说话，而不是凭主观印象：我认为你做得不错，我认为你有问题等。

4. 学会提问，鼓励队员敞开心扉

在面谈过程中，经理要把更多的时间留给员工，让员工敞开心扉，谈一谈他的困惑，谈一谈他需要帮助的地方。

绩效管理不仅仅是考核员工的成绩，最重要的是鼓励和帮助员工，同时，对优秀的员工给予适当的奖励，留住人才。

[资料来源] 佚名.Google绩效管理真经，建议收藏！[EB/OL].(2020-07-02)[2023-01-01].https://www sohu.com/a/252916492_263537.

管理者需要了解在考核期内哪些工作进展顺利、哪些工作偏离了轨道，还有哪些潜在或可能出现的问题。能让管理者迅速、及时地了解这些问题的最好方式之一就是与员工进行绩效沟通。绩效沟通是绩效管理发挥作用的关键，也是绩效管理有效执行所必不可少的部分。绩效沟通可以通过两种方式进行①：一种是管理者主动，即管理者有事情需要和员工交流；另一种是员工主动，在他们需要帮助、遇到问题或要告知管理者某些事情的时候。管理者的一个重要工作就是要营造一个良好的沟通环境，让员工主动来获取、分享所需要的信息，与此同时，管理者也可通过沟通发现问题并及时帮助员工解决问题，从而也了解员工工作进展的情况。

第一节　绩效沟通概述

一、绩效沟通的内涵

虽然目前越来越多的企业意识到绩效管理的重要性，但也陷入了一个误区，以为绩效管理就是填写各种各样的表格，但实际上在绩效管理过程中，填写考核表是次要的部分，它只是归纳和总结员工绩效状况的一种工具。

管理者对考核表格的依赖使绩效管理偏离了正确的轨道，人们很容易被固定的表格所约束。现在的新趋势是各式各样基于IT技术的系统被应用于绩效管理过程，管理者甚至可以只用一个电话，按几个键，就可以和员工进行交流。② 但是，如果只是应用绩效管理软件，那么员工就只会去完成软件所要求的内容，这对于提高绩效是远远不够的。电脑能够记录大量信息，也可以自动完成一些重复的工作，但它不能让使用者更聪明、更灵活，不能提高使用者的判断和思考能力，也不能改进他们的沟通能力。而这些恰好是绩效管理中所必需的技能。当管理者不得不采用那些笼统含糊、对绩效改善没有帮助的考核表时，管理者应该注意：(1) 和员工的交流不要局限于考核表中的内容，可以讨论工作本身、过往的绩效表现、工作中遇到的困难以及解决思路。(2) 可以把讨论的重点记录下来，附在考核表上。但表格不是一切，只是归纳总结的工具。当拿到表格时，人们的反应总是表格问什么就填写什么，结果是表格主导了绩效考核的方向和内容。(3) 在运用高科技的同时，管理者必须认识到有效的绩效管理来自面对面的沟通和交流，一定不要让信息系统削弱管理者和员工面对面的交流，管理者应该利用信息系统来记录管理者与员工之间的交流信息。

总之，绩效考核表格是绩效管理的重要工具之一，绩效计划和绩效目标的设定都要通过它来完成，管理者在进行绩效沟通和绩效考核时要把它作为基础性文件工具加以运用；但另一方面，绩效考核表格的内容通常表现在一张纸上，信息容量有限，而管理者的思想和员工的意见不可能全部包括在内，这就要求管理者不能局限于员工的绩效考核表格，要跳出表格限定，把更重要的绩效沟通工作做好，即使管理者不得不采用死板的表格。只有开诚布公、真诚的沟通以及加强与员工的合作，才能真正达到改善绩效的目的，绩效考核表格只有与绩效沟通紧密结合才能更好地发挥作用。因此，沟通才是关键。

---

① 罗伯特·巴考尔.绩效管理24准则[M].北京：中信出版社，2005：33－35.

② 罗伯特·巴考尔.绩效管理24准则[M].北京：中信出版社，2005：41－42.

所谓沟通,是指人们在互动的过程中通过某种途径或方式将一定的信息从发送者传递给接收者,并获得理解和预期反馈的整个过程。绩效管理沟通,简称绩效沟通,是指在绩效管理的过程中,管理者和员工之间就工作绩效相关问题进行正式的或非正式的反馈、探讨和交流,从而保证绩效考核结果的公平合理,促进个人与组织绩效的改进,促进员工与组织的共同成长,促进绩效管理的互动、协调、公开、公正的过程。

绩效管理沟通与一般沟通一样,遵循如图 8-1 所示的沟通路径。

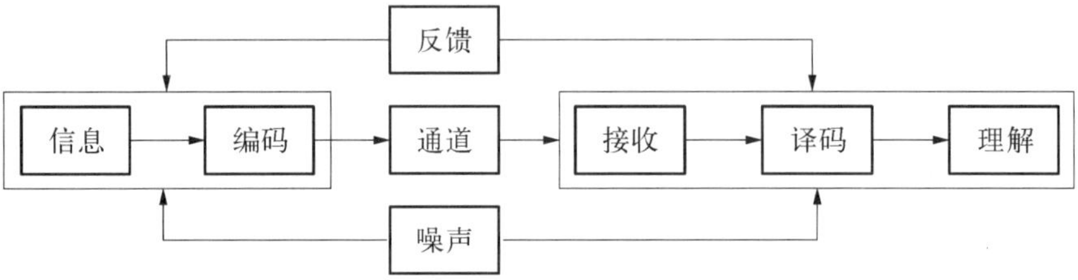

图 8-1　沟通路径

[资料来源] 林新奇.绩效管理[M].大连:东北财经大学出版社,2020:258.

对绩效监控过程中的绩效沟通概念的理解,需要特别注意以下几个方面:

(1) 绩效沟通是一种建设性的沟通。绩效沟通以解决问题为目的,是在不损害人际关系的前提下进行的。建设性沟通技巧是每一位管理者都需要掌握的。许多管理者仅关心下属能否通过沟通理解自己的意图,并不真正关心下属的感受。在这种情况下,沟通往往是非建设性的,并不能取得应有的成效。研究表明,下属与管理者之间关系良好有助于其提高工作绩效。管理者与下属之间不良的关系往往就是不良沟通方式导致的恶果,并且会成为双方进一步沟通的障碍。因此,为了实现组织的战略目标,管理者应该提高对绩效沟通重要性的认识。

(2) 绩效沟通是一种平等的沟通。沟通最本质的目的就是思想的传递,为了让对方真正了解自己的想法,信息发出者应该通过了解倾听者的需要并猜测可能的反应,进而决定自己要使用的沟通手段和方式。管理者无法通过沟通影响他人的重要原因之一在于,他们误解了沟通的本质。管理者只有在心理上坚持平等,才有利于沟通时使信息形成通畅的环路。否则,如果管理者高高在上,信息传递通常不顺畅,即使有信息传递,信息本身的准确性和及时性也会受到影响。

(3) 绩效沟通是一种有效的沟通。绩效沟通更重要的意义在于传递思想而非传递信息本身,让发出的信息(语言或行为)被接收者充分理解才是真正有效的沟通。从沟通路径图中可以看出,沟通包括多个环节,任何一个环节出问题,都可能导致沟通的失败。

(4) 绩效沟通是一种持续的沟通。绩效沟通贯穿于整个绩效管理的 4 个环节中,在绩效监控中持续时间最长,但也最容易被忽视。在绩效监控执行过程中,管理者和下属需要持续地就相关工作进展情况、潜在障碍和问题、解决问题的措施以及管理者帮助下属的方式等进行沟通,力争在障碍发生前就能识别和指出相应问题,并能通过沟通找到解决方案。绩效沟通的中断会导致管理者与下属之间产生各种各样的摩擦,使绩效管理成为下属与管理者之间产生不断争执和冲突的重要原因。

二、绩效沟通的作用

（一）绩效沟通是绩效管理体系不可或缺的环节

绩效管理循环是从计划开始，以评估结果的运用结束，在整个绩效管理过程中，都离不开一个重要的环节——持续的沟通。持续的绩效沟通是管理者和员工共同工作并分享有关信息的过程。这些信息包括工作进展情况、潜在的障碍和问题、可能的解决问题的措施以及管理者如何才能帮助员工等，它是连接计划与考核的中间环节。它促使员工与直接上级之间的协作，包括共同制定清晰的绩效期望以及明确以下几个方面内容①：（1）员工的工作如何体现价值，从而促进组织目标实现？（2）出色工作的标准是什么？（3）影响绩效提高的障碍是什么？怎样消除这些障碍或者尽可能把障碍的影响变得最小？（4）员工和上级如何共同努力来改进绩效？等等。绩效沟通贯穿于绩效管理的全过程。如果去掉沟通就不是绩效管理，仅仅是计划和考核而已。

（二）绩效沟通是提高绩效管理工作效率的基础

企业的绩效管理说到底就是上下级间就绩效目标的设定及实现而进行的持续不断双向沟通的过程。在这一过程中，管理者与被管理者从绩效目标的设定开始，一直到最后的绩效考核，都必须保持持续不断的沟通，任何的单方面决定都将影响绩效管理的有效开展，影响绩效管理体系效用的发挥。因此，不懂沟通的管理者不可能拥有一个高绩效的团队，再完美的考核制度都无法弥补管理者和员工缺乏沟通带来的消极影响。如果管理者希望提升劳动生产率、提高员工士气和积极性以及促使员工团结一致向组织目标努力，那么管理者与员工之间的绩效沟通至关重要。绩效沟通是绩效管理的灵魂与核心，良好的绩效沟通能够及时排除障碍，是绩效管理过程中耗时最长，但也是最关键、最能促进工作开展、最能产生效果的环节。

（三）绩效沟通有助于提高工作效率与满意度

持续的绩效沟通对于管理者和员工都有非常重要的意义。对管理者而言，通过沟通可以帮助员工提升能力；有助于全面了解员工的工作情况，掌握工作进展信息，并有针对性地提供相应的辅导、资源；使管理者能够掌握评价的依据，有助于管理者客观公正地评价员工的工作绩效；有助于提高考核工作的有效性，提高员工对绩效考核、对与绩效考核密切相关的激励机制的满意度。对员工本人而言，通过沟通可以在工作过程中不断得到关于自己工作绩效的反馈信息，如客户抱怨、工作不足之处或产品质量等信息，以便不断改进绩效、提高技能；帮助员工及时了解组织的目标调整、工作内容和工作的重要性发生的变化，便于适时变更个人目标和工作任务等；能够使员工及时得到上司相应的资源和帮助，以便更好地实现目标，当环境或任务以及面临的困难发生变化时，不至于处于孤立无援的境地。

【案例 8－1】

绩效沟通缺失会带来什么？

周经理是一家公司的管理干部，同时兼任两个部门的主管。小吴、小郑、小王和小冯直接向周经理汇报工作。每次周经理布置完工作任务，大家都积极努力地做好，并尽快交

① 罗伯特·巴考尔.绩效管理24准则[M].北京：中信出版社，2005：2.

给周经理。而周经理每次都是亲自在小吴、小郑、小王和小冯的材料上修改,然后向董事长汇报。周经理工作量非常大,觉得指导大家反复修改耗时耗力,不如自己亲自修改节省时间。然而,随着时间的推移,周经理发现小吴、小郑、小王和小冯准备的材料质量一直没有提高,工作能力没有显著进步,自己却越来越辛苦。小吴、小郑、小王和小冯也觉得虽然周经理非常随和,从来不会针对工作批评大家,但他们自己不知道该怎样提高工作水平,担心影响自己未来的职业发展。周经理和小吴、小郑、小王和小冯都对现状不是很满意。

[资料来源] 方振邦.绩效管理——理论、方法与案例[M].北京:人民邮电出版社,2018:141.

三、绩效沟通的内容

对管理者和员工来说,绩效沟通的主要目的通常是提高员工的工作绩效,但双方通过绩效沟通所要了解的信息内容等是不同的。

对管理者而言,他们需要得到有关员工工作情况的各种信息,以便更好地协调员工的工作。一方面,当员工工作中出现问题时,管理者应该及时掌握情况,以避免不必要的麻烦和浪费;另一方面,管理者还需要了解工作的进展情况,以便在必要的时候向上级汇报。如果不能掌握最新的情况,管理者可能面临许多不必要的麻烦。在一些情况下,管理者还应有意识地收集一些绩效评价和绩效反馈时需要的信息。这些信息将帮助管理者更好地履行他们在绩效评价中的职责。

对员工而言,他们也需要有关信息。通过与管理者之间的绩效沟通,员工可以了解自己的表现获得了什么样的评价,以便保持工作积极性,并且更好地改进自己的工作方式。另外,员工还需要通过这种沟通了解管理者是否知道自己在工作中遇到的各种问题,并从中获得有关如何解决问题的信息。当工作发生变化时,员工能够通过绩效沟通了解自己下一步该做什么,或者应该主要做什么。总之,这些信息应该能够帮助他们更好地应对工作中遇到的各种变化和问题。

因此,绩效沟通的目的就是保证在任何时候,管理者和员工都能够获得改善工作绩效需要的各类信息。为了进行有效的绩效沟通,管理者首先要确定双方之间应沟通的具体内容。我们可以通过回答以下两个问题来确定沟通的具体内容:(1)作为管理者,为了更好地履行职责,我必须从下属那里获得什么信息?(2)作为员工,为了更好地完成工作职责,我需要哪些信息?通过对这两个问题的回答,管理者能够更好地明确绩效沟通的内容,这是确定绩效沟通内容的一个非常实用的思路。

通过绩效沟通,管理者和员工还应该注意以下问题:

(1)工作进展情况如何?

(2)绩效目标和计划是否需要修正?如果需要,如何进行修正?

(3)工作中有哪些方面进展顺利?为什么?

(4)工作中出现了哪些问题?为什么?

(5)员工遇到了哪些困难?管理者应如何帮助他们克服困难?

上面的问题只是给我们提供了一个思路。在具体情况面前,我们还要充分考虑到工作中面临的种种变化。值得注意的是,双方应就什么问题进行沟通这一问题,甚至也应该成为双方沟通的内容。

【案例 8－2】

表 8－1　绩效沟通记录表

部门/处		时　间	年　月　日
被考核人	姓名：	职位：	
直接上级	姓名：	职位：	
不良绩效描述(含业绩、行为表现和能力目标，请用数量、质量、时间、成本/费用、顾客满意度等标准进行描述)			
原因分析：			
绩效改进措施/计划： 直接上级：　　被考核人：　　年　月　日			
改进措施/计划实施记录： □优秀：出色完成改进计划　□符合要求：完成改进计划　□尚待改进：与计划目标相比有差距 评价说明： 直接上级：　　被考核人：　　年　月　日			

［资料来源］胡华成.绩效管理与考核全案[M].北京：清华大学出版社，2019：238.

第二节　绩效管理的沟通模式

一、绩效沟通渠道

绩效沟通的渠道主要包括向下沟通、向上沟通、双向沟通、绩效反馈等形式。

(一) 向下沟通

在所有具有雇佣关系的部门中，与员工沟通的最常用的方式是对管理链①的系统使用，沟通方法最常见的组合是使用管理链加上公司的业务通信。一些传统的方法，如告示板等，也可被广泛地应用。由于部门管理者的关键作用，在组织的环境中使用管理链显得尤为重要，然而由于绩效管理的范围很大，因此要使员工了解到公司所发生的事情，就得同时使用许多种沟通媒介。另外，向下沟通也不仅仅是针对个人，实践中的小组简报也是重要的沟通媒介。尽管向

① 管理链是指在企业内部基于职位层级而由管理者的上级、管理者本人、管理者的下级所组成的命令与服从、谈判与合作的关系。

下沟通能起到传递信息的作用,但企业组织有时也把它当作一种施加影响的方法,作为说服员工认同组织的目标和价值的重要工具。

(二) 向上沟通

向上沟通的影响主要还是体现在相对较低的等级中,且通常是以正式的形式存在的,如建议方案和员工态度调查。不仅如此,向上沟通还具有相对的被动性,如在员工态度调查中,调查的内容和随后采取的行动一般都是由管理者控制。不过有时在质量管理创新中所采取的向上沟通可能更主动一些,如共同解决问题,此时员工的参与积极性都普遍较高。

(三) 双向沟通

向下沟通和向上沟通方式的一个共同问题就是它们都是单向的,与此相关的另一个问题是沟通多由管理者控制。例如,向下沟通主要是为了向员工传达管理者决定应该向员工传达的信息;同样,在向上沟通的一些形式,如员工态度调查中,通常是由管理者来决定沟通的内容。双向沟通则要求管理者与员工的沟通方向是互动的,没有明确地界定谁是主动、谁是被动。根据工作的性质及问题的严重性,有时候管理者处于主动,员工配合并做出积极迅速的反应;有时候则反之。双向沟通的最大好处是基本解决了单项沟通所带来的一些问题,并促进了信息共享的程度和信息的流转速度,也更容易增加双方理解的一致性。

(四) 绩效反馈

目前所倡导的绩效反馈的一个重要特点是及时性。例如,当有好的绩效出现时,就应立即发现它。有学者指出,就反馈对工作绩效和工作态度的影响来说,非正式的反馈或每天都进行的反馈比在进行年度或半年期的绩效管理评估会议时得到的反馈更重要。[①] 如果一年中经常进行考查或是获得反馈的话,就很可能产生积极的结果(如就绩效和工作态度而言)。因为定期的反馈使员工和组织(也就是管理者)在绩效标准问题上更能达成一致,也有助于使得否定意见反馈变得更容易些。当然有效的反馈除了应具备及时性外,还应满足其他特性,如简洁、具体等(见图 8-2)。

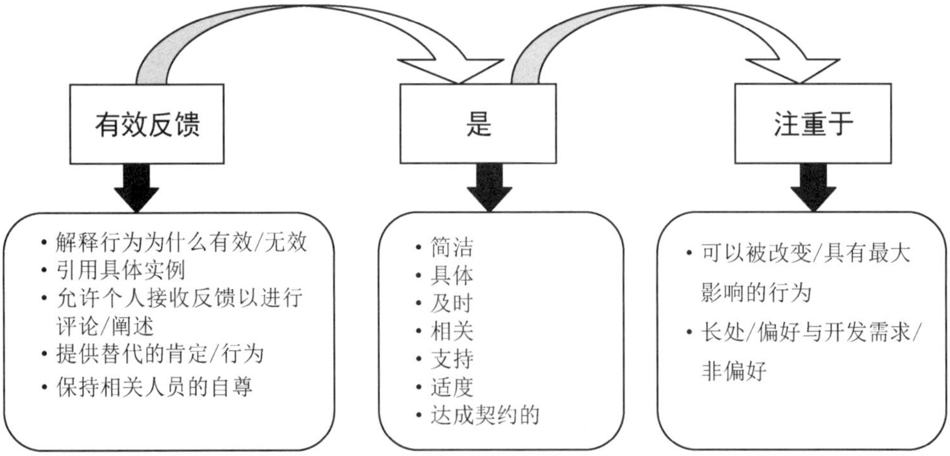

图 8-2 有效的反馈模型

[资料来源] Latham C., Marchbank T.. Feedback Techniques[M]//Lee G., Bear D. (Eds). Development Centers. New York: McGraw-Hill, 1994.

---

① 理查德·S. 威廉姆斯.业绩管理[M].大连:东北财经大学出版社,2003:157-187.

二、绩效沟通方法

持续的绩效沟通对绩效管理至关重要，但沟通方式的选择也同样不可忽视。管理者告诉员工绩效管理的每个环节究竟是什么、需要干什么等都要采用合理的方式，包括正式的方式，如书面报告，也包括一些非正式的方式。下面将介绍绩效沟通的常见方式。

（一）正式沟通

正式沟通是指事先做好了计划和安排的沟通方法，主要有 3 种①：定期的书面报告、定期主管-员工面谈、定期的团队会议沟通。

1. 定期的书面报告

员工可以通过文字或表格的形式定期向主管人员报告工作的进展情况、所需要的支持、计划的变更及反映发现的问题，主要有周报、月报、季报、年报。书面报告需要大量的文字工作，因此需要简化书面报告的文字，只保留必要的文字内容即可，避免烦琐；要使用简单明了的记事方式或结构化的表格形式，否则报告可能变成一堆废纸，无人理睬，导致结果流于形式、浪费资源，还会因为耽误时间而让员工感到厌烦。

【案例 8-3】

善用书面报告，避免形式主义

某公司为让管理者更加了解一线工作情况，要求员工每个月通过 OA 系统向主管领导提交工作汇报。销售一部主管忙于日常工作，无暇仔细阅读员工们提交的工作汇报。员工们发现自己辛苦撰写的工作汇报只是走个形式，对工作汇报的积极性大大降低。每个月月底，员工们都只进行简单的整理汇报，应付了事。

销售二部主管则非常用心对待员工的工作汇报，当其通过报告了解到工作进程中发生的问题时，常常亲自到工作现场指导下属解决该问题，或通过面谈与下属进行交流，共同寻求解决问题的途径。时间久了，员工们都非常认真地对待工作汇报，期待通过工作汇报向领导展示自己的工作成绩，与领导进行深度沟通，请教工作中的问题。

［资料来源］方振邦.绩效管理——理论、方法与案例[M].北京：人民邮电出版社，2018：143.

定期的书面报告最常用的方式就是提交述职报告，其主要目的在于共享经验与知识，为持续地改进绩效奠定基础，通过绩效分析找出问题、提出改善绩效的行动或措施，开发能力，发掘潜能，提升素质与能力，寻求支持与帮助。

不同层次的员工，其述职的内容有所差异，以中高层管理者为例，其述职内容主要包括但不限于以下几个方面：（1）目标承诺陈述。报告考核期内 KPI 完成情况，并与同期水平相比明确工作的进步情况，审视全年目标，挑明目标的达成程度，说明差距和原因。要提出和检查提高员工职业化技能的计划、措施和效果，报告和分析组织气氛指数，检查公司在本部门的推进计划和阶段目标的完成情况。如果计划调整了，则需将相应的经营重点和 KPI 指标进行调

① 石金涛，魏晋才.绩效管理[M].北京：北京师范大学出版社，2007：204.

整，调整内容在调整栏中体现。(2) 主要业绩行为分析与主要问题分析。总结考核期内业务与管理工作，针对 KPI 目标和影响 KPI 的原因，按照优先次序，列出最主要的不足和最主要的成绩，并扼要地指出原因。(3) 面临的挑战与机会。通过准确扼要的数据和指标，说明客户、竞争对手和自身的地位、策略、差异和潜力，特别关注变化、动向、机会和风险，关注影响公司和部门 KPI 实现的市场因素和环境因素，以及业界最佳基准。(4) 绩效改进要点与措施。(5) 能力提升要点及方法。核心竞争力提升的策略与措施是指那些完成 KPI 和增强公司潜力的关键策略和措施，各部门要围绕公司目标，回顾本部门业务策略、中心工作以及核心产品/业务改进措施的落实情况和进展情况，并对策略及措施的实施结果进行计划。支持部门要检查公司重大管理基础上的推进计划和阶段目标的完成情况。(6) 确定新目标，并提出要求得到的支持与帮助。

述职的程序与方式主要有：(1) 每个考核期末由公司总经理组织召开公司高层管理者述职报告会。参加人员包括述职评价委员会成员①、公司一级部门主管以上干部。(2) 被考评者应在述职会前完成“中高层管理者述职表”(述职表的格式样本见表 8－2)，会议组织者应将述职表和被考评者年初制定的策略目标表复印多份呈交述职评价委员会每一位成员。(3) 被考评者登台进行述职，述职时间一般为 20～30 分钟，随后回答评价委员会和与会人员提出的问题，回答问题时间为 15～20 分钟。(4) 被考评者答辩结束后，述职评价委员会各位委员根据目标达成情况和述职情况对被考评者做出评价、核计得分，并填写述职评价表，述职评价表统一交给会议组织人员，述职评价会后由述职评价委员会讨论进行最后的综合评价，确定等级并填写在“中高层管理者述职表”中。(5) 考核的最终结果应由被考评者确认。(6) 将“中高层管理者述职表”和“述职评价表”交由人力资源部负责存档管理。

表 8－2　中高层管理者述职表样本

<table>
<tr><td>姓名</td><td></td><td>部门</td><td></td><td>职务</td><td></td><td>考核层次</td><td></td><td>考核期</td><td></td></tr>
<tr><td colspan="10">经营重点和 KPI 指标</td></tr>
<tr><td rowspan="2">序号</td><td rowspan="2" colspan="2">经营重点</td><td rowspan="2" colspan="2">KPI 指标及考核标准</td><td rowspan="2">权重</td><td colspan="2">达成情况</td><td colspan="2">达成情况</td></tr>
<tr><td>被考评者自述</td><td>得分</td><td>述职评价委员会评价</td><td>得分</td></tr>
<tr><td></td><td colspan="2"></td><td colspan="2"></td><td></td><td></td><td></td><td></td><td></td></tr>
<tr><td></td><td colspan="2"></td><td colspan="2"></td><td></td><td></td><td></td><td></td><td></td></tr>
<tr><td></td><td colspan="2"></td><td colspan="2"></td><td></td><td></td><td></td><td></td><td></td></tr>
<tr><td></td><td colspan="2"></td><td colspan="2"></td><td></td><td></td><td></td><td></td><td></td></tr>
<tr><td colspan="10">计划调整</td></tr>
<tr><td></td><td colspan="2"></td><td colspan="2"></td><td></td><td></td><td></td><td></td><td></td></tr>
<tr><td></td><td colspan="2"></td><td colspan="2"></td><td></td><td></td><td></td><td></td><td></td></tr>
<tr><td colspan="3">日常工作完成情况</td><td colspan="7"></td></tr>
<tr><td colspan="3">有关说明</td><td colspan="7"></td></tr>
</table>

① 公司组成中高层述职评价委员会，由委员会承担述职者的考核责任。述职评价委员会一般由公司总经理、高层管理人员、外部专家顾问等组成。

2. 定期主管-员工面谈

定期面谈能提供面对面讨论和解决问题的手段，这对于及早发现问题、找到和推行解决问题的方法是非常有效的：首先可以使主管人员和员工进行比较深入的讨论，讨论不便公开的工作内容；其次可以使员工有被尊重的感觉，有利于建立主管与员工之间的融洽关系。唐利[1]指出管理沟通系统会使用一些不同的方法，而口头表达要比书面表达好一些。不过在采取面谈沟通时应明确会谈的目的和重点，重点应该放在具体的工作任务和标准上，鼓励员工多谈自己的想法，以开放坦诚的方式进行谈话和交流。最后，要及时地做好面谈记录。面谈记录的样本可见表 8-3。

表 8-3　绩效考核面谈表

部　门		考核人		被考核人	
面谈时间	年　月　日　时至　时				
面谈内容指引				面谈概要	
过去一年的主要工作内容以及完成情况					
工作成功的方面					
工作中需要改善的地方					
工作中需要的支持、资源情况，团队工作情况					
是否需要接受一定的培训					
工作安排、公司政策、领导风格对绩效的影响					
员工的职业生涯规划					
对考核评价有什么意见					
希望从公司得到什么帮助					
下一步的工作和绩效的改进方向					
其他方面					
面谈双方签名	考核人意见：			被考核人意见：	
备　注					

3. 定期的团队会议沟通

会议沟通可以满足团队交流的需要，定期参加会议的人员能够掌握工作进展情况。通过会议沟通，主管人员可以向员工传递有关公司愿景、使命和价值导向的信息。但会议沟通应注意以下几个方面的问题：(1) 要明确会议的重点，避免形式主义；(2) 注意会议的频率，避免召开不必要的会议；(3) 合理控制会议的时间，关注解决重要问题；(4) 营造良好的沟通氛围，避免演变成相互指责；(5) 做好会议记录并在会议结束后及时做书面总结。

① Townley S., Home Range. Movement and Microhabitat Distribution of Hastings River Mouse Pseudomys Oralis (Rodentia: Muridae)[D]. Draft Thesis Manuscript, 1994.

(二) 非正式沟通

管理者和下属在工作过程中或者工作之余的各种非正式会面为他们提供了非常好的沟通机会。非正式沟通方法没有事先的计划,没有正式会议或书面形式,只是利用非正式的会议、闲聊、喝咖啡的间歇时间进行简短交谈。非正式沟通的最大优点在于它的及时性,它没有固定的模式,有的管理者喜欢每天都花一些时间在工作现场或公司其他公共场合与下属交谈。非正式沟通的主要方式有:(1) 走动式管理,即四处走动,对员工进行非正式的拜访;(2) 开放式办公;(3) 工作间歇的沟通,例如午餐或茶歇时的简短讨论;(4) 非正式的会议等。非正式沟通具有许多优点:(1) 形式多样、灵活,不需要准备;(2) 沟通及时,问题发生后,马上就可以进行简短的交谈,从而使问题很快得到解决;(3) 容易拉近主管人员与员工之间的距离。

绩效沟通的主要方式及优缺点总结如表 8-4 所示。

表 8-4 绩效沟通的主要方式及优缺点

沟通方式		优点	缺点
正式的沟通方式	书面报告	可以锻炼员工的逻辑思维和书面表达能力;报告方式简单,内容严谨、准确,便于保存;使沟通突破时间、空间的限制	信息单向传递,缺乏双向交流;大量的文字工作容易使沟通流于形式;不易在团队中实现信息共享
	会议沟通	可满足团队交流的需要;便于管理者向员工传递信息;能帮助员工理解组织目标并找到更好的工作方式	组织比较耗费时间和精力;有些问题不便在会议上公开讨论;召开会议会影响正常工作
	面谈沟通	可使管理者与员工进行比较深入的沟通;可以谈论不宜公开的观点;管理者可以在面谈中根据员工的处境和特点,因人而异地给予帮助	容易使员工产生较大的心理压力;容易带有个人感情色彩;比较耗费时间,且要求主管掌握较高的沟通技巧
非正式的沟通方式	走动式管理	管理者在员工工作期间经常到员工的座位附近走动,与员工进行交流或者解决员工提出的问题,帮助员工克服工作困难和障碍。管理者的及时问候和关心可以减轻员工的压力,使员工感到鼓舞和激励	管理者如果掌握不好走动的频率及方式,会让员工感觉管理者监视其行为、对其干涉过多、不信任他们,容易产生心理压力和逆反情绪
	开放式办公	管理者办公室随时向员工开放,员工可以随时进入办公室和管理者讨论问题,说出自己的想法和意见;将员工置于比较主动的位置,员工可以选择与管理者沟通的时间,可以主导较多的沟通内容	占用管理者大量时间,使得管理效率降低
	非正式会议	包括联欢会、生日晚会等各种形式的非正式团队活动,可以在比较轻松的氛围中了解员工的工作情况和遇到的需要帮助的问题	传递的信息不确切,容易失真、被曲解

[资料来源] 徐伟,张建国.绩效体系设计:战略导向设计方法[M].北京:北京工业大学出版社,2003.

无论采用何种沟通方式,管理者都要切实提高沟通技巧,要学会认真倾听,以积极开放的态度与下属进行沟通,还要积极地克服沟通过程中存在的障碍。通过运用沟通技巧,管理者和员工之间可以实现信息的准确传递，解决现实问题，同时，使沟通双方的关系因为交流而得到巩固和加强。

【拓展 8－1】

积极倾听的 8 点建议

请用手机微信扫以下二维码，学习本拓展内容。

三、绩效沟通步骤

（一）营造和谐氛围，鼓励员工主动交流

在这个阶段需要注意以下几点：(1) 当员工觉得他们向管理者传达的信息不论是好是坏，管理者都会给出有建设性的反馈时，他们就会主动和管理者交流。反之，如果他们认为，当他们遇到问题来找管理者的时候，都会被管理者责备或者教训，他们就不会再主动和管理者沟通了。(2) 如果员工意识到与管理者交流确实会对他们的工作有所帮助，他们也会主动和管理者沟通。管理者要向员工证实管理者将身体力行地去处理他们所遇到的问题，而不是只说不做；并且，管理者在处理问题时要很讲究技巧，让问题变得简单，以促进员工乐于和管理者交流。(3) 管理者的举止将决定那些主动来和管理者交流的员工是否会有下一次。如果管理者的表情、身体语言流露出管理者对员工“打扰”的不耐烦，他们就会认为管理者平时所提倡的随时随地的交流只不过是句空话。因此，管理者与员工交流时，一定要用心倾听，如果对管理者而言时间不合适，则需要重新安排时间。

（二）阐明管理者的需要

管理者向员工阐明自己的需要，这是一个非常重要的环节。由于员工并不知道什么信息是管理者所需要的，更不知道管理者是否会感觉他们是在拿本可以自行解决的问题来烦扰管理者，所以管理者要说清楚自己想要的信息，以及什么时候来找自己进行交流是最合适的，并且要让员工了解自己能帮助他们解决什么问题。

（三）付诸行动

倾听并不足以让员工主动与管理者交流。语言沟通很重要，行动也同样重要。所以，倾听、回应然后行动起来，这都是沟通所必需的。如果管理者真的帮助了员工，那么员工将乐于与管理者主动交流，并分享他们的成果。管理者付诸行动是一种承诺，也是一个信号，这对于拉近管理者与员工的距离会起到非常重要的作用。

（四）进行协调式的沟通

一些管理者认为管理员工的最好方式就是板起脸多批评，事实并非如此。员工对管理者的

畏惧并不能有效地提高工作效率;相反,管理者越是批评,员工就越是怨恨,对管理者也越抵触。管理者采取协商的态度和语言与员工沟通有助于减少冲突,所以管理者要向员工传达这样的信息:管理者和员工是一条战线上的。① 管理者在沟通时需注意以下几点:(1) 在管理者提出意见或批评员工时,不要人身攻击。(2) 不要总是讨论和评估已经发生了的事情。(3) 沟通时尽量不要有引导性,尤其是对员工本身的评估,这会让员工非常难堪。(4) 不要贸然提出建议,提出建议的时间要恰到好处。(5) 不要命令员工。管理者有权力指示或命令员工做管理者需要他们做的事情,但滥用职权则会助长抵制和反抗。(6) 沟通时,不要夸大其词。本章下一节还将详细介绍沟通中应该注意的一些技巧。

思政园地

自人类社会产生以来,对和谐社会的追求就成为一种重要的价值取向。在中国,和谐自古以来就是中华文明遵循的核心价值理念。在西方,法国的空想社会主义者在18世纪就提出了建立"和谐社会"的构想。马克思主义批判地吸收了空想社会主义理论中的合理成分,科学地描绘了未来理想社会的蓝图。中国特色社会主义和谐社会建设,正是实现这一价值目标的伟大实践。

和谐作为社会主义核心价值观的重要组成,是人类世界的普遍要求和未来方向:首先,就一般事物而言,和谐是事物存在的一种辩证关系的积极展现;其次,就社会形态的特征而言,和谐是中国特色社会主义的本质属性;再次,就人类历史的未来发展而言,和谐世界是人类的共同价值追求。

[资料来源] 社会主义核心价值观基本内容释义 [EB/OL].(2014-05-06)[2023-03-03]. theory.people.com.cn/n/2014/0506/c384764-24981614.html.

第三节 绩效管理的沟通技巧

即使想法再好,管理者们有时也可能因为缺乏绩效沟通的技巧而造成负面影响。有些情况下,员工们感觉好像是主管在审问他们,或者,他们有时感到诚实会导致惩罚、责备或更多的工作。要使沟通有效,管理者就要掌握一定的沟通技巧,以防止产生沟通的负面影响。休伯特·K. 兰佩萨德曾就人际沟通技巧进行了总结(见表8-5)。本节仅就绩效管理过程中所出现的沟通技巧问题进行阐述。

表8-5 人际沟通技巧的概述

目 标	结 果	技 巧
倾 听		
收集信息	更好地理解和被传达	当他人正在表达一个观点时,安静下来,用眼睛交流,放松并集中倾听;倾听直到别人结束讲话再回答;努力站在他人立场上考虑;表达兴趣,显示他人的意见在被认真地听并且管理者正在努力去理解他;提问要求阐明,用管理者的语言逐字地重复所说的,并且寻求共同关心的东西

① 罗伯特·巴考尔.绩效管理24准则[M].北京:中信出版社,2005:68-71.

续　表

目　标	结　果	技　巧
	提　问	
获得有价值的信息和构想，增加参与	更好的决策和更加集中的讨论	首先，确定管理者要用问题获得什么，然后提出正确的问题；其次，以一种他人觉得舒服的方式提问并且参与讨论
	在他人构想的基础上去构建	
建立和塑造构想	更多的解决方案被想出来，因此会产生更好、更大的赞赏之感	对别人的构想表达赞许，然后加入一些自己的观点
	有建设性地争论	
陈述他人的其他看法并且纠正错误的内容	透明的、更好的决策制定以及更大的参与	分析他人的构想并给出一个选择性的看法，提供为什么构想不能被接受的原因并解释为什么会失败
	阐　明	
确保管理者正确地解释了他人所说的	更加透明、更少误解以及更好的倾听技巧	解释他人所说的并且检查它是否正确，根据自己的理解重复他人的话
	概　述	
根据以前讨论中建立要点的认识	讨论中的清楚化与结构性	重复前次会议的重要决定和达成的一致意见
	使他人融入	
鼓励更多人融入和积极参与	建立更好的倾听技巧和自尊，以及更大的主动性	用名字标记不同的人，提问让他参与到会议中
	表示赞许和感谢	
鼓励某人进行同样的努力并且督促他人效仿	主动性和自尊，鼓励更新的绩效	对良好的绩效立刻清楚地表达管理者的赞扬，尽可能在他人面前表扬并且清楚地讲给那个人听
	给予和接收反馈	
纠正不良的行为并且将它调整到需要的行为，团队中的协作变得越来越公开和有效	更有效的合作和公开的交流沟通	管理者自己确定是否给出反馈以及管理者和他人将从反馈中获得什么；如果管理者要给予或者接收反馈，运用此部分列出的规则，例如具体、公开和诚实；欣赏别人的本来面目；不要表达负面的感受；不要把反馈当作批评；等

续 表

目　标	结　果	技　巧
有建设性地协调		
积极考虑之后得出一个对于冲突、愿望、利益和目标的理解；找到双方都能接受的折中方案	更加清晰、更少愤怒和意见分歧、更高的团队绩效，以及更高效的协作关系	做好充分准备，注意力量的平衡和营造一个积极的大环境。运用所提及的建设性协商的规则，例如不要完全地依靠他人；为有利于双方的折中方案而努力；耐心、乐观并且友好等
冲突处理		
减少由于愤怒和意见分歧所造成的冲突	更加清晰、更少误解、更大的参与、有效的合作以及更高的团队绩效	检查冲突处在哪个阶段，认识它们涉及的敏感性，然后运用所提及的规则去处理冲突，例如在下结论之前倾听和评价，寻求意见一致点，防止情绪反应，要和蔼可亲等

［资料来源］休伯特·K.兰佩萨德.全面绩效计分卡[M].北京：机械工业出版社，2006：174－175.

一、坚持绩效训诫的原则

训诫是一种解决绩效问题的方法，其涉及管理者向员工指出和交流的多种绩效问题，如果绩效问题没能解决的话，就要向员工指明、沟通和实施其可能的处罚。在早期阶段，它成为绩效管理主要甚至是唯一目的，使用处罚措施是管理者的权力，但一定要坚持原则[①]：(1) 训诫行动必须符合当地的法律和相关的劳动协议。(2) 任何训诫行动都必须有充足的理由，而且要详细，包括实际的绩效差额、这个差额是如何被发现的、是如何沟通的以及为了解决这个问题采取了哪些措施等。(3) 训诫行动应施加尽可能小的压力，只要能解决问题即可。因为施加的压力越大，管理者取得建设性的、长期的双赢结果的可能性就越小。(4) 绩效问题讲得越详细，管理者同员工一起解决问题的可能性就越大，而且在采取一些极端的训诫措施时，管理者越有可能受到法律的保护。

二、慎用评论和批评

当管理者将目标定在某个人和他的行为，而不是定在某个具体的问题时，评论和批评可能导致冲突。这样的评论和问题就像是责备而不是试图提供帮助，阻碍了问题的解决。不管管理者陈述的是对还是错，都具有破坏性。所以沟通时要盯住问题本身，而不要用过去的错误来攻击员工，回顾过去的唯一原因就是防止问题再次发生，而不是羞辱或侮辱员工。另外，管理者还要避免发表毫无意义的针对过去的评论。沟通时，不要仅仅看到问题，更要看到成绩；不仅仅需要知道哪些地方做得不对，而且需要知道哪些地方做得对，有成绩时应该祝贺。

三、不要轻易挑衅性提问

用提问引起员工的注意是很必要的，不仅在绩效沟通过程中是这样，而且在管理者的其他

① 罗伯特·巴克沃.绩效管理——如何考评员工表现[M].北京：中国标准出版社，2002.

工作过程同样如此。但有些人使用问题来表达轻视、攻击和贬低的意思，使对话僵化。由于员工各不相同，一些员工需要不断鼓励，而另一些员工需要每日的提醒才能干得好，所以在沟通时要依照每个员工的不同特点来进行个人化的沟通，为达到相应的目标，管理者必须注意自己的行为对别人的影响效果。

四、避免不适当的劝告和肯定

不是所有的引起冲突的语言都是批评性的或否定的，有些话听起来似乎是帮助性的，但也可能引起问题。当评论绩效问题时，管理者也许会试图安慰员工说他/她能够克服困难。即使管理者是想传递信任，但这种安慰本身并没有帮助作用，因为并没有说清楚如何才能克服困难或管理者将如何提供帮助。

五、不要贸然提供建议或命令

管理者有权提供建议甚至偶尔命令人们做某事，但这并不是说管理者要依靠这些权力开展工作。当管理者主动提供建议时，管理者就给人一种他总是比员工水平高的印象，这有可能使员工感到窘迫，特别是当管理者在公开场合这样做时更是如此。而且如果管理者习惯于给员工下命令，就很难实现从管理者的角色转换到合作伙伴的角色，而这样的角色又是绩效沟通所必需的。

六、注意语言使用的技巧

管理者不要使用不信任的语言。一些管理者在试图从员工那里得到承诺时，会说出一些带伤害性的潜藏不信任态度的话，例如："你能确信你可以准时完成吗?"这意味着不信任，并将影响管理者同员工的合作关系。不要表示怀疑，而是要朝着管理者更容易相信的方向做工作。要把重心放在"我们"上面。"我们如何解决这个问题?""我们如何使它更容易一些?"或者更好一点是："我们如何才能帮助管理者?"而不要在言谈中人为地拉开双方的距离。

七、不要言过其实

使用夸张性的词语经常导致争论，因为大多数的夸张性说法并不准确，所以应避免使用那些夸张性的词语。当管理者夸大某一事的时候，很少能收获效果的强化，因为言过其实会让员工感到更多不公平；另外，言过其实也往往有责问的性质，并且很可能是不正确的，这都会让员工产生反感。所以要尽量使用一些针对问题的准确表达，以合作伙伴的身份准确地说明问题，并集中精力解决问题，这将会更有效。

八、注意态度的评估

管理者在沟通时尽量不要一味地指责员工的态度。管理者不能凭空说一个人态度好或坏，而是要通过员工的一些行为表现来判断。关于一个人态度好坏的判断是非常主观的，而且，当人们的性格或态度被否定时，特别容易产生挫败感。管理者首要关心的应该是提高员工工作效率和改进绩效，而这两者都是员工行为表现的结果。假如总是在态度问题上紧抓不放的话，只能造成彼此间的不愉快，这将阻碍绩效的提高。所以，管理者应尽可能地不谈态度问题，把精力集中在能看到、能听到、能衡量和能验证的员工行为表现和结果上。①

---

① 罗伯特·巴克沃.绩效管理——如何考评员工表现[M].北京：中国标准出版社，2002.

九、要言之有物

绩效沟通时要为员工提供详细的绩效考核信息，提供能使其进一步改进、提高绩效的具体信息，即要言之有物。拘泥于那些泛泛的评估，只能让员工不知其改进的方向，或是更加疑惑。为了让绩效沟通、反馈的内容具体，管理者要注意以下几点[①]：(1) 要有具体的事例，即在绩效沟通时，要多引用行为表现的实例。(2) 坚持眼见为实和用事实说话，不要推断。(3) 多做记录，当管理者发现某件与绩效有关的关键事件，并认为可以放到以后再讨论的时候，那么管理者就应该把它简单地记录下来，以便在以后的绩效讨论中能够帮助管理者回忆。不要每次一发现与绩效有关的关键事件，就立即找当事人沟通。

十、巧妙地处理争执

绩效沟通和反馈中有时会出现争执。出现争执，这首先说明员工对他们的工作至少是全身心投入了。因为投入了工作，所以才能形成自己鲜明的想法和观点，才会容易发生争执。所以出现争执也并非坏事，不要回避它。一般而言，管理者处理争执时要注意以下几点[②]：(1) 当发生争执时，不要草率地决策，要站在员工的角度思考问题。(2) 争执发生后，首先要做的就是不让它扩大，以免造成更大的负面影响。(3) 最后才使用强权，管理者的权力并非如管理者所想的那么有用，过度使用反而会引起员工的反抗。(4) 当争执双方的情绪都比较激动时，最好先停止讨论，暂时休息，情绪激动的时候进行讨论无法很好地解决问题。(5) 让员工感觉管理者是开明的，当员工感觉到管理者愿意去倾听和理解他们的观点时，他们也会很友好地进行回应。只要管理者准备充分，绩效管理工作得当，就能够大幅度降低争执发生的频率和严重程度；只要员工知道管理者是想帮助他们成功而不是挑毛病时，员工们就会很诚实地配合管理者的工作。

十一、不要有引导内疚的企图

一些管理者认为，如果他们让员工们感到内疚的话，他们将会更努力地工作。但实际上，在通常情况下，这种行为会产生事与愿违的恶果，因为这样做会让员工感觉在受摆布。

【拓展 8－2】

常见肢体语言的基本含义

请用手机微信扫以下二维码，学习本拓展内容。

① 罗伯特·巴考尔.绩效管理24准则[M].北京：中信出版社，2005：8.

② 罗伯特·巴考尔.绩效管理24准则[M].北京：中信出版社，2005：81－83.

第四节　360 度考评反馈及其应用

【拓展 8-3】

反馈的作用

请用手机微信扫以下二维码,学习本拓展内容。

一、360 度考评反馈的兴起及其内涵

早在 20 世纪 40 年代,人们就开始在组织和个人职业发展评价中利用 360 度考评反馈(360-degree Feedback),又称 360 度考评反馈法,当时主要用于对组织的绩效和发展变化等进行评价。到了五六十年代,这种评价方法开始用于对领导能力的评价与筛选以及工作评价,70 年代以后主要用于对经理人员的筛选、项目的评价与定位。到了 80 年代,美国学者爱德华(Edward)和尤恩(Ewen)总结、发展、完善了这一评价技术,目前它已成为多数企业组织采用的一种绩效考评方法。据报道,在《财富》全球 1 000 强企业中,90%以上的企业在职业开发和绩效管理中应用了 360 度考评反馈法。而一项对美国企业较大规模的调查显示,包括大企业和中小企业在内的 65%以上的美国企业在 2000 年以后采用了这种多面评估体系,比 1995 年的调查结果 40%提高了许多。

360 度考评反馈法之所以在国际企业界兴起并得到快速普及,是因为经济产业的升级换代和全球化竞争所带来的经营环境的变化。20 世纪 80 年代以来,企业为了适应全球化竞争的需要,不得不抛弃老的产品和服务,源源不断地创造新的产品和服务以满足消费者需求。在此背景下,企业管理者必须具备更高的素质,全面开发自身的管理能力,同时必须鼓励普通员工(有时甚至包括外部客户和供应商)对管理过程积极参与。360 度考评反馈法强调的就是一个利益相关群体共同参与管理的过程,也是一个帮助管理者和员工开发提高其管理能力的过程。过去,大多数管理者和员工无法准确及时地获得关于个人绩效全面诚实的反馈评价,很难形成对自己的准确认知。现在,通过 360 度考评反馈,把他人的匿名反馈评价与管理者和员工个人的自我评价放到一起对比,就可能形成一个关于本人优缺点的更为现实全面的图景。如果 360 度考评反馈中所反映出来的缺点是自己过去没有意识到的,那么这种反馈评价就会促进自身行为的改变,尤其是当这种变化受到组织鼓励和支持时。

360 度考评反馈的最终目的在于促进组织与个人的共同成长,促进组织的变革和绩效的改进。如果企业能够通过 360 度考评反馈或者自下而上的反馈评价来强化管理者的自我意识,

那么其组织文化就会变得更加开放和富有参与性,能够更为迅速地针对内部和外部客户的需求做出反应,这将引致信任水平的提高以及团队合作精神的加强,大大增强企业的竞争能力。

360 度考评反馈也称全视角考评(Full-circle Appraisal)或多源评价(Multi-source Assessment),是指一个组织中各级了解和熟悉被考评者的成员(如直接上级、同事、下级等),以及与其保持密切联系的内外部客户对其绩效表现提供客观具体的反馈信息,以帮助其找出组织及个人在这些方面的优缺点和发展需求,并加以改进和完善的过程。

具体而言,360 度考评反馈是针对特定的个人(通常是管理人员),由包括被考评者自己在内的多方面考评者来进行评价。也就是说,它是帮助一个组织成员(主要是管理人员)从与自己发生工作关系的所有主体那里获得关于本人绩效信息反馈评价的过程,这些信息包括来自上级监管者的自上而下的反馈评价,来自下属的自下而上的反馈评价,来自平级同事的反馈评价,来自本人的反馈评价,以及来自内外部客户和供应商的反馈评价。360 度考评反馈的内容涉及被考评者的任务绩效、管理绩效、周边绩效及态度和能力等方面,重点在于考评过程中以及考评结束之后,要及时通过反馈程序,将考评结果反馈给被考评者本人,以达到改进行为、提高绩效、促进发展的目的。图 8－3 是 360 度考评反馈的基本构成图。

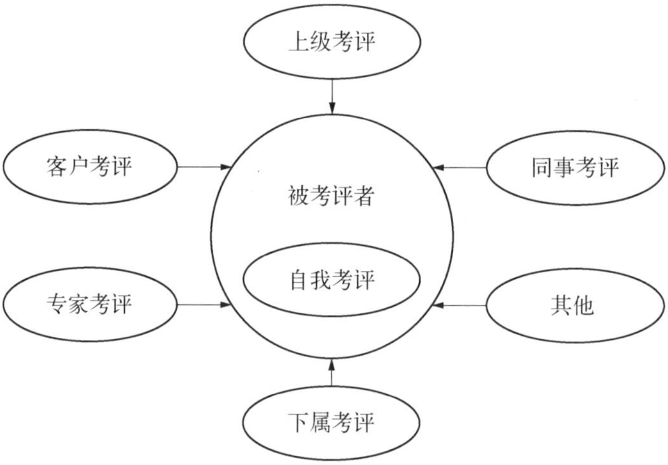

图 8－3　360 度考评反馈示意图

[资料来源] 林新奇.绩效管理[M].大连：东北财经大学出版社,2020：232.

与传统的绩效评估方法相比,360 度考评反馈从多个角度反映被考评者的绩效行为。这使得考评结果更加全面、客观和公正。特别是对反馈过程的重视,使考评起到“镜子”的作用,提供了沟通、交流、学习和改进的机会。

360 度考评反馈通常是以匿名的形式提供考评反馈。这种绩效反馈过程与传统的绩效评估和反馈方法不同,不仅把直接上级的评价作为员工绩效信息的来源,而且将在组织内部和外部与员工有关的所有主体(包括员工本人)作为提供反馈信息的来源,这无疑增加了绩效评估和信息反馈的多主体性和全面性,也要求在具体操作上更加科学和严谨。

360 度考评反馈对企业管理者的素质能力提出了更高的要求。他们必须重视日常性的绩效管理,实现从绩效考核到绩效管理的过渡。而且,由于需要收集和整理的信息数量大大增加,涉及绩效评估的内容和形式日益复杂,管理沟通与反馈能力也直接关系到绩效评估系统的效能,所以,他们进行管理工作的能力和责任心必须大大提高。

不同的考核主体具有不同的特点，360 度考评反馈并非强调面面俱到，或是让所有相关者都来对被考评者指手画脚，导致所谓的“不干活的人来批评干活的人，干活少的人来批评干活多的人”。相反，360 度考评反馈的核心要点是发挥相关考核主体的优点，克服其缺点，让最了解被考评者或其某一方面绩效行为的人来进行考评与反馈，重点是反馈与改进，目的是提高与发展。表 8－6 是对不同考核主体优缺点的分析。

表 8－6　不同考核主体优缺点的分析

考核主体	优　点	缺　点
上级	了解企业发展战略与规划，具有明确的目标导向，熟悉企业业务流程和被考评者的工作重点与绩效要求，掌握全面信息	受个人判断能力与管理水平影响大，主观性强
下级	有利于上级详细了解具体业务要求和下属意见，促进上级管理者诊断和改进领导风格，获得基层第一手信息	可能因为从属关系产生顾虑，不敢或不便反映真实的意见和信息，有时还可能出现故意贬低或曲意逢迎的情况
同事	彼此熟悉，对工作过程比较了解，评价和反馈意见针对性强，有利于增强绩效改进和团队协作	受组织文化、公司政治影响大，客观性、公正性需要通过一定的技术程序来保障
本人	最了解自己的工作情况和绩效行为，有利于及时改进和提高，对个人发展和组织承诺抱有积极期待	不易做到严于律己，由于利益驱动可能总是偏向于自我表扬和自我保护，有较强的主观性和封闭性
客户	是企业服务的对象，也是企业利润的来源，评价意见与反馈信息对公司和员工具有决定性意义，由于是客户，因此也具有很强的客观公共性	比较分散，评价意见与反馈信息不易收集，可能需要花费较多的时间和精力才能得到配合，为此需要加强日常管理工作和信息技术网络建设
专家	掌握系统科学的绩效评估技术和方法，能够准确理解企业战略和绩效要求，比较全面地了解企业业务和人员状况，具有较强的科学性、客观性、公正性和时效性	如果是深入企业的咨询专家，其评价意见与反馈信息就很有意义，否则就可能流于形式、主观片面，选择专家还要注意内外部结合

［资料来源］林新奇.绩效管理［M］.大连：东北财经大学出版社，2020：233.

总而言之，360 度考评反馈最主要的特点，在于它采取的是多评价源而非单评价源，因而比较全面和客观，能够有效防止采纳单一评价源进行评价时可能发生的主观偏见和武断，具有较高的信度和效度；同时拓宽了信息来源的广度和深度，便于对组织与员工绩效改进展开具体深入的反馈。实证研究表明，360 度考评反馈在提供反馈和指导、激励分配、最优化成本以及避免评价错误 4 个方面均优于传统的评价方法。

二、360 度考评反馈的特点

实施 360 度考评反馈的目的在于通过获得和使用高质量的反馈信息，支持与鼓励员工不断改进提高自己的工作能力、行为和绩效，从而达到个人与组织共同成长的目的。这种评价模式较单一评价来源的评价方式更为客观、准确、公正、真实、可信。同时，通过这种评价反馈，被考评者可以客观正确地评价自我，了解自己在职业发展中的优势与不足，激励自我更有效地发挥工作能力，赢得更多的发展机会。此外，该方法还能帮助管理者改进管理工作行为，提高管理水平,发现和解决组织成员之间的矛盾和冲突。与此同时,企业或组织则可通过 360 度考评反馈,在客观分析和使用反馈信息的基础上,做出正确的评价与决策,加强管理者与员工的双向交流,提高组织成员的参与性,创造良好的组织氛围,激发组织成员的创新性和工作动机,帮助企业进行团队建设。

具体来说,360 度考评反馈的优点主要体现在以下几个方面:

(1) 全方位、多角度。考评者来自企业内外的不同层面,得到的考评信息角度更多,考核评价更全面、更客观。同时,员工对管理者的直接评价实际上促进了员工参与管理。

(2) 实行匿名考评。360 度考评反馈采用匿名方式,使考评者能够比较客观地进行评价。通过开放式表格,可以收集到比较中肯的评价意见。

(3) 以服务对象为导向。对不同的考评者分别赋予不同的权重,而尤以服务对象权重最大。

(4) 自我发展意识增强。通过多角度的反馈,员工得到充分的反馈信息,具有极强的说服力,可以帮助员工正确地调整自我认知和自我行为,增强自我发展意识。

(5) 误差较小。考评者不仅来自不同层面,而且每个层面的考评者都有若干名,考评结果取其平均值,从统计学的角度看,结果更接近于客观情况,可减少个人偏见及评分误差。

(6) 基于胜任特征。其设计依据是抓住关键的行为要素,把影响绩效表现的深层次内容揭示出来,从而能够区分表现优异者和表现平平者的胜任特征。

360 度考评反馈作为一种人力资源开发与管理的方式,确实有很多优点,但也存在明显的不足,主要有范围广,成本高;容易用行为考评代替绩效考评;受组织文化影响大;考评参照标准不确定,偏向关注一般特质而不是特定工作行为;考评以个体记忆为基础,不能真实反映被考评者过去的工作行为;考评者不能观察到被考评者的全部工作行为,容易以偏概全;在实施 360 度考评反馈的过程中,如果培训和运作不当可能在组织内造成紧张气氛,影响组织成员的士气。此外,实施 360 度考评反馈时很容易遇到一些陷阱,如专断、文化震荡、监督失效、裙带关系、组织成员忠诚消失等。

三、360 度考评反馈的实施步骤及操作要点

(一) 360 度考评反馈的实施步骤

实施 360 度考评反馈,主要有以下几个步骤。

1. 定义需要评价和测量的对象

实施 360 度考评反馈的第一步是确定反馈的目标。绩效反馈通常与特定的管理需要和组织的战略目标相联系。通过回答下面一些问题,可以帮助分析和决定多角度评价的焦点以及调查面谈的类型。比如:

(1) 是否希望被考评者增强对自身优势和发展领域的意识?

(2) 是否希望被考评者在一项或多项素质技能方面更精通?

(3) 是否希望被考评者对他们的上级、同事更信任,维持良好的关系?

(4) 这项反馈会给个人特定的、可测量的绩效行为带来关键的改变吗?

(5) 是否在意多方参与的 360 度考评反馈将可能导致管理成本增加?

2. 设计调查问卷

实施 360 度考评反馈的关键是设计一份结构完整的调查问卷,主要包括以下几个环节:

(1) 选择目标主体。典型的 360 度考评反馈的考核主体即参与对象,一般包括被考评者、

上级领导、直接下级、同事或团队成员和其他的相关人员，以及内外部客户。不同的参与对象（考核主体）可能强调个人素质能力和绩效行为的不同方面，比如上级领导趋向于强调结果绩效和技术能力，而同事可能更强调内部协作和人际关系等因素。

（2）识别合适的评价水平。在确定目标主体之后，需要确定他们分别在什么方面最具有发言权或最感兴趣。这些识别要素包括反应、意识或洞察、转变、成本有效性等，可能需要预先调查以确定不同的评价水平。

（3）整合调查的问题。调查问卷的题目必须根据事先确定的评价水平而定。比如，如果对员工的行为转变最感兴趣，那么需要关注的是在360度考评反馈之后，哪些行为是被考评者做得更多、更少或者有变化的。调查问卷的题目必须简洁、客观、易于理解。

（4）确定合适的反应量表。一个合适的反应量表，一般用数字来表示，比如可以用李克特量表的形式，每个数字都代表一定的意义：1表示非常满意，2表示满意，3表示不确定，4表示不满意，5表示非常不满意。

（5）预调查。展开大规模调查之前，先在员工中进行小范围的预调查，可以揭示调查问卷中存在哪些缺陷，以便在目标主体使用前加以修正。

（6）修正并最终确定调查问卷。修正后的调查问卷必须科学完整，并且容易阅读，便于填写。不要忘记在付诸考评时，在调查问卷的最前面附上一封信，说明为什么要开展这次调查，如何填写调查问卷，应将调查问卷寄回何处以及截止日期等，并表示感谢。

3. 收集相关数据信息

在准备好完整的调查问卷之后，重要的是对调查要有一个高度的承诺。要获得人们的信任和积极参与，收集到所需要的相关数据信息，还是有一定难度的，甚至是具有挑战性的，所以需要讲究一定的技巧。以下几条建议可供参考：

（1）选择合适的调查时机或时间段。

（2）让人们在比较放松的状态下参与调查。

（3）尽可能节约时间而使调查易于参加。

（4）可以通过网络扩大数据收集范围，增加调查问卷填写的便利性。

（5）最大化使用匿名性调查问卷以及承诺反馈。

（6）最小化使用开放性问题以确保调查问卷简洁且易于理解。

4. 分析数据信息并总结结论

使用一些有用的统计分析软件（如SPSS）和电子数据表（如Excel）对收集到的数据进行统计分析，可以使我们获得对评价有用的基本数据信息，包括频数分析、卡方分析相关性以及T检验等。需要记住的是，我们的目的不是要进行学术研究，而是要掌握如何使绩效反馈更为有效的方法。

（二）360度考评反馈的问卷设计

如前所述，实施360度考评反馈的一项重要内容是设计问卷，问卷质量的好坏直接决定着360度考评反馈的成败。那么，如何才能设计出一套科学合理的360度考评反馈问卷？

首先，要突出企业的战略目标，明确预期目标并运用相应的评价指标来对其实际效果进行评价。企业采用360度考评反馈时，必须首先界定自己到底准备从这种绩效评估方法中获得哪些收益或者达到何种目标，然后要设定一个具体的时间表来对该计划达成目标的情况进行评价，从而明确考评的目的。

其次,在内容和项目设计上应尽量避免主观的引导,设计时应筹划好统计和量化的方法。在操作中需要注意以下几点:一是业绩指标要与岗位职责密切挂钩,并且事先确定尽可能量化和具体化,主要由直接上级来考评。二是发展指标的设置要与岗位要求挂钩并与公司的价值理念、员工个人的职业生涯规划联系起来。发展指标应由对被考评者比较了解的相关人员来考评,可以是上级、专家、同事(包括人力资源部),也可以是下级或相关合作部门等。要注意让考评者了解应考评什么,避免考评中大家用同一指标来考评某人,出现人缘好则考评好的现象。三是在设计中要注意业务指标与工作流程的相关性,按内部客户的观点来设置考评指标和考评权力,如上级是下级的客户,下一流程是上一流程的客户,客户要对收到的商品质量进行考评。

再次,设计 360 度考评反馈的问卷,应与企业的发展战略、文化等内容有机结合,而不能是因为流行就模仿。因为这种评价本身就是一把双刃剑,对企业的文化、价值观、理念有着相应的要求。如果企业员工具有高度的参与感,内部上下级和同级之间高度信任,那么推行 360 度考评反馈就能取得良好的效果;反之则会事与愿违。所以,在问卷设计上要全盘考虑、统筹安排。

最后,要重视实施后的绩效反馈和改进。因为 360 度考评反馈的核心任务是绩效反馈和确定改进措施,所以企业应积极地将评价结果反馈给员工,指导其改进工作中的不足之处,提高工作绩效,从而达到 360 度考评反馈的目的。如果这两个环节做不好,360 度考评反馈就只剩下一张 360 度的皮了。许多企业在评价后不向员工进行反馈,而是倾向于将结果隐瞒或“低调处理”,将 360 度考评反馈当作管理层的一种单方面行为,这很容易造成员工对 360 度考评反馈的误解。有的企业认为员工知道了自己的评价结果会影响工作态度,但这只是假设,关键是看考评目的和如何反馈,大多数员工还是希望知道自己的绩效评估结果,以利于后续的工作改进提升。

【案例 8-4】

AAH 大药房的 360 度反馈体系

AAH 大药房(AAH Pharmaceuticals)使用了一套具有良好的反馈体系应当具备的多项特征的 360 度反馈体系。AAH 大药房主营药品批发,有 3 800 名员工,主要在英国提供医药产品和服务。在专业咨询师的帮助下,AAH 大药房发现 360 度反馈体系既能提供绩效反馈,又能提供对开发计划有用的信息。为了消除员工的顾虑,公司向他们明确表示,使用这套工具的唯一目的就是用来制订开发计划和提供反馈,而且这些信息绝对不会用于其他任何目的。员工可以自主选择是否与其上级主管人员分享这些信息。这套体系通过一个自动的在线问卷调查系统收集多重来源的绩效评价信息,同时确保这些信息都是匿名和保密的。当所有反馈结果都产生之后,所有的参与者要在一个非办公地点针对这些反馈结果举行为期一天的会议。这个会议的目的是通过一对一的结果解释以及与咨询师进行相关内容的讨论来建立一套开发计划。在这次会议结束 6 个月之后,公司还要召开跟进会议,以审查开发目标的实现情况。AAH 大药房发现,如果先让一批管理者对这套体系进行完整的流程体验,再让他们制订计划来向更多的员工推广这套体系,会让这套体系推广得更加顺利,也能让更多的员工抓住和利用开发机会。总之,AAH 大药房使用的这套体系反映了一个成功的 360 度反馈工具都有哪些组成要素。

[资料来源]赫尔曼·阿吉斯.绩效管理[M].3 版.北京:中国人民大学出版社,2013:205.

启发思考：

1. 一个成功的360度反馈工具都有哪些组成要素？

2. AAH大药房为了更好地推广这套体系，采取了哪些措施？

本章思考与案例

1. 什么是绩效沟通？为什么要进行绩效沟通？

2. 绩效沟通一般有哪些渠道、哪些方法？

3. 谈谈兰佩萨德的沟通技巧。

4. 假定你是一家企业的营销管理者，你的下属由于与客户发生了争执，遭到了该客户的投诉，你准备如何与这位下属进行沟通？请写出你在沟通前的大致纲要(包括出现的问题、要解决的问题、沟通的技巧等)。

5. 去企业调查，或通过收集一个绩效管理比较成功的案例，看看它的正式沟通与非正式沟通是如何运作的。

6. 请阅读以下案例，并总结一个有效的绩效面谈反馈有哪些基本步骤。

案例主要人物：王云，北京某广告公司客服部经理；何梅，该公司客服部新入职员工。

月末，客户服务经理王云把绩效考核表格分发给下属的7名员工，要求员工在两天内填好并上交给她，并提醒员工近期是公司例行的月底绩效考核周期，今年每月的绩效考核结果与年度奖金发放、末位淘汰挂钩，要重视起来。

第二天下午，王云回收了7名员工的考核表格后发现，员工自评的分数全都在80分以上。这意味着部门员工的绩效表现均为优。但是，人力资源部制定的强制分布原则是每个部门只能有20%的员工得优，这样的分数明显不符合规定。

王云根据月初制定的KPI指标，逐一对7名员工进行上司评分。按照往常的流程，在把考核表格返还给员工时，如果谁对分数有异议，可找她做绩效面谈。

虽然公司之前每月都做绩效考核，但是，并没有将考核结果与收入直接挂钩，中层经理及基层员工都不重视考核结果，绩效面谈也一直流于形式，如果员工对上司的评分没意见，绩效面谈这个流程就可以直接省掉。

这一次由于绩效影响员工的薪资和升职，何梅要求绩效面谈，王云对这件事早有心理准备。何梅入职4个月，不过，近3个月的绩效评分都不是很理想，而且这个月王云给了她一个最低分。

何梅非常坦诚地告诉王云：这个月她的KPI指标完成情况的确不够理想，也收到了几个客户的投诉单，对于得了部门最低分这件事，心里非常难过。她希望王云能告诉她接下来的工作应该怎么做，才能避免这种情况。

面对非常真诚的何梅，没有做绩效面谈准备的王云一时无言以对，无法深入为何梅解决问题。她只能先简单地安慰何梅，表示会考虑下一个月度调低她的考核指标，帮助她把工作做得更好，也会动员其他同事给她提供一些帮助。至于如何调整考核指标、提供什么样的帮助，王云表示自己也需要考虑。

何梅并不满意王云提出的解决办法，认为自己在这种非常无助和迷茫的情况下，需要自己的直接上司在工作改进方面提供有指导性的帮助,而不是没有任何价值的许诺。何梅认为,如果这次不能从根本上找到问题和解决办法,自己肯定是第一个被淘汰的员工。她再次直截了当地询问王云:怎么做才能帮助自己改善绩效?最终这个问题没有真正得到解决,两人不欢而散。

非常失望的何梅把绩效面谈的情况及结果以邮件的方式告知了人力资源部经理刘明,对公司绩效考核的目的及直接上司的绩效面谈方式提出了疑问。"显然在她的理解里,部门经理对绩效改善表现得漠不关心,是在暗示对她的工作不满意。实际上这是由于部门经理缺乏面谈技巧与准备所造成的一个误解。由于王云没有对这方面做详细准备,也缺乏经验,简单地以调低绩效考核指标来敷衍、许诺何梅,反而给何梅带来了更重的危机感。"刘明说。

王云认为,尽管公司一再强调月度考核结果会影响年底的奖金及员工去留,但起实际作用的还是年终考核结果。刘明表示,这是王云自己的一个误区,"尽管每次王云都向自己的下属强调月底绩效考核的重要性,但员工真的重视起来,需要帮助的时候,自己却毫无准备"。刘明说:"实际上,绩效管理是一个需要长时间持续咨询与指导的过程,这个过程包括为员工提供在绩效方面有建设性的、目标导向的反馈,与绩效过低的员工进行更多的沟通,提供明确的改善方法。直接上司在整个考核制度中必须担当一个教练的角色,而不是仅仅把绩效管理当作年度的评估流程。"

[资料来源] 胡华成.绩效管理与考核全案[M].北京:清华大学出版社,2019:220-221.

9 第九章 考核结果的整理与应用

全章提要

学习目标

案例导读

- 第一节　考核结果的整理与分析
- 第二节　考核结果的应用
- 第三节　团队/部门绩效与个人绩效挂钩

本章思考与案例

学习目标

1. 了解如何整理分析绩效考核结果；
2. 熟悉绩效考核结果的应用领域；
3. 了解部门绩效与个人绩效之间的关系，了解部门与个人绩效如何挂钩。

案例导读

南阳卷烟厂实施末位淘汰制

南阳卷烟厂是一家有着六十余年历史，以卷烟生产为主，集辅料加工、餐饮、运输、印刷、纸制品等多元化生产为一体的综合性企业集团，是国家卷烟生产的骨干企业，也是南阳市唯一的全国双优500强工业企业。随着企业的发展壮大，职工收入也不断增加，部分职工滋生了"小富即满，小进即安"的消极思想，创新进取意识有所减退。

以厂长许廷选为首的厂领导班子清醒地认识到，企业的发展步伐虽然不小，但与国内外先进厂家相比还存在很大的差距，尤其是在日趋激烈的市场竞争中，企业要立于不败之地就必须树立危机意识。要使企业持续发展，必须让每名员工都有危机感，看到企业所面临的险境。鉴于此，该厂着手建立了"危机管理"制度，"四个三"末位淘汰制正是这个制度的最重要一环。"四个三"末位淘汰制即对全厂中层干部、管理人员、辅助人员和一线职工4个层面分别进行考核评议，对工作不称职，缺乏主动性、积极性，考核评议排序靠后的职工予以淘汰，每个层面的淘汰率不低于3%。被淘汰人员实行为期1年的试待岗制，其间只发基本工资，取消其他待遇。凡两次被淘汰待岗的员工，限期进入企业劳务市场，直至解除劳动合同。

厂领导认为，要使"四个三"末位淘汰制顺利推进下去，首先要解决的就是全体职工的思想认识问题。为此，厂里成立了由厂长许廷选任组长，厂党委副书记钞克志任副长，由组织、人事、企管、宣传、纪检等部门的11名同志组成的人事改革领导小组。厂里在本次考评之前积极做好宣传发动工作，分批次召开职工动员大会，使职工充分认识到"四个三"末位淘汰制的重大意义，看到改革与企业发展、改革与自身利益、眼前利益与长远利益之间的关系。在"四个三"末位淘汰制的实施过程中，全厂共召开各类动员会不下百次，通过广泛的宣传发动，"没有危机意识就会有危机降临"的新观念植根人心。

"四个三"末位淘汰制庞大、内容复杂，涉及每位职工的位子、面子和票子，既有经济利益上的利害冲突，又有可能引发社会问题。鉴于此，厂领导经慎重研究，提出了自上而下、先易后难、分段实施的改革方案。即从具有较高思想觉悟的中层干部开始，先中层干部，再管理人员，然后辅助人员，最后是一线职工，分阶段、分层面实施。每一层面的考核评议、淘汰人员安置都给予充分的时间，从而有效地避免了因人员流动过大造成的混乱状态，保证了整个制度的有序推进、逐层消化。

“四个三”末位淘汰制的实施是一个复杂的过程，以下以干部末位淘汰制为例，介绍一下该厂是如何将企业的绩效考评结果有效地运用于人事奖惩与调整的。“四个三”末位淘汰制实施的重点在干部。中层干部是企业的中坚力量，建立一支年富力强、结构合理、素质优良的干部队伍，是企业发展的需要。而引入能上能下、能进能出、任人唯贤的用人机制，实施末位淘汰则能够有效地激活干部的主观能动性，最大限度地发挥其潜能。因此，“四个三”末位淘汰制的重点在中层干部的考评上。整个评议采用厂党政班子领导打分、中层干部互评、职工群众代表测评的三级评议。考核评议按“德、能、勤、绩、廉”及工作能力采取百分考核制，分为优秀、称职、基本称职、不称职 4 个档次，按照评议结果对业绩优秀的给予表彰，对考评较差的给予警告，对排序最后的予以淘汰。干部经过评议，末位淘汰 3 人，黄牌警告 10 人，分流轮岗 96 人，新提拔和重用了一大批年轻干部，真正体现了“庸者下、平者让、优者上”的用人原则。

[资料来源] 林新奇.绩效管理——技术与应用[M].3 版.北京：中国人民大学出版社，2021：201 - 202.

分析与思考：

1. 南阳卷烟厂是如何为将绩效考评结果运用于人事奖惩而做准备的？

2. 南阳卷烟厂如何将绩效考评结果运用于人事奖惩？它对企业中的绩效考评工作有哪些启示？

能否成功改进绩效，还有一个重要环节是绩效考核结果的应用。绩效考核的结果直接影响薪酬调整、奖金发放及职务晋升、辞退和职业发展等与员工切身利益相关的管理工作。如果绩效考核得不到合理的运用，那么绩效管理对员工绩效和能力提升的激励作用就会大打折扣。对绩效考核实践的调查研究发现，未有效处理绩效考核后果应用环节所遇到的问题，往往是绩效管理不成功的主要因素之一。

第一节　考核结果的整理与分析

一、考核结果的整理

考核结果是对部门和员工某一时期工作绩效和工作行为的评估结果，是绩效管理的重要数据资料。考核结果的管理是绩效管理最为关键的环节之一，如果没有科学的考核结果管理方案，设计再好的考核指标体系也徒劳无益。为了收集整理绩效考核结果的相关资料，人力资源部门要根据绩效考核的具体实施情况，设计发放相应的表格。表格的设计应注意以下几点[①]：首先，表格设计应该与考核指标相一致，要考虑绩效考核结果的多种用途，设计出综合性的统计表格，仅仅考虑某一方面的需要（比如薪酬管理或者晋升）而设计考核结果统计表的观念是不可取的；其次，表格也要适合实际部门的运用，比如，制造主管考评结果的表格与办公室主任或工程师考评结果的表格应该是不同的；再次，人力资源部门对员工和部门绩效数据进行收集整理的相关表格，应明确规定填报考核表格的时间。另外，在发出表格后，要在规定的时间内及时将考核表格填写完整并回收。

① 石锦涛，魏晋才.绩效管理[M].北京：北京师范大学出版社，2007：264 - 267.

二、考核结果的统计和分析

员工和部门的绩效考核结果数据收集完毕后，人力资源部应该及时对绩效考核结果进行归档、整理，并进行统计和分析。[①]

(一) 对考核结果的数据统计

需要进行统计和分析的数据主要包括：(1) 各项结果占总人数的比例是多少？比如优秀人数比例和不合格人数比例各是多少？等等。(2) 不合格的主要原因是什么？是工作能力问题，还是工作投入问题？(3) 能胜任工作岗位的员工占多少比例？(4) 是否存在员工自评与企业评价差距过大的现象？如果存在，主要原因是什么？(5) 是否有明显的考评误差出现？是什么样的考评误差？应该如何预防？

根据考评数据的情况，选择或设计统计软件表格，存储有关资料和数据，这样在使用时可以及时调用。考核数据的统计至少包括以下项目：员工编号、部门、人数、考评类别、考评分数、考评项目等。考评数据的保存应该满足考核工作的要求，且能根据需要迅速检索。对于一些小企业，因为考评数据数量少、简单，采用手工方式即可处理考核结果的数据；对于大中型企业，由于数据多、岗位体系复杂，需要借助计算机进行处理。

(二) 对考核结果的分析

分析考核结果是后续进一步改进绩效的前提。在分析考核结果时，应建立明确的从考核结果的数据收集到提出绩效改进计划的整个流程，以实现考核结果分析的目的。对考核结果进行收集、整理的对象包括：考核的指标、标准、权重、执行计划、绩效状况，以及其他相关信息。人力资源部门应尽量掌握考核的整个过程情况，以通过考核文字和数据材料来分析产生考核结果差异的原因。考核结果要用于改进员工绩效，因此，在确定员工的考核结果与责任归属时，应从熟悉、掌握员工工作情况的人员中产生，这也有利于紧接其后的绩效改进计划的指导实施。

分析人员在对考核结果进行分析时，应该对考核的指标进行多维度分析，主要是：首先应对单个指标在同一条件下不同时期的考核结果进行分析，以找出单一指标的不足，在此基础上对各个指标的考核结果进行全面综合的分析，以确定绩效改进的总体目标和措施。其次，在实际分析过程中，对员工考核中的能力类指标(难以量化)和结果类指标(能量化的)应区别对待，通过结果类指标的分析找出差距，然后进行能力类指标的分析，因为结果类指标考核结果更客观且容易得到员工认可，而且从投入与产出模型来讲，员工的能力是投入，员工的绩效是工作产出，通过结果分析产生原因，也是符合分析问题的普遍规律的。其整个过程是：绩效指标结果分析—绩效差距—员工个体特征与能力分析(是能力还是其他原因)—绩效环境分析(如配合、协作、资源配置)—提出改进意见(见图 9－1)。更为详细的相关内容可以参见第十一章“绩效持续改进方案”。

考核结果分析的方法，主要包括：(1) 纵向比较分析。这是指以客体(人员、部门、公司)为变量对不同考核期的同一考核指标进行比较分析。通过对员工(或部门、公司)本期指标考核结果与上期考评结果进行对比分析，寻求绩效差距及引起绩效差距的内在原因，以达到有针对性地改进员工、部门和公司绩效的目的。(2) 横向比较分析。这是指以客体

① 石锦涛，魏晋才.绩效管理[M].北京：北京师范大学出版社，2007：264－267.

（人员、部门、类别）为变量对同一个评价期进行比较分析。对同一岗位的各项指标进行比较，可以分析其各项工作执行情况的均衡状况，便于进一步的指导和工作协调。横向比较的目的是确定任务完成程度或员工对组织贡献的优劣顺序，是确定绩效工资、评选先进等决策的依据。同时，在比较过程中，也可以发现评价过程中造成的各种误差，以便及时调整，提高今后评价工作的质量。

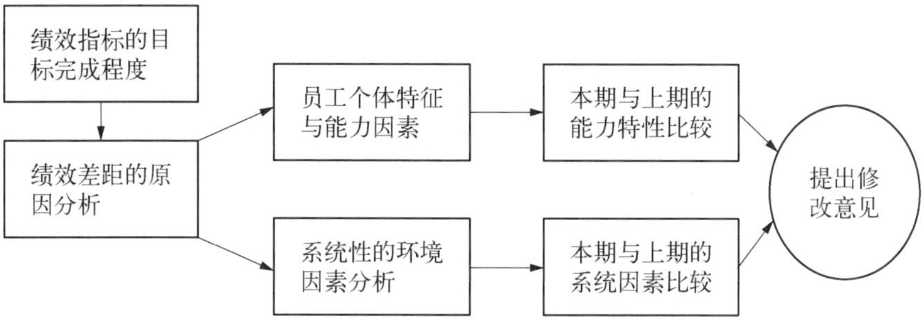

图 9－1　考核结果的分析

第二节　考核结果的应用

绩效考核完成后，将绩效考核结果用于价值分配是绩效管理过程中政策性最强的一项工作。能否满足员工合法利己的要求，是关系到企业大多数员工工作热情能否继续保持的大问题，是员工持续进行绩效改进的动力源泉，也是进一步加强企业绩效管理的“润滑剂”。传统观念认为，绩效考核最主要的目的是帮助组织做出薪酬方面的决策，诸如，奖金的分配和工资的调整，这种观点是比较片面的。基于绩效考核的薪酬调整可以增强薪酬的激励性，将绩效考核结果应用于支持员工奖金分配与薪酬调整固然重要，但绩效考核对组织的人员甄选、员工动态配置、员工培训与职业发展等其他人力资源管理活动同样有意义。① 善于应用绩效考核结果，不仅有助于人力资源管理整体绩效的提升，而且有助于强化组织整体体系的功能与持续有效性。绩效考核的结果应该在更多的人力资源相关决策中发挥出更加重要的作用。

一、将考核结果运用于员工报酬的分配和调整

薪酬是激励员工的重要因素之一。为了提高薪酬对员工的激励性，组织在设计与调整薪酬时必须遵循公平性的原则，这就要求员工薪酬的分配与调整应基于绩效考核的结果而做出决定。绩效考核结果用于薪酬决策主要包括以下 3 个方面①：（1）用于确定奖金分配方案。奖金属于“刺激性薪资”，这部分薪酬通常取决于员工是否超额完成了任务，或者是否在某个规定的时间段内取得了优异的成绩。（2）作为调整员工固定薪酬的依据。固定薪酬是以员工的劳动熟练程度、所承担工作的复杂程度、责任大小及劳动强度为基准确定的。通常以两个方面为依据进行调整，一是被考评者原来在组织薪酬体系中所处的位置，二是员工连续数年绩效考

---

① 林筠.绩效管理[M].西安：西安交通大学出版社，2006：232－254.

核结果的综合状况。一般情况下,企业会根据连续3年绩效考核的结果决定员工固定薪酬的调整幅度,如此处理有利于增强薪酬对员工长期绩效的激励性。(3)作为福利、津贴制度变革的尝试。把绩效考核结果作为确定员工福利、津贴的参考因素,可以克服现实中存在的“大锅饭”现象。

图9-2是某公司绩效等级与薪酬调整的关系。如果某位员工的绩效连续两年被评为E级,则第三年的固定工资要下调一个等级;如果某位员工的绩效连续两年被评为D级,则固定工资级别暂时不变;如果某位员工的绩效连续两年被评为A级,则固定工资级别将上调3级;等等。

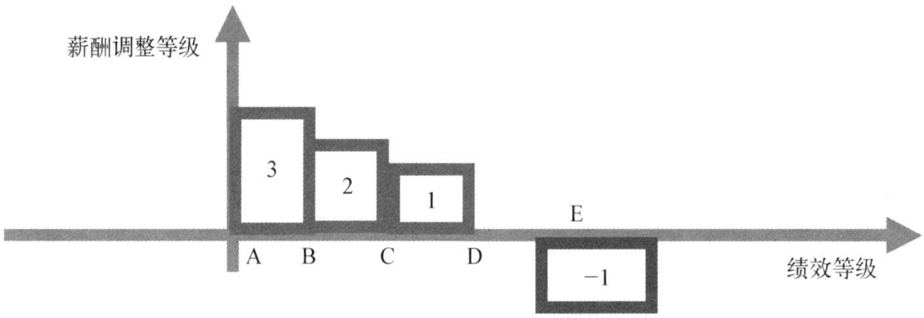

图9-2　绩效等级与薪酬调整

二、将考核结果用于人员调配和职位变更

人力资源管理的一项重要任务就是将合适的人放在合适的岗位上,而随着组织内外部环境的变化,组织内部岗位对任职者的要求呈现动态多变性和差异性的特征,人员动态调配和职位变动日益成为人力资源开发与管理中的重点与难点内容。依据绩效考核结果决定人员调配和职位变动,对于人事相宜、事人相称等目标的实现具有举足轻重的作用。因为对于工作岗位的客观要求,可以通过工作岗位分析来衡量和确定;对于员工的特点,则可以通过绩效考核技术对员工的工作行为、工作态度及工作绩效进行考察。通过绩效管理活动,可以掌握员工各种相关的工作信息,如工作态度、岗位适合度、工作成就、知识和技能的运用程度等。根据这些信息,组织更能正确地做出人事决策,有效地组织员工提升、晋级、降职、降级等人力资源管理工作。所以,绩效考核的结果既可以作为员工升迁或降职的依据,也可以为员工职位的横向变换提供重要参考依据。

通过分析累积考核结果的记录可以发现员工工作表现与其职位的不适应性问题,查找原因并及时进行职位置换。如评级较高的员工,由于个人爱好或其他原因不能适应现有职位,能力没有充分发挥;评级较低的员工,逐渐不能胜任现有职位,但可以胜任较低序列职位。对这两类员工可参照个人选择,有组织、有计划地将其置换到新的职位,真正做到人适其事,事得其人。

图9-3是某公司建立的员工绩效考核结果与职务晋升、干部选拔的关系图。图中Ⅰ类员工的工作表现一直在任职资格标准线以上,且呈上升趋势,说明其既有很强的现实能力又有一定的潜力,是可用之材;Ⅱ类员工工作表现不稳定,情商偏低,暂不宜大用;Ⅲ类员工工作表现呈下降走势,应分析原因促其改进,暂不宜晋升职务;Ⅳ类员工表现平平或不佳,自然不能晋升选拔。

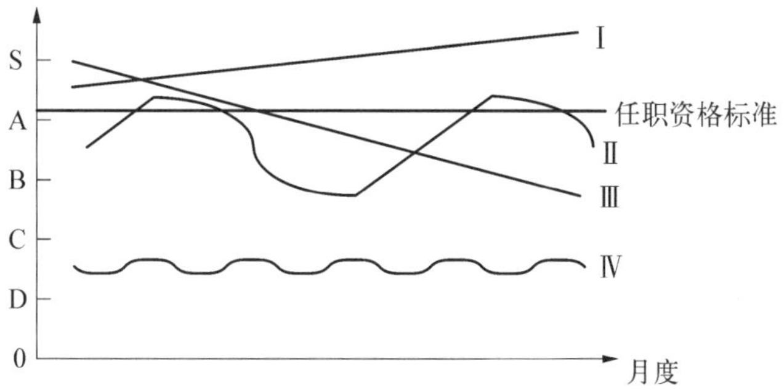

图 9-3　绩效考核结果与职务晋升、干部选拔关系

三、将考核结果用于员工培训的需求确定

将考核结果用于员工培训需求分析，是绩效考核结果最重要的用途之一。科学、公正、积极可靠的绩效考核，是保证员工培训与开发取得预期效果的基础和重要环节。一方面，通过对全体员工的动态、连续和完整的绩效考核结果记录的分析，可以发现员工存在的问题。员工可以了解自己的绩效状况，了解自己哪些方面做得好，哪些方面做得不够好，发现自身需要进一步培训和发展的空间。当员工清楚自己的技能及其差距时，是非常希望组织能为他（她）提供学习的机会的。另一方面，通过这些绩效记录，组织可以有针对性地了解员工存在的不足，分析判断员工的培训需求，为员工培训提供直接、可靠的依据。基于考核结果还可确定培训方式，比如管理者可以采取"一帮一"的方法，让经验丰富的员工指导初学者，如果管理者本身就技术过硬且经验丰富，管理者甚至可以亲自指导员工；此外，如果可能的话，安排适当的轮岗，这样能够让员工学到新的技能，更好地适应公司的工作；发展员工技能也不要局限于正式的学习机会，如课堂培训等，非正式的学习往往事半功倍。

总而言之，在绩效考核结果分析基础上找出绩效差距的问题与原因所在，进而拟定出有针对性的员工培训内容与培训方式，是提高企业绩效的重要环节。

四、将考核结果用于员工发展规划的确定

（一）员工发展规划的内容

员工发展规划是指员工在一定时期内完成有关工作绩效及改进工作能力的系统计划。它是一种直接从绩效考核延伸出来的、实际且有效的、由一系列表格组成的绩效改进计划。这个计划的建立基于两个目的：一是帮助员工在现有工作上改进绩效；二是帮助员工发挥潜力，使其在经过一系列学习之后能有升迁的可能，其重点是改进现有工作绩效。

员工发展规划通常包括以下几个方面的内容：

1. 有待提升的指标及其目标

有待提升的指标及其目标是指在工作能力、方法、习惯等方面还需要进一步提高的项目。这些有待提升的指标可能是现有水平不足的项目，也可能是现有水平尚可但工作需要更高水平的项目。一般来说，在员工发展规划中应选择一些最需要迫切提高的指标，因为员工个体需要提高的指标可能很多，不可能在短短的半年或一年内完全得到改善，所以应该有所选择；而且员工的精力是有限的，也只能对有限的一些内容进行改善和提高。

2. 提升这些指标的原因

把有待提升的某些指标列入员工发展规划有其基本依据,这通常是由于员工本人在这方面的水平比较低,而工作又需要表现出比较高的水平。

3. 目前水平和期望达到的水平

员工发展规划应该有明确清晰的目标和需要达到的标准,因此在制定员工发展规划时,要指出需要提高的指标目前表现的水平怎样,期望达到的水平又是如何。

4. 提升这些指标的方式

将某种提升的项目从目前水平提高到期望水平可能有很多方式,例如培训、自我学习、开小组座谈会、他人帮助改进等。同时,还应当确定责任部门或负责人,以便更好地帮助员工,监督其很好地完成员工发展规划。

5. 设定达到目标的期限

预期在多长时间内能够将有待提升的项目提高到期望水平,指出评估的具体期限。

(二) 制定员工发展规划的过程

通常来说,制定员工发展规划是在管理者与员工自身的共同努力下完成的,主要包括以下几项内容:(1) 双方进行绩效考核沟通。在管理者的协助下,员工会很快认识到自己在工作中哪些方面做得好、哪些方面做得不够好,认识到目前存在的绩效差距。(2) 双方共同就员工绩效方面存在的差距分析原因,找出员工在工作能力、方法或工作习惯方面有待提升的地方。(3) 双方根据未来工作目标的要求,选取员工目前在工作能力、方法或工作习惯等方面亟待提升的地方,以作为员工发展规划。(4) 双方共同制订改进这些能力、方法、习惯的具体行动方案,制定员工发展项目的期望水平和目标实现期限以及改进的方式。必要时确定实施过程中的检查核实计划,以便分步骤达到目标。(5) 列出提升员工发展项目所需的资源,并指出哪些资源需要哪些人员提供支持与帮助。

员工发展规划是企业持续改进绩效的重要内容之一,在第十一章还将就此内容进行更进一步的阐述。

五、将考核结果用于激活沉淀①

依据绩效考核结果激活沉淀,是随着对绩效考核结果运用研究的不断深入,人力资源管理专家总结出来的新理念。应用绩效考核结果激活人员沉淀的具体方式为:绩效考核结果持续不佳的员工,逐渐会成为组织的沉淀层,如果不能被激活,将成为组织提升整体绩效的障碍,终会被组织所淘汰。要激活组织的沉淀层,组织就需要通过建立与强化竞争机制,增加该部分员工的压力,迫使其强化改进绩效的意识,并增加改进训练机会,帮助员工改进绩效,而那些通过培训仍不能胜任工作的员工,最终会被组织淘汰。

在绩效考核中处于末位的少数员工只有不断改进自身的工作绩效,追赶绩效先进的员工,才能在竞争中反败为胜。通过激活组织人力资源沉淀这样一个过程,可以给绩效不好的员工提供更多的机会,也会加大他们的压力,有利于最大限度地激活该部分员工的潜在能力。而组织在这样一个激活沉淀的过程中也是受益的。一方面,组织通过对员工绩效与能力的激活,可以为提高组织整体绩效奠定基础;另一方面,如果表现不好的员工不能很好地改善其绩效,组

① 林筠.绩效管理[M].西安:西安交通大学出版社,2006.

织可以采取诸如淘汰等一系列措施，分流那些削弱组织绩效的员工，以提高组织的整体绩效。当然企业在应用绩效考核结果激活组织人员沉淀时应人性化，比如组织在增加沉淀层员工压力的同时，也要向他们提供充分的培训与开发机会。

六、将考核结果用于招聘

绩效考核是一种管理工具，它帮助管理者判断员工的工作技能是否能满足现阶段的要求，如果不能的话，那应该优先发展何种技能。比如，在制订绩效计划时，需要判断完成目标过程中会碰到的各种困难，并确定为了完成目标，员工需要掌握或学习什么样的技能。有时候，招聘新人是一个确保目标实现的主要方法。通过分析员工的绩效考核结果，人力资源管理部门对组织各个职位的优秀人才所应具备的优秀品质与绩效特征将有更深的理解，这为招聘过程的甄选环节提供了十分重要的参考依据。比如，通过分析员工绩效考核结果，如果发现员工在工作能力或态度上存在欠缺，而且又无法通过及时而有效的培训得到解决，企业就要考虑制定或改进相应的招聘策略，注重招聘工作能力强、态度端正的人才，以满足提升工作绩效的实际需要。所以，员工绩效考核为改进招聘的有效性提供了基础和参考。将绩效考核结果与招聘决策有机联系起来，企业可以尽可能地避免因所招聘人员的不适合而给企业带来损失的风险，且在很大程度上提高组织招聘的有效性、降低招聘成本。

第三节　团队/部门绩效与个人绩效挂钩

一、团队/部门绩效与个人绩效挂钩的意义

在一个组织内，团队/部门的良好绩效是全部门员工经过共同努力才得以实现的，每个人的绩效都是构成团队/部门绩效的一部分，员工除了尽力完成个人的绩效目标，还应该努力配合团队/部门同事的工作，实现团队/部门总体绩效的提升。个人的优秀只有转化为团队/部门的优秀，才能实现最大价值。

因此，企业在制定绩效考核政策时，在对员工绩效考核结果的应用上应将其个人绩效成绩与团队/部门绩效成绩进行适当的挂钩。一方面，能促进团队/部门内部团队协作意识的培养，强化员工对本团队/部门的责任心和荣誉感；另一方面，也能保证团队/部门绩效考核结果与员工个人绩效考核结果的一致性。

二、团队/部门绩效与个人绩效挂钩的方式

在实际操作中，团队/部门绩效与个人绩效有多种挂钩方式，各有其特点，按照挂钩强度可以分为不挂钩、直接挂钩和间接挂钩几种方式，下面逐一介绍。为叙述方便，假设个人绩效考核最终系数为 K，团队/部门考核得分系数为 P，个人考核得分系数为 Q。

1. 团队/部门绩效与个人绩效不挂钩即 $K=Q$，Q 值直接对应个人考核得分

它适用于仅对个人绩效评估结果负责、工作任务独立性强的职位，如生产操作工人、以个人销售为主的业务人员等，个人考核指标完全可以量化。

优点：操作简单。缺点：缺乏部门团队协作导向，容易导致团队/部门绩效 P 值与 Q 值相背离。

2. 团队/部门绩效与个人绩效直接挂钩

(1) 强挂钩。即 $K=P*Q$,Q 值直接对应个人考核得分。

这是一种比较激进的挂钩方式,适用于绩效工资所占比例较少,P 值、Q 值各自上下浮动幅度不大的情况,如 P 值、Q 值上下幅度在 0.8～1.2。为强化绩效考核对个人薪酬激励或惩罚的力度,采取 P 值、Q 值相乘的方式,员工 Q 值基本上呈正态分布。

优点：操作简单,体现了个人对团队/部门的责任;强化了正反向激励效果。缺点：过于激进,容易挫伤部分员工的积极性,且对团队/部门经理的绩效管理水平要求较高。

(2) 弱挂钩。即 $K=P*$团队/部门考核权重$+Q*$个人考核权重,职位越低,个人考核权重越高。这是一种折中的挂钩方式,适用于绩效工资所占比例较大、P 值或 Q 值上下限幅度较大的情况。

优点：兼顾团队/部门及个人的绩效,较直观地体现了个人对团队/部门的责任。缺点：不适合工作任务完全独立的职位。

3. 团队/部门绩效与个人绩效间接挂钩

(1) $K=Q$,具体 Q 值对应的考核各等级分布比例根据团队/部门绩效考核等级设定(见表 9－1)。

表 9－1　某公司团队/部门绩效与个人绩效关系示例

团队/部门考核 P 值	团队/部门内个人 Q 值分布比例				
	S	A	B	C	D
S	40%	30%	20%	10%	0
A	25%	40%	20%	10%	5%
B	10%	20%	40%	20%	10%
C	5%	10%	30%	40%	15%
D	0	10%	20%	40%	30%

[资料来源] 林新奇.绩效管理技术与应用[M].3 版.北京：中国人民大学出版社.2021：200.

团队/部门绩效越好,该团队/部门员工高 Q 值的人员比例就越高。

优点：团队/部门绩效和个人绩效得到了较好的结合,又体现了正态分布的思想,对公司、对员工都相对较公平。缺点：操作比较复杂,正态分布比例不好确定。

(2) $K=Q$,以 P 值作为个人 考核系数 Q 的基数,根据个人考核等级确定 Q 值(见表 9－2)。

表 9－2　个人 P 值分布比例

个人考核等级	S	A	B	C	D
Q 值	$P+0.2$	$P+0.1$	P	$P-0.1$	$P-0.2$
分布比例	10%	20%	40%	20%	10%

[资料来源] 林新奇.绩效管理技术与应用[M].3 版.北京：中国人民大学出版社.2021：201.

优点：团队/部门绩效和个人绩效得到了较好的结合，正度反向激励力度较大。缺点：绩效工资所占比例较大，当团队/部门绩效不理想时，可能对绩效差的员工的薪酬影响过大。

不同的企业有各自的运作特点、特定的绩效文化，以上绩效挂钩方式各有优缺点，各企业应选择符合自身运作特点、薪酬模式和绩效文化的绩效考核模式。

本章思考与案例

1. 如何对绩效考核结果进行统计和整理？

2. 一般而言，考核结果可以运用于哪些方面？如何运用？

3. 阅读以下实例①，谈谈你的看法，并请通过查阅有关文献，找出国内企业由于绩效管理不当所带来的问题主要有哪些。

珍妮跟她的一位经常迟到、旷工、错误百出而恶劣对待客户的员工进行了斗争，经过几次会议之后，珍妮解雇了这位员工。这位员工不满于被解雇，抱怨不公平，说解雇并不是因为绩效不佳，而是由于珍妮使用的仅仅是一张将绩效划分为由差到优的年度报告卡。当案子提交到法庭时，法庭要求公司提供评判绩效糟糕结果的数据，包括日期、详情以及就这个问题同员工的交谈等。然而，珍妮只有一个旷工和一些年度纪律的记录。最后，由于法庭裁定判别绩效管理糟糕的证据不足而使公司输掉了这场官司。

所以有人认为，绩效管理方法必须对组织、你自己本人有用，最重要的是必须对你的员工有用。实施绩效管理的唯一原因就是为了帮助每个人取得成功。糟糕的绩效管理方法是有害的。想清楚，你是真要做好它（并为之投资），还是仅仅想想而已。如果你没有将它做好的准备，干脆就别做。

① 罗伯特·巴克沃.绩效管理——如何考评员工表现[M].北京：中国标准出版社，2002：23.

10 第十章 绩效考核过程中的失误与处理

全章提要

学习目标

1. 了解影响绩效考核结果的管理因素；
2. 熟悉绩效考核误差的来源，了解避免绩效考核误差的方法；
3. 了解绩效考核培训的重要性及意义；
4. 了解制订绩效考核培训计划的步骤。

案例导读

绩效考核误差

老王是一家IT公司的项目经理，这半年来一直带着团队在客户的公司工作现场中做软件系统的测试和维护工作，一天到晚忙得不亦乐乎。正在这时，到了公司的绩效考核时间，人力资源部催促老王按期完成考核工作的电话让他感到心烦意乱。虽然当时论证绩效考核制度的会议自己也参加了，可事到临头，看到绩效考核表格上的那一个个指标，老王心里还是觉得没底。

老王心想，我这一落笔，不但关系到面子，而且关系到票子，大伙出差这么久，功劳苦劳都得记上。新婚的小李，为了赶项目进度，蜜月刚刚过了两天就跑回来工作了，多不容易啊！想到这里老王顺手就给小李在各项评价指标上填了一串的满分5分。

秘书小孙是新招来的毕业生，她比刚辞职的小安机灵多了，什么事情都一教就会，不像小安，连用传真机都让自己手把手教了半天，所以也应该给小孙高分。

对于小赵，老王皱了皱眉头，小赵通常都是留守在公司里，很少跟自己一起出差，也不是很清楚他在公司里都干了些什么，干得怎么样。那就凭感觉随便填填好了。“测试报告完整准确”，在自己的印象中，小赵的测试报告倒是没出过大的岔子，给4分吧，“责任感强”……老王想了想，既然没出过岔子，应该还是有责任感的，4分？不对，记得小赵刚来的时候，有一回在客户的机房值班时玩电脑游戏，被领导逮住了，弄得自己也没面子，想到这里，老王又把小赵在“责任感”这一栏的得分改成了3分。

至于小朱吧，得好好考虑考虑，这小子工作不怎么样，还好高骛远，总觉得在这个部门埋没了他的能耐，老跑到老刘那个部门去转悠，搞的老刘还以为他很能干，前两天还透露出想调他过去的想法，要不就给小朱打个高分算了，让老刘真以为自己捡了个宝贝，赶紧把小朱调过去那该多好。

[资料来源] 刘昕，区乐廷.如何避免绩效考核中误差的产生合集[EB/OL].(2023-01-01)[2023-03-03]. https://wenku.baidu.com/view/60ca12c77175a417866fb84ae45c3b3566ecddb6.html?_wkts_=1679220982074&bdQuery=绩效考核+误差+案例.

绩效考核对保证组织绩效形成与提升的重要影响已经为越来越多的企业所重视，但许多企业在推进绩效考核时，仍面临着各种困境，绩效考核总是与预期目标有所差距，甚至不少员工认为,企业的绩效考核是无效的。追根溯源,往往是由于企业在设计、实施绩效管理时出现了各种问题所致,这些问题来自多个方面,既有对绩效考核本质的认识不清,也有方法和手段的欠缺。与此同时,企业管理者在进行绩效考核工作的过程中都有可能遇到绩效考核误差现象。事实上,如何克服绩效考核过程中存在的各种误差,是很多组织的领导者、人力资源管理人员以及员工都非常关心的问题。这里的所谓绩效考核误差,是指考核者在进行绩效考核的过程中,对员工的真实绩效表现所做出的不真实甚至是歪曲性的反映。由于任何一种涉及人对人进行评价的"考评"和"测量"都不可避免地存在一定的误差,所以作为人力资源管理中重要一环的绩效考核也不例外。绩效考核中潜藏的各种误差看似是小问题,实质上却会成为一种对企业管理、组织文化以及员工关系产生腐蚀作用的"病毒",会在不知不觉中给组织带来很多损害。

本章将对这些问题进行归纳和介绍,并分析相关处理方案。

第一节 影响绩效考核效果的管理因素

影响绩效考核效果的原因主要体现在以下几个方面①:考核功能被扭曲、考核体系设计随意、考核标准缺失或模糊、考核方法选择不当、考核过程形式化、员工对绩效考核体系理解欠缺、考核信息收集偏差、考核周期设计不合理、考核结果无反馈,等等。

一、考核功能被扭曲

企业在实施绩效考核中,通过对各种资料和相关信息的收集、分析、判断和评价,产生了非常丰富的绩效信息资源,这些信息资源本可以充分运用到许多重要的人力资源管理决策中,比如员工的职业发展、培训、薪酬管理以及人事研究等,但目前一些企业对绩效考核信息资源的利用出现了两种极端:一是置之不用,从而使得考核功能失效;二是管理人员滥用考核资源,比如凭借考核结果对员工实施严厉惩罚,绩效考核信息成为威慑员工的帮凶,而没有做到科学地利用考核信息资源来激励、引导、帮助和鼓励员工改进绩效。

二、考核体系设计随意

管理者和绩效考核的对象没有理解考核的目的,有时甚至是为了考核而考核。实际上,绩效考核只是一种管理手段,本身并不是管理的目的。同时,绩效考核体系的非科学性还表现在考核原则的混乱和自相矛盾上,在考核内容、项目设定以及权重设置等方面表现出无相关性、随意性突出,常常仅体现管理者的意志和个人好恶,且有些企业的绩效考核体系往往还缺乏严肃性,任意更改,没有保证政策上的连贯性。

三、考核标准缺失或模糊

绩效考核标准不明确,是造成绩效考核失效的常见原因之一。表 10-1 是某网络公司技术部员工年度评价表,看上去似乎很客观,但很可能导致不公正的评价,因为这张评价表对每一评价要素及其好坏程度的解释是开放式的,不同的评价者可能对"优""良""中""差"等绩效标准做出非常不同的解释。

---

① 付亚和,许玉林.绩效管理[M].上海:复旦大学出版社,2004.

表 10-1　员工年度评价表(部分)

评价要素		评价等级			
		优	良	中	差
工作成绩	工作质量				
	工作数量				
工作能力	工作技能				
	沟通能力				
	创造能力				
	判断能力				
……					
其他说明					

目前不少企业的绩效考核标准过于模糊，表现为标准欠缺、标准走样、未能准确量化等。以欠缺的标准或不相关的标准来对被考评者进行考评，极易引致不全面、非客观公正的判断，模糊的绩效考核标准很难使被考评者对考核结果感到信服。

四、考核方法选择不当

正如第七章讲到的，绩效考核的工具和方法有很多，这些方法各有优缺点。如排序法可避免居中倾向的出现，但在被考评者工作成绩都较优秀的情况下，排序法则容易使被考评者产生不平衡的心理。有的方法适用于将绩效考核结果用于职工奖金的分配，但可能难以指导被考评者识别能力上的欠缺；而有的方法可能非常适合利用绩效考核结果来指导企业制订培训计划，但不适合于平衡各方利益相关者。所以，根据考核对象、考核目的等具体情况的不同选择最有效的考核方法，这是非常重要的。考核方法的选用不当将直接影响员工的工作积极性和考核体系的效率。

五、考核过程形式化

虽然有些企业已经制定和实施了比较完备的绩效考核体系，但许多管理者并没有真正对绩效考核结果进行认真客观的分析，并主动地利用绩效考核过程和考核结果来帮助员工在绩效、行为、能力、责任等多方面得到切实的提高。于是许多员工都认为绩效考核只是一种形式而已，出现所谓“领导说你行，你就行，不行也行；领导说你不行，你就不行，行也不行”的消极判断。

六、员工对绩效考核体系理解欠缺

有的企业在制定和实施新的绩效体系时，并不重视同员工进行及时、细致、有效的沟通。员工对绩效考核体系的管理思想和行为导向的不明晰，以致经常产生各种曲解和敌意，并对所实施的绩效体系的科学性、实用性、有效性和客观公平性表现出强烈质疑,对绩效体系的认识产生心理上和操作上的扭曲。

七、考核信息收集偏差

有些企业在收集有关被考评者的绩效信息时,往往采取由上级主管对下属进行审查的形式,考评者作为员工的直接上司,他和员工的私人友情或冲突、个人的偏见或喜好等非客观因素将很大程度地影响绩效考核的结果。上级主管的一家之言有时候由于相关信息的欠缺而难以给出令人信服的考核意见,甚至会引发关系的紧张。同样,由其他的单一考核人员提供绩效数据时,由于考评者自身缺乏足够长时间和足够多机会去了解员工的工作行为也往往导致考核的失效,要想科学全面地评价一位员工,往往需要从多视角来观察和判断。所以,配备必要数量的考核人员对于保证绩效考核的客观有效性至关重要。

八、考核周期设计不合理

考核周期的选择影响考核的质量。两次考核的间隔要适当,不宜过长,也不要过短。因为绩效考核的最主要目的在于发现并解决问题以提高工作效率,所以如果考核间隔过长,则不利于及时发现和纠正问题,也不利于及时激励先进、鞭策后进。相反,如果考核间隔太短,不仅会使被考评者产生厌倦的对抗心理,而且被考评者的优缺点也没有充分表现,容易流于形式,也达不到考核目的,另外频繁的考核还将耗费企业大量的资源。

九、考核结果无反馈

考核结果无反馈的表现形式主要有两种:第一种是管理者主观上或存在客观原因无法将考核结果及原因反馈给被考评者,被考评者无从知道管理者对自己哪些方面感到满意,哪些方面需要改进。出现这种情况往往是由于管理者担心反馈会引起下属的不满,在将来的工作中会采取不合作或敌对的工作态度,也有可能是由于绩效考核结果本身无令人信服的事实依托,仅凭上级管理者意志得出结论,如果反馈势必引起巨大争议。第二种是指管理者无意识或无能力将考核结果反馈给被考评者,出现这种情况往往是由于管理者本人未能真正了解绩效考核的意义与目的,加之缺乏良好的沟通能力和民主的企业文化,使得管理者没有进行反馈绩效考核结果的能力和勇气。

第二节 绩效考评者的误区与控制

影响绩效考核效果的因素是多方面的,前一节对影响绩效考核效果的因素作了分析,下面将重点分析由于考评者考核技能水平低下所产生的一系列问题。

一、晕轮误差

美国心理学家爱德华·桑戴克(Edward Lee Thorndike)根据心理实验的结果发现,评定者在对一个人进行评价时往往从局部出发,然后扩散而得出整体现象,从而使评价结果常常以偏概全,这种现象被称为晕轮效应,是一种以偏概全的主观心理评测。在绩效考核过程中,晕轮效应表现为考评者往往因为被考评者在某一特性上受到很高评价(如信用管理能力)而高估其他特征(如客户关系能力)。尤其是在对那些没有量化标准的因素(如主动性、工作态度、人际关系、工作质量)进行考核时,晕轮效应会表现得更加明显。因此,为了确保考核结果的公正、真实,每个考评者必须充分意识到这一问题并尽量加以避免。

二、逻辑误差

考评者在对某些有逻辑关系的评价要素进行考核时,由于使用简单的逻辑推理而造成评价误差也是绩效考核过程中经常出现的一种失误。例如,很多人认为“社交能力与谈判能力之间有很密切的逻辑关系”,于是,在进行绩效考核时往往依据“既然社交能力强,谈判能力当然也强”而对员工做出简单的评价。晕轮误差与逻辑误差的本质区别在于:晕轮误差只发生在同一个人的各个不同特点之间,在绩效考核中是在对同一个人的各个评价指标进行评价时出现的;而逻辑误差与被考评者的个人因素无关,它是由于考评者认为评价要素之间存在一致的逻辑关系而产生的,其本质在于从逻辑关系上混淆了不同绩效指标之间的差别。

三、宽厚性误差与严厉性误差

考评者在进行绩效考核时,特别是对被考评者进行主观性评价时,很容易不自觉地出现两种不良倾向:过分宽容和过分严厉。有的考评者奉行“和事佬”原则,对被考评者给出不应有的过高的考核评价,这就产生了宽厚性误差,这种误差会引起多种组织问题:当与员工讨论其工作缺陷时,他们可能不知道需要进一步提高自己的绩效,而继续维持现状;对于那些工作比较出色的员工,他们可能对宽厚的评价不满,特别是当涉及提升和加薪时更是如此。与宽厚性误差相对应,有些考评者在考核时所采用的标准要比公司制定的标准更为苛刻,过分追究员工的失误和不足,对员工在能力、行为和态度上的不足过分放大,简单粗暴地训斥、惩罚和威胁绩效考核不佳者,使得员工人人自危。这就产生了一种严厉性误差。如果一个管理者对整个部门过分严格,则这个部门的员工在加薪和提升方面将受到不利影响,这显然不利于管理工作的开展及员工满意度的提高。宽厚性误差和严厉性误差的产生源自考评者缺少自觉性,从而让个人的感情、与员工的关系等影响判断。对于这类错误,往往可以用较为客观的绩效评价指标和标准(如行为指标、结果指标)来减少评价者操纵的可能。

四、近期行为效应

近期行为效应是指考评者只凭员工近期(绩效评价考核期间的最后阶段)行为表现进行评价。例如,有的企业一年进行一次绩效考核,当评定某一个具体的评价指标时,评价者不可能回想起在整个绩效考核期间所发生的与该评价指标相关的所有行为,这种“记忆衰退”就会造成近期行为效应。另外,由于员工往往在评价之前的几天或几周里表现得十分积极,因此评价者对近期行为的记忆往往要比遥远的过去的行为更为清晰,这种情况下的评价结论肯定不符合实际情况。而有些员工在最近一段时间内可能由于某种因素导致表现不良因而得到了较差的评价,实际上他在此前的若干个月之内都保持着较好的绩效记录。

五、对照效应

对照效应是指把某一被考评者与其前一位被考评者进行对照,从而根据考评者的印象和偏爱做出与被考评者实际工作情况有偏差的结论。例如,如果考评者接待的前一位被考评者,在考评者看来各方面表现都很出色,那么在对比之下,就可能给后一位被考评者带来不利的影响。相反,如果前一位被考评者的工作绩效及表现很差,那么后一位被考评者就可能获得高估。心理学家认为,对照效应在评价中是一种广泛存在的心理现象。对员工进行评价时,由于涉及员工的自身利益,所以必须尽量避免这种心理现象的产生,以确保评价误差最小化。

六、中心化倾向

在确定考核等级时,许多管理人员都很容易有一种中心化倾向,即对一组考核对象做出的评价结果相差不多,难以真正识别出员工在绩效、行为和能力等方面的差异。或者都集中在评价尺度的中心附近,导致评价成绩拉不开距离。例如,在图示量表法中,设计者规定了从第一等级到第五等级的 5 个评价等级。管理者很可能避开较高的等级(第五等级)和较低的等级(第一等级),而将他们的大多数下属都评定在第二、第三、第四这 3 个等级上。中心化倾向之所以产生,主要是以下几个方面的原因:第一,人们往往不愿意做出"极好""极差"之类的极端评价;第二,对被考评者不甚了解,以至于难以做出准确的评价;第三,考评者对绩效考核工作缺乏自信心;第四,绩效指标设计不明晰或考核方法不恰当,影响考评者的准确判断;第五,有些企业怕引起争议,要求考评者对过高或过低的评价做出书面鉴定,于是考评者尽可能地将评价限定在中间这个范围。

七、评价者个人偏见

由于考评者在个人特征,如种族、民族、性别、年龄、性格、爱好等方面存在偏见,以至于被考评者的实际绩效与评估出来的绩效存在很大的差异,造成人为的不公平。评价者个人偏见可能表现在:(1) 类似效应。考评者往往对与自己具有相似特征和专长的被评价者给予较高的评价,这是一种类似效应,比如当考评者是一个急性子时,他可能对那些急性子的员工的绩效给予较高的评价,对慢性子的员工则给予较低的评价;当考评者发现被考评者的经历与自身相似时可能给予较高的评价,放松要求;等等。(2) 世俗偏见,即对某些特殊群体有偏见,比如对女性、老年人等持有偏见,给予较低的评价等。(3) 对与自己关系不错的人会给予较高的评价,即把与自己的关系好坏作为评价的依据,或作为拉开评价档次的重要因素,或把评价作为打击报复的工具。

八、相似性错误和异己性错误

这是指评估者因为被评估者的个人特征或工作表现与自己相同、相似或不同,而对其做出高于或低于应得评价的情况。如果考核者对其他人考核时,特别注意被考核者是否具有考核者本人所具有的某些特点,那么他就犯了相似性错误。例如,假如一个考核者认为自己进取心很强,在考核他人时,他就可能寻找进取心这一特点。那些表现出这些特点的人就会受益,而其他人则会吃亏。

九、第一印象

这是指个人最先会对他人形成某种看法,此种看法所得到的信息常决定个人对以后信息的知觉和组织方式。管理者以第一印象对员工做考核,难免发生偏颇,例如管理者对新进员工与原有员工的绩效评估,常有不公平的现象产生。

【案例 10－1】

某能源企业绩效管理指导手册(摘要)

在绩效考核阶段，管理者要依据绩效计划阶段所确立的标准和辅导阶段收集到的数据，对员工在考核期内的绩效进行评价。在绩效考核阶段，管理者一定要承担起相关责任，秉持诚实正直的品格，对员工的绩效进行公正的评价，尤其是对于绩效差的员工要敢于承担起管理责任，给出正确的评价。但是，由于绩效评价结果往往与员工的利益及发展等密切相关，管理者在进行评价时应尽量避免由于个人原因造成评价的失误。

对此，绩效考核的误区和解决方法如下：

(1) 平均趋势(中庸之道)，指考核者不愿或无法明确区分被考核者之间的实质差异。体现不出差异性，也就无法进行绩效改进。改进方法：强制比例法和对比法。

(2) 晕轮效应，指考核者对被考核者的某项工作进行考核时受被考核者过去业绩的影响，若以往工作表现好，就给予其较高的评价。改进办法：增加考核次数或做不定期的考核。

(3) 刻板印象，指考核者对被考核者的考核，受到被考核者所属社会团队性质的影响。改进办法：实施交叉考核或参考同事考核。

(4) 极端倾向，指考核者将业绩评价定在两个极端的倾向，不是评定过宽就是评定过严。改进办法：统一标准，设定唯一考核者，考核比例分布与团队业绩挂钩，采用强制比例法和对比法。

(5) 类似误差，指考核者对与自己具有相似特征和专长的被考核者给予较高评价，即同我者必佳心态。改进办法：交叉考核或加大客观性指标(如财务指标)的权重。

(6) 膨胀压力，指随着时间的推移，考核者对被考核者的考核分数有逐步提高的趋势，但事实上不一定是由于员工能力提高，而是对该员工的考核标准降低了。改进方法：进行有效的考核结果综合应用(晋升、调配)，确保不断有新标准来适合能力提高者。

(7) 不适合替代，指考核者在考核过程中选择了不适合的考核标准，比如以热心程度、整洁等非关键因素作为考核标准，或以个人主观观点代替客观标准(记录、工作成果等)作为评价标准。改进办法：严格执行 KPI 考核和关键行为指标考核的考核方法。

(8) 近期影响，指考核者在评估过程中受被考核者近期工作表现的左右，影响考核结果。改进方法：以客观事实作为考核依据，并对考核过程进行记录，如关键事件法。

[资料来源] 韦祎.绩效管理实践与考核工具[M].北京：人民邮电出版社，2021：262－263.

第三节　绩效考评者的素质培训

由于考评者的评价失误将在很大程度上影响整个绩效管理的效率，所以企业对考评者进行有关晕轮误差、中心化误差、宽厚误差、严厉误差等方面的培训，以避免问题的发生，这是非常必要且重要的。在实际培训过程中，有许多方法值得企业借鉴。比如可通过录像或幻灯片的形式向受训者提供一些有关工作评价的案例，并要求他们对案例中的人进行评价，然后把每位受训者的评价结果以图解的形式表示出来,并逐一讲解各种不同的错误(如趋中倾向、晕轮效应等)。比如,如果一位受训者对所有的评价特征(如工作质量、数量等)的评定等级都一样,那么培训者就可能指出这是由于受训者犯了晕轮效应的错误,然后培训者给出正确的评价结果并对受训者在评价过程中所犯的错误一一进行分析。本节将对绩效考评者的素质培训进行系统的介绍。

一、绩效考评者应具备的素质要求

绩效考核工作比较复杂,它涉及多种绩效信息的收集、分析、处理,并依据这些信息进行综合和判断,所以作为一个优秀的绩效考评者应具备以下一些素质和特征。①

(一) 具备诚实正直的高尚品德

考评者的诚实正直是指考评者必须具备道德高尚、值得信赖等品行,如在金钱、物质以及与他人交往方面应该诚实可信;能够有效地利用工作时间;坚持真理,意志坚强;举止行为符合社会道德标准;等等。这种诚实正直的高尚品德是每一个考评者应该具备的首要素质。

(二) 认识且理解绩效评估的重要性

绩效评估成功与否主要取决于考评者提供的评估信息是否准确和公正。在实际工作中,考评者的评估活动正是绩效评估体系中最薄弱的环节,是容易出现问题的环节。在实施评估的过程中,如果考评者能够认识到绩效评估的重要性,且意识到考评者个人的错误会导致绩效评估体系的失败,则他就有可能最大限度地理性地处理各种问题,更严格地遵守评估过程中的科学的游戏规则,比如考评者可能不会再由于害怕得罪被考评者而给其高的评价,也不会为了刺激被考评者而特意给其较低的评价,等等。

(三) 观察、评价和分析能力

考评者除了要清楚地认识到绩效评估的重要性之外,还必须培养和提高自己观察问题和评价员工工作绩效的业务能力,而且考评者必须有能力对评估信息和结果进行分析和鉴别,这种能力非常重要。对绩效管理的重要考评者和组织者而言,这种分析能力有广泛的含义,它是指能快速找出相关的事实,对问题进行多角度分析,提出新观点,鼓励直接地交换意见用以发现和检验新的方案,将复杂的问题合理归纳后找出关键,从而确定实施方案,具有全局观,充分考虑社会、环境等因素。在实施绩效评估之前,考评者需要设定评估目标,选择适当的评估方法并分析其可操作性和成本;在绩效考核完成之后,考评者需要对考核的结果进行综合全面的分析,找出问题的根源,并及时有效地反馈给被考评者;等等。

(四) 善于决策的能力

决策能力是指考评者面对问题和冲突时能够找出解决问题的办法,且敢于冒风险尝试新的方法;能够采用灵活和均衡的方法解决矛盾,且充分估计到决策所产生的短期和长期影响;能够高度投入工作,及时决策并敢于承担责任。② 除了分析能力之外,贯穿于绩效评估计划和实施过程始终的是考评者决策问题的能力。在确定评估的绩效目标阶段,考评者需要与被考评者沟通,然后决定绩效目标;在设计绩效评估制度阶段,考评者需要确定评估的方式,即应该采用哪一种评估工具来进行评估,同时需要决定适当的评估时间和地点。因此,具有一定的决策能力是实施绩效评估的考评者应具备的素质之一。

---

① 付亚和,许玉林.绩效管理[M].上海:复旦大学出版社,2004.

② 赵曙明.绩效管理与评估[M].北京:高等教育出版社,2004.

(五) 具有良好的沟通能力

考评者的沟通能力是指具有倾听、互动、交流的能力,同时能够清楚和自信地、令人信服地表达自己的观点,并且所传达的信息是真实的。① 考评者即便具有了良好的分析和决策问题的能力,如果没有良好的沟通能力,也可能使绩效考核的实施结果功亏一篑,因为不论是在考核前、考核中,还是在考核结果的反馈阶段,都要求考评者具备良好的沟通能力和技巧。在考核前,考评者必须与被考评者进行有效的沟通来确定绩效目标。在考核中,考评者必须能够清楚地表达考核的要求,并传达真实的信息给被考评者。在考核结果的反馈阶段,更是要求考评者具有良好的与被考评者的沟通能力,因为绩效评估的主要目标之一就是把评估的结果反馈给被考评者,指出被考评者存在的问题,并且必要时还要让被考评者认识到自己的不足之处。但是,大多数考评者都会感到对被考评者提出批评是很难的一件事。批评员工会使员工感到自己受到威胁,所以会对考评者的批评产生抵触情绪。这就要求考评者在提供反馈时有一定的沟通技巧,即在不伤害被考评者的感情的前提下把评估结果反馈给被考评者,而这种沟通技巧正是有效的绩效评估的关键所在。

(六) 具备良好的领导能力

考评者的领导能力是指能够吸引别人团结在自己周围的能力,主要表现在被给予挑战性的职责和机会,阐明期望达到的结果,提出清楚和持续的反馈,倾听下属的需要和期望,帮助下属制订个人发展计划,在困难时给予下属有力的支持,等等。② 这种领导能力在绩效目标的确定阶段、绩效目标的考核阶段以及评估结果的反馈阶段,都起到了重要作用,是管理工作得以完成的保证。

(七) 掌握专业性的技能和经验

以上讨论的是考评者应具备的基本素质,但要有效地实施和完成绩效评估,考评者还需要具备一些必备的专业技能,比如:(1) 观察、记录和辅导的技巧,如利用关键事件来记录员工的行为,以及设计有效的绩效改进辅导的策略;(2) 了解和纠正绩效考核可能出现的误差的技巧,包括如何分析评估中常出现的评估误差及如何避免这些误差;(3) 设计有关绩效考核的讨论和解决分歧的程序,包括设计出讨论绩效考核的适当的程序及如何解决出现的分歧;(4) 制订发展计划的技巧,包括了解有效的发展计划应该具有哪些属性和特点;等等。当然作为绩效考核的实施者,最好应该具有多年从事组织或参与绩效考核的工作经历,因为一个人过去的工作经历不仅可以作为评价其工作能力的标准,而且可以用来预测其未来工作的成绩。

【案例 10-2】

某能源企业全员绩效管理工作指南(摘要:关于实施绩效管理的误区)

在建设绩效管理体系、推进全员绩效管理的过程中,企业会不同程度地走入一些误区。自觉辨识、警惕、预防这些误区,吸取他人教训,避免重蹈覆辙是非常有益的。这些误区归纳如下:

---

①② 赵曙明.绩效管理与评估[M].北京:高等教育出版社,2004.

(1) 绩效管理是人力资源部的事。人力资源部虽然是企业绩效管理的归口部门,但只能是绩效管理的组织者、咨询指导者,建设绩效管理体系的责任主体是各级管理者、各级组织的直线经理。企业主要负责人只要存在这种认识误区,各级直线经理一旦放弃自己"确立愿景、衡量绩效、激励部属"的管理责任,绩效管理就必然陷入尴尬的状态。

(2) 绩效管理就是绩效考核。绩效考核只是绩效管理 PDCA 循环中的一个环节,其本质是衡量和评价绩效计划的达成情况。如果抛开双方认可的绩效计划或共同期望的改善、提升目标,绩效考核就很容易沦为处罚的大棒,就会被视为"扣分数、罚奖金"的手段。这样一来,下级组织或员工就会产生消极、抵制、反对等情绪,绩效管理也必然陷入误区。

(3) 好人心态与形式主义。主要是各级管理者囿于人情,抹不开面子,不愿实事求是、公正客观地行使考核权利和责任,"报喜不报忧",更不愿公正地指出、真诚地帮助员工认识绩效不良的症结;绩效计划制订、绩效考核、绩效结果应用、绩效沟通流于形式。

(4) 关键绩效指标不关键。一是对绩效考核期望值过高,指望以绩效考核解决企业所有问题,于是眉毛胡子一把抓,设置的指标不能很好地契合公司战略和经营目标,太多太滥,横向相互交叉,纵向没有层级,稀释了核心指标及目标的导向性和牵引性,未能清晰明确地传递公司改善、提升的战略愿景。二是下级组织实际未被赋予改善、提升该指标的职能、权力和资源,却被设置了拥有这些职能、权力和资源才能改变的指标,或者只要是上级组织下达给本级组织的考核指标,不做本级组织的因果驱动因素分析就简单机械地"二传手"到下级组织,导致绩效指标、目标不可为。

(5) 绩效目标的确定缺失科学的态度和方法。发约、受约双方参与目标确定的诚意和深度不够,双方在目标制定上不合作,或上级依靠行政权力独自确定目标,降低了双方对目标的认同度,增加了双方的不信任;误把某项业务的最高理想追求或最低行为禁忌当作关键绩效目标值,目标值不是太高就是太低;缺乏保证不低于历史水平或上级要求、略高于组织或员工的当前能力、瞄准同业标杆、经过努力可以实现的目标值确定方法或机制。

(6) 指标考核缺失有效的量化技术。一是事先未制定指标的度量规则;二是指标量化缺乏数据来源、统计基础;三是无法针对指标的实际达成值与目标值的偏差程度进行量化评价,经常只有"0"或"1"两种极端评价结果。

(7) 忽略沟通反馈和分析辅导。发约、受约双方,绩效考核主体、客体之间缺乏深度沟通,直线经理不能帮助绩效受约人、员工分析绩效成因,不能指导绩效受约人、员工进行绩效改善。

(8) 绩效考核结果应用范围狭窄。只把绩效考核结果应用于薪酬分配和推优评先活动,未应用到岗位优化配置、能力素质开发和员工职业生涯设计中。

[资料来源] 韦祎.绩效管理实践与考核工具[M].北京:人民邮电出版社,2021:261-262.

二、培训的必要性与重要性

不同的考评者对同一个员工的评价可能是不同的,即使提供给他们相同的评估信息时也会如此。这主要是因为不同的考评者具有不同的看法、偏见或动机,因此对考评者的培训显得尤为重要。对考评者进行培训是提高绩效考核质量的一种方法。通过制订正规的培训计划,可以纠正考评者在评定过程中经常出现的一些主观性错误。

(一) 增进员工和主管人员对绩效管理的理解,消除各种误解和抵触情绪

员工和主管人员对绩效管理往往都有一定的认识上的偏差,如果不消除这些偏差,将会给绩效管理的实施带来很大隐患,实施了绩效管理之后再做纠正,会带来很大的消极影响。

首先,员工对绩效管理可能有各种各样的想法:有的员工对任何正式的评估都会很敏感,认为是在找自己的缺点,内心会感觉自己的品格和能力受到质疑;有的员工则非常想了解主管的评价,想知道主管对他们的特别要求,希望了解主管的期望和发展设想是什么;有的员工可能因此产生升职和加薪的期望;有的员工则认为绩效管理是形式主义,是走过场,于是抱着无所谓的态度;有的员工希望绩效评价工作公正和公平,害怕自己受到不公正和不公平的评估;有的员工平时对主管缺乏信任感,内心容易产生抵触情绪;有的员工则把绩效管理本身作为衡量主管管理能力的指标,想看看主管的水平到底怎样。

主管人员对绩效管理也有各种各样的想法:有的认为绩效管理是利用权力的机会,可以报复某些人,也可以拉拢某些人;有的则想借此机会在部门内部树立一些榜样;有的担心给某些员工打不好的分数会影响相互之间的关系;有的则担心下属会给自己打不好的分数;有的认为绩效的工作是人力资源部的工作,与自己关系不大;有的则想借此机会与某些员工好好交流沟通。

主管人员和员工对绩效管理有这么多不同的看法,哪些是对的? 哪些是错的? 哪些是好的? 哪些是不好的? 缺乏必要的知识是无法做出正确判断的,所以在绩效管理过程中实施培训活动十分重要。这种培训将给企业带来好处,尤其是当被考评者有机会观察其他管理者的错误行为、积极查找自身的错误,并经常参加与本身工作有关的培训活动以减少犯错误的可能时,培训效果将更为明显。

(二) 掌握绩效管理的操作技能,保证绩效管理的有效性

绩效管理有许多操作技能,例如如何设定绩效指标和标准,如何评分并进行绩效沟通,等等。如果实施绩效管理的人不能掌握这些技能,就很难保证他们正确地运用绩效管理这个工具,绩效管理的目的就无法达到。这些技能中,有些是需要主管人员掌握的,有些是主管人员和员工都应该掌握的,有些则要求有的绩效考核参与者都掌握。就以绩效考核过程中的沟通为例,这个活动存在很多的技巧(见表 10－2),掌握了这些技巧,是考评者有效反馈绩效评估结果的前提。绩效沟通的相关内容已在第八章阐述了。掌握这些沟通技巧一是靠多年的工作经验的积累,二是通过培训。通过绩效培训,使考评者具备进行绩效考核所需的基本素质,这是避免因自身素质欠缺而带来负面影响的重要方式之一。

表 10－2　绩效考核中的沟通技巧①

沟通技巧	益　处	具体表现	举例说明
非语言的关照	表示有兴趣且在认真地倾听	考评者要上身自然微微前倾而坐、与被考评者有目光接触、说话的语速缓慢并具有抚慰作用	在与被评估的员工说话时,考评者要正视被考评者,并不断轻轻地点头表示感兴趣

① 付亚和,许玉林.绩效管理[M].上海:复旦大学出版社,2004:185.

续 表

沟通技巧	益　处	具体表现	举例说明
开放式和封闭式的问题	适时地采用开放式和封闭式的问题能够保证在面谈时沟通的通畅	开放式的问题鼓励信息共享，且适合在面谈开始时或在复杂和不明确的情况下使用；封闭式的问题的回答可以非常简短，且在集中说明问题的情况下非常有用	开放式的问题一般是“能……”“将……”“如何……”“什么……”“为什么……”等；封闭式的问题一般为疑问句，即“是不是……”的问题
释义	释义表明考评者正在积极地倾听被考评者的阐述	释义是用自己的话重新准确地说明其他人已经说过的话，应该真实且没有偏见	考评者可以说，“如果我没有说错的话……”，或者“您说的是……”，最后加上“是这样吗?”或者“这是您要说的吗?”
情绪反应	情绪反应表明考评者在努力理解工作场所的情绪方面的问题，情绪反应的移情作用和敏感性会打开沟通的大门，并且会使面谈更加有针对性	与释义相似，情绪反应实际上是考评者对被考评者的情绪的一个表述。这个技巧在使用时要谨慎	考评者可以开始就说：“听起来您感觉……”，最后再说：“是这样吗?”
文化敏感性	当考评者对文化差异可能产生的影响敏感时，沟通会更有效	考评者要关注对被考评者的沟通及考评者自己的沟通产生影响的那些文化差异	如果被考评者来自一个非常正式的文化，考评者应避免在工作场所直呼其名，这样做可能被理解为不尊重他人

三、绩效考评者的培训计划

绩效考评者的培训计划主要包括以下内容。①

(一) 培训原则

就形式而言，一个有效的绩效管理培训计划应是标准化、系统化的；就实质而言，绩效管理的培训一般应遵循以下几个原则：(1) 从问题出发。不能因为别人有培训，所以自己也要有培训，更不能因为别人不搞培训，所以自己也不搞培训。培训一定要着眼于解决企业的问题，补上企业的短板。(2) 解决实战能力。要竭力避免“学院式”的、单纯知识性的培训。(3) 把培训的重点放在变革上。一是不要盲从、赶时髦地搞培训；二是管理培训要切实操练到位，把效果落实。(4) 关注细节。把培训落实到每一个环节、每一个行为要素。

(二) 培训目标

培训目标的确定是开展培训工作的起点，是绩效管理培训工作得以顺利开展的前提和基础。缺乏明确的培训目标，培训工作就缺乏针对性，自然就难以取得很好的效果。

(三) 培训内容

绩效管理的培训内容主要涉及以下 3 个方面：首先，要在全体员工中培训并渗透绩效管

① 付亚和，许玉林.绩效管理[M].上海：复旦大学出版社，2004：186.

理的理念，这是一个长期且持续的工作，此培训要强调以下几点：(1) 实施绩效管理的目的是提供一条管理者与员工之间真诚合作的途径，是为了帮助员工和企业改进绩效，并非为了批评和指责员工；(2) 虽然绩效管理表面上关注的是绩效低下的问题，却旨在成功与进步；(3) 虽然绩效管理平时需要投入大量的沟通时间，但它能使企业防患于未然，为企业获取长期收益奠定基础。其次，在实施绩效管理前要对员工进行系统的教育和培训，以让员工明确以下几个问题：企业为什么推行绩效管理制度？企业如何进行绩效管理？绩效管理采用的技术和方法是什么？绩效管理能帮助企业、部门和个人达到什么样的目标，能提出什么样的改进计划？只有当员工明确这些问题，才会予以广泛的支持。最后，要对主管进行系统的教育和培训，以消除和澄清主管对绩效管理的错误认识，如绩效管理不是为了制造员工之间的差距，而是实事求是地发现员工工作的长处和短处，从而扬长避短，改进绩效；通过教育培训，也有助于主管真正地掌握绩效管理的操作方法和沟通技巧，让他们在企业绩效管理中发挥牵引力的作用，进而确保绩效改进工作的顺利进行。

(四) 培训对象

企业在确定培训对象时，既要考虑实际的培训需求，又要考虑培训的费用问题。所以，绩效管理的培训对象可能仅仅是企业的主管人员，也可能包括企业的所有员工，这需要企业根据自身的特点和实际需求做出恰当的选择。培训的关键点在于，针对适当的培训对象进行有效的培训设计。

(五) 培训时机的选择

绩效管理的培训时机主要体现在以下几个环节：其一是在绩效管理实施前进行培训，这个时期举办培训效果最佳，因为通过培训，管理者可以少走弯路，方向更加明确，并对未来可能出现的问题进行预测，从而避免不必要的损失；其二是在绩效管理实施过程中进行培训，这类培训多以短期培训为主，可以解决一些临时性问题；其三是在绩效管理完成一个循环之后进行培训，这类培训主要是针对前期工作中出现的问题而开展的，属于问题导向性的培训。企业可以根据企业文化、员工素质等具体情况进行选择，也可以综合使用，在不同阶段都进行培训。

(六) 培训方式

培训方式包括课堂教学、分组讨论、案例分析、情景模拟、角色扮演等，企业可根据自身情况进行选择。企业还可根据实际情况安排培训的课时，短的可几个小时，长的要几个月，这主要取决于培训内容、员工素质以及培训经费等因素。

(七) 培训流程

企业应该根据自身的特点以及当时所处的环境来设计绩效管理的培训流程。培训流程主要包括 7 个步骤(见图 10－1)，其中培训前的准备包括前 4 个步骤：

第一步是确立并阐明培训预期要取得的效果以及评价要求。

第二步是设计培训所需的教学工具及配套教材。

第三步是开发教材、图表及影音材料。

第四步是对本计划进行试点，并培训本计划所需的教员。

第五步是实施绩效管理培训计划，这是整个流程最关键的阶段，是培训计划的具体实施阶段。这一阶段要注意以下两点：一是在环境没有发生较大变化的情况下要保证按计划进行；二是要随时监控计划的实施效果，一旦出现问题，就马上采取措施予以纠正。

第六步是评估绩效管理培训的效果。培训周期结束后,要对绩效管理培训的效果进行评估。评估方法主要有以下几种:一是受训者自身对培训的反映;二是观察受训者的实际绩效是否得以改善;三是看绩效管理工作的推行是否比以前更加顺利,是否能得到更多人的拥护。

第七步是实施预定的改进措施。如果已实施的培训计划效果不甚理想,应该及时进行诊断,对培训计划进行修正,有必要的话,可以考虑重新制订培训计划。

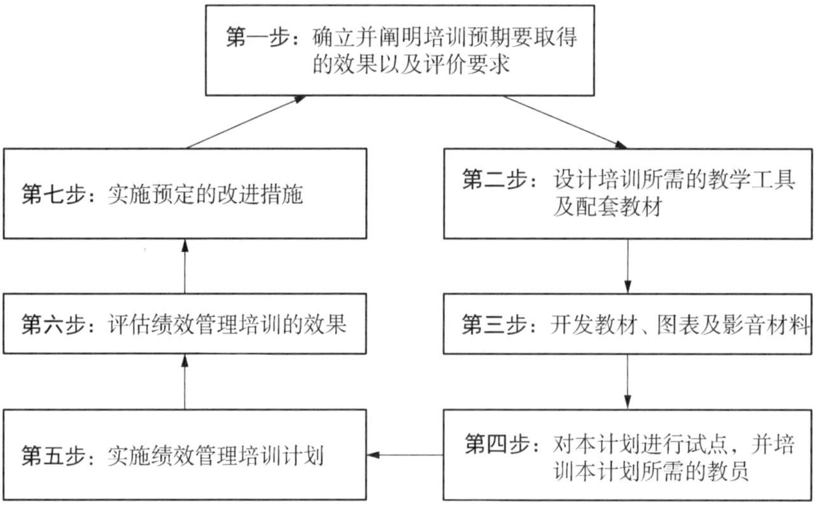

图 10-1 绩效管理的个性化培训流程

[资料来源] 付亚和,许玉林.绩效管理[M].上海:复旦大学出版社,2004:190.

四、对提高我国企业绩效管理培训效果的思考

目前我国许多企业的绩效培训工作的现状如下[①]:制订的培训计划主要是根据外部培训机构的课程安排做出的,往往是外面流行什么课程就选择什么课程,导致培训计划跟直线部门的发展计划无关联或关系不大;直线部门对培训工作的重视程度和参与程度不够,在较大的业务压力下往往选择取消培训,认为绩效管理工作仅仅是例行公事,培训的价值不大。导致这些现象的原因如下:首先,就公司战略的角度而言,企业的绩效管理工作还处在行政事务性阶段,没有与战略联系在一起,许多管理者还没有意识到绩效管理中有关培训工作的重要性;其次,就绩效管理的角度而言,企业还没有建立起完善的绩效管理体系,没有建立合理的指标考核系统,没有将绩效管理与企业整体发展密切联系在一起。最后,就培训管理的角度而言,企业还没有建立起系统的培训管理流程,不能规范管理培训需求、培训实施和培训效果评估等主要环节。

要提高我国企业绩效培训工作的效果,改善目前的绩效管理培训现状,应充分做好以下几个方面的工作:(1) 明确绩效管理的培训对企业发展的战略意义,创造条件以逐步提高绩效管理在企业中的地位,促使绩效管理由行政事务性工作向战略性工作转移。(2) 为充分发挥培训工作对业务发展的推动作用,企业应建立配套合理的考核指标体系和绩效薪酬系统,并在此基础上开发和建立内部课程体系,以指导和推动绩效管理的培训工作。(3)建立系统、规范

① 付亚和,许玉林.绩效管理[M].上海:复旦大学出版社,2004:192.

的培训管理流程，包括培训需求提出、培训需求评估、培训计划变更、培训效果评估、培训课程提供商的评估等各环节的工作规范。

本章思考与案例

1. 影响绩效考核效果的管理因素主要有哪些？
2. 绩效考评者会产生什么误区？如何进行控制？
3. 作为绩效考评者应该具有什么样的素质？如何对绩效考评者进行培训？

11 第十一章 绩效持续改进方案

全章提要

学习目标

1. 熟悉绩效改进的概念、流程，了解绩效改进的实际操作步骤；
2. 了解员工绩效的影响因素，了解员工绩效改进计划的制订流程；
3. 了解企业绩效改进的常用工具：卓越绩效标准、六西格玛管理、ISO 管理体系以及标杆管理体系。

案例导读

某公司主管的绩效改进计划

王强是某公司生产部新提拔的一名主管。他原来是该部门的一名普通员工，由于在技术上有所创新被破格提升为主管。部门内的成员都视他为楷模，大家都十分钦佩他的工作才干。但是，生产部的经理李侠在上一周期的评价中发现，王强领导的一些新员工对王强在新员工培训工作中的表现很不满意。王强在指导员工能力这一评价指标上的得分因此受到了很大的影响。为此，李侠与王强进行了绩效反馈面谈，共同制订了下面的绩效改进计划（见表 11－1）。表格主体内容中的前 3 列是计划的内容，后 2 列（实际实施日期和取得的成果）则是李侠根据王强在实施该计划过程中的表现填写的相关情况记录。

表 11－1　王强的绩效改进计划

员工姓名：王强　　职位：生产部主管　　计划执行时间：1 月 1 日—3 月 30 日
上级主管：李侠　　职位：生产部经理　　待改进绩效：对新员工的培训

计划采取的措施	执行者	计划实施日期	实际实施日期	取得的成果
1. 向资深主管谭进请教如何培训新员工	王强	1 月 15 日	1 月 14 日	约好第二天见谭进
			1 月 15 日	与谭进会面获得许多有用的指导
2. 观察谭进对新员工进行培训的过程	王强	下一次新人报到时	1 月 15 日	谭进计划 2 月 3 日进行新员工培训，王强将观摩
			2 月 3 日	谭进训练新人，王强观摩，觉得很值得学习
3. 参加人力资源管理部门主办的新员工座谈会	王强	下一次举办时	1 月 15 日	向人力资源部查询，获知座谈会将于 1 月 18 日举办，王强届时将参加

续 表

计划采取的措施	执行者	计划实施日期	实际实施日期	取得的成果
			1月18日	要王强写出参加心得,他的若干意见已送人力资源部
4. 决定新人报到的最佳时间	王强与人力资源部协调	1月20日前	1月19日	决定将新人报到开始时间由周一早上7点改为9点
5. 参加“新员工培训”座谈会	王强	2月15日	2月10日	讨论座谈会时间表与内容
			3月18日	讨论该座谈会及王强参加后的收获
6. 阅读下列书籍: ①《干部与经理之自我发现》 ②《有效的沟通》 ③《干部与在职训练》	王强	2月15日之前	1月3日	安排订购王强同意阅读的3本书
			1月14日	获悉王强已阅读了第一本书的一半
			1月31日	第二本书阅读了一半,第一本书全部读完
			2月5日	第三本书及前一本书均已读完
7. 观察王强培训新员工	张明(现任培训主管)	下一次王强进行新员工培训时	1月20日	获悉王强有一名下属员工将于2月15日报到
			1月20日	听取张明观察王强培训新员工的意见
8. 与王强的新员工进行面谈	李侠	员工上岗工作后的一个星期	2月25日	与王强的新员工周蓉谈话,她表示对王强提供的上岗培训大致满意,但在介绍公司一些生产安全方面的保障制度的时候,讲解得不太清楚,使她感到没有安全感
9. 为王强提供一份检查表供训练新人用	张明	1月15日	1月13日	向张明查询,表还没做好,答应在1月21日前完成
			1月21日	再向张明查询,还没有完成
			1月25日	检查表完成,已经交给王强
10. 为王强安排专用办公室用以培训新人	李侠	1月15日	1月10日	试着找一个专用办公室供王强使用。安排好人力资源部的会议室,如无人使用时可以借用,告诉王强,必要时可以用李侠的办公室,但需在24小时前先行通知,将尽力找一个专用场所

续　表

计划采取的措施	执行者	计划实施日期	实际实施日期	取得的成果
11. 安排永久的培训场所	李侠	2月1日	2月1日	试着找一个培训新人的场所，无所获
			2月20日	再试着找一个培训场所，装运部门可能有合适的场所
			2月28日	在装运部临时仓库的一角隔出一个临时场地，将继续努力安排一个永久场所

通过实施这项绩效改进计划，王强很好地完成了从普通员工到主管人员的转变，改变了过去仅依靠技术优势树立个人权威的状况。此外，绩效改进计划还帮助王强获得了他在改进绩效过程中需要的场所。这次绩效改进计划的成效在4月初的绩效评价结果中有了初步的体现，一些新员工开始改变最初对王强的看法，纷纷表示王强培训新员工的能力有所提高。

[资料来源] 方振邦.绩效管理——理论、方法与案例[M].北京：人民邮电出版社，2018：236-237.

分析与思考：

1. 试运用相关理论，分析王强在培训新员工的能力方面提高的原因。

2. 你认为该公司在绩效改进计划方面还有哪些需要加强？

由于企业所面临的环境非常复杂，决定企业获得竞争绩效的因素不仅数量上众多，而且这些因素的重要性往往在发生变化。这就要求企业不能仅仅局限于年度、半年度、季度的员工绩效考核与改进，而应将企业的绩效改进工作视为系统性、持续性的工作，即做到实时改进。现在不少企业已经意识到持续改进企业绩效的重要性，并且不少企业利用先进的技术和管理方法实现了持续改进企业绩效的战略目标。

第一节　绩效持续改进概述

绩效改进是一个系统化的过程，指的是通过对现有绩效状态的分析，找出与理想绩效间的差距，制定并实施相应的干预措施来提升个人、部门和组织绩效水平，从而缩小绩效差距的过程。绩效改进的流程可以分为绩效分析、绩效改进计划的制订、绩效改进计划的实施与评价3个阶段。

一、绩效分析

绩效分析是绩效改进流程的第一步，其目的在于明确个人、部门和组织层面存在的绩效差距，并找出导致差距存在的原因，编制绩效分析报告。

（一）找出绩效差距

通过科学准确的绩效评价，组织将个人、部门和组织的绩效评价量表中的目标值与实际值进行对比,就可以得出个人、部门和组织3个层面的绩效差距。如果组织在很多方面都存在绩效差距,弥补绩效差距需要付出大量的人力、物力和财力,而组织资源有限,因此就需要对绩效改进要点进行取舍。

国内外许多学者对这个问题进行了研究。例如塞莫·勒维(Semo Levy)就提出了一种二维的选择方法(见表11-2),该方法依据是否容易改变和是否亟须改进来选择绩效改进要点。在管理实践中,管理者要综合考虑每个拟选定项目所需的时间、精力和成本因素,选择用时较短、精力花费少及成本低的项目,也就是更划算的项目。除此之外,绩效差距与组织战略的相关性程度、存在差距的部门在组织结构中所处位置的重要性程度等都是影响绩效改进要点选择的重要因素。

表11-2 选择绩效改进要点的办法

绩 效	不 易 改 变	容 易 改 变
亟须改进	将其列入长期改进计划,或者与绩效薪酬一同进行	最先做
不需要改进	暂时不列入改进计划	第二选择(有助于其他困难的绩效改进)

[资料来源] 方振邦.绩效管理——理论、方法与案例[M].北京:人民邮电出版社,2018:225.

(二) 分析绩效差距的原因

根据学者们的研究,分析绩效差距的方法通常有以下3种。

1. *四因素法*

四因素法主要是从知识、技能、态度和环境4个方面着手分析绩效不佳的原因,如图11-1所示。

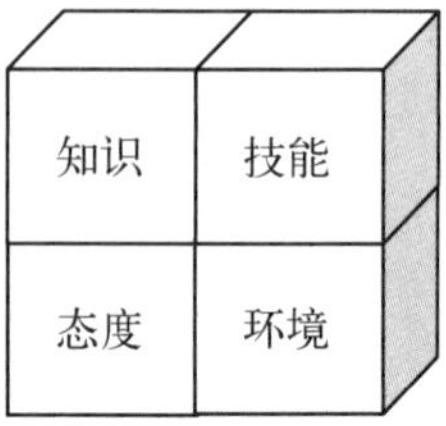

图11-1 影响绩效的四因素法

[资料来源] 方振邦.绩效管理——理论、方法与案例[M].北京:人民邮电出版社,2018:225.

(1) 知识。知识方面,主要关注员工是否具有从事这方面工作的知识和经验。

(2) 技能。技能方面,主要关注员工是否具备运用知识和图11-1所示影响绩效的四因素法经验的技能。

(3) 态度。态度方面,主要关注员工是否有正确的态度和足够的自信心。

(4) 环境。环境方面,主要对组织的激励机制、资源、流程、组织氛围、外部障碍进行分析。从激励机制角度看,组织的激励政策及与直接上级的关系是否影响了员工的积极性;从资源角度看,是否由于缺乏资源导致了最终的不良绩效;从流程角度看,组织的流程是否影响高绩效的实现;从组织氛围角度看,组织的人际关系、气氛等是否不利于完成绩效目标;从外部障碍角度看,是否存在影响绩效的外部不可控因素(外部障碍)。

2. *三因素法*

三因素法提出从员工、主管和环境3个方面来分析绩效问题(见图11-2)。

(1) 员工。员工可能没有完成应该做的工作,或者采取了错误的行动,原因可能是主管的要求不明确、个人知识和技能不足、缺少动机等。

(2) 主管。主管可能因为管理行为不当而导致员工无法发挥自身能力,或者主管没有帮助员工改进其工作。我们通常从两个方面分析主管的管理行为，一是主管做了不该做的事情，如监督过严，施加不当的压力；二是主管没有做该做的事情，如主管没有明确工作要求，未对员工的工作给予及时、有效的反馈，对员工的建议不予重视，未给予员工适当的授权，未给员工提供教育和培训的机会，给予员工尝试新方法和新技术的鼓励不足。

(3) 环境。环境包括员工的工作场所和工作氛围等。可能对绩效产生不良影响的环境因素有工具或设备不良，原料短缺，工作条件不良(噪声、光线、空间和其他干扰等)，人际关系紧张，工作方法或设备的改变造成工作困难等。

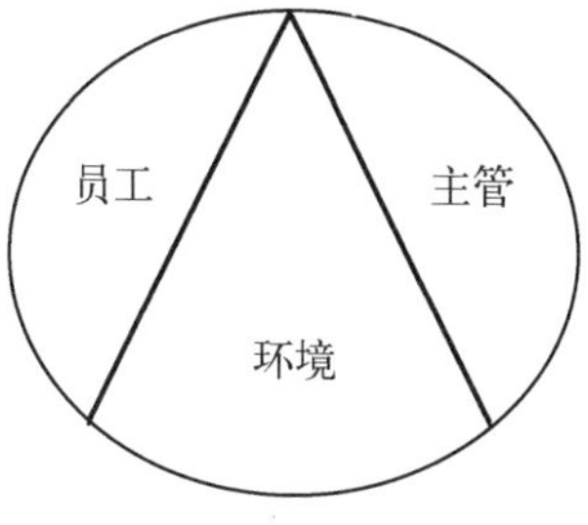

图 11-2　影响绩效的三因素法

［资料来源］方振邦.绩效管理——理论、方法与案例[M].北京：人民邮电出版社，2018：225.

3. 四因素法和三因素法的结合

四因素法和三因素法各有特点。四因素法主要从完成工作任务的主体来考虑，通过分析员工是否具备承担此项工作的能力和态度来分析产生绩效问题的原因，这种方法容易造成管理缺位，即把绩效问题产生的原因归结为员工主观方面的问题，而忽视了管理者在产生绩效问题方面的责任，不利于全面查找绩效问题的真正原因，同时不易被员工接受。三因素法则从更宏观的角度分析问题，较容易把握产生绩效问题的主要方面，并认识到管理者在其中的责任。要想更加透彻、全面地分析绩效问题，必须结合以上两种思路，对绩效不良的原因进行分析，如表 11-3 所示。

表 11-3　绩效分析表

影响绩效的维度		绩效不良的原因	备　注
个人	知识		
	技能		
	态度		
主管	辅导		
	其他		
环境	内部		
	外部		

［资料来源］方振邦.绩效管理——理论、方法与案例[M].北京：人民邮电出版社，2018：226.

(三) 编制绩效分析报告

绩效分析报告是对前期绩效分析工作的汇总和总结，一方面可以呈现现阶段存在的绩效差距及原因，另一方面为下一步设计和实施绩效改进计划打下基础。实践中组织一般按照个人、部门和组织 3 个层次编制绩效分析报告。

二、绩效改进计划的制订

在完成系统的绩效分析之后，组织就要针对造成绩效差距的根本原因，设计和开发缩小或消除绩效差距的方案,这些方案的组合就是绩效改进计划。绩效改进计划的成功与否与改进措施的选择有直接关系。

(一) 改进措施的选择

组织通过绩效分析,明确了绩效差距,选择了绩效改进要点,并对造成绩效差距的原因有了比较清晰的认识后,就要考虑选择制定改进绩效的措施。改进措施的选择标准有两个,即能否"对症下药"和成本的高低。

一般来说,员工可采取的改进措施包括向主管或有经验的同事学习,观摩他人的做法,参加组织内外的有关培训,参加相关领域的研讨会,阅读相关的书籍,选择某一实际工作项目,在主管的指导下训练等。

主管可采取的改进措施一般包括参加组织内外关于绩效管理、人员管理等培训,向组织内有经验的管理人员学习,向人力资源管理专家咨询等。

在环境方面,管理者可以适当调整部门内的人员分工或进行部门间人员交流,以改善部门内的人际关系;在组织资源允许的情况下,尽量改善工作环境和工作条件等。

(二) 制订绩效改进计划

制订绩效改进计划实际上就是具体规划应该改进什么、应该做什么、由谁来做、何时做以及如何做的过程。以个人层面的绩效改进计划为例,其主要内容包括以下几个方面:

(1) 个人基本情况、直接上级的基本情况以及该计划的制订时间和实施时间。

(2) 根据上一个绩效评价周期的绩效评价结果和绩效反馈情况,确定在工作中需要改进的方面。

(3) 明确需要改进的原因,并附上前一个评价周期中个人在相应评价指标上的得分情况和评价者对该问题的描述或解释。

(4) 明确写出个人现有的绩效水平和经过绩效改进之后要达到的绩效目标,并在可能的情况下将目标明确地表示为在某个评价指标上的得分。

(5) 明确改进措施。提出的改进措施应当尽量具体并富有针对性。除了确定每个改进项目的内容和实现手段外,还需要确定每个改进项目的具体责任人和预期需要时间,有时还可以说明需要的帮助和资源。例如,就某一方面进行培训,就应当列出培训的形式、内容、时间、责任人等。对特殊的问题,还应提出分阶段的改进意见,使员工逐步改进绩效。表 11-4 所示为包含绩效改进计划的绩效反馈面谈表。

表 11-4 绩效反馈面谈和改进计划书模板

面谈对象			职位编号	
面谈者			面谈时间	
面谈地点				
评价结果				
利益相关者			内部业务流程	
财务			学习与成长	
其他			总分	

续　表

本期不良绩效陈述

本期不良绩效的原因分析			
影响绩效的维度		具体问题	原因分析
员工	知识		
	技能		
	态度		
主管	辅导		
	其他		
环境	内部		
	外部		
备注：			

绩效改进计划			
计划采取的措施	预期目标	执行者/责任人	执行时间
备注：			
面谈对象签字		面谈者签字	

［资料来源］方振邦.绩效管理——理论、方法与案例［M］.北京：人民邮电出版社，2018：228.

绩效改进计划应当是在管理者和员工充分沟通的基础上制订的。单纯按照管理者的想法制订绩效改进计划，可能使改进项目脱离实际，因为管理者并不一定很确切地知道每个员工的具体问题，管理者认为应该改进的地方可能并不是员工真正需要的。而单纯按照员工个人的想法着手制订计划，虽然可以激发其积极性，但员工有可能避重就轻，漏掉重要的内容。只有管理者和员工就这一问题进行充分探讨，才能有效地实现绩效改进的目的。

三、绩效改进计划的实施与评价

在制订绩效改进计划之后，管理者应该通过绩效监控和沟通，实现对绩效改进计划实施过程的控制。这个控制的过程就是监督绩效改进计划能否按照预期的计划进行，并根据评价对象在绩效改进过程中的实际工作情况，及时修订和调整不合理的改进计划的过程。管理者应当督促员工实现绩效改进计划的目标,并且主动与员工沟通,了解员工在改进过程中遇到了哪些困难和障碍,需要管理者提供什么样的帮助。

成功的绩效改进计划离不开评价和反馈。绩效改进计划的完成情况反映在员工前后两次评价的结果中。如果员工在两次评价中的结果有显著的提高,就说明绩效改进计划有了一定的成效,今后可以在一定范围内推广使用。而如果员工在两次评价中的结果并没有得到显著提高,管理者则应该反思绩效改进计划的有效性。管理者尤其要与员工一起探讨对绩效不佳的原因分析是否准确、改进措施的选择是否恰当等问题,以便为下一步绩效改进计划的制订打下基础。

四、绩效改进的操作步骤与方法

下面以某航空公司为例,对绩效持续改进的具体步骤和方法进行描述性说明。①

(一)构建企业绩效改进模式

在构建企业绩效改进模式过程中,最重要的工作是要确定在特定市场背景下影响和决定企业竞争绩效的关键性因素。这是一个非常复杂的战略问题,绩效管理不研究这样的问题,只是在假定已经确定了这样的关键性因素的前提下,试图设计出具体方案以解决这样的问题,即应该如何与企业的其他管理方法相结合以实施这些关键性因素。图 11-3 提供了一个可能的企业改进绩效的策略集合,即通过更小、更便宜、更快、更好和更独特等行动策略以改进企业的竞争绩效。这里要强调的是,试图通过单一的改进策略就实现绩效改进目标是不现实的;企业往往也找不到一个所谓最好的策略,要增加竞争绩效就需要采取多种策略与工具,绩效管理的思想与方法是实现这种策略的方法之一;绩效管理的工具和模式可能并不能运用于实现所有策略行动的目标。

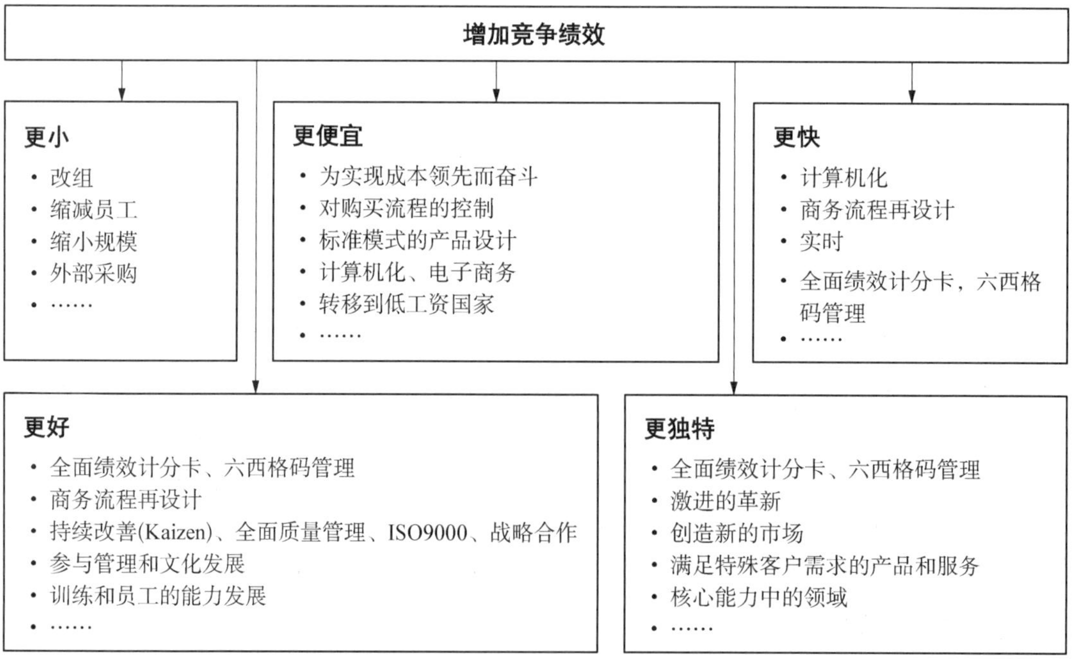

图 11-3　增加竞争绩效的策略集合

① 更为详细的资料可参见休伯特·K. 兰佩萨德.全面绩效计分卡[M].北京:机械工业出版社,2006。

（二）将绩效改进模式具体化

图 11－3 只是提供了改进企业绩效的抽象模型，绩效改进模式则应该是明确的、可行的，它们应该与相关绩效测量指标和目标值相结合，且应阶段性地、持续性地得以执行。这就要求企业根据市场、企业资源等具体情况分别对财务、客户、流程和学习与成长等维度的关键成功因素、战略目标、绩效指标进行反思，甚至做出新的调整。具体例子参见表 11－5～表 11－8。

表 11－5　财务因素的实时监控与调整

关键成功因素	战略目标	绩效测量	原先目标值
◇ 良好的利润	◇ 最大化利益相关者价值 ◇ 更高的回报 ◇ 更高的正的现金流量	◇ 销售额增长 ◇ 航班的上座率 ◇ 净产值上的净利润 ◇ 总增长率 ◇ 由于减少维修降低的成本 ◇ 运作成本下降的百分比	◇ 3 年内增长 10% ◇ 3 年内增长 30% ◇ 3 年内增长 15% ◇ 明年达到 1 500 万美元 ◇ 接下来的 3 年内达到 300 万美元 ◇ 每年平均要比 2000 年降低 10%

表 11－6　客户因素的实时监控与调整

关键成功因素	战略目标	绩效测量	原先目标值
◇ 全球市场中绝对优势的份额 ◇ 客户商务旅行的首选 ◇ 高质量的服务 ◇ 形象	◇ 更大的市场份额 ◇ 进军全球市场 ◇ 有关商务旅行在全球市场中的更多认识 ◇ 改进客户对我们的产品、服务和员工的满意水平 ◇ 客户对我们提供的服务有更大的信任度 ◇ 使公众觉得我们是一家安全可靠的航空公司	◇ 市场份额 ◇ 获得潜在客户的数量 ◇ 潜在收入 ◇ 客户调查的次数 ◇ 客户的满意度 ◇ 客户投诉的次数 ◇ 客户的忠诚度 ◇ 最为安全可靠的航空公司形象	◇ 3 年内增加 10% ◇ 5 年内增加 30% ◇ 5 年内增加 20% ◇ 每年至少 10 次 ◇ 3 年内至少达到 75% ◇ 每年至少降低 30% ◇ 4 年内至少提高 30% ◇ 4 年内至少达到 70%

表 11－7　流程因素的实时监控与调整

关键成功因素	战略目标	绩效测量	原先目标值
◇ 安全可靠 ◇ 航班及时起飞和到达 ◇ 团队精神（令人鼓舞的工作环境） ◇ 被激励的工作环境	◇ 最理想的安全度和可信度 ◇ 减少起飞和到达的延误 ◇ 做到科学的指导 ◇ 有效的团队 ◇ 改进员工满意度 ◇ 新开发的产品和服务	◇ 检修和安全上的投资 ◇ 安全事故的百分比 ◇ 登机时间 ◇ 飞机装载和卸载的时间 ◇ 飞机降落时间 ◇ 认为自己正在有效的领导之下工作的人员比例 ◇ 有关反馈的满意度	◇ 有待决定 ◇ 2 年内至少减少 70% ◇ 3 年内缩短 20% ◇ 3 年内缩短 15% ◇ 3 年内缩短 25% ◇ 3 年内达到 85% ◇ 3 年内至少达到 80% ◇ 3 年内增加 25%

续 表

关键成功因素	战 略 目 标	绩 效 测 量	原 先 目 标 值
◇ 创新产品和服务的成功引进		◇ 团队的劳动生产力 ◇ 认为正在从事挑战性工作的人员的百分比 ◇ 病假的百分比 ◇ 员工满意度的计分调查 ◇ 新产品和服务销售的百分比 ◇ 在市场中开发一个新产品所需要的时间(即时市场)	◇ 3 年内达到 85% ◇ 2 年内少于 2% ◇ 3 年内达到 85% ◇ 每年增加 5% ◇ 3 年内缩短 15%

表 11-8　学习与成长因素的实时监控与调整

关键成功因素	战 略 目 标	绩 效 测 量	原 先 目 标 值
◇ 潜能的持续开发 ◇ 建立在员工知识、技能和能力基础上的竞争优势 ◇ 公开交流 ◇ 流程设计	◇ 更高的劳动生产率 ◇ 改进管理者能力 ◇ 改进营销人员的商业技巧 ◇ 改进收集战略信息的途径 ◇ 客户导向文化 ◇ 交流信息时公开诚实 ◇ 激发团队里每个员工的参与精神	◇ 员工的劳动生产率 ◇ 每个员工的销售额 ◇ 可用人力的百分比 ◇ 被培训的管理者的百分比 ◇ 管理者培训成本 ◇ 营销培训成本 ◇ 合格营销员工的百分比 ◇ 战略信息的可用性 ◇ 内外部客户的满意度 ◇ 与信息交换有关的员工的经验水平 ◇ 解决问题的数量 ◇ 团队所执行的建议的数量	◇ 3 年内增加 25% ◇ 3 年内增加 10% ◇ 3 年内增加 30% ◇ 3 年内达到 85% ◇ 每年 100 万美元 ◇ 每年 550 万美元 ◇ 3 年内达到 85% ◇ 3 年内达到 30% ◇ 3 年内达到 85% ◇ 3 年内达到 85% ◇ 每年增加 25% ◇ 每年增加 25%

(三) 确定绩效改进行动的可行性集合

针对上一个步骤,企业可以通过专家调查等方法初步确定完成企业的财务、客户、流程、学习与成长目标的所有可能的具体的绩效改进行动。绩效改进行动是战略目标实现的具体行动方案,是瞄准战略的及战术的行动集合。对于所有的绩效改进行动都要加以列示,以备选择。此过程的具体例子可以参见表 11-9。

表 11-9　××商务客机公司绩效改进行动集合

	新 调 整 目 标 值	绩效改进行动的可行性集合
财务	◇ 销售额 3 年内增长 15% ◇ 航班的上座率 3 年内增长 30% ◇ 净产值上的净利润 3 年内增长 15%	◇ 将大西洋彼岸航线公务舱和头等舱的票价上调 5% ◇ 扩大整体服务 ◇ 引进打折系统

续　表

	新调整目标值	绩效改进行动的可行性集合
财务	◇ 总边际增长明年达到 1 500 万美元 ◇ 维修成本 3 年内降低 300 万美元 ◇ 运作成本每年平均要比 2000 年降低 10%	◇ 减少对中南大西洋航线飞机的投入 ◇ 结束不赚钱的商务部门，例如汽车租赁 ◇ 降低机票的成本价格 ◇ 定义最小限度维修清单的范围 ◇ 外部采购储备活动 ◇ 成本失败研究的执行 ◇ 部门预算的引入
客户	◇ 市场份额 3 年内增加 10% ◇ 获得潜在客户的数量 5 年内增加 30% ◇ 潜在收入 5 年内增加 20% ◇ 客户调查的次数每年至少 10 次 ◇ 客户的满意度 3 年内至少达到 75% ◇ 客户投诉的次数每年至少降低 30% ◇ 客户的忠诚度 4 年内至少提高 30% ◇ 4 年内至少有 70%的客户觉得我们航空公司是最安全可靠的	◇ 通过谈判扩大在北美的业务 ◇ 为全球导向的营销制订一个计划 ◇ 为直接营销制定规划 ◇ 通过电子商务工具与客户沟通 ◇ 制订一个进入亚洲市场的计划 ◇ 与地区性航空公司建立战略伙伴关系 ◇ 为之前提到的市场建立市场研究 ◇ 建立包括潜在客户个性的数据库 ◇ 例行公事地对乘客进行调查 ◇ 分析总结商人们的旅行习惯 ◇ 建立客户帮助柜台 ◇ 为提高客户满意度建立指导方案 ◇ 使客户满意的员工额外的奖励 ◇ 设定客户投诉流程并按惯例执行 ◇ 开展和执行一个改进客户信任度和忠诚度的计划 ◇ 测量客户忠诚度 ◇ 确定有关客户忠诚度的基准 ◇ 进行形象研究
流程	◇ 检修和安全上的投资 3 年内达到 500 万美元 ◇ 安全事故的百分比 2 年内至少减少 70% ◇ 登机时间 3 年内缩短 20% ◇ 飞机装载和卸载的时间 3 年内缩短 15% ◇ 飞机降落时间 3 年内缩短 25% ◇ 认为自己正在有效的领导之下工作的人员在 3 年内达到 85% ◇ 有关反馈的满意度 3 年内至少达到 80% ◇ 团队的劳动生产率 3 年内增加 25% ◇ 认为正在从事挑战性工作的人员的百分比 3 年内达到 85% ◇ 病假的百分比 2 年内少于 2% ◇ 员工满意度 3 年内达到 85% ◇ 新产品和服务销售的百分比每年增加 5%	◇ 引进整体防范维修系统 ◇ 给飞机安装额外的电子安全系统 ◇ 购买额外的金属探测器、视频系统和专门的扫描器 ◇ 通过培训和沟通改进员工的安全意识 ◇ 加强对所有运作层面的安全控制 ◇ 每季度公布安全进展情况 ◇ 所有包裹都要检查(没有免检) ◇ 对机舱工作人员进行控制歹徒和恐怖分子的训练 ◇ 给驾驶员舱安装防弹门 ◇ 在每个航班上安排两个空中警察(受军事训练有武装) ◇ 使用经过特殊训练的狗去检查爆炸物 ◇ 通过沟通提高乘客对公共安全的参与度 ◇ 扫描乘客的虹膜(眼睛彩色的部分)并将其和国际数据库联通 ◇ 描述登机的过程并使其有效 ◇ 设定和传导工作指示 ◇ 购买控制系统 ◇ 开发工作流程

续 表

	新调整目标值	绩效改进行动的可行性集合
流程	◇ 在市场中开发一个新产品所需要的时间(即时市场)3年内缩短15%	◇ 更有效地安排维修计划 ◇ 购买更多除霜设备并在2个月内安装 ◇ 为管理者设定发展计划 ◇ 为有效的团队指导提供培训 ◇ 进行员工满意度研究 ◇ 为协作和团队发展提供培训 ◇ 定义和传达所有员工的任务、责任和权力 ◇ 研究工作条件的改善 ◇ 在我们的客机上提供网络服务(空中互联网和收发电子邮件) ◇ 建立一个为商人提供扩展服务的规则 ◇ 决定新产品和服务的开发标准
学习与成长	◇ 员工的劳动生产率3年内增加25% ◇ 每个员工的销售额3年内增加10% ◇ 可用人力的百分比3年内增加30% ◇ 在必要领导技能上被培训的管理者的百分比3年内达到85% ◇ 管理者培训成本每年100万美元 ◇ 营销培训成本每年550万美元 ◇ 合格营销员工的百分比3年内达到85% ◇ 战略信息的可用性3年内达到30% ◇ 内外部客户的满意度3年内达到85% ◇ 与信息交换有关的员工的经验水平3年内达到85% ◇ 解决问题的数量每年增加25% ◇ 改进团队所执行的建议的数量每年增加25%	◇ 为每个人制订职业发展计划 ◇ 建立在个人绩效计划和能力概述基础上的制订计划、指导与员工评估面试 ◇ 把绩效奖赏与评估系统相结合 ◇ 发展人力资本 ◇ 在有效的领导中提供培训 ◇ 决定管理者的培训预算 ◇ 决定营销人员的培训预算 ◇ 制订一个营销人员欠缺的技术及能力的培训清单,通过培训更新知识和技能 ◇ 引入局域网 ◇ 引入管理信息系统 ◇ 测量内外部客户的满意度 ◇ 进行关于信息交流员工满意度的研究 ◇ 提供关于"在改进团队中工作"的培训(问题解决、团队精神和人际关系技能) ◇ 为最好的改进建议提供奖励

(四) 确定企业绩效改进优先权

从表11-9可以看出,企业初步设定的绩效改进行动是非常多的,企业不可能在同一时间内执行全部的改进行动,如此就有必要确定哪些行动应该优先改进,即确定改进行动的优先权。通常可以采取给所有备选的绩效改进行动进行打分并确定优先级编号的方法,具体的原则:(1) 能够为最重要的关键成功因素做出最大贡献的改进行动获得最先进行改进的优先权。(2) 每个改进行动的分值取决于关键成功因素的权值(W_1)和改进行动对关键成功因素的贡献的权值(W_2)。(3) 权值W_1和W_2首先要被执行工作组成员(组员人数一般在1~5人)独立评估,关键成功因素越重要,W_1越高;改进行动对关键成功因素的贡献越大,W_2越高(见表11-10)。(4) 绩效改进行动的优先权由W_1和W_2这两个因素来确定,即$P=W_1\times W_2$,有最高P值的改进行动获得最先被执行的优先权。

表 11－10　W_1和 W_2元素的衡量赋值

W_1元素由以下来衡量	W_2元素由以下来衡量
1=不重要 2=有些不重要 3=不太重要 4=重要 5=非常重要	1=没贡献 2=几乎没有贡献 3=平均贡献水平 4=高贡献 5=非常大的贡献

为了阐明组织绩效改进优先权的选择流程，以下以某商务客机公司为例进行说明。表 11－11 显示了某商务客机公司与客户服务有关的每个改进行动的优先级编号。最后经过专家讨论决定只有那些 P 值达到 16 或者更高的改进行动才能被选取并执行。

表 11－11　商务客机公司客户服务的改进行动的优先级数

绩效改进行动的可行性集合	关键成功因素	W_1	W_2	P
◇ 通过谈判扩大在北美的业务	◇ 全球市场中绝对优势的份额	4	3	12
◇ 为全球导向的营销制订一个计划	◇ 全球市场中绝对优势的份额	4	4	16
◇ 为直接营销制定规划	◇ 全球市场中绝对优势的份额	4	2	8
◇ 通过电子商务工具与客户沟通	◇ 全球市场中绝对优势的份额	4	5	20
◇ 制订一个进入亚洲市场的计划	◇ 全球市场中绝对优势的份额	4	3	12
◇ 与地区性航空公司建立战略伙伴关系	◇ 全球市场中绝对优势的份额	4	5	20
◇ 为之前提到的市场建立市场研究	◇ 全球市场中绝对优势的份额	4	4	16
◇ 建立包括潜在客户个性的数据库	◇ 全球市场中绝对优势的份额	4	3	12
◇ 例行公事地对乘客进行调查	◇ 客户商务旅行的首选	5	5	25
◇ 分析总结商人们的旅行习惯	◇ 客户商务旅行的首选	5	3	15
◇ 建立客户帮助柜台	◇ 客户商务旅行的首选	5	4	20
◇ 为提高客户满意度建立指导方案	◇ 客户商务旅行的首选	5	5	25
◇ 给使客户满意的员工额外的奖励	◇ 高质量的服务	5	3	15
◇ 设定客户投诉流程并按惯例执行	◇ 高质量的服务	5	3	15
◇ 开展和执行一个改进客户信任度和忠诚度的计划	◇ 高质量的服务	5	4	20
◇ 测量客户忠诚度	◇ 高质量的服务	5	3	15
◇ 确定有关客户忠诚度的基准	◇ 高质量的服务	5	2	10
◇ 进行形象研究	◇ 形象	5	4	20

当然，企业在确定绩效改进行动时，还有些问题也值得注意，比如绩效改进行动的成本、所需时间、成功的机会以及员工可接受性，等等。

第二节　员工绩效的持续改进

企业绩效的持续改进是在战略思想的指导下进行的，但最终是要落实到每位员工身上的，所以员工绩效的持续改进是一个重要环节。

一、员工绩效形成的多因性

(一) 个体因素与系统因素

毫无疑问,员工的最终产出绩效是受到许多因素影响的,员工的个体因素和系统因素都会对工作行为和工作成果产生影响。比如员工的缺勤行为直接地影响工作的结果,但这种行为不仅受到个体因素的影响,而且组织文化和对缺勤的管理政策等系统因素同样重要。坎贝尔①提出一个系统的员工绩效产出模型(见图 11-4),该模型既包括绩效的产出观点,也包括行为观点和能力特性观点。员工所取得的成果、行为、能力特性是 3 个不同层次的绩效,其中员工的工作成果是由系统因素和与工作相关的行为共同决定的,个体因素则是通过与工作相关的行为来起作用的。个体因素对与工作相关的行为有直接影响,比如知识、技能和动机被看作是与工作相关的行为的直接决定因素,而个体的其他特点(如性格特征)被认为是其他决定因素的潜在前提。② 个体因素对于绩效管理的重要性在于这样一个事实:员工们会将它们带到工作中去,虽然个体因素的作用可大可小。另外,各种因素之间还存在相互作用,比如个体因素受到系统因素的影响,员工的行为除了受到个体因素影响之外还受到系统因素的影响,员工的行为对系统因素还具有反作用,个体因素与系统因素还存在一种交互影响,等等,这就使得绩效原因分析更加复杂。

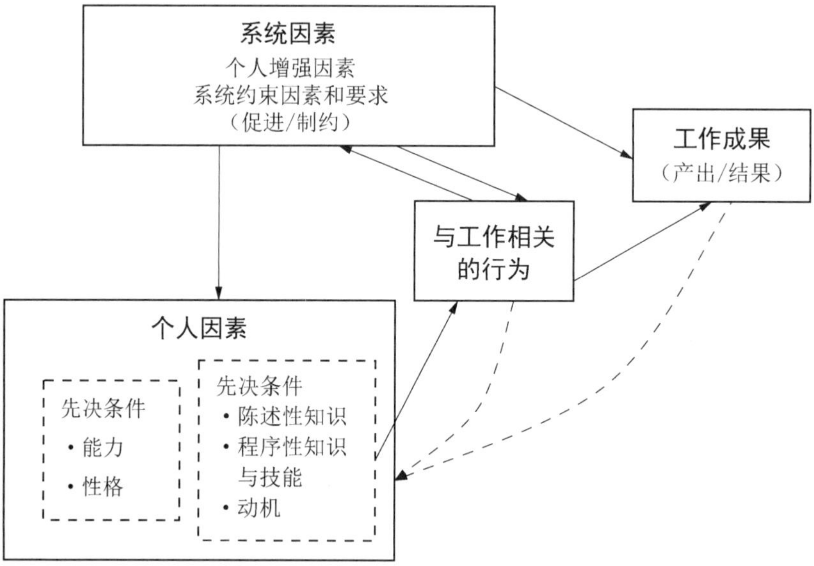

图 11-4 工作绩效的决定因素:个人因素与系统因素

[资料来源] Campbell J. P., Mccloy R. A., Oppler S. H., Sager C. E.. A Theory of Performance[M]//Schmitt N., Borman W. C. (Eds.). Personnel Selection in Organizations. San Francisco: Josey-Bass, 1993: 35-70.

---

① Campbell J. P., Mccloy R. A., Oppler S. H., Sager C. E.. A Theory of Performance[M]//Schmitt N. Borman W. C. (Eds.). Personnel Selection in Organizations. San Francisco: Josey-Bass, 1993: 35-70.

② Cardy R. L., Dobbins G. H.. Performance Appraisal: Alternative Perspectives[M]. Cincinnati, OH: South-Western Publishing Co., 1994.

许多系统因素经常被看作是固定的，不受个体绩效者或他们的部门主管控制，因此有人会认为它们不在绩效管理体系的范围之内。例如，一旦设计好一个工作系统，就很难对它进行更改，而只能保持现状。设备很难更换或改进，并且总是存在着这样或那样的资源限制。但绩效管理的一些范围更广的模型认为系统因素可能同时存在抑制和激励作用。比如拉姆勒（Rummler G. A.）和布拉奇（Brache A. P.）①将工作管理描述成管理人力绩效系统（见图 11－5）。该模型很明显地强调了诸多与绩效管理活动相关的系统因素对员工绩效的影响。不过到底是系统因素的作用更强，还是个体的因素更大，目前还没有一个统一的观点。戴明认为，处于组织功能之内或是在同一层次上直接进行生产或提供服务的工人的产出之所以不同，在极大程度上是由于个体所不能控制的系统因素决定的。但这个观点还没有在实践中得到确认②，并且有人认为绩效的系统原因观点低估了个体因素的重要性，几乎到了完全忽视个体作用的程度。拉姆勒和布拉奇根据他们的经验，指出大约 80％的改进绩效的机会存在于环境之中。一种折中的观点指出，系统因素与个体因素所带来的变化程度随着工作性质的不同而不同，其中起主导

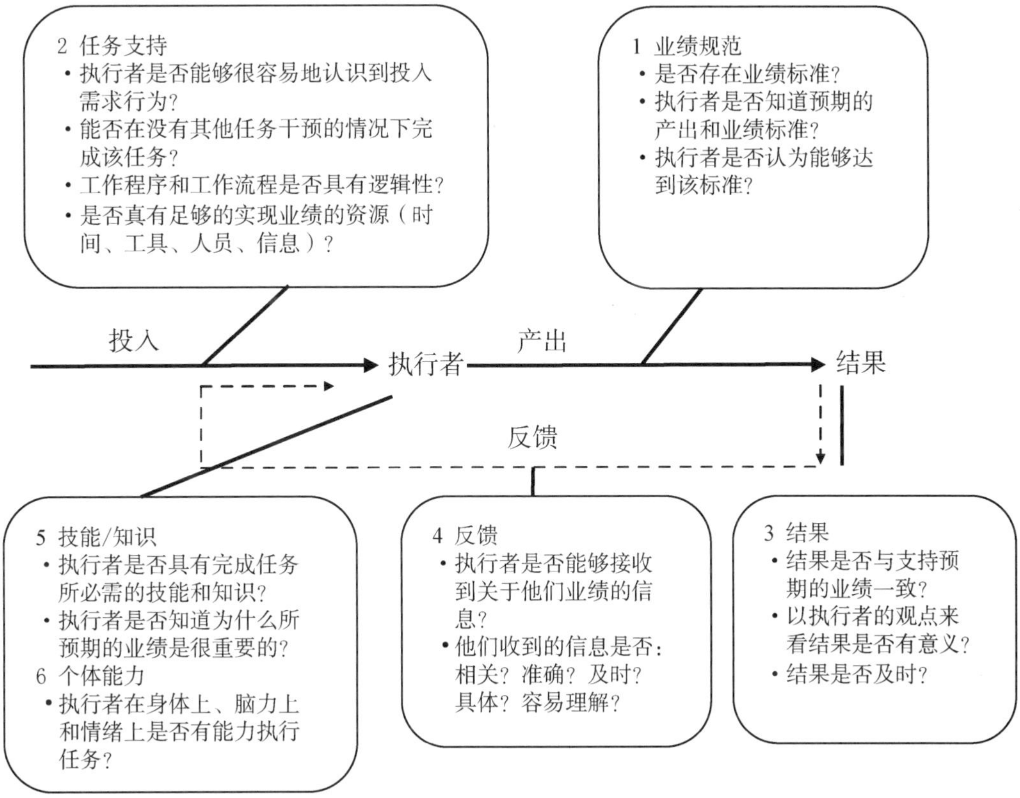

图 11－5　影响人力绩效系统的因素

［资料来源］吉尔里·A. 拉姆勒，艾伦·P. 布拉奇.绩效改进——消除管理组织图中的空白地带［M］.北京：机械工业出版社，2005：73.

① Rummler G. A.，Brache A. P.. Improving Performance：How to Manage the White Space on the Organization Chart [M]. San Francisco：Jossey-Bass，1995.

② Cardy R. L.，Dobbins G. H.. Affect and Appraisal Accuracy：Liking as an Integral Dimension in Evaluating Performance[J]. Journal of Applied Psychology，1994，79(3)：341－353.

作用的因素主要由等级层次和工作所允许的自主程度来确定①,等级越高或工作中的自主程度越高,则个体因素所起的作用就越有可能更大。

(二)系统因素中的制约因素与促进因素

系统因素的范围是非常广的,表 11-12 是系统因素的一个简表(只给出了额外的个体因素)。目前许多研究表明,系统因素既可能有推进、增强或促进效果,也可能有抑制效果。古兹奥(Guzzo)和加内特(Gannett)将这些因素分为促进因素和抑制因素。②

表 11-12 潜在环境(系统因素)

任务特点
- ◇ 任务的一致性
- ◇ 任务技能获得的阶段
- ◇ 任务构成的数量
- ◇ 任务所需花费的时间
- ◇ 完成工作的时间压力

目标特点
- ◇ 具体性
- ◇ 复杂性
- ◇ 困难程度
- ◇ 与目标完成情况有关的奖励
- ◇ 与其他目标的冲突
- ◇ 绩效相对于控制目标

物质环境的特点
- ◇ 周围的条件(如光、噪声、温度)
- ◇ 白昼的时间
- ◇ 身体伤害的危险
- ◇ 工作场所的布局(如敞开式平面布置的办公室相对于非敞开式平面布置的办公室,工作条件中能够保守秘密的程度)
- ◇ 工作地点(家庭相对于办公室)

工作职责的特点
- ◇ 职责不清
- ◇ 职责负担过重
- ◇ 职责冲突

社会环境的特点
- ◇ 同事的性格(上司、下属和其他人)
- ◇ 直接上司的管理风格(如是专制还是民主)
- ◇ 工作群体的凝聚力
- ◇ 来自同事、朋友和家庭的社会支持程度
- ◇ 主要在群体中工作还是独立工作

---

① Waldman D.A.. The Contributions of Total Quality Management to a Theory of Work Performance[J]. Academy of Management Review, 1994, Vol.19: 510-538.

② Guzzo R.A., Gannett B.A.. The Nature of Facilitators and Inhibitors of Effective Task Performance[M]//Schoorman F. D., Schneider B. (Eds.). Facilitating Work Effectiveness. Plymouth, UK: Lexington Books, 1988.

续　表

组织的特点 ◇ 组织的价值 ◇ 组织的奖励体系 ◇ 组织中雇员所有权的程度 ◇ 组织不稳定性的程度(如过快地更换领导、规模减小和成长等) ◇ 行使政策和程序的性质(如官僚主义的程度) ◇ 组织结构(如矩阵型相对于等级型)

［资料来源］Schneider R. J., Hough L.M.. Personality and Industrial/Organizational Psychology[M]// Cooper C. L., Robertson I. T. (Eds.). International Review of Industrial and Organizational Psychology, 1995, Vol.10: 75－129.

1. 制约和抑制因素

制约因素是指在技术、工作程序，以及组织政策、结构和文化等系统性因素中制约绩效向所能够接受的最低层次发展的因素，包括工具与设备、时间，以及工作环境。已经有许多证据表明太吵、太热或太冷的环境对人的身心有害；过强或过热的照明、空气质量和拥挤程度等环境因素对人体也具有负面的影响。这些因素对绩效(及其他成果，如工作态度)有着间接影响，因为它们会影响员工个体之间的协调机制和程序的有效运作，往往使个体更难最大限度地发挥他们与工作相关的知识、技能及能力，削减了个体工作努力的总程度，因此它可能对某种工作功能的绩效产生负面影响。

2. 促进因素和增强因素

系统的促进因素和增强因素是指推动绩效向所能达到的最高层次发展的因素，这些因素体现在人力资源系统、领导过程以及可能开发和激发个体的工作设计等诸多环节[①]，诸如培训、社会支持、技术支持、目标设定、工作再设计、管理方法以及评价和反馈等都可能成为个体增强因素。[②] 这些促进因素将首先影响个体的某些方面，比如改变员工的陈述性知识、程序性知识和技能以及动机，进而间接地影响绩效产出。

(三) 员工绩效的归因误区

系统因素和个体因素影响工作行为和成果，但企业的管理者和员工并非都能客观地意识到这一点。一方面，管理者们将绩效的产生归因于内部因素，即工作执行者的个体因素，尤其是当员工的工作表现不好时更是如此；另一方面，工作执行者却很可能将这种不好的表现归因于外部因素，即他们自身以外所不能控制的系统因素。这种归因可能是正确的，也可能是错误的(见表 11－13)。但总体而言，评估者并不是特别擅长于归因，并且卡迪(Cardi)和罗宾斯(Robbins)的研究发现[③]，员工绩效之所以存在着不足，一个非常重要的原因在于管理者对雇员施加了过度的压力，比如责备下属，这对工作执行者来说是不利的。这本身就是一个归因错误。

---

① Waldman D. A.. The Contributions of Total Quality Management to a Theory of Work Performance[J]. Academy of Management Review, 1994, Vol.19: 519.

② 但对于经济刺激这样的例子，目前还很难界定它一定就是一种具有增强作用的系统因素。

③ 理查德・S. 威廉姆斯.业绩管理[M].大连：东北财经大学出版社，2003.

表 11－13　评价绩效中的归因因素

1. 评价者可能低估环境因素的重要性,也可能高估被评价者行为原因的作用
2. 评价者和被评价者对于因果关系的看法可能不一致,被评价者可能强调环境因素,而评价者则强调被评价者的因素
3. 评价者可能将原因归结于环境的最显而易见的特点,其中包括新来的或独特的被评价者
4. 与其他行为相比,评价者可能更看重被评价者的那些会对评价者本身产生影响的行为,特别是当这种影响非常严重的时候
5. 与他们防止损失的行为相比,被评价者更应向引致奖励的行为负责
6. 归因可能与感情关系有关。如果评价者喜欢被评价者,他们会将好的行为归因于被评价者,而将不好的行为归因于环境。如果他们不喜欢被评价者,则正好相反

［资料来源］理查德・S. 威廉姆斯.业绩管理[M].大连：东北财经大学出版社,2003：154.

二、实时诊断员工的绩效差距

正如上文所述,要找到并鉴别影响员工绩效的因素是非常困难的工作,但员工绩效改进的前提是找到绩效问题的根源所在,即绩效诊断。员工绩效诊断是绩效改进过程中最基本的环节,由于绩效改进是一个持续的过程,所以员工绩效诊断也应该实时进行。从系统的角度来看,员工绩效诊断与持续改进并不是独立活动,它们之间密不可分。员工绩效诊断是通过分析考核结果,找出关键绩效问题和不良绩效员工的过程。[①] 关键绩效问题是通过对比实际绩效与期望绩效之间的差距得到的。其中,期望绩效是组织为保持其竞争优势、保证长期生存和发展所确定的,与顾客需求、现有战略、任务要求相适应,并有可能实现的绩效水平,它可以参照同等条件下同行业内具有一流水准企业所达到的绩效加以确定;实际绩效则是目前已达到的绩效水平,它是由组织成员的现有能力、组织结构的效能和组织现在的总体竞争实力所决定的。如果经过分析发现绩效问题不是因系统因素形成,而是由于个体因素造成,则可以将那些不负责的员工定义为不良绩效员工。一般而言,不良绩效员工主要有以下几种类型:(1) 无法做到合理品质(数量标准);(2) 影响其他员工的负面态度;(3) 违反企业伦理或工作规则;(4) 基本上不认同公司价值体系;(5) 其他不当的行为(如经常迟到、缺席等)。对不同类型的不良绩效的员工,采取的改进措施也是不同的。

许多管理者在评价员工绩效时,时常在得出员工的工作在某些方面有差距的结论后,就将此结论告诉员工,让员工自己去思考如何解决这些问题,还有些管理者认为改进绩效完全是员工自己的责任。当员工没有达到目标或标准或者评级不高时,管理者和员工就要注意找原因、弄清障碍和找出答案,而不是责备。不管管理者是要解决绩效问题,还是要在良好绩效的基础上进行优化,管理者都需要找出影响绩效提高的原因。首先,描述问题要尽可能具体、明晰。比如“问题究竟是什么时候出现的?”“当时是什么情况?”其次,多问“为什么”。比如,出现了绩效问题 X,那么管理者应该问:“X 为什么会发生?”假如管理者认为“A 是 X 发生的原因”,那么接着问“是什么促使 A 发生?”来追溯问题根源,直到不能推理下去为止。在寻求问题根源的过程中,要尽可能避免归因误解的出现,注意以下 3 点非常重要[②]:(1) 问题原因往往不是单一的。很多问题都不是单一原因促成的,而是由许多原因相互作用而形成的。当管理者认为

① 付亚和,许玉林.绩效管理[M].上海：复旦大学出版社,2004：150.

② 付亚和,许玉林.绩效管理[M].上海：复旦大学出版社,2004：161.

自己已经找到一个原因时，千万不要就此打住，要继续寻找其他的因素。(2) 拓宽视野。有些管理者通常喜欢在员工身上寻找原因。虽然来自员工自身的绩效问题很常见，但事实上，绩效问题也往往受制于员工以外的因素，比如糟糕的工具、不完善的计划和匮乏的资源等都是导致低绩效的原因。因此，管理者必须拓宽视野，找出影响绩效的种种原因。(3) 不要急着下结论。当管理者推断出问题的根源后，不要急着下结论，而应该先检验证明其正确性。也就是说，管理者要仔细观察员工行为和员工绩效发生了怎样的变化。如果没有任何改进，那么就要重复所有找寻问题根源的步骤。

当然在绩效改进过程中，管理者也应讨论积极的方面。当员工达到了目标或评级很高时，管理者也要搞清楚他或她是如何做的，是努力工作的结果，还是输入充分资源的结果，等等。对员工来说知道在哪些方面需要继续保持以取得成功也十分重要。因此，诊断时不能仅仅诊断“病情”，也要弄清楚为什么“这个病人变得如此健康”。

三、制订员工绩效持续改进计划

针对关键的绩效问题，基于企业的现有资源和绩效责任主体(不良绩效员工)，就可以大致地确定员工绩效改进的方向和重点。企业要为员工绩效改进方案的制订做好准备，并在考虑到预算的限制、是否有固定的绩效改进部门以及选择哪些绩效改进工具等因素的基础上，确定具体的绩效改进方案(见图 11－6)。值得注意的是，在进行绩效改进的过程中，有一些因素是会影响绩效改进的，比如个人能力、性格、态度、动机、价值观以及周围的工作环境和压力等，将这些因素考虑进去之后再设计员工绩效改进的方案能得到较好的结果。

图 11－6　绩效改进方案类型图

【案例 11－1】

“高学历”＝“高绩效”?

某销售公司为改善员工学历结构，决定提高硕士及以上学历员工占比，要求所有岗位只招聘硕士及以上学历毕业生。然而，在工作中，管理者感觉到某些近两年招聘的硕士毕业生的工作表现平平，并没有比前几年招聘的本科毕业生更优秀。为了避免主观判断失误，管理者在公司实施绩效管理，并注意在绩效管理过程中搜集相关信息。一年后，管理者发现那些绩效评级不佳的员工中,本科毕业生和硕士毕业生几乎各占一半,并且他们都具有性格内向、不善表达的共同点。于是,公司修改了招聘的条件,在笔试和面试中着重对候选者的性格和表达能力进行考察,不再硬性要求硕士及以上的学历背景。

另外,由于个人绩效改进计划由团队或组织绩效改进计划衍生而来,因此在制订员工绩效改进计划过程中,管理者要和员工一起指出在未来一段时间内希望从员工那里获得哪些工作导向的绩效。这个计划的联合准备对于调动员工的主动性有积极作用。个人绩效改进计划在工作导向目标、绩效测量和目标值上有着与平衡计分卡几乎完全相同的结构,它们被划分为4个绩效范围(财务、客户、内部流程、知识与学习)。这些范围是必要的,它们从组织使命衍生而来,并且以员工应实现的组织目标为核心。① 当然员工设定新的目标应该具有挑战性,且是可执行和可接受的。为了说明员工绩效改进计划这个流程,现以某商务客机公司保安团队的领导者张三的个人绩效改进计划为例(见表11-14)。2002年1月,张三和他部门的管理者(李四)一起草拟了这个计划,这是由张三所处组织的绩效计划衍生而来的。该表非常详细地说明了他今后一年内在财务、客户、内部流程及知识与学习这4个方面分别要达到什么样的目标,这计划将是李四和张三决定培训和评估会议的重要文件依据。

表11-14 张三的个人绩效计划

组织:商务客机公司　　部门:安全部　　管理者:李四
员工:张三　　职务:团队领导　　团队:虹桥机场保安
周期:2002年1月—2002年3月

	目　标	绩效测量	目标值
财务	◇ 有意识地投入更多成本 ◇ 执行成本节约措施 ◇ 对于失败成本研究的贡献	◇ 效率 ◇ 执行措施的数量 ◇ 已开发的改进方案的数量	◇ 3个月内增加10% ◇ 每季度至少2个 ◇ 3个月内增加30%
客户	◇ 当执行保安任务时,客户友善的行为	◇ 客户投诉的数量	◇ 今年至少降低50%
内部流程	◇ 对风险分析做出贡献 ◇ 发展安全流程 ◇ 保安任务执行期间更少严重过失的发生 ◇ 被激励 ◇ 作为“虹桥机场保安改进”项目团队的主管做出贡献 ◇ 身体和精神的健康 ◇ 对团队成员的有效指导 ◇ 关于工作完成问题对于管理层的信任	◇ 已开发安全建议的数量 ◇ 已开发和更新安全流程的数量 ◇ 严重过失的数量 ◇ 劳动生产率 ◇ 具体安全想法的数量 ◇ 病假的百分比 ◇ 压力的百分比 ◇ 认为在有效指导下的员工的百分比 ◇ 安全部管理者的满意度	◇ 每季度至少2个 ◇ 2002年8个流程 ◇ 到今年年底为止降低50% ◇ 最迟2002年12月增加80% ◇ 3个月内最少5个 ◇ 最迟2002年10月下降2% ◇ 3个月内至少下降30% ◇ 3个月内达到75% ◇ 3个月内最低达到75%

① 休伯特·K.兰佩萨德.全面绩效计分卡[M].北京:机械工业出版社,2006:124.

续　表

	目　标	绩效测量	目标值
知识与学习	◇ 安全领域的改进能力 ◇ 同事间公开诚恳的知识交流 ◇ 积极参与改进团队 ◇ 根据"搜寻和应付攻击性旅客"培训人员 ◇ 改进指导技能	◇ 安全证书 ◇ 知识与经验的交流程度 ◇ 解决安全问题的数量 ◇ 受训员工的数量 ◇ 关于指导方法团队成员的满意度	◇ 3个月内获得证书规定内容的30% ◇ 3个月内达到人均10次 ◇ 3个月内增加30% ◇ 3个月内达到25人 ◇ 3个月内至少达到75%

四、实时进行绩效沟通

持续的绩效沟通是指企业追踪员工绩效进展情况、找到影响绩效障碍并及时掌握员工绩效改进所需信息的过程。那些坚持"只要员工知道了做什么、何时做、做成什么样就可以等到年底进行绩效考核"的观点是错误的，因为员工和组织不会自动导航。环境在变，原先意想不到的任务可能突然出现，管理者和员工可能错误地估计完成任务所需要的时间，也可能突然出现了问题，等等。这些因素决定了绩效计划是动态的、绩效改进是持续的。把员工绩效看成是动态的、持续的过程，这样就能在出现一系列问题之前或出现问题的时候，立即消除影响绩效的障碍，而不是在几个月之后或年末才解决问题。

员工绩效持续沟通的方式很多，主要包括：(1) 每月或每周进行一次简短的情况通气会；(2) 定期召开小组会，让员工汇报完成任务和工作的情况；(3) 员工定期进行简短的书面报告；(4) 进行非正式的沟通，例如管理者到处走动并同每位员工聊天；(5) 当出现问题时，根据员工的要求进行专门的沟通，等等。管理者可以根据组织、部门和自身的需要选择合适的方式进行沟通。持续绩效沟通的具体细节问题由管理者和员工的需要来定，比如，一些管理者需要留下记录了进展情况的纸质痕迹，因此他们用简单的表格来记录进展情况；其他一些管理者不想做过多的文字工作，因此他们只记录那些必须记的重要事项；等等。持续的绩效沟通是组织所必需的关键环节，它不仅能保证管理者和员工共同努力避免出现问题，或及时处理出现的问题、修订工作职责，而且能确保管理者与员工双方全年追踪工作进展情况，将问题解决在萌芽状态。

五、绩效改进结果评估

在改进方案实施之后，并不意味着任务的完成。结果评估就是对改进结果进行评价，以确定其是否实现了减少绩效差距的目标。柯克帕特里克[①]提出了评估绩效改进结果的4个维度：(1) 反应。工作场所的各类成员对改进活动以及活动对他们的影响的反应结果如何？客户和供应商的反应怎样？(2) 学习或能力。实施绩效改进方案后，人们了解或掌握了哪些以前不会的知识或技能？(3) 转变。改进活动对工作方式是否产生了所希望的影响？工作中是否开始运用新的技能、工具、程序？(4) 结果。改进活动对绩效差距的影响是什么？差距的缩小与经营行为具有正向相关关系吗？评估结果将反馈回组织观察和分析过程中，从而开始新的循环过程。

① Kirkpatrick D. L.. Evaluating Training Programs: The Four Levels[M]. San Francisco, CA: Berrett-Koehler, 1994.

在评估周期的最后,管理者要在看到的工作绩效基础上指出每个能力的级别。比如员工的创造力达到表 11-15 哪个层次呢？每个能力的判断一旦确定,将直接导致最终的判断。在某些特定情况下要给能力配备一些权值因素,从而在相加和相乘之后,就能得到最终结果。

表 11-15　绩效改进方案后员工的创造能力状况

最低级：跟着他人去思考新的主意和解决方法 次低级：提出新的主意和解决方法 中级：注意到别人没有看到的关联 次高级：发展创新的思想和方法 最高级：激发他人去发展创新的思想和方法	原先级别：最低级　现在级别：次高级 时间：2007 年 2 月 1 日　时间：2008 年 1 月 22 日 是否还存在改进的空间： 进一步改进的策略：

最后,应该强调的是,选择了正确的改进方案并不意味着成功在即。无论国内还是国外的企业变革实践都证明,变革的失败更多是由于实施不力所致,而非方案本身存在漏洞。绩效改进方案成功的关键是对变革过程的管理。改进意味着组织和个人的某些改变,而改变会遇到阻力,阻力或是来源于利益冲突,或是来源于旧的观念和行为习惯,或是来源于不安全感等。在设计改进方案时就需要考虑到其执行过程中可能遇到的障碍,并先行想好对策。一般而言,领导者的支持、充分的宣传和沟通、严密的步骤是保证改进成功的重要因素。

【案例 11-2】

某多元化企业集团绩效管理体系(摘要：个人绩效改进)

对于在考核中比较突出或重复出现的问题,由主管领导协助直接下级制订员工绩效改进计划书,并指导、监督直接下级的绩效改进工作,双方就改进计划签字确认,并报人力资源部备案,由人力资源部跟踪绩效改进计划。

表 11-16　员工绩效改进计划书

____同志：

在____年____月____日—____年____月____日的考核周期中,你的考核结果未能达到任职岗位的要求,根据公司绩效管理相关规定,并基于你能正确认识到工作业绩与表现中存在的不足及有改进的愿望,经公司批准,给予你绩效及行为改进的机会。

一、绩效改进内容：

序号	内容	计划目标	实际目标	不足分析	改进措施	预期目标	衡量标准	权重
1								
2								
……								

二、绩效改进周期：____年____月____日—____年____月____日

续　表

三、改进结果应用：若绩效改进考核合格，则公司能继续履行与你的劳动关系，否则，公司将根据相关制度，为你安排培训或调整岗位；若连续两个周期绩效改进不合格，公司将按照规定与你解除劳动关系。					
绩效改进人		绩效改进人的直接上级		人力资源部	
四、改进期末评价： □优秀：出色完成改进计划　　□符合要求：完成改进计划 □尚待改进：与计划目标相比有差距					
五、改进评价说明：					
六、绩效改进人意见：					
绩效改进人		绩效改进人的直接上级		人力资源部	

［资料来源］韦祎.绩效管理实践与考核工具[M].北京：人民邮电出版社，2021：253.

第三节　绩效持续改进的系统化工具

鲍德里奇卓越绩效标准、六西格玛管理、ISO 质量认证体系以及标杆管理体系是企业改进绩效的常用工具。这些工具源于西方，现在已经逐渐被我国企业所采用。在选择具体的绩效改进工具时，并不是选这个或选那个的问题，而是选一个、两个和更多个的问题。ISO 管理体系、卓越绩效标准与标杆管理体系、六西格玛管理等都是促使企业绩效改进的系统性工具，在西方国家的实践中已经取得巨大的成功，具体选择哪一种或哪几种绩效改进工具，取决于企业的实际需要和环境的实际要求。

一、ISO 质量认证

ISO 质量认证体系是一个产品（服务）导向型的符合性管理模式，其根本目的在于确保市场环境中的公正性，从而弥补质量体系中的缺陷并消除产品（服务）的不符合性。建立 ISO 质量认证体系要注意以下原则：（1）以顾客为中心。组织依存于顾客，因此组织应当理解顾客当前和未来的需求，满足顾客要求，并争取超越顾客期望。（2）强调领导的作用。领导者确立组织统一的宗旨及方向，创造并保持使员工能充分参与实现组织目标的内部环境。（3）主张全员参与。企业员工是组织之本，只有他们积极地参与，才能充分地发挥他们的才干，进而为组织带来收益。（4）侧重过程管理。只有在过程中加强管理工作才能做到事前就将潜伏的问题解决，可以更高效地得到期望的结果。（5）充分注意管理过程的系统性。要将相互关联的过程作为系统加以识别、理解和管理，这将有助于企业提高实现目标的有效性和效率。（6）基于事实的决策方法。认为有效的决策是建立在数据和信息分析的基础上。(7) 与供方的互利关系。由于组织与供方是相互依存的,因此互利的关系可增强双方创造价值的能力。(8) 强调企业绩效的持续改进,认为持续改进总体绩效应当是企业的一个永恒目标。

二、标杆管理与卓越绩效标准

所谓标杆管理(Benchmarking),是指通过对比和分析先进企业的行事方式,对本企业的产品、服务、过程等关键的成功因素和指标进行改进和变革,进而提升企业绩效表现的系统管理过程。由于标杆管理的实质是对组织的变革,是对因循守旧、抱残守缺、按部就班、不思进取等陋习进行创造性破坏,因此若要在企业中导入标杆管理活动,企业的高层管理者就必须是勇于变革的人。企业在开展标杆管理活动时,通常采用成立小组或团队的方式来进行,小组一般由 3～6 人组成,他们是最熟悉所要改进的领域的人,且应当具备相应领域的专业知识以及把握问题、分析问题的能力和技能,也具备较强的合作精神。标杆管理活动由“标杆”和“超越”两个基本阶段所构成。标杆阶段就是要针对企业所要改进的领域或对象,首先确定“谁”在这一方面是最好的? 它们为什么做到了最好? 我们为什么差? 差在哪里? 通过对标杆企业进行解剖和分析,同时对自己进行解剖和分析,就能够对比找出自身与榜样之间的差距及原因。这一阶段实际上是一个知己知彼的过程。但实施标杆管理的目的并不是对于榜样的简单模仿,而是超越对手。因此就必须在前一阶段知己知彼的基础上,制定具体的超越对手的策略和持续的绩效改进方案,并加以实施,努力使自己成为同业最佳。

在实施标杆管理时,企业可以同时结合鲍德里奇卓越绩效标准法。鲍德里奇卓越绩效标准通过识别和跟踪所有重要的组织经营结果,关注整个组织在一个全面管理框架下的卓越绩效,从而保证顾客、产品或服务、财务、人力资源和组织的有效性。

标杆管理是持续改进的重要工具之一,应当成为企业的一项常规性的工作,而不应成为面临危机、走投无路时的救命稻草。标杆管理也完全不同于工业间谍,而是一种完全合法的、公开的、系统化的学习和赶超的艺术。根据实际需要,在我国企业采用标杆管理和卓越绩效标准可能起到意想不到的效果。

三、六西格玛管理

六西格玛管理①是一种灵活的综合性系统方法,通过它可以获取、维持并最大化企业的成功。它需要对顾客需求的理解,对事实、数据的规范使用、统计分析,以及对管理、改进、再发明业务流程的密切关注。西格玛是在统计学上用来表示“标准差”的符号,标准差是用来表示任意一组数据或流程中离散或差异程度的指标。六西格玛即指“六倍标准差”,在质量上表示每百万个产品的不良品率少于 3.4%。六西格玛管理涉及的工具比较多,比如持续改进、流程设计/再设计、方差分析、平衡计分卡、顾客反馈、统计流程管理、流程管理、实验设计、创造性总结等。在分析方法上表现为将戴明 PDCA(Plan-Do-Check-Act)转化为 DMAIC(Define-Measure-Analyze-Improve-Control)。要求企业做到:记录流程的详细过程,实行从“头”到“尾”的管理,同时仔细分配责任,确保跨部门关键过程的顺利进行;清晰定义顾客需求,及时更新顾客需求;对产出、流程活动和投入的测量要详细而有效;经理及其伙伴(包括流程主管)使用流程知识和评估手段对绩效进行“实时”评估,针对重要的问题和获得机会采取行动;采用流程改进和

---

① 罗德里克・A. 玛罗.六西格玛管理(实战篇)[M].上海:上海人民出版社,2004.

流程设计/再设计(建立在六西格玛管理法的改进工具基础上)持续提高公司的绩效、竞争力和获利能力。如此,六西格玛管理法就具有以下优点:形成一个全新的开端;为熟悉的工具提供新的内涵;创造一个长期有效的方法;优先考虑“顾客”和“评估措施”;在改进中既提供“流程改进”路径,也提供“流程设计/再设计”路径(见表 11－17)。

表 11－17　六西格玛管理法改进流程

	流 程 改 进	流程设计/再设计
1. 定义	◇ 识别问题 ◇ 定义需求 ◇ 设定目标	◇ 确定特殊或广义问题 ◇ 定义目标/改变的前景 ◇ 确定改变的范围和顾客需求
2. 评估	◇ 证实问题/流程 ◇ 改进问题/目标 ◇ 评估关键步骤/投入	◇ 根据需要评估绩效 ◇ 收集流程效率的数据
3. 分析	◇ 建立事件发生原因的假设 ◇ 辨明“少数”关键的根本原因 ◇ 验证假设	◇ 确认“最优表现” ◇ 评估流程设计 ● 价值/非价值的附加 ● 瓶颈问题/脱节问题 ● 替换方案 ◇ 改进需求
4. 改进	◇ 找出解决方法 ◇ 检验解决方法 ◇ 将解决方法标准化/进行结果评估	◇ 设计新流程 ● 挑战假设 ● 使用创造力 ● 流程原则 ◇ 实施新的流程、结构、系统
5. 控制	◇ 建立维持绩效的标准评估方法 ◇ 在需要时解决问题	◇ 建立维持绩效的评估和检验标准 ◇ 在需要时解决问题

六西格玛管理在今天已不仅仅是指产品质量管理和绩效改进工具,而是一整套系统的企业管理理论与实践方法。现在不少企业认同了六西格玛管理的一些优势,比如使企业获得持续的成功、为所有人设计绩效目标、增加顾客获得的价值、加快改进的速度、促进学习和互相学习、执行战略转移、改进产品/服务、减少成本、提高生产力、增加市场份额、保留顾客、减少周期循环时间、减少错误、改变公司文化,等等。六西格玛管理是整个世界级企业追求卓越的一种先进的绩效改进工具,目前世界各国许多大企业,比如通用电气、摩托罗拉、联合信号公司等竞相推出六西格玛管理,在绩效改进和效益提高等方面取得了巨大的成功,形成了企业管理的新潮流。

四、全面绩效计分卡

全面绩效计分卡是一种先进的绩效管理理念,它是对平衡计分卡、全面质量管理、绩效管理和能力管理概念的扩展和融合①,是一个以个人与组织绩效可持续增长为中心循序渐进改进、发展和学习的系统过程。改进、发展和学习是全面管理概念的 3 个基础要素,这三者既相

① Hubert K. Rampersad. Total Performance Scorecard: Redefining Management to Achieve Performance with Integrity [M]. Oxford: Butterworth-Heinemann, 2002.

互关联,又保持均衡。

全面绩效计分卡=持续过程[〈改进〉+〈发展〉+〈学习〉]

全面绩效计分卡综合了个人和组织的使命、愿景、重要角色、核心价值观、关键成功因素、目标、绩效指标、目标值、改进行动方案以及持续改进、发展和学习的结果流程。这个整体概念包括以下 5 个方面。

1. 个人平衡计分卡

个人平衡计分法包括个人使命、愿景、重要角色、关键成功因素、目标、绩效测量、目标值和改进行动,它还包括以个人幸福与在社会中的成功为核心的个人技能与行为的持续改进。在这里,个人使命、愿景和重要角色被称为个人抱负。自我管理、自我发展和自我指导是个人平衡计分卡的核心,并且这三者又以组织中的经理人和员工为中心。

2. 组织平衡计分卡

组织平衡计分卡是保持财务与非财务标准之间平衡和连续战略与运作标准的手段,包括组织使命、愿景、核心价值观、关键成功因素、目标、绩效测量、目标值和改进行动。这里组织使命、愿景和核心价值观被称为组织共同目标。这个概念包括以获得公司竞争优势为核心的持续改进、企业流程控制和战略发展。企业计分卡被表达和解释为企业部门计分卡、团队计分卡和个体员工绩效计划。这里的重点是战略发展与实施。

3. 全面质量管理

全面质量管理是以持续改进为中心的整个组织的生存定理,也就是按部就班、循序渐进、系统地完成发现问题、确定根本原因、执行、检查执行效率和总结运营流程的工作。全面质量管理强调动员整个组织来满足客户的不断需求。可以说它是一种哲学,也可以说,是基于有效戴明循环形成不断改进的组织的一套纲领。戴明循环包括以下 4 个阶段:计划(制订一个改进计划)、执行(在有限范围内执行这个改进计划)、检查(总结改进计划)、行动(实现修改过的改进方案)。这种学习循环又被称为 PDCA 循环,被用于全面绩效计分卡中循序渐进的个人与流程的改进,这里的重点是 PDCA 循环和流程管理。

4. 绩效和能力管理

绩效和能力管理包括组织内人力潜能不断被开发的过程。这里之所以把绩效管理和能力管理放在一起讨论,是因为它们两者有共同的目标,即以积极发展的团队来不断取得最高绩效。它们都是以员工的最高发展和最充分利用员工潜能达到组织目标为核心。绩效和能力管理涉及与工作相关能力的发展;信息、能力、经验、技能、态度、标准、价值观、观点和原理(知识)的收集也要以工作最佳完成为核心。在这里,发展循环是中心,它包括以下几个阶段:结果计划、培训、评估和工作导向能力发展。

5. 科布尔学习循环

这种本能学习过程或者说根据经验学习在以上提及的 4 个管理概念中均可见到。和有意识学习过程,或者说教育学习一起,这些学习模式都会引发个人和集体行为的转变。这两种学习过程连同个人学习、PDCA 学习和集体学习都是全面绩效计分卡概念的重要原理,它们用于为有效的组织变革创造条件。科布尔学习循环包括以下 4 个阶段:获得亲身经验;观察经验,反思并评估它;将获得的印象转化为经验规则、概念、假设、模型和理论以便能够在相似的经验中得出结论;在实践中检验概念,并再次引导新的行为和经历。完成以上步骤后,这个循环再重新开始。

在全面绩效管理模型中,个人平衡计分卡、组织平衡计分卡、全面质量管理、绩效管理和能力管理概念有相互交叉的部分，其中改进、发展和学习是它们共同部分的核心所在。所谓改进，包括基于PDCA循环的个人和企业流程的改进，其核心是个人技能和个体行为改进及他们在社会和过程改进中的作用(企业流程的可控性)。所谓发展，包括渐进的个体发展和知识教育，中心是与组织中个人日常活动直接有关的绩效改进(个体员工的工作导向能力发展)。所谓学习，是指通过内化和实现知识来改变行为，是一种基于自我认知的个人蜕变，这种蜕变又进而引导集体行为的改变。全面绩效计分卡中持续改进循环过程与基于PDCA循环的企业流程、个人技能和员工独立行为的逐渐改进有关。与之相对，持续发展循环过程涉及个体员工的结果计划、培训、评估和工作导向能力发展这4个阶段，以达到员工能按部就班改进日常工作的目的。持续学习循环过程则与科布尔学习循环有关，该学习过程有4个中心要素：获得亲身经验、观察和反思、得出结论、检验。而PDCA循环的企业流程即为由计划、执行、检查和行动所构成的闭环。这3个循环过程被不断改进，并为学习型组织提供一个稳定基础。

图11－7为全面绩效计分卡不同要素之间的相互关系。这个体系是这些相关管理概念的综合，它们共同形成一个和谐整体。

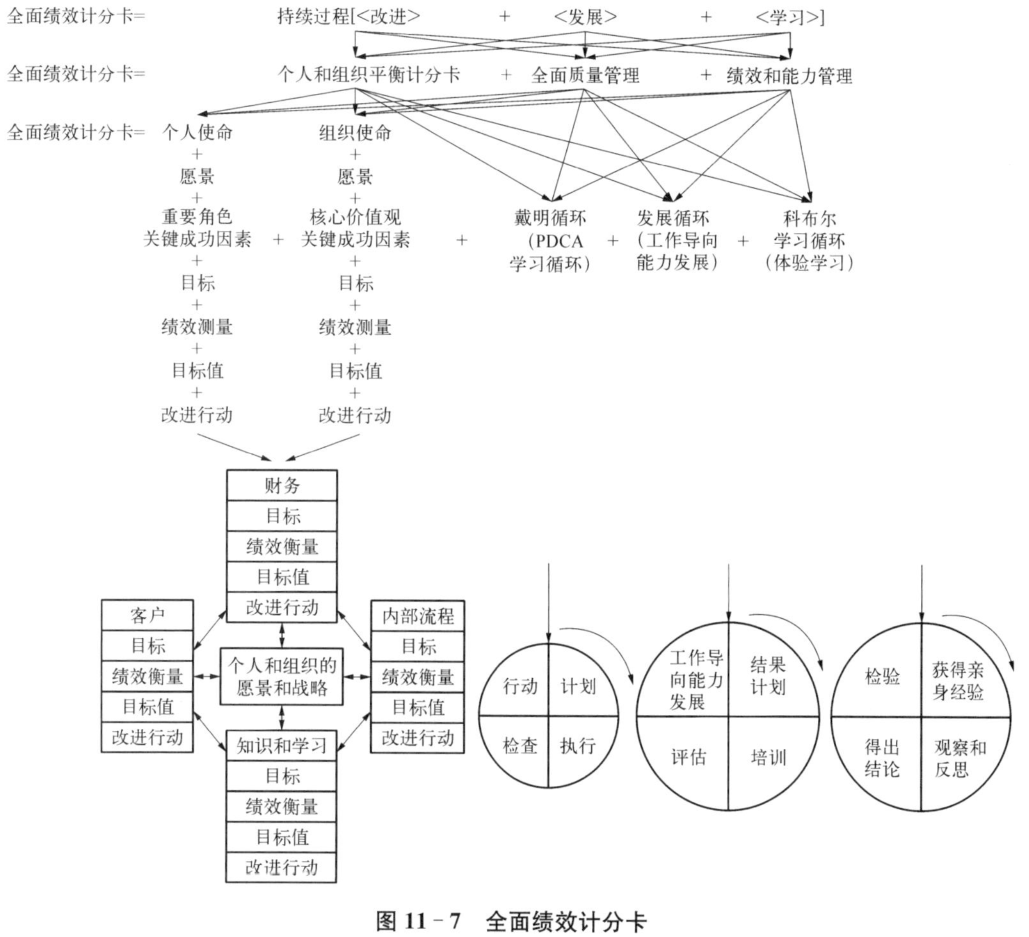

图11－7　全面绩效计分卡

[资料来源] 休伯特·K.兰佩萨德.全面绩效积分卡[M].北京：机械工业出版社，2006：9.

全面绩效计分卡强调个人参与，认为员工的参与是全面绩效计分卡不可或缺的一个部分。目标是所有参与者的最高贡献和对个人学习、团队学习和创造力的激励。如果一个员工的个人抱负得到鼓励,他将会根据组织的共同目标去思考和工作。这种方法也刺激了积极性、主动性、创造力、灵感、热情、乐趣和承诺。通过全面绩效管理的这些原理,可以建立更持久的学习型组织。

全面绩效计分卡与传统改进、变革管理和战略发展这 3 个概念有本质的不同①,不能只把它看作确立个人抱负和平衡个人抱负、个人行为和组织共同目标的重要一步,更重要的是要确保组织的长期战略发展。应用传统概念,确实会取得一些表面的改善,有时甚至会获得多种效果,但是只有人们内部的转变才能获得真正的变革与组织改进。

本章思考与案例

1. 企业为什么要持续改进绩效?

2. 谈谈企业绩效持续改进的步骤与方法。

3. 如何做到员工绩效的持续改进?

4. 谈谈你对持续绩效改进的几个典型模式的理解。

5. 通用电气前主席约翰·F. 韦尔奇曾经对六西格玛管理提出了这样的评价:“六西格玛管理法永远地改变了通用电气公司。所有的人(从六西格玛管理法的热心者到工程师、审计员、科学家,甚至到把公司领向新环境的高层领导)都是六西格玛管理法——公司现在的运作方法的忠实信徒。”“最好的六西格玛管理法方案不是从内部开始的,而是从外部开始的,我们要注意下面这些问题:如何使顾客更具有竞争力?什么是顾客成功的关键因素?……我们能够确信这一点:任何能使我们的顾客更有竞争力的东西都将不可避免地给我们自己带来收益。”谈谈你对六西格玛管理法的认识。

6. 标杆管理法是美国施乐公司于 20 世纪 70 年代末首创的。当时,施乐公司在竞争对手的强大攻势下,市场地位不断下滑,处于一种危机重重的境地。通过全面开展标杆超越活动,施乐公司的竞争地位得到了显著的恢复。以后这一方法逐渐为越来越多的企业及其他各种类型的组织所接受,成为一种获得普遍应用的威力强大的绩效改进工具。为什么榜样的力量如此强大却又能够超越榜样?

7. 阅读材料,并思考问题的症结可能在哪里?谁应该对问题承担责任?人力资源部门经理的观点是否正确呢?如果你是人力资源部门经理,你又将采取何种绩效改进措施?

在一次季度工作总结会议上,某企业的营销部门、研发部门、财务部门、采购部门和人力资源部门的管理者在讨论最近的业绩下滑现象:

营销部门经理 A 说:“最近销售做得不好,我们部门有一定责任,但是最主要的责任不在我们,竞争对手纷纷推出新产品,比我们的产品好,所以我们很不好做,研发部门要认真总结。”

研发部门经理 B 说:“确实,我们最近推出的新产品是少,但是我们也有困难呀,我们的预算很少,可就是如此少的预算,也被财务削减了!”

财务部门经理 C 说:“是,我是削减了你的预算,但是你要知道,公司的采购成本在上升,我们当然没有多少钱。”

采购部门经理 D 忍不住跳起来:“不错,我们的采购成本是上升了 10%,可你们知道为什么吗?俄罗斯的一个生产铬的矿山爆炸了,导致了不锈钢价格的上升。”

人力资源部门经理 F 说:“这样说来,我只好去考核俄罗斯的矿山了!”

---

① 休伯特 K. 兰佩萨德.全面绩效计分卡[M].北京:机械工业出版社,2006.

第五篇

绩效管理的组织工作

12

第十二章 绩效信息收集与文档管理

全章提要

学习目标

1. 了解绩效信息收集的概念、内容及重要性；
2. 了解信息收集的渠道及途径、方法和原则；
3. 了解绩效信息归档整理相关工作。

案例导读

想要匿名不容易

某企业为提高员工的工作绩效，实施了绩效管理。为了收集更多的关于管理层的绩效信息，人力资源部对每个部门的员工分别召开绩效信息收集会议，请各部门员工匿名填写表格，列举出部门领导在工作上的优点和缺点，并当场回收；只有提交了表格的员工才能离开会议室。A 部门共 99 人，表格回收率达 100%，其中有 50 个员工填写了部门领导在工作上有待改进之处；B 部门共 10 人，会议当场虽然将表格全部回收，却无一人填写部门领导在工作上的不足之处。

［资料来源］方振邦.绩效管理——理论、方法与案例[M].北京：人民邮电出版社，2018：159.

绩效考核的依据是绩效信息，为此信息的收集是绩效考核的基础工作。在信息收集时，选择下级作为收集绩效信息的来源时，为保证效果，评价必须完全匿名且保密。在本案例中，虽然员工是匿名填写表格，但由于 B 部门人数过少，领导很容易推测出表格的填写者是谁，因此员工会选择有利于领导的信息填写；而 A 部门人数较多，匿名性得到有效保证，因此员工提供的绩效信息较为真实。那么，绩效信息收集有哪些内容，又有何原则与方法呢？本章将对绩效信息收集展开介绍。

第一节 绩效管理的基础工作：信息收集

全面准确和客观公正的绩效信息是做出绩效管理相关决策的基础，决定了绩效管理的成败。一方面，为了保证绩效评价时有明确的依据，避免出现传统绩效评价中根据主观臆断或对绩效表现的回忆来评价员工绩效的现象，管理者应持续不断地收集信息，特别是记录员工在实现绩效目标过程中的关键事件，从而确保评价结果的公正；另一方面，管理者通过持续地收集信息，有助于诊断员工的绩效，进而可以通过绩效监控、评价和反馈过程中的绩效沟通达到改进绩效的目的。

一、信息收集的内涵

信息收集就是得到有关改善组织或个人绩效信息的整个过程。许多管理者会认为数据收集和做文档增加了其工作量，是一种额外的负担，而事实上，信息收集和做文档是完全可以且必须与管理者们的日常工作联系起来的。管理者在具体制订绩效计划和实施绩效管理方案的过程中，要充分利用现有的战略计划等文档，要善于收集报表及工作程序等信息，如充分利用原有的每日例会、每周例会制度，充分利用现有的各种生产进度表，等等，这是从事绩效管理的基础性工作。

任何信息的收集行为都需要占用组织的资源，而所有组织的资源都是有限的。绩效信息收集主要是收集与绩效目标达成密切相关的关键绩效信息，而不是对绩效信息的全面记录。在绩效信息收集的过程中，管理者要对重要的过程信息和结果信息进行全面完整的记录。关于绩效信息的内容，管理者需要关注以下几个方面：

1. 绩效目标决定绩效信息收集的范围

所有与实现各层次绩效目标相关的重要绩效信息都需要被收集、记录和保存下来，其中，与组织战略目标相关的绩效信息需要被特别关注。

2. 收集的信息的内容需要面向绩效评价

绩效评价是一项鉴定活动，是依据绩效信息对绩效计划执行情况的评判。绩效评价需要的信息就是绩效监控的重要内容。全面的信息可以为绩效评价工作提供有力的佐证，从而保障员工对绩效评价结果的认可。

3. 绩效信息一般分为关键事件、业绩信息和第三方信息 3 种类型

关键事件是指一些比较极端或比较有代表性的行为或具体事件。当这类事件发生时，管理者要及时客观地做记录，在记录中应对事件进行全面描述，包括描述事件具体发生的时间、当时的情况、员工具体的行为以及最后的结果等，总之应尽可能客观具体地列出当时重要的关键事件或结果信息，避免加入任何主观的判断和修饰。

业绩信息是指与完成绩效计划或工作任务有关的各种业务记录，特别是绩效突出或有绩效问题的相关信息。业绩信息收集的过程是对绩效相关的数据、观察结果、沟通结果和决策情况等的记录过程。管理者通过让员工参与业绩信息的收集，可以使员工不再将绩效管理看成监督和检查的工具，而是把绩效管理看成发现和解决问题的工具。

第三方信息是指让客户等帮助收集的信息。内部记录的绩效信息不可能涉及绩效评价的方方面面，管理者也不可能了解员工的每个工作细节。例如，管理者不可能总是盯着电话是不是在响了十几声之后才被接听，也不可能总是观察员工接听电话的内容和态度，因此有必要借助第三方来收集信息。

4. 信息收集过程中的主要工作

具体来讲，管理者在绩效信息收集过程中主要做以下几方面的工作：(1) 定期安排与下属的会面，评价他们的绩效；(2) 对照事先建立的职位说明书或行动计划检查工作的进展，考察绩效是否达到了目标；(3) 回顾在评价周期开始时形成的目标列表；(4) 到各处巡视工作的进展情况，并与下属进行非正式的讨论；(5) 从下属的同事那里获得有关下属的绩效信息及反馈；(6) 检查工作的产出和结果，以检查绩效信息的准确性；(7) 要求下属做工作进展报告；(8) 提出要求后，检查任务的完成情况，看是否有需要帮助下属解决的问题；(9) 通过分析工作结果、讨论改进方案，评价工作任务或绩效目标完成的情况；(10) 关注顾客的投诉率和满意度(内部或外部)，以便评价、检查员工的绩效。

二、绩效信息的分类

企业内部的信息种类很多，一般而言，可以将绩效管理体系需要的信息分成两类，即组织

层面的信息和员工(个人)层面的信息。①

(一) 组织层面的信息

组织层面的信息主要包括公司的长期战略发展计划、公司年度经营计划、二级单位(如部门和分部)的战略经营计划、基层的年度经营计划,等等。

1. 长期战略发展计划

长期战略计划是公司和各主要部门为了实现其长期发展目标而制定的使命、愿景、价值观和战略规划的文件。该计划也可能包括影响公司业务发展的外部因素分析(如经济、人口等)、为确定将来的目标而对过去绩效的回顾以及实现公司长期目标所需要的资源,等等。企业在开始实施绩效管理工作之前,一定要有完备且翔实的战略发展计划作为依据,这些战略计划将有助于员工将个人目标与公司目标更好地结合起来。

2. 经营计划

经营计划与战略发展计划不同,它是短期的(一般为一年期限),当然更详细,各单位在确定的年度中应达到的目标也更明确。经营计划也有公司级、部门级和单位级的不同层次。这些资料都是企业实施绩效管理工作的基础。

(二) 员工(个人)层面的信息

公司层面的发展计划和经营计划要靠全体员工的努力才能得以完成,所以公司层面的计划只有分解成每个员工的计划和指标才具有意义,如此有关员工的个人信息在绩效管理过程中就具有重要的意义。基于员工的行为和结果可以将员工绩效信息细分为两种类型:(1) 以行为为基础的信息。这些信息强调引致工作成功的具体行为,例如对一位销售人员来说,“口头说服”行为就是可以观察和使用的行为绩效信息。行为信息往往很难识别,例如区分销售员真正的“口头说服”行为是什么也许是困难的,但当行为可以清楚地区分和观察时,这些行为信息就能大大地提高管理效率。(2) 以结果为基础的信息。这些信息反映了员工已经做了什么或完成了什么。当测量员工的结果很容易和适当时,一个以结果为基础的考评信息的收集是有效的。

另外,个人层面的信息还包括员工工作描述、员工当年的绩效指标和工作计划、员工平时的绩效考核记录、绩效沟通与反馈的记录、员工上一年的绩效考核等信息。这些信息对建立员工目标与组织目标之间的联系和确保组织绩效管理体系的顺利运转具有重要的作用。其中员工的工作描述是指对某个岗位的责任、工作任务和授权水平的描述,它通常是为招募而设计的,但这些信息对绩效指标设计、绩效考核工具的选择都有直接的影响;企业上一年度的绩效回顾会议通常是与本年度的绩效计划会议同时召开的,因此在绩效管理工作开展之前需要准备员工上一年度的绩效考核资料。

三、绩效信息收集的意义

(一) 信息收集是绩效管理工作的基础环节

绩效管理的整个过程建立在有效的信息技术管理的基础之上,无论是绩效计划的制订、绩效指标的设计,还是绩效考核的执行与考核结果的反馈,都是建立在充分的绩效信息的基础上,同时通过这些管理活动又产生了新的绩效信息。信息的收集与管理是绩效管理中非常重

---

① 赵曙明.绩效管理与评估[M].北京:高等教育出版社,2004:145.

要的一个步骤，它将有助于管理者和员工清楚地掌握工作的进展情况，因为绩效文档记录了与员工绩效有关的重要的讨论结论和重要事件。正因为信息收集工作在绩效管理整个过程中具有关键的地位，所以管理人员在绩效管理过程中需要同员工一起收集和处理对于组织目标和个人目标有意义的、可以度量的信息。从这种意义上来讲，绩效管理过程就是一种信息收集、流动、沟通和反馈的过程，没有绩效信息的支持，任何一个绩效管理体系都无法有效地运转。

（二）绩效信息有助于提高管理效率

强化绩效管理过程中的信息收集，对员工而言具有重要的意义，因为这有助于他们知道自己的工作对整体目标的重要性，从而能够将自身的发展与组织的发展联系起来。对管理人员而言，如果管理者在与员工进行绩效沟通时，将其中的要点及时记录下来的话，那么在绩效考核会议上，它能让管理者感到游刃有余，使管理者能很好地了解员工、指导员工，从而帮助管理者更好地总结，提高管理的效率；再者，管理者把管理者和员工讨论中的要点以书面形式记录下来，可以清楚地确认双方对讨论结果的理解是否一致。所以合理的绩效信息也让管理者和员工之间的绩效沟通变得更为轻松，因为管理者和员工不必再苦思冥想究竟以前发生过什么了。

（三）绩效信息是决策的依据

绩效信息是绩效管理活动中所有重大决策活动的依据。首先，绩效信息是开展绩效考核工作的依据。绩效考核结果的判定需要以明确的事实依据为支撑，尽管期初确定的工作目标或任务可以反映一些问题，但这并不足以证明员工完全按照规程、制度进行操作。工作过程中收集或记录的数据，可以作为对员工绩效进行考核的依据，也可以作为晋升、加薪等人事决策的依据。其次，绩效信息是提供改进绩效方案的重要依据。绩效管理的目的是改进和提高员工的绩效和解决问题，但要解决问题就必须知道存在什么问题以及是什么原因引起了这个问题。假设主管人员笼统地对员工讲，管理者“沟通能力欠缺，需要改进”，员工可能不会在意，更不清楚如何改进。如果有了充分的记录，那么员工就很容易明白从何种角度才能有效地改进绩效。再次，绩效信息是决定考核结果运用决策的依据。绩效考核的结果是要运用于人力资源管理的各种活动中的，如用于奖罚、用于员工的职业发展。对不同的员工所运用的处理结果往往是不同的，但这必须有一定的依据，否则无法说服员工并得到他们的支持。这些依据主要是指在绩效管理过程中所使用的原始的和综合处理的分析性信息，它们对于考核结果运用到人力资源管理决策中具有重要的意义。

（四）绩效信息是解决各种纠纷的依据

具体详尽的绩效信息之所以很重要，还因为有关绩效的详情和沟通情况等信息，是对员工进行纪律处分和处理潜在的法律诉讼或纠纷或劳动争议的重要证据。另外，绩效信息里如果显示管理者在处分员工之前，已经给了员工足够多的警告，那么管理者就可以更从容地面对员工的质疑。企业保留翔实的员工绩效表现记录不仅是为了在发生劳动争议时能有足够的事实依据，进而可以维护企业的利益，而且这些绩效信息可以保护当事员工的利益。据调查，现在仍有很多企业的部门主管的思维停留在基层员工或工程师的角色中，其中很重要的一个表现是他们往往把绝大部分时间花费在具体的技术工作和具体的问题解决上，忽略了自身的管理者职能。其中管理者职能的一个重要的体现就是，管理者要在日常工作中通过观察和沟通，收集被管理者的绩效表现数据和信息，协调被管理者之间的工作，带领他们完成工作任务，并引导他们和公司实现共同发展。所以,数据收集和文档工作的好坏是判断一个管理者是否成熟的标志之一。

第二节 绩效信息收集的策略

一、绩效信息收集渠道与途径

(一) 绩效信息的获取渠道与类型

绩效信息的获取渠道众多:(1) 直接客户;(2) 总经理;(3) 员工;(4) 管理者或直线主管(经理);(5) 同管理者的部门和管理者的员工有联系的其他部门的经理和员工;(6) 供应商;等等。绩效信息主要有以下几个类型:(1) 现存的数据,比如财务绩效数据,这些信息可以直接向绩效管理的相关者索取;(2) 临时调查数据,主要是员工的行为、态度、能力等指标的信息;(3) 初加工的信息,这是指将所收集到的原始数据根据一定的目标进行了一定程度的加工处理的数据。

(二) 绩效信息的载体

数据的载体有文档、电子版本。绩效文档可以是复杂的表格,也可以是简单的笔录。当今时代是信息时代,绩效管理体系的建立和运作离不开信息网络这一高新技术的应用。在实施绩效管理的过程中,有大量的关键绩效数据和绩效计划完成任务需要进行统计、处理、汇总、计算、分析。这些工作单靠人工来完成是难以想象的,必须采用计算机管理信息系统予以支持。信息系统以业务板块、单位层次、时间等为维度对关键绩效信息进行分析,创建图形、表格和报表,全面、准确、及时地反映公司各个层次在一定期间的经营绩效状况和存在的问题,这就为企业制定发展规划、减少经营风险和高层决策提供了依据。

(三) 绩效信息的结果表现形式

绩效信息的最终成果形式是用于不同目的和场合的各类绩效信息报告。该报告可以包括每一项指标的本期实际值、本期目标值、本期挑战值、本期差异、本期绩效分值和累计实际值、累计目标值、累计挑战值、累计差异、累计绩效分值等,通过汇总从企业总部到基层生产单位的每个经营领域的绩效信息数据,进而分析绩效差异,了解导致差异的因素,以便采取行动改进绩效较差者的绩效。同时,企业内的每个部门层次都要向上一级汇报绩效数据和绩效分析结果,以检讨目前战略方针的合理性,在各个管理层次建立起自主意识和责任感。表 12-1 是一个简化的绩效信息汇总表样本。

表 12-1 绩效信息的表现形式(简化)

序号	指标名称	指标类别	相关数据名称	数据来源部门	各月 KPI 指标完成情况						
1	产销量	企业级	各品牌产量之和	运营中心							
			各品牌销量之和	运营中心							

续　表

序号	指标名称	指标类别	相关数据名称	数据来源部门	各月 KPI 指标完成情况							
2	市场占有率	企业级	现时单品牌市场占有量	营销中心								
			同档次产品占有量	营销中心								
			市场占有率	营销中心								
3	净资产收益率	企业级	净利润	财务中心								
			平均净资产	财务中心								
			净资产收益率	财务中心								
4	资产负债率	企业级	负债总额	财务中心								
			资产总额	财务中心								
			资产负债率	财务中心								
5	客户满意度	企业级	客户保有率	营销中心								
6	人才吸引力	企业级	实际引进人才数	人力资源管理中心								
			实际需要人才数	人力资源管理中心								
			人才吸引力	人力资源管理中心								

二、绩效信息的收集方法

绩效管理是一项复杂而系统的工作，需要长期跟踪收集有关信息资料，并对数据做必要的加工归类，收集绩效信息资料的方法主要有[①]：(1) 考勤记录法。这种收集信息的方法最常用，主要记录员工的出勤情况，如出勤、缺勤及其原因。(2) 生产记录法。这种方法在生产服务性组织中常用，主要记录如产品数量、消耗原材料数目、服务的数量和质量等生产服务情况。(3) 定期抽查法，也称为取样法。具体是指定期抽查生产、加工和服务的数量、质量，并由专人记录抽查情况。(4) 项目评定法。这种方法采用问卷调查形式，指定专人对员工逐项评定。(5) 关键事件记录法。这一方法是对员工特别突出或异常失误的情况进行记录。关键事件的记录有利于主管对下属的突出绩效进行及时的激励，对下属存在的问题进行及时的反馈和纠偏。(6) 减分搜查法。这种方法是按职位或岗位要求规定应遵守的项目，定出违反规定的减分，定期进行登记。此外，观察法也被看作是绩效信息收集的一个主要方法。观察是一种收集

① 张明.人力资源管理实用手册[M].合肥：安徽音像出版社，2004：651.

数据的特定方式,通常是由管理者亲眼所见、亲耳所闻,而不是从别人那儿得知的一种收集方式。例如,当管理者从交换机旁经过,听到电话响了二三十次,这时管理者就观察到了东西,那就是数据。它不能告诉管理者是什么问题或如何处理,但它告诉管理者哪些内容是可以改进的。

总之,在数据收集和记录的过程中,主管除了在日常工作中要注意跟踪员工计划进展外,还应当注意让相关人员提供相关数据。此外,主管必须清楚数据记录和收集的重点一定是以绩效改进为核心的。

三、绩效信息的收集原则

所有绩效信息必须在统计系统中体现出来,企业的绩效信息系统必须按绩效指标的要求及时、准确、完整地将有关数据进行统计,并提供给有关部门及管理者。绩效信息的收集与整理必须落实责任部门和具体责任人。与此同时,在收集绩效信息过程中要注意以下原则。

(一) 有目的地收集信息

收集绩效信息之前,一定要弄清楚为什么要收集这些信息。如果收集来的信息最后发现并没有什么用途而被置之不理,那么这将是对人力、物力和时间的一大浪费。

(二) 让员工参与收集信息

作为主管,不可能每天盯着每一个员工进行观察,因此主管通过观察得到的信息可能不完全或者具有偶然性。那么,教会员工自己做工作记录则是解决这一问题的好方法。需要强调的是,绩效管理是主管和员工双方共同的责任,因此,员工参与绩效数据收集这本身就是体现员工责任的一个方面。而且,员工自己记录的绩效信息比较全面,主管拿着员工自己收集的绩效信息与他们进行沟通时,他们也更容易接受这些事实。值得注意的是,员工在做工作记录或收集绩效信息的时候往往存在有选择性地记录或收集的情况:有的员工倾向于报喜不报忧,有的员工则喜欢强调工作中的困难,甚至夸大工作中的困难。所以,当主管要求员工收集工作信息时,一定要非常明确地告诉他们收集哪些信息,另外,管理者最好采用结构化的方式收集信息,因为这将有助于使得员工选择性收集信息的程度降到最低。

(三) 抽样法收集信息

管理者不可能每时每刻监控员工的工作,采用抽样的方式也可以收集到许多重要的信息。所谓抽样,就是从一个员工全部的工作行为中抽取一部分工作行为做出记录,这些抽取出来的工作行为就被称为一个样本。抽样关键是要注意样本的代表性,比如,管理者没有必要去统计每个电话回应之前响了多少次来测量反应时间,只需抽查有代表性的样本就可以了,一般而言,管理者可以只统计其中的5%,以取得近似的结果。常用的抽样方法有固定间隔抽样法、随机抽样法、分层抽样法等。

(四) 将事实与推测区分开来

信息收集是指收集那些既成事实的绩效信息,而不应该收集那些对事实的推测的信息。比如管理者通过观察可以看到某些行为,而行为背后的动机或情感则是通过推测得出的。主管与员工进行绩效沟通的时候,也是基于事实的信息,而不是推测得出的信息。那些推测得来的信息往往缺乏信度与效度,在运用时很容易受到质疑。

(五) 繁简适度原则

通常情况下,应使绩效信息收集和总结越简单越好,这样可以让更多的成员参与进来。

一些公司提供了数据收集方法和总结技巧方面的高级培训,如绘制图表和简单统计,这种方式也许会有益处,但并不是非要不可的。管理者收集的内容和总结的方式不应该比满足管理者提高商业目标的需求更复杂。同时,通过抽样的方法来减少管理者需要收集的数据和信息的数量,但前提是保证这些数据必须有代表性。总而言之,绩效信息收集过程中应力求做到繁简适度。

第三节 绩效信息的档案管理

一、绩效文档及其应用

绩效管理需要应用各式各样的表格,这些表格本身当然不应该作为绩效管理工作的重点,但这些表格中所记载的信息非常有价值,所以管理者要善于将绩效管理中的各种表格归类整理成有特定目的用途的文档。绩效文档有些是正式的(比如将作为员工档案的保存资料),有些是非正式的(比如用来帮助管理者回忆的笔记,这是不需要保存的)。管理者手中的绩效文档至少应该包括以下内容:在做绩效计划时所制定的目标和任务、考核期内发生的重要绩效事件、年度绩效考核会议的总结;当然,还要记录有关管理者和员工在绩效沟通过程中彼此的承诺和共同的约定,以及其他管理者认为对改善绩效有帮助的内容;绩效文档还包括员工的关键绩效事件及尚待改进的工作内容,它记录了绩效真实且正在发生的事情。显而易见,绩效文档对管理者大有帮助。

有多种原因要求对绩效信息进行归档:第一,最重要的也是管理者应该注意的一点就是绩效文档管理将有助于组织和个人取得进步。要解决问题,管理者必须发现这些问题、熟悉这些问题,这需要信息。第二,在雇员与上司之间出现分歧时,绩效文档对双方都可进行保护。比如,如果管理者想证明电话响的次数过多或某些任务没有完成,管理者就需要诸如时间、日期之类的数据支持,在绩效文档化之后,它们就成为重要的依据。第三,在员工或管理者离任或调走时,这些绩效文档也是重要的决策依据。

二、绩效信息的归档管理

要想建立有价值的绩效文档,在绩效信息的归档管理时就要注意以下几点[①]:(1) 签名确认。所有正式的绩效记录都应该由员工与经理双方签字确认。员工签字本身并不意味着他们同意里面的内容,但至少可以表明他们已经看过这份文件。在管理者要求员工签名确认之前,管理者必须向员工解释清楚这样做的原因,以免引起员工的不安和反感。(2) 记录重要的、必要的信息。绩效文档所包含的是重要的、必要的信息,而不需要事无巨细、一字不落地记录下来。绩效文档应该是总结性的,当然这也有例外,比如说,当管理者要对员工进行处分时,绩效文档的记录就应该尽可能详尽。(3) 尊重员工的意见。为了公平起见,员工应该有权对正式绩效文档中所提及的内容发表自己的意见,如果他们对文档内容有不同意见的话,那么管理者就需要在文档中另附上他们的异议,在绩效文档最后敲定前,管理者应该留给员工一些时间,让他们阐述异议并做出相应的考虑。

---

① 罗伯特·巴考尔.绩效管理24准则[M].北京:中信出版社,2005:90.

三、绩效文档的存放[①]

绩效文档是否应长久地保存下来,对这一问题目前还存在不同的看法。员工们希望那些好的材料能永久地保存下来——如表扬、成绩、客户赞扬等。然而,他们不希望对他们任何的小错误进行记录并永久地放在人事部门的个人档案中。对此,经理们不得不做出似乎有些艰难的决策。假设管理者有数据表明一位员工的生产量在不断下降,因此就很有必要同员工进行沟通。如果管理者已经记录了这些信息并记录了同员工会谈的结果,管理者是否会将这些材料放进个人永久档案里去呢?有些经理会,而有些经理不会。那些建议放进档案的经理们认为,如果绩效问题重复发生,特别是对已经被拒绝在本组织的其他部门工作的员工,更应该这样做。那些不愿将"不稳定"的信息永久放进档案的经理则认为,应先想办法解决问题,也就是说,在定性问题比较严重时,应放进档案之前给员工一段时间来解决问题(在经理的帮助下)。这种方法似乎更公平、更宽容。总之,应将何种材料放进档案里,取决于问题的严重性、公司档案管理政策、管理者个人的容忍度以及同员工发展长期友好关系的需要。

本章思考与案例

1. 绩效信息的收集有何作用?

2. 组织层面的绩效信息有哪些?员工个人层面的信息又有哪些?

3. 绩效信息有哪些渠道和来源?绩效信息的收集方法有哪些?收集绩效信息时应注意哪些原则?

4. 企业为什么要加强绩效档案的管理?

① 罗伯特·巴克沃.绩效管理——如何考评员工表现[M].北京:中国标准出版社,2002:94.

13 第十三章 绩效管理的组织分工

全章提要

学习目标

1. 了解绩效管理过程中的组织结构设置;
2. 了解绩效管理的组织机构的使命特征;
3. 熟悉绩效管理中的各类角色的职责分工。

案例导读

A企业是一家不到100人的贸易企业,该企业的员工考核制度是这样的:业务部门员工的考核目标由直线主管来下达,而员工的日常工作表现和完成情况则由一些职能部门来检查考核,如企管部、办公室等。而企业最终还要向职能部门经理要部门考核结果。这样一来,职能部门人员经常要隔三差五地到下面去检查业务部门员工的目标实施情况,给员工的业绩考核表现打分,而直线主管失去了检查考核的权力,他们也只管完成自己的任务就万事大吉了,对下属员工的业绩表现和改进不管不问。你检查你的,我干我的。

更糟糕的是这种制度造成了职能部门和业务部门的很大矛盾,业务部门主管认为职能部门检查太多,给本部门找麻烦,认为自己老是在帮职能部门的忙。而职能部门也抱怨业务部门主管不配合工作。一旦出现问题,双方更是相互推诿指责、把问题推给对方。导致很多问题找不到责任人、久拖不决,如交货延期问题、员工流失问题等等,严重影响了企业的运行。

这类在绩效管理过程中,考核一线执行者与考核组织者在职责分工与协作上模糊不清或角色错位的问题,在很多企业频发,造成了诸多不良影响,影响了绩效管理的目标与效率。为此,本章将对绩效管理过程中的组织分工这一问题进行分解。

第一节 绩效管理的组织设置

一、绩效管理组织机构的设计原则

绩效管理是企业诸多管理活动中的一项重要活动,为了确保活动顺利开展,应建立相应的组织机构进行有效的管理。组织机构的设置主要应遵守以下一些基本原则:

(一) 效率效益原则

效率效益原则是设置绩效管理机构的最根本的准则。效率是机构合理协调的标志,效益则是机构设置的目的,意味着企业活动必须达到一个什么样的目标。效率效益原则要求所设计的绩效管理机构必须能实现有效率地运转,且企业活动的结果必须有一定的效益。

（二）分工协作原则

企业绩效管理目标的实现要靠全体成员共同努力。这就要求企业在设计绩效管理的组织机构时，必须坚持分工协作的原则。分工的目的就是要明确规定各个部门、各层次和各成员的工作内容、工作范围，即明确干什么的问题。有分工还必须有协作，为了确保绩效管理工作目标的完成，企业内各部门、各岗位都必须进行协作和配合。如果企业内各部门、各岗位不协调一致，相互间的力量就会削弱和抵消，企业各部门的职能作用也将受到严重削弱。

（三）目标明确原则

组织机构是为了实现企业的目标而设置的，组织机构的调整与合并、增加与减少，都应以是否有助于实现企业目标为衡量标准。所以在设计绩效管理的组织机构时，一定要首先明确企业目标是什么、每个分支机构的分目标是什么，以及每个参与者的工作是什么。根据目标来设置相应的机构，这是完善绩效管理工作的基本指导原则。

（四）精简性原则

精简性原则是指组织机构的设计要与企业的目标和任务相适应，根据任务设置机构。这一原则要求：(1) 管理的层次要与垂直分工的精细程度相适应，考虑管理等级之间的沟通和联络。(2) 部门划分精细适当，要有明确的职责和足够的工作量。(3) 每个部门的规模（人员配备）与其任务相适应，不出现人浮于事的现象。

（五）统一指挥原则

统一指挥原则是指企业绩效管理组织机构的设计必须使各职能部门及成员在完成任务的过程中服从一个上级的命令和指挥，以达到协调统一。为了确保企业绩效管理中不出现权责不清、管理混乱的现象，这一原则要求指挥命令系统中的上下级之间的权力、责任和联系渠道必须明确，一个下级只接受来自一个上级的决策和命令，而不是政出多门，上级对下级也不得越级指挥。

（六）管理宽度适度原则

管理的宽度不能无限地延展，而应根据企业的性质以及管理者和被管理者的具体情况来确定。在确定管理宽度时必须分析影响管理宽度的直接因素与间接因素，以使主管人员能确定一个适合自己的管理宽度，避免出现主管人员的能力过剩或能力不足的现象。

（七）灵活性原则

绩效管理组织机构的设计应使相应的职能部门和成员能够最大限度地发挥其主观能动性，同时可以根据内外条件的变化，自行调整一部分部门范围内的工作，而并不牵动整体机构的变化，增强整体结构稳定条件下的内部灵活性。这一原则要求集中统一管理必须与各管理层次和各部门的分权相结合，分工与协作要紧密结合，使相对静态的组织机构与动态环境变化相适应。

（八）动态调整原则

企业是整个社会环境的一部分，它受到政治、经济、文化等因素的制约；同时，企业内部的各种因素也在不断地变化着。因此，绩效管理机构既要有相对的稳定性，不要轻易变动，又必须随企业内部和外部条件的变化而变化，要根据客观情况的变化实行动态管理，而不能墨守成规。长期不变的绩效管理机构将抑制职工的积极性与创造性。动态调整原则要求企业定期分析社会环境、企业内部因素及技术因素等的变化,对绩效管理机构进行适当的调整与改进,从而保证企业的绩效管理适应环境的变化。

(九) 权责对等原则

权责对等原则是指企业在设定绩效管理的组织机构时必须确保职权和职责是对等的,每一管理层次上的各个职位既要赋予其具体的职位权限,又要规定与该职位权限相对应的职责范围,不允许职权程度大于或小于职责程度。另外,这一原则还要求职责职权要规范,各职位之间的权力责任关系要清晰,指挥要明确,以减少企业中的重复、抵消、推诿、扯皮、争权、卸责等现象,提高绩效管理的工作效率。

二、绩效管理的组织机构

(一) 传统的人力资源管理部门

现在仍有不少企业将绩效管理划归到人力资源管理部门,或在人力资源管理部门下设具体职能小组和岗位。所以人力资源部门在绩效管理中发挥着极其重要的作用,比如制定评价原则与指导方针,一方面它扮演评价过程的咨询顾问和支持者,同时还是整个评价过程的组织者与监督者;另一方面,它还是绩效管理制度的制定者、支持者和推行者。

首先,人力资源管理部门是绩效管理制度的制定者。绩效管理体系的高效运作离不开一套完善有效的规则体系,人力资源管理部门就是这一套规则体系的策划者与制定者,它为绩效管理的运作准备好所有相关的表格、资料,并选择相应的绩效管理工具。

其次,人力资源管理部门是绩效管理制度实施的顾问、支持者。由于很多管理者和员工对绩效管理的理念和方法不熟悉或理解不深,于是人力资源管理部门必须对评价者进行培训,提高他们的评价技巧,还要培训被评价者,提高他们对绩效评价的认识与理解,使他们乐于接受绩效评价。

再次,人力资源管理部门是绩效管理制度的组织者与监督者。绩效管理体系和企业中的其他体系是相联系的,人力资源管理部门是绩效评价结果与各种信息的收集与整理部门,对各个部门的绩效信息进行有效处理,并和有关部门一起制定相应的人事决策,然后落实,从而实现绩效管理工作的循环。同时,人力资源管理部门还要负责检查评价系统的运用情况,以确保评价活动的客观、公正、合法、有效。

(二) 绩效改进部门与培训部门

由于企业绩效改进工作在整个绩效管理工作中具有重要的地位,如果条件允许,企业应组建专门的绩效改进部门来具体负责绩效改进工作。部门的人员结构、数量、组建方式由绩效改进的需求来确定,如果绩效问题比较严重,对部门的人员数量、结构、运作方式要求则会更高。绩效改进部门是在传统的培训部门的基础上发展过来的,但从组织结构上来看,传统的培训部门与绩效改进部门在使命、组织结构、提供的服务、内部人员的角色、职责及衡量标准等方面存在着一定的差异。①

1. 使命不同

传统培训部门的使命主要是开发全体员工的技能、强化全体员工的知识、拓宽全体员工的

---

① 付亚和,许玉林.绩效管理[M].上海:复旦大学出版社,2004:153.

视野以实现企业的使命和经营计划，绩效改进部门的使命主要是通过提供咨询、培训、分析和评估服务来确保个人与组织绩效的不断改进以支持企业的经营计划。这两种使命的陈述都表明了要充分发挥“支持经营计划的工作职能”，但前者强调的是该部门的职责是要让全体员工开发技能、强化知识、拓宽视野，后者则强调要以确保个人与组织的绩效持续不断地改进为目标和职责。值得注意的是，后者所述的服务是提供咨询、培训、分析与评估，这是一系列的服务选择，而不仅仅是技能与知识的输出计划。

2. 组织的结构不同

传统的培训部门的组织结构需要一位或更多位的设计人员、课程开发人员、讲师及行政人员，他们隶属在培训经理之下(见图 13－1)。当有业务时，无论涉及部门的哪种职能，都先从设计人员开始，然后把项目转移给课程开发人员，再由他/她向后依序传递。

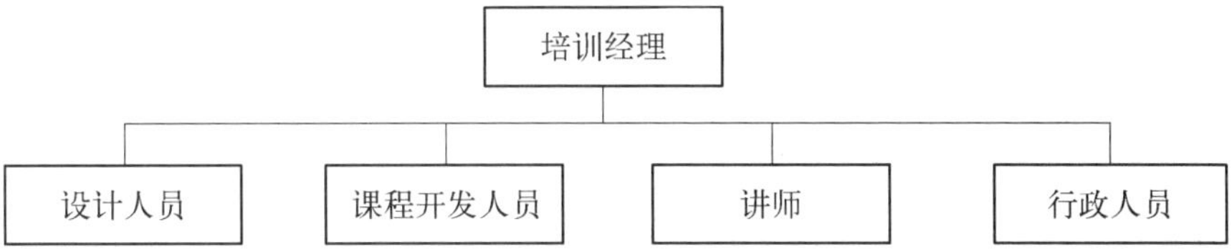

图 13－1　传统培训部门组织结构

绩效改进部门的组织结构图中，一般包括绩效咨询小组，分析员、设计员小组，讲师小组，它们隶属于绩效改进小组。客户联络组中的人员致力于搞好管理层的关系，一旦形成需求，他们便根据需要介绍分析员和设计人员介入。绩效咨询小组是为具体的业务部门服务的，分析员与设计人员的工作就相对灵活多了，他们在需要时才到场提供服务。这种组织结构及岗位配置见图 13－2。

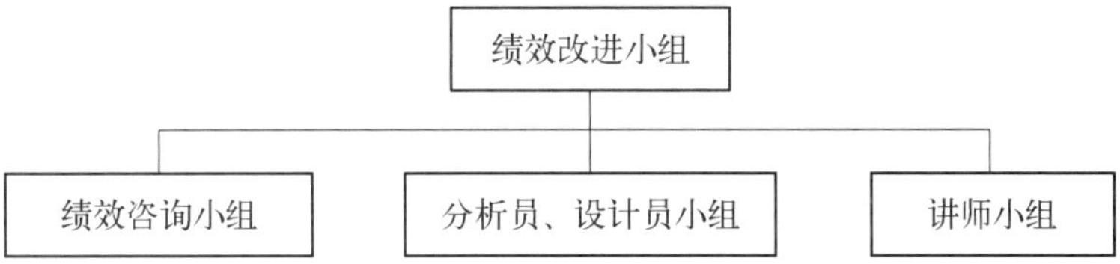

图 13－2　绩效改进部门组织结构

［资料来源］付亚和，许玉林.绩效管理［M］.上海：复旦大学出版社，2004：156.

3. 提供的服务不同

传统的培训部门和绩效改进部门各自提供服务的广度和种类是存在较大的差异的。传统的培训部门所能提供的服务主要包括：确定培训需求、设计并开发培训项目以及其他形式的学习体验、实施有组织的学习体验、训练培训人员并且确保其对他人所做的培训的质量、对培训项目的实施反应和学习水准进行评估。绩效改进部门除了上述所列职责外，还包括(但不限于)以下内容：(1) 确定绩效差距并分析绩效差距的原因；(2) 针对今后的业务目标及需求，重新确定绩效的意义。(3) 构建企业绩效改进模式与胜任力模型；(4) 就业务与员工绩效改进等问题给管理者提供咨询服务；(5) 评估为改进绩效而采取的培训或其他措施的效果。因此，绩效改进部门不但提供了培训部门所能提供的所有服务，而且提供了许多传统培训所无法实现的功能。

4. 内部人员的角色不同

在传统的培训部门中，员工常扮演的角色有[①]：(1) 讲师/辅导员。这一角色涉及的工作包括宣讲信息、指导有组织的学习体验、管理小组、讨论小组的运作程序等。(2) 课程设计师。这一角色涉及的工作包括确定培训课程目标、确定培训内容、为某一培训选择活动方式和顺序等。(3) 培训协调员。这主要是指对人力资源开发或培训课程和服务进行协调，并提供支持性的服务。(4) 评估员。主要工作是依据反馈(课程结束时)和学习评估的信息，对结果进行分析和报告。

绩效改进部门虽然也需要这些角色，但它还必须根据部门的具体需要开发新的角色，比如：(1) 客户联系员，该岗位与管理层一起，确定绩效改进意向、签订绩效改进合同来满足业务需求。(2) 绩效分析员，该岗位主要是确定理想的能满足业务需求的绩效需求，并确定绩效差距的原因。(3) 绩效咨询顾问，该岗位主要是对管理层进行协助和指导，以使他们针对绩效改进意向采取措施。(4) 效果评估员，该岗位主要是确定并报告针对个人或组织的绩效实施措施产生的效果。根据经验，绩效改进部门所需的技能都是相当独特的，能将传统培训角色扮演得很好的人不一定能扮演好绩效改进部门的角色。

5. 职责及衡量标准不同

绩效改进部门实行全职能部门责任制，它既对部门内的每个人的绩效进行考核，又对该职能部门的绩效进行考核。

传统培训部门所承担的职责的主要衡量标准包括以下几个方面：讲师授课天数、受训人次天数(每位学员到课一次，即为一个受训日)、每年开课门数及新开课门数、意见反馈评估结果、学习评估结果，等等。企业绩效改进部门除了考虑到上述衡量标准外，还要考虑以下几个方面的内容：

(1) 员工技能转化到工作场所的程度以及员工和组织绩效的改进程度。这是一个非常重要的衡量标准，根据这个标准，绩效改进部门要系统地衡量个人或组织的绩效改进幅度，当然这些绩效必须是与实施的绩效改进行动有关的。

(2) 新建立的客户关系的数量与质量。这个衡量标准所评定的是某一年度内为多少客户提供了帮助，以及与这些客户所建立的关系的质量如何。

(3) 一年中订立的绩效改进合同数量。所有签订了绩效改进合同的部门都要为改善绩效负责，所以以后这些职能部门应将精力更多地集中在绩效管理上，而非在盲目学习上。

从以上分析可以看出，传统的培训部门应进行改革，并过渡到绩效改进这个业务领域。[②]

(三) 其他相关部门

绩效管理作为企业中一项多边的活动，涉及多方面人员和不同部门的参与，探讨各部门的管理者与员工不同程度地开展或履行有关绩效管理职能的管理，对于促进参与绩效管理的人员和部门的行为合理化，实现绩效管理的规范化运作和有效运行，均有十分重要的意义。

从广义上讲，企业的其他部门均是实施绩效管理工作的重要部门。首先，各部门都参与绩效管理制度的设计。企业绩效是各部门在专业化分工基础上相互协作的结果。各部门积极参与绩效管理制度的设计是确保本部门客观、公平、有效评价的基础。不过在设计和进行绩效管

---

① 付亚和，许玉林.绩效管理[M].上海：复旦大学出版社，2004：154.

② 正如大卫·布林克霍夫(David Brinckerhoff)所说的那样，“所谓培训总监这个头衔从现在起最多过不了5年就不用了”。这也间接表明建立绩效改进部门的必要性和紧迫性。参见付亚和，许玉林.绩效管理[M].上海：复旦大学出版社，2004：157。

理的过程中，各部门一定要取得专业的人力资源管理部门的指导与咨询，以实现通力合作。其次，某些部门是绩效管理制度的有效支持部门。有效的绩效评价与考核等工作需要企业有一个有效的绩效管理体系。绩效管理的许多工作都是由人力资源部门组织与管理的，但并不意味着绩效评价就是人力资源部门的事。由于绩效评价结果是与薪酬分配、职位轮换和员工培训相联系的，这些决策确定是由人力资源部门承担，但它必须得到其他部门，如企业发展部、财务部等的配合，因此，只有得到这些部门的有效配合与支持，才能保持整个绩效管理流程的畅通。

总之，企业必须建立一个提高企业绩效管理运作效率的体系，传统的人力资源管理部门只是承担部分工作，培训部门、绩效改进部门以及其他所有有关部门都是此管理体系中的职能部门，绩效管理不是个别部门和员工的责任，而是全体职工的责任。

第二节　绩效管理中的职责分工

一、职位设置与工作职责界定原则

在明确企业的绩效管理机构以后，还要设置相应的岗位，并对每个岗位的职责范围进行明确界定。在对职位进行明确设置的基础上，针对部门中的主要职位，应编写职位工作职责，这些工作将为建立和推广绩效管理建立坚实的基础。企业在进行职位设置和工作职责界定时，应该注意以下两个方面的问题①：

首先，职位设置是组织机构设置的发展和细化。每个部门的工作职责都是通过该部门全体职位的工作共同完成，因此职位工作职责的界定应以部门或单位工作使命为基础，对部门工作职责作进一步细分。在设置职位时，要从横向和纵向进行全方位的考虑，且部门内所有职位的工作加在一起便构成部门全部的工作。

其次，设定职位时，要考虑到每个部门的人员编制限制，要确保有限的职位承担部门全部的职责。在确定绩效管理人员工作职责时务必遵守一定的指导原则。绩效管理人员编写工作职责应考虑该职位为完成部门或单位工作使命所负的主要责任是什么，其目的在于有效地实施具体细致的绩效管理工作，避免职责不清和实施中的矛盾。如此就应遵守以下几个基本原则：(1) 合理有效的管理范围。关于管理职能、责任和权限的描述应尽量清晰、具体地界定。(2) 对岗不对人。即职位设置及相应职责的界定是针对职位工作的需要而设计的，不会因为某个成员来承担这一职位而变化。换言之，职位职责的界定是相对稳定的，不受具体承担人员工作能力强弱的影响。(3) 重点突出。职位的具体工作内容可能复杂繁多，所以有必要将这些工作按重要性排序后进行选择，职位工作职责的描述不宜过多，只要体现主要工作成果而不是全部工作过程，从而避免分散管理人员注意力。另外，应注意的是，那些有一定挑战性的职责内容与定位对在职人员的个人能力与职业发展具有强有力的推动作用。

虽然说在企业绩效管理过程中，绩效管理绝不是人力资源一个部门的事，而是全体管理者和所有员工的事，但各个相关职能部门的具体职责是可以也应该有所差异，所以在绩效管理过程中各职能部门一定要各司其职，充分发挥各自的职能作用。比如，战略规划一般由战略发展部门分管，经营管理目标与计划、绩效监控由企业管理部门和财务部门共同负责，绩效考核中

① 赵曙明.绩效管理与评估[M].北京：高等教育出版社，2004：139.

的员工个人考核由人力资源部门主抓,而对企业内部组织绩效考核则由企业管理部门落实,考核结果的应用由人力资源部门跟进,等等,如图 13-3 所示。

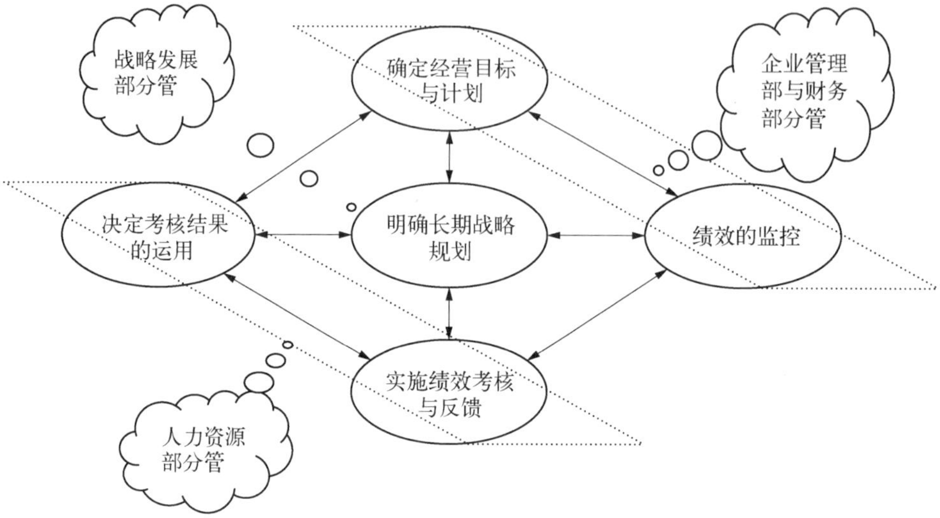

图 13-3 职能部门与绩效管理职责

二、管理者与绩效管理

下面就各级管理者在绩效管理中到底履行什么样的职责、扮演什么样的角色进行介绍。

(一) 高层管理者在绩效管理中的角色

高层管理者在绩效管理过程中起到非常重要的作用,无论是绩效管理的哪一个环节,企业高层都应起到主导作用,如图 13-4 所示。尤其是战略规划、经营管理目标与计划、绩效监控 3 个环节,企业高层应起到决定性的作用,他们要正确地引导企业员工“做正确的事”,防止企业出现方向性的错误。在绩效考核结果的运用环节,高层管理者要掌握政策,调整企业内部各种利益关系,凝聚人心和人力,激励员工同心同德地开展工作,实现企业的目标。

总体而言,高层管理者在企业绩效管理过程中主要承担了氛围营造者、政策设计者、制度推行者、资源支持者 4 种角色的职能。①

(1) 氛围营造者。企业高层领导要通过各种方式,比如演讲、员工大会等,向企业全体员工传达实施绩效管理的紧迫性和必要性,在企业中营造一个实施绩效管理的良好氛围。

(2) 政策设计者。由于绩效管理与企业的使命、愿景和价值观直接相连,因此,在绩效指标的设计和评价理念的制定方面,如企业倡导团队协作还是个人差异、强调结果还是过程、考核结果与分配直接挂钩还是间接挂钩,等等,都需要企业高层领导进行取舍,做出决策。

(3) 制度推行者。对于确定的绩效管理制度,企业领导应该身体力行地予以推动。

(4) 资源支持者。绩效管理工作在人力、物力和财力上都需要企业做出相应的投入。比如,需要专门设立推行机构、进行相关的咨询和考察、要组织各种培训,以及在具体推行中员工和管理者都要投入时间和精力等。企业的高层管理者要加大这方面的资源投入,扩大相关的预算,在资源上提供有力的支持。

① 张明.人力资源管理实用手册[M].合肥:安徽音像出版社,2004:628.

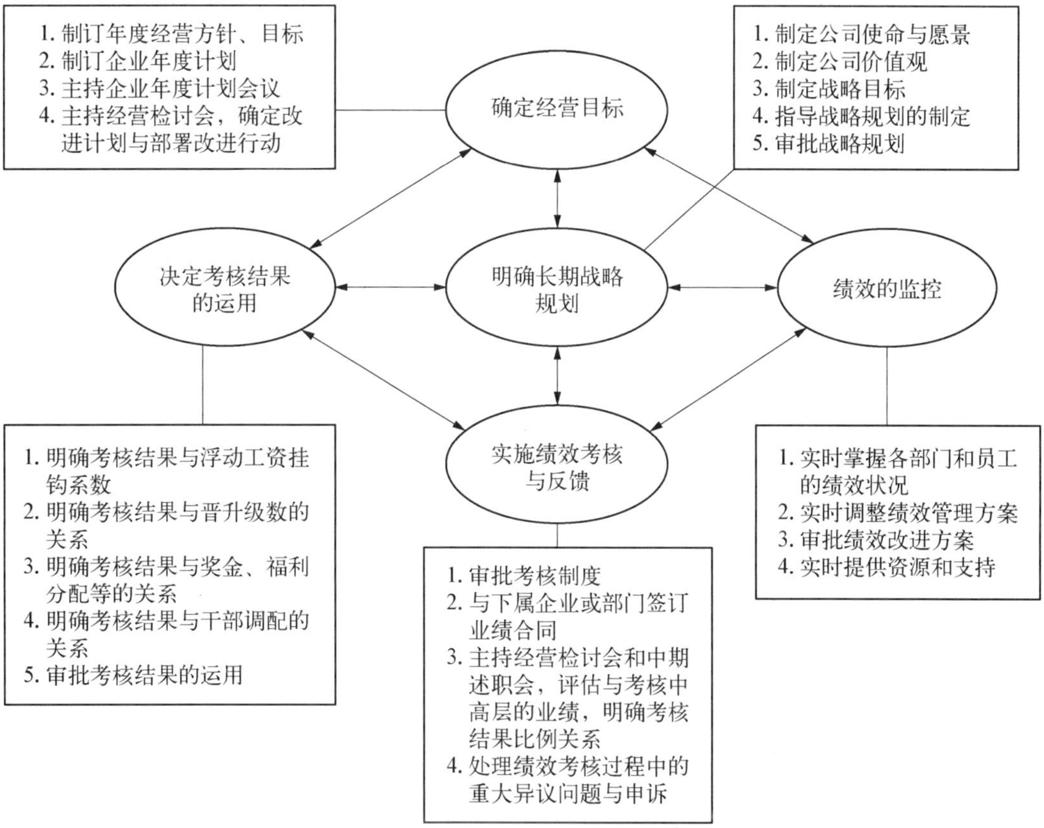

图 13－4　高层管理者在绩效管理过程中的职能

（二）中层管理者在绩效管理中的角色

中层管理者在绩效管理过程中承担了宣传员角色、基础信息提供者、评价者角色、被评价者角色 4 种角色的职能。①

（1）宣传员角色。中层管理者承担着向员工传播和解释企业政策意图的责任，他们要帮助员工准确认识绩效管理的重要意义。所以，中层管理者自己首先要全面深刻地理解企业实施绩效管理的目的和各项规章制度，这是做好一个合格的宣传员的前提。

（2）基础信息提供者。一般来说，管理者都是各业务领域的骨干专家，在制定绩效指标和目标的时候，很多的资料和信息要从他们那里获取，之后经提炼和概括才能形成相关的绩效文档，所以，中层管理者及基层管理者往往为绩效管理工作的顺利进行提供了各种详尽的信息。

（3）评价者角色。各级管理者在员工的绩效评价活动中充当评价者的角色，这就要求他们认真严谨地履行评价者的职责。

（4）被评价者角色。中层管理者作为企业的一员，他们在绩效管理工作中的表现会直接影响员工的态度和工作行为。所以，中层管理者也要接受上级主管对自己的评价。

（三）直线主管在绩效管理中的角色

在绩效管理过程中，主管是员工与中高层领导之间的桥梁，他们在绩效管理实施过程中起

① 张明.人力资源管理实用手册[M].合肥：安徽音像出版社，2004：629.

着至关重要的作用。总体而言,主要承担了合作伙伴、辅导员、记录员、公证员等角色功能。

(1) 合作伙伴角色。所谓合作伙伴,是指主管与员工之间是一个利益共享、风险共担、共同进步、共同发展的共同体,员工的绩效是主管绩效的基础。所以,主管有责任与员工进行充分的沟通,讨论员工的工作任务、绩效目标等问题。例如,员工应该做什么工作、为什么要做、何时完成、完成这些工作需要哪些技术支持和培训、主管能提供哪些帮助等。在与员工讨论工作内容和绩效目标时,作为考评者的主管应该意识到自己与员工的关系是合作伙伴的关系,只有与员工就绩效目标达成一致意见后,主管的后续工作,如考核与反馈才能够顺利进行。

(2) 辅导员角色。所谓辅导员,就是指主管及时与员工沟通,不断辅导员工,给予员工完成工作中所需知识和技能等方面的帮助,以提高员工的绩效水平。主管对员工的绩效辅导实际上贯穿于整个绩效评估过程的始终,这对主管也是一个挑战。

(3) 记录员角色。所谓记录员,是指主管需要走出办公室观察员工的工作行为,并在不影响员工工作的情况下进行记录。记录的内容一定是主管亲自观察到的,而不能道听途说;另外,主管还必须整理所记录的文档,作为绩效评估的依据。只有在主管掌握了第一手的员工工作的资料时,才能对员工的表现产生更加深刻的了解,从而保证考核工作的真实性。

(4) 公证员角色。所谓公证员,是指主管在对员工进行绩效考核时不仅是考评者,而且应该站在第三方的角度公正地评估员工的绩效水平。实际上,对员工的绩效评估就是对员工工作绩效的总结和评价,评价的结果会影响员工的薪酬水平和职业的发展,所以,主管在评估员工的绩效水平时一定要做到公平、公正、公开。

不同的部门、不同的管理者所承担的绩效管理工作的具体职责存在差异性,上述分析只是通用性的介绍(见表 13-1)。实际上,不同规模的企业、在不同发展阶段的企业,它们在议定绩效管理的职责时也会存在差异,比如对于规模较小的企业,一个管理者往往就要承担所有的绩效管理工作角色的职责。

表 13-1 绩效管理实施中各类人员的职责

人员类别	承担职责
1. 高层管理者	确认企业总体目标,审核绩效管理实施的计划和政策;做有关绩效管理的总动员,为全面推广实施营造氛围;接受实施过程的反馈信息;检查绩效管理的整体效果
2. 部门经理和基层管理人员	熟悉绩效评估系统,并掌握绩效管理的技能;明确本部门绩效目标;负责在本部门按人力资源部制订的绩效管理计划实施绩效管理
3. 人力资源管理部	制订绩效管理实施计划和随附计划;组织、落实动员宣传工作;组织、落实对管理人员的培训;设计并保持反馈渠道畅通,对整体实施效果进行评估
4. 被考评者	为自己的职业承担起责任;做现实的自我评估;为考评者提供有效信息;熟悉和学习考评体系与有关技能

[资料来源] 石金涛.现代人力资源开发与管理[M].上海:上海交通大学出版社,1999.

本章思考与案例

1. 在设计绩效管理组织机构时应遵守哪些主要原则?

2. 绩效管理的组织机构主要有哪些？

3. 传统的培训部门与绩效改进部门存在何种区别？为什么绩效改进部门的设立对于一家企业的发展非常重要？

4. 在设置绩效管理职位与工作职责时要注意哪些原则？

5. 不同的管理者在绩效管理过程中承担了什么样的角色？

6. 阅读下面的案例资料①，根据你所学习的知识回答相关问题。

公司背景：天宏铁路有限责任公司（以下简称“天宏公司”）是1998年在国家铁路运输整体提出“网运分离”的号召下，前几批进行市场化运营的国有大型股份制企业，主要由天宏集团投资控股。天宏公司在成立之初，为了实现市场化运营和管理，引入了现代化的法人治理结构，进行产权结构的现代化变革，同时为了充分地调动各级人员的积极性，大胆引入市场化的用人机制，由过去传统的一种用工形式——国家正式工，转变成正式工3年一签的劳动合同工，同时相对扩大了非正式工的人员比例。通过这些形式的改革，天宏公司内生动力，实现了“当年铺通当年运输”的行业先例，同时节省大量人工，也为国家和企业节省了大量开支，并为下一阶段企业快速发展奠定了良好基础。

2003年春节前某天下午，天宏公司总部会议室，赵总经理正认真听取关于2002年度公司绩效考核执行情况的汇报，其中有两项决策让他左右为难。一是经过年度考核成绩排序，成绩排在最后的几名的却是在公司干活最多的人，这些人是否按照原先的考核方案降职和降薪，下一阶段考核方案如何调整才能更加有效？另一个是人力资源部提出上一套人力资源管理软件来提高统计工作效率的建议，但一套软件能否真正起到支持绩效提高的效果？

天宏公司成立仅4年，但是实际上前3年都在进行国家重点工程“西煤东运”煤炭铁路的基建与施工，在2000年才正式开始煤炭运输的工作。为了更好地进行各级人员的评价和激励，天宏公司在引入市场化用人机制的同时，建立了一套绩效管理方案，这套方案目前已经在2002年度考核中试行。对于这套方案，用人力资源部经理的话说：是细化传统的德能勤绩几项指标，同时突出工作业绩的一套考核办法。其设计的重点是将德能勤绩几个方面内容细化延展成考量的10项指标，并把每个指标都量化出5个等级，同时定性描述等级定义，考核时只需将被考核人实际行为与描述相对应，就可按照对应成绩累计相加得出考核成绩。这套方法操作起来简单易行，另外这套体系汇总起来有4个比较明显的特点：

特点一：全员参与。公司规定全体在编人员都进行考核（频率分年度和季度两种）。

特点二：内容统一。所有干部考核都使用同一个量表，内容包括4个方面10项指标以及规范权重。见表13－2和表13－3。

表13－2　中层管理人员考核要素与权重

序　号	考 核 要 项	满 分 权 重
1	政治思想素质	10
2	品德素质	10

① 新浪教育.第一届中国企业人力资源管理案例竞赛[EB/OL].(2010－09－03)[2023－03－03].http://www.doc88.com/p－85222672860.html.

续 表

序 号	考核要项	满分权重
3	专业能力与学识水平	10
4	事业心与责任感	10
5	工作业绩	18
6	工作效率	10
7	组织与协调能力	12
8	创新能力	10
9	口头与书面表达能力	5
10	团队协作能力	5

表 13-3 具体考核标准量表(摘选部分)

姓名：　　　　　　部门：　　　　　　时间：

1. 政治思想素质

10分	8分	6分	4分	2分
自觉维护党和国家利益,全面地自觉执行党的方针政策	能服从党和国家利益,执行党的方针政策	一般能够服从党和国家利益,勉强执行党的方针政策	经引导,勉强能够服从党的方针政策	不能服从党和国家利益,不能执行党的方针政策
自觉执行天宏集团以及公司各项规章制度	能执行天宏集团以及公司各项规章制度	一般能执行天宏集团以及公司各项规章制度	经说服教育,勉强能执行天宏集团以及公司各项规章制度	不能执行天宏集团以及公司各项规章制度
能够自觉运用理论于实践中	有专业能力与学识水平	能努力运用理论于实践中	经引导,有理论联系实践的意识	轻视理论与实践
全局观念强,模范维护公司整体利益	全局观念较强,能自觉维护公司利益	有全局观念,有时能维护公司集体利益	缺乏全局观念,不能维护公司整体利益	全局观念差
主动深入基层和群众	能深入群众和基层	不主动深入群众和基层	经引导,勉强同意深入群众和基层	不愿意深入群众和基层
严于律己,宽以待人	有自知之明,能正确待人	对人的观点有片面性	对他人漠不关心	自以为是

3. 专业能力与学识水平

10分	8分	6分	4分	2分
专业知识、经验丰富并善于运用,善于总结	有一定的专业知识、经验并能够运用,比较善于总结	专业知识、经验少,运用不熟练,一般不善于总结	专业知识、经验甚少,不能运用,不善于总结	无专业知识、经验,不能运用和总结

续　表

有很强的专业特长并能够充分发挥	有较强的专业特长并能够适当运用,有比较广的知识面	有一定的专业特长,能适应专业知识与能力要求,知识面一般	有基本专业特长,但能够适应部分专业知识与能力要求,知识面窄	无专业特长,不适应专业与能力要求,知识面窄

5. 工作业绩

18分	15分	12分	9分	6分
能提前完成任务,工作质量突出,有突出工作成绩	能按期完成任务,工作质量高于一般水平,工作业绩良好	工作质量一般,能够完成任务,工作业绩一般	工作质量较低,经努力基本能完成任务,工作业绩较差	工作质量低劣,经常出现差错,工作业绩差或者根本无业绩

6. 工作效率

10分	8分	6分	4分	2分
守时惜时,处理事务迅速、准确、效率高	处理事务比较迅速,工作效率高	工作有时需要催促,工作效率一般	工作效率较低	工作中办事拖拉,经常需要催促,工作效率低

8. 创新能力

10分	8分	6分	4分	2分
善于创新,勇于探索,常有新点子和改革设想,工作实践效果明显	尚能创新,但新的思想和见解不多	有一定的创新意识,很少有新的思想和见解	思想比较保守,工作趋向安于现状	思想保守,工作因循守旧

9. 口头与书面表达能力

5分	4分	3分	2分	1分
口头表达能力较强,重点突出,条理清晰,言语生动简练	口头表达能力较强,言语清晰,条理性强	有口头表达能力,言语清晰,有一定的条理性	有一定的口头表达能力,言语比较清晰,能表达自己的思想	口头表达能力较弱,言语欠清晰,有时词不达意,言语重复啰唆
书面表达能力很好,结构严谨,文字流畅,生动,文章质量高	书面表达能力好,文章结构合理,文字简洁	有一定的书面表达能力,文字顺畅,表达清楚,较少语言病句	有一定的书面表达能力,文章基本通顺	书面表达能力较差,文章不够通顺,有病句

10. 团结协作

5分	4分	3分	2分	1分
主动与其他班子成员团结协作,善于团结与自己观点不同的人	能够与其他班子成员团结协作,能容纳不同观点的人	一般能与其他班子成员团结协作,不能容忍别人的过错	一般能与其他班子成员以及同事合作	不能与其他班子成员合作,气量狭隘

特点三:民主评议。考核形式采用类似民主评议的方法,每个被考核的干部分别由与其相关的所有人员考核(包括上级、本部门员工、相关部门代表等),成绩最后取平均成绩。

特点四:结果排序。所有管理干部统一进行成绩排序,对前几名和最后几名落实薪酬和晋升。

人力资源部负责人接着介绍:本次考核虽然是公司一年中最大的一次大规模全面的考核,取得了绝大多数干部职工的认可,同时各级领导组织积极配合人力资源部考核工作。据统计,全公司在编的5 700人中有96%的人参加了本次考核,很多干部职工反映现在的考核比在原先单位的考核进了一大步,考核内容更加容易量化了。当然,我们在考核中也发现了一个奇怪的现象:就是原先工作比较出色和积极的职工考核成绩却常常排在多数人后面,一些工作业绩并不出色的人和频繁出错的人却排在前面。还有就是一些管理干部对考核结果大排队的方法不理解和有抵触心理。但是综合各方面情况,我们认为目前的绩效考核还是取得了一定的成果,各部门都能够很好地完成,唯一需要确定的是对于考核排序在最后的人员如何落实处罚措施,另外对于这些人降职和降薪无疑伤害了一批像他们一样认真工作的人,但是不落实容易破坏我们考核制度的严肃性和连续性。另外,在本次考核中,统计成绩工具比较原始,考核成绩统计工作量太大,我们人力资源部就3个人,却要统计总部两百多人的考核成绩,平均每个人有14份表格,要分别完成统计、计算、排序、发布等工作,最后还要和这些人分别谈话,在整个考核的一个半月中,我们人力资源部几乎都在做这件事情,其他事都耽搁了。因此,我们希望尽快购买一套人力资源信息化软件,这样一方面提高公司整体人力资源水平和统计工作效率,另一方面减少因相互公开打分而造成的人为矛盾。

听完这些汇报,赵总经理决定亲自请车辆设备部、财务部和工程部的负责人到办公室深入了解一些实际情况。因为他知道这几个人平常工作非常认真,坚持原则,也从不计较个人得失,说话也比较直率,赵总非常想知道他们目前的感受和想法。

1个小时以后,车辆设备部李经理、财务部王经理来到了总经理办公室,当总经理简要地说明了原因之后,车辆设备部李经理首先快人快语回答道:我认为本次考核方案需要尽快调整,因为它不能真实反映我们的实际工作。例如我们车辆设备部主要负责公司电力机车设备的维护管理工作,总共只有20个人,却管理着公司总共近60台电力机车,为了确保它们安全无故障地行驶在600公里的铁路线上,我们按计划到基层各个点上检查和抽查设备维护的情况,我们还主动对在一线的机车司机进行机车保养知识的培训,累计达到12次。目前安全行车公里数和保养标准完全符合国家标准,这是我们的工作业绩,但在评估成绩中这些只占18分。还有在日常工作中,我们不能有一次违规和失误,因为任何一次失误都是致命的,也是造成重大损失的,但是在考核业绩中有允许出现"工作业绩差的情况",因此我们的考核就是合格和不合格之说,不存在分数等级多少。还有第九个指标,口头表达能力,我是做技术工作的,语言表达能力就不是我的强项,现在我的这项成绩和办公室主任的成绩如何比较、如何科学地区分?

财务部王经理紧接着说道:我赞成车辆设备部老李的意见,我认为考核内容需要进一步调整。比如对于创新能力指标,对于我们财务部门,工作基本上都是按照规范和标准来完成的,平常填报表和记账等都要求万无一失,这些如何体现出创新的最好一级标准?如果我们没有这项内容,评估我们是按照最高成绩打分还是按照最低成绩打分?还有一个问题,我认为我们应该重视,在本次考核中我们沿用了传统的民主评议的方式,对部门内部人员评估我没有意见,但是实际上让很多其他部门的人员打分是否恰当?因为我们财务工作经常得罪人,让被得罪的人评估我们财务,这样公正吗?比如说物资部何某曾多次要求我们报销他部门的超额费用，我坚持原则予以回绝，让他产生不满。在这次评估中，他给我的成绩最差，我的考核成绩也就被拉下来了。因此，现在我是让违反制度的人满意还是坚持公司原则而得罪他？最后一个就是项目中"专业知识技能考核"，财务部人员的专业技能是只有上级或者财务专业人员才能够客观和准确评估的，现在却由大量的非财务部门进行评估，这样科学吗？

听完大家的各种反馈，赵总经理想：难道公司的绩效管理体系本身设计得就有问题，问题到底在哪里？考核内容指标体系如何设计才能适应不同性质岗位的要求，公司是否同意人力资源部门提出购买软件的方案？能否有一个最有效的方法解决目前的问题，总经理陷入了深思中。

问题：

(1) 那些在考核指标确立之前表现比较出色和积极的员工，为何没有能够在考评中得高分？

(2) 结合企业实际，用哪种评估形式来评估干部更科学？民主评议的方式合理吗？

(3) 如果你是天宏公司人力资源部门的负责人，你将如何协助赵总渡过难关？请设计一个具有可操作性的方案。

第六篇

绩效管理工具

第十四章　绩效管理工具

14

第十四章 绩效管理工具

全章提要

学习目标

1. 了解几种常见的绩效管理工具，如目标管理法、标杆管理法、关键绩效指标法、平衡计分卡法等；
2. 理解目标管理法、标杆管理法的内涵、实施及优缺点；
3. 掌握关键绩效指标法、平衡计分卡法的内涵、实施及优缺点；
4. 了解目标与关键成果法、绩效棱柱法、积分制。

案例导读

平衡计分卡在万科

万科企业股份有限公司(简称“万科”)成立于1984年，1988年进入房地产行业，经过多年的发展，已成为国内领先的房地产公司。公司定位于城市配套服务商，坚持“为普通人盖好房子，盖有人用的房子”，坚持与城市同步发展、与客户同步发展的两条主线，核心业务包括住宅开发和物业服务。2019年万科再度上榜《财富》世界500强，位列榜单第254位。万科的核心价值观主要包括：客户是万科永远的伙伴；阳光照亮的体制；人才是万科的资本；持续增长与领跑。不难看出，这4点企业文化恰好分别与平衡计分卡中的客户维度、内部运营维度、学习与成长维度、财务维度相互照应，为万科引进平衡计分卡奠定了坚实的基础。

1. 客户维度

万科一直将客户视为企业最宝贵的资源，实施客户满意战略。在产品上，坚持以客户为中心，切实满足主流消费者的自住需求，保证90%以上的主流项目定位；在2016年交付的21.4万套房屋中推广实量实测与交付评估等管理工具，并大力开展“天网行动”(对采购的材料、部件及设备等进行不定期抽检)，将产品质量控制在良好水平。在服务上，万科旗下的子公司万科物业早已使“为业主资产保值增值”的服务理念深入人心，逐渐探索出一条连接传统住宅服务、商写服务、基于楼宇或生活的增值业务服务的生态链条。坚持“聚焦大客户、聚焦重点城市、主打高标库产品”的核心战略使万科物业成为客户认可度最高的地产服务商之一，其在2016年实现主营业务收入42.6亿元，同比增长43.4%。

2. 内部运营维度

好的内部运营流程是决定企业价值创造和持续发展的关键，万科显然早早认识到内部运营维度这一点，在客户需求提升及城市发展速度加快的前提下，积极寻找新的商业机会、探索新的经营制度。例如滑雪业务，截至2016年底，万科在吉林、桥山和北京开展滑雪项目，无论是雪道面积还是索道数量均居全国第一，其专属冰雪品牌形象逐步建立。此外，万科在运营管理中也对民生问题持续关注，基于城市、社区的居家养老需求，深入探索养老模式。首个大型养老社区杭州随园嘉树项目成为 2016 年 G20 峰会的接待参观点。在对经营模式的改良上，万科积极开发以公共交通为导向的发展模式(Transit-Oriented Development，TOD)，于 2017 年 1 月，向深圳地铁集团协议转让公司 15.31%的股份，使其成为公司的重要股东。在核心城市土地供应日益短缺的背景下，万科深入探索"轨道＋物业"、城市产业升级等新型经营模式，既可以维持企业现有业务的经营特性，又涉及长远的产品与服务的革新，彰显了万科差异化的价值主张。

3. 学习与成长维度

万科一直将人才视为最宝贵的财富和核心竞争力，完善事业合伙人制度，通过开展关怀活动、加强团队建设、与员工保持良好沟通和实施有效的激励约束措施等方式使团队上下一心，尽量控制人员流失的风险。在信息化平台的建立上，万科于 2016 年 1 月启动了"沃土计划"，以信息化建设为导向，完善客户数据库平台，整合多业态客户数据，全面提升经营效率并推动业务持续增长。万科在 2014 年推出的项目跟投制度将员工利益与项目经营成果相关联，授予跟投人员更大的权力，激励其为公司与股东创造最大价值。截至 2017 年 2 月底，万科已实现 308 个项目跟投。而无论是跟投项目的开工开盘还是现金流量的回正，其平均时间明显缩短，营销费用率也得到有效控制，成功发挥杠杆作用，促使无形资产驱动企业业绩的提高以及战略目标的实现。

4. 财务维度

在万科，现金为王的道理并不过时，公司 2016 年各项财务指标，无论是绝对数还是相对数，大部分与 2015 年相比均有改善或提高。其中具有代表性的几个指标如下：实现房地产销售金额 3 647.7 亿元，较 2015 年增长 39.5%；净资产收益率提升至 18.5%，同比上升 0.44%；房地产业务毛利率为 19.8%，同比增长 0.32%；净负债率为 25.9%，继续保持在行业低位。这些财务指标的实现才是说明万科何以成为房地产业龙头最直观最有说服力的直接证据。

[资料来源] 李文奇.论平衡计分卡在我国的应用——以万科集团为例[J].中国市场，2018(3)：173 - 174.

万科之所以能够取得如此成就，与其重视企业战略管理、积累管理能力有着重要的关系，特别是万科采用了平衡计分卡的方式提升企业绩效管理水平，平稳持续地提升企业的市场竞争能力。

绩效管理方法直接源自并应用于管理实践。在 20 世纪 50 年代之前，不论是绩效管理的理论还是工具，都限于表现性评价。之后的几十年，学者们先后提出了目标管理、关键绩效指标、平衡计分卡等绩效管理理论和工具。纵观绩效管理工具的演变历程，它在横向上不断拓宽评价范围，从单纯的财务指标扩展到全面性的指标设计；在纵向上也不断提升关注经营的功能，从单纯的绩效评价工具上升到承接组织战略的绩效管理工具，如图 14 - 1 所示。

目前企业界应用比较广泛的几种绩效管理方法主要有：目标管理法(MBO)、关键成功因素法(KSF)、关键绩效指标法(KPI)、标杆管理(MB)、平衡计分卡(BSC)、个人绩效承诺(PBC)、目标与关键成果法(OKR)、积分制(PS)和绩效棱柱法等。

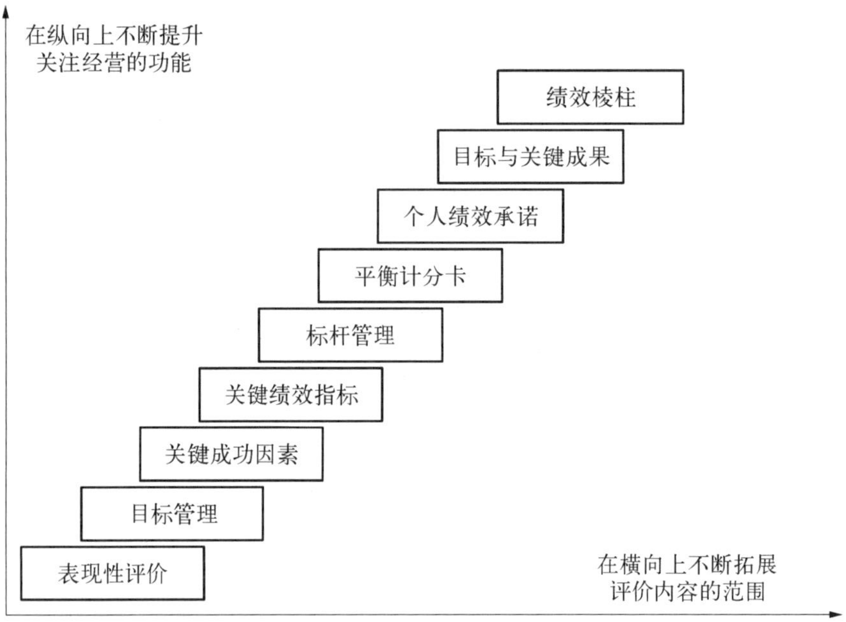

图 14-1 绩效管理工具的演变

第一节 目标管理法(MBO)

如果一个领域没有目标,则这个领域必然被忽视。

——彼得·德鲁克

一、什么是目标管理

所谓目标管理(Management by Objectives, MBO),是指企业以预定最优最终的经营效果为总目标,使企业的各项管理工作都围绕实现总目标而统一协调活动,以实现企业全面综合管理的一种管理方法,著名的企业管理大师高德拉特(Eliyahu M. Goldratt)称之为“简单而有效的常识管理”。图 14-2 为目标管理法的代表性流程。

目标管理法具有以下几个特点:

1. 目标管理是以人为本、全员参与的管理

由于目标的实现者也是目标的制定者,因此能实现合理的分工合作。在实施目标管理时,企业首先明确总体目标,然后对总目标进行分解,逐步展开,通过上下协商制定出各部门、各小组甚至每个人的目标,用总目标指导分目标,用分目标保证总目标的实现,形成一个有机的“目标-手段”链,这样就能充分调动人的主动性和积极性。

2. 目标管理以“自我管理”和“自我控制”为典型特征

目标管理是一种以结果为导向的管理模式,强调通过管理来控制行为的结果而非产生行为的过程。目标管理通过“自我管理”和“自我控制”代替了以往的压制性管理,使参与管理的员工能够控制自己的工作绩效,从而监督自己尽可能把工作做好,而不仅仅是完成任务。

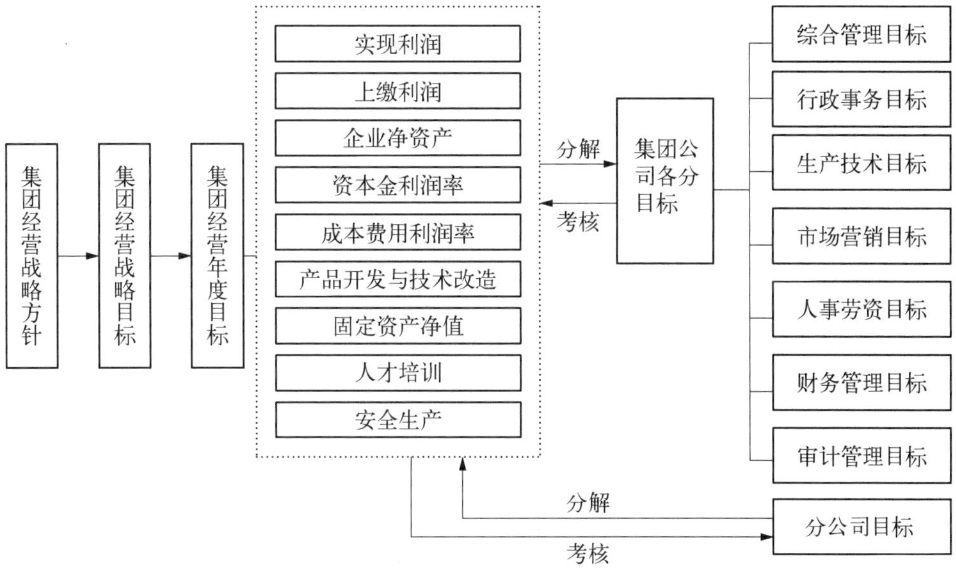

图 14－2　目标管理法的流程

3. 目标管理采用成果导向型的管理方式

传统的管理方法在评价员工表现时，往往容易从主观的印象、员工本人的思想和对问题的态度等定性角度来考虑。而目标管理的基本思想就是根据结果来衡量员工的绩效，对员工进行考核。这种方式比较容易实现定量化考核，能够更真实地反映员工的工作能力，进而能充分发挥各级人员的主观能动性。

4. 权责明确

目标管理能正确处理好集权与分权关系，使集团公司领导从事无巨细的事务中解脱出来，管理者应顺应高层，想大事、定战略思路。

5. 目标管理促进了企业组织结构扁平化

目标管理实现了管理权力的下放、管理重心的下移，使得以往那种以集权制为特色的“高耸型”企业结构逐步向以分权化为特征的“扁平型”组织结构演变。“扁平型”的企业结构摆脱了“高耸型”组织结构运营成本高、反应速度慢的桎梏，使企业更能适应当今快速变化的外部环境，提高了管理效率，降低了管理成本。

所以，企业实施目标管理具有诸多方面的意义：(1) 强调组织上下协商制定各级组织以及个人目标，确定了彼此之间的成果责任；(2) 强调人人为实现目标而努力，有助于员工进行自我调节和控制；(3) 强调通过绩效考评，有效地对整个管理工作进行引导、监督、调整和激励。

二、目标体系的建立

1. 确定集团经营战略方针、目标

集团发展战略是集团的灵魂，是全集团为之奋斗的目标，它要求企业能高瞻远瞩、审时度势，制定真正具有全面性、长远性、纲领性，涉及集团公司生存发展的宏图大略。

【案例 14－1】

联想与惠普的目标管理

联想公司是我国较早一批实施目标管理的企业,而惠普公司也是一家长期实行目标管理的跨国企业,通过研究发现,相比于惠普公司,联想公司在目标管理中主要聚焦于硬件制造,即更偏重于“物”,这与其目前所处的发展阶段、发展目标是相适应的,而惠普公司为了向更高利润的软件和服务业务迁移,在发展过程中通过战略转型把自己塑造成一家领先的软件和 IT 服务商,其目标管理聚焦于科技服务,即更偏重于“人”。

[资料来源] 林新奇,张可人.聚焦硬件制造及科技服务差异的目标管理——联想公司与惠普公司的案例比较[J].中国人力资源开发,2015(24):68－74.

2. 确定年度经营目标体系

年度经营目标体系中的指标既有财务指标,如收入、利润、净资产收益率、成本费用利润率等;也有非财务指标,如产品开发与技改成果、人才培训、安全生产等。在确定年度经营目标体系中的指标标准时应注意:(1) 做好市场预测、能力评价等工作;(2) 坚持“篮球筐理论”,即“跳一跳、够得着”的原则,设定既具先进性又具可行性的标准;(3) 考评标准尽可能具体并可以衡量,要尽可能量化标准,不能直接量化的,可采取强行排序法进行量化;(4) 上下协商,智囊团决策;(5) 指标标准要具有可调整性。随着组织的规模和成长阶段的不同以及外部环境的变化,这些标准也要进行调整。如企业在市场环境较好时,销售指标就可以定得高一些,相反在市场环境较差时,就要调低销售指标。

三、目标管理的实施原则及流程

彼得·德鲁克在 1954 年出版的《管理的实践》一书中提出“目标管理自我控制的主张”。认为“企业的目的和任务必须转化为目标。企业如果无总目标及与目标相一致的分目标来指导员工的生产和管理活动,则企业规模越大,人员越多,发生内耗和浪费的可能性越大”。概括地说,目标管理就是让企业的管理人员和一般员工亲自参与工作目标的制定,在工作过程中实行自我控制,并努力实现工作目标的一种管理机制与制度。

(一) 目标管理法的实施原则

目标管理法的主要原则如下:

(1) 企业的目的和任务必须转化为现实可操作的目标,并且要由单一目标评价变为多目标评价。

(2) 必须为企业各级各类人员和部门制定目标,如果一项工作没有特定的目标这项工作就做不好。

(3) 目标管理的对象要包括从领导者到员工的所有人员,大家都要受到“目标”的控制与管理。

(4) 实现目标与考核标准一体化,即按实现目标的程度实施考核,由此决定职务的升降和工资的高低。

(5) 强调充分发挥各类人员的创造性和积极性,每个人都要积极参与目标的制定、展开和实施。领导者应允许下级根据自己参与制定的企业总目标设立自己的目标，以满足“自我成就”的需求。

（6）任何分目标都不能离开企业总目标自行其是。在企业扩大规模和进行部门重组时，不同部门有可能片面追求各自的目标，而这些目标未必有助于实现企业的总目标。企业总目标往往是摆好各种目标的位置、实现综合平衡的结果。

从本质上来说，目标管理法要求管理人员与每一位员工共同制定一套便于衡量的具体工作目标，并定期与员工审查他们的目标实现情况。总的来说，目标管理法是一种复杂的、涵盖整个组织的目标设立和评价体系。

（二）目标管理法的操作流程

要想实施目标管理法，必须执行以下流程：

（1）制定组织目标。为整个组织制订一年的工作计划，确定相应的目标。

（2）制定部门目标。各部门负责人在了解组织目标（比如将利润率提高 20%）之后，还要与他们的上级共同制定本部门的工作目标。

（3）讨论部门目标。部门负责人就本部门的目标与下属员工展开讨论（一般是在部门会议上），并要求员工初步订立自己的个人目标。换言之，部门中的每一位员工都要考虑自己如何才能为本部门目标的实现做出贡献。

（4）界定预期成果（制定个人目标）。部门负责人与他们的下属员工共同制定短期的个人绩效目标。

（5）绩效审查。部门负责人对每一位员工的实际工作绩效与他们事前制定的员工个人工作目标进行比较。这一步骤能让考核者找到原因，即为什么未能达到既定的绩效目标，或为何实际达到的绩效水平远远超出了预先设定的绩效目标。这一步骤不仅有助于决定员工对于培训的需求，而且有助于确定下一个绩效考核周期的各级绩效指标。

（6）提供反馈。部门负责人与下属员工一起讨论和评价在目标实现方面所取得的成就，并制定新的绩效目标，以及为实现新的绩效目标而可能采取的新的战略。凡是已成功实现绩效目标的被考核者都可以参与下一个考核周期的绩效目标的设置过程；而那些没有实现既定绩效目标的被考核者，在与其直接上级进行沟通，判明这种情况是不是偶然现象，找出妨碍目标实现的原因并制定相应的解决办法和行为矫正方案后，才可以参与新一轮考核周期绩效目标的设置。

以上第（1）～（4）步，实际上是上下级共同确定各个层级所要实现的绩效目标。在实施目标管理的组织中，通常是上级考核者与被考核者共同制定目标。目标主要是指期望达到的结果，以及为达到这一结果所采取的方式、方法。

四、实现目标管理的若干条件

1. 信息网络的建立

要实现有效的目标管理，企业内部必须有发达的信息网络机构，企业管理的基础工作必须完善，包括信息基础工作（如数据管理、档案记录、统计分析等工作）的完善。

2. 组织机构的支持

首先，企业应设立资产经营部等部门，这是专门负责企业中长期战略计划、实施目标管理并考核评价的职能部门；同时，成立专家咨询委员会，提供智力支撑。其次，组织结构扁平化。

目标体系是目标管理的基础,也是与集团公司的机构体制密切相关的。为了有效实施目标管理,集团公司管理层次应尽量简化、机构尽量扁平化,企业只保留几个行使协调、管理服务职能的部门。再次,二级单位应是独立的经营单位。总之,“减少层级,适当分权”是目标管理顺利实施的保证。

3. 培训

加强全员的素质培养,尤其是领导班子的选拔和培训,对于提高目标管理的效率非常重要。

目标管理虽有很多的优点和实效,但仍有其不足,表现在目标难以确定和不灵活。因为目标是企业要达到或预计完成的工作目的和标准,一方面要求目标是明确的、肯定的,另一方面目标又是面向未来。但是未来存在着许多不确定因素,即使目标制定过程经过管理人员深思熟虑和周密计划,仍会出现一些偏差。所以,企业应开展有序的目标管理活动,进行动态管理,持续地改进目标管理方法。

五、目标管理的优缺点

(一) 目标管理的优势

第一,目标管理使组织各级主管及成员都明确了组织的总目标、组织的结构体系、组织的分工与合作及各自的任务,也使得主管人员知道,为了实现目标必须给予下级相应的权力,而不是独揽大权。另外,目标管理的实施帮助组织中各级部门及员工更进一步明确他们需要实现的目标是什么,就可以把时间和精力投入能最大限度地实现这些目标的行为中去。

第二,目标管理会给组织内易于度量和分解的目标带来良好的绩效。对于那些在技术上可分解的工作,由于责任清晰、任务明确,目标管理常常起到立竿见影的效果。

第三,目标管理调动了员工的主动性、积极性和创造性。由于目标管理强调自我控制、自我调节,将个人利益和组织利益紧密联系起来,因而提高了员工士气。目标管理实际上也是一种自我管理的方式,或者说是一种引导组织成员自我管理的方式。在实施目标管理的过程中,组织成员不再只是做工作、执行指示、等待指导和决策,而是成为一个有明确目标的单位或个人:一方面,组织成员已参与目标的制定,并获得了组织的认可;另一方面,组织成员在努力工作实现自己目标的过程中,可以自己决定具体如何去做。

同时,目标管理方式本身也是一种控制的方式,即通过实现分解目标最终保证组织总目标实现的过程就是一种结果控制的方式。目标管理并不是将目标分解下去就结束了,事实上组织高层在目标管理过程中要经常检查、对比目标及其实现进展,看谁做得好,如果有偏差就及时纠正。从另一个方面来看,一个组织如果有一套明确的可考核的目标体系,那么其本身就是进行监督控制的最好依据。

此外,目标管理还促进了员工与主管之间的意见交流和相互了解,改善了组织内部的人际关系。

(二) 目标管理法的局限性

目标管理法的局限性有以下 7 个方面,有些是方法本身存在的,另外一些则是在运用中引起的。

第一,对目标管理的理论及其应用环境认识不够。目标管理看起来简单,但要把它有效地付诸实施,则要了解目标管理的整个体系,目标管理是什么,它怎样发挥作用,为什么要这样做，它在评价管理工作成效时起什么作用，以及参与目标管理的能得到什么好处等。

第二，由于种种原因，容易出现目标不明确的情况。在目标管理中，制定明确的目标是关键，这个明确的目标不是一个遥不可及的梦想，而是在现实中可以做到的。制定目标时不仅要遵守 SMART 法则，而且要把目标细分到每个职能单位、每个人。现实中的情况是很多组织实行了目标管理，而组织成员对目标却没有清晰的认识，仅仅停留在口号阶段，也没有明确的努力方向。

第三，在目标管理过程中往往沟通不足。沟通是有效执行目标管理的前提，但现实中这个环节往往被管理者忽视，尤其是与下属的沟通往往不足。管理者是很少跟一线员工沟通的，比如英国的一家面包店实施目标管理时，由于管理者缺乏与基层员工的沟通，使得包装设备落后于生产设备，产生了瓶颈效应，导致目标无法实现，了解到事情的真相后，CEO 决定将与一线人员谈话列入其每个星期的工作日程。

第四，目标的短期性。现在几乎所有实行目标管理的组织所确定的目标都是短期的，很少有超过一年的，常常是一个季度甚至更短的。强调短期效应容易导致管理者和员工为了实现目标而损害组织的长期利益。

第五，不灵活的危险。目标管理要取得成效，就必须确保目标明确和肯定，如果目标经常改变，就难以说明它是经过深思熟虑和周密计划的结果，这样的目标是没有意义的。但是，计划是面向未来的，而未来存在许多不确定因素，因此必须根据已经变化了的工作提前对目标进行修正。然而，修正一个目标体系与制定一个目标体系所花费的精力相差无几，结果可能迫使主管人员不得不中途停止目标管理的过程。

第六，片面关注财务指标，缺乏非财务指标。现代企业在发展过程中不仅应关注财务上的增长，而且应关注非财务方面的发展，如社会贡献度、员工满意度、客户满度等，而目标管理缺乏对这些指标的强调。

第七，目标管理法比较费时间。订立目标、衡量员工在实现目标方面的进展状况、向员工提供反馈等，这些工作会导致评价者每年都要在每一位员工身上花费大量的时间，而这通常超出了对员工的工作绩效直接进行评价所需的时间。

由于目标管理法具有一定的局限性，且很多组织在实施过程中都遇到了困难，所以现在运用目标管理法的组织并不多，即使运用目标管理法也是经过改进后再使用的。目前，在企业实践中更流行的做法是将平衡计分卡和目标管理法结合起来使用。

【案例 14－2】

MBO 考核法在凌志软件股份有限公司中的应用

请用手机微信扫以下二维码，学习本案例内容。

第二节 关键成功因素法(KSF)

一、关键成功因素法的概念

关键成功因素法(Key Success Factors, KSF),也称作CSF(Core Success Factors),是信息系统开发规划方法之一,1970年由哈佛大学教授威廉·泽尼(William Zani)提出,该方法常被用于讨论产业特性与企业战略之间的关系,是帮助企业分析如何结合本身的特殊能力,对应环境中重要的要求条件,以获得良好的绩效。

关键成功因素指对企业成功起关键作用的因素,是通过分析找出使企业获得成功的关键因素,再围绕这些关键因素确定系统的需求并进行规划。在进行总体规划时,一个完整的KSF主要有5个步骤:企业定位、识别KSF、收集KSF情报、比较评估KSF和制订行动计划。KSF后来经常被用于绩效管理的绩效指标提取,在提取绩效指标时自上而下地探讨可以从哪些关键成功因素进行。所以,KSF法也是战略型方法之一。

随着管理实践的不断丰富,KSF被部分企业和管理者应用于绩效管理,认为决定岗位绩效的只有少数的关键因素,而这些因素对绩效的实现具有决定性、成长性、关联性和规律性,可以说每一个因素都代表一个特定的价值,如果将这些特定的价值与薪酬激励、职业发展等结合在一起,在一定程度下会起到很好的效果。KSF与KPI在逻辑上基本一致,但在实际操作中,两者有一定的区别。当KSF应用于绩效管理时,KSF其实就是指决定岗位价值的最有代表性、影响力的关键性指标;可以将KSF作为绩效管理工具并直接与薪酬挂钩,采取非传统绩效管理结果应用的方式来驱动员工的积极性和能动性。因此,KSF被称为薪酬全绩效管理模式,也称员工价值管理工具,就是将员工的薪酬与企业的绩效进行全面融合,寻找两者关注内容中的平衡点,从而形成利益共同体,实现共创共赢。其目的是希望KSF不仅着眼于绩效优化,而且致力于同步提升员工收入,激发员工的士气和创造力。

在实践中,设计KSF应做到针对每个岗位分解出关键成功因素的方向与目标;找到这些关键成功因素的方向与目标的盈亏平衡点;直接将奖金设计进薪酬标准中,做成关键成功方向或者目标达成后的激励标准,并根据员工的实际工作情况进行激励。

二、关键成功因素法的实施逻辑

KSF实际上是一种能够比较直观地帮助企业分析企业和员工共赢的绩效管理工具。KSF非常强调多劳多得、少劳少得、不劳不得,实现劳动成果与员工受益的强关联,但KSF强调的“劳”不是“苦劳”,而是“功劳”

KSF的实施逻辑是员工的薪酬与员工创造的价值高度相关。当员工在某岗位上创造的价值等于预期时,员工可以获得既定的薪酬;当员工在某岗位上创造的价值大于或小于预期时,员工的薪酬水平会有相应提高或降低。KSF的实施逻辑如图14-3所示。

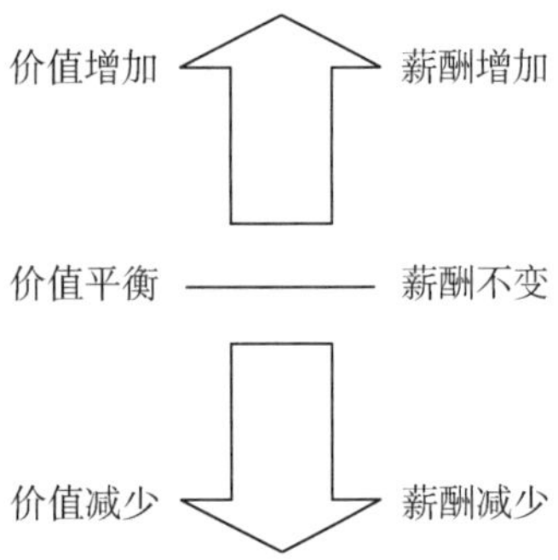

图14-3 KSF的实施逻辑

[资料来源]任康磊.绩效管理工具[M].北京:人民邮电出版社.2021:90.

在 KSF 中，增加的薪酬实际上并不是企业平白无故额外支付给员工的，而是员工靠自身努力额外创造的价值。这部分价值有时候是因为员工提高了企业在市场上的销售额，有时候是因为员工提高了企业的运行效率，有时候是因为员工降低了企业付出的成本，有时候是因为员工减少了企业的损失。实施 KSF 时要确定岗位的价值平衡点：当员工在该岗位上创造的价值达到价值平衡点时，就能获得预定的薪酬；当员工在该岗位上创造的价值达到价值平衡点以上，就应当获得额外的薪酬奖励；当员工在该岗位上创造的价值未达到价值平衡点，就会相应扣减其部分薪酬。

常见岗位创造的价值增加，带来薪酬增加的情况有：

让某方面资源可以得到充分运用；开发了新的市场，提高了收益；增加了某种产品的产值；提高了劳动效率；降低了某种损耗。

KSF 推进员工持续行动，不断提升绩效水平的逻辑如图 14－4 所示。

员工创造的价值增加，换来自身的收入增长，这是对正向激励的落实。这种激励将会促使员工进一步采取促进价值增加的行动，形成增益效应。如果员工创造的价值减少，自身收入就会减少，构成负向激励。这种激励将会促进员工改变行为，转向价值增加的行动。

KSF 的关键组成要素包含 4 个，如图 14－5 所示。

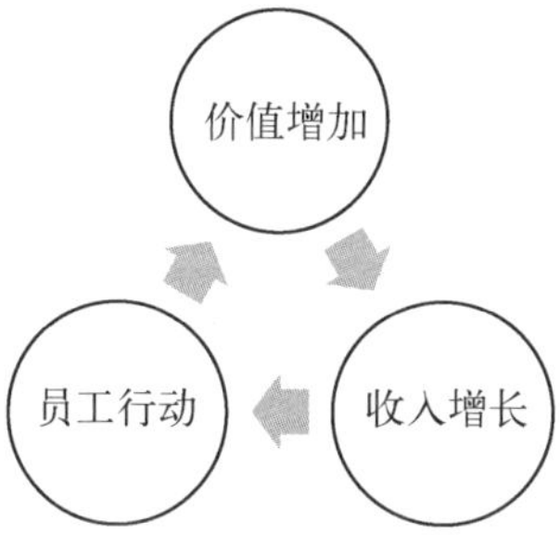

图 14－4　KSF 推进员工持续行动的逻辑

［资料来源］任康磊.绩效管理工具［M］.北京：人民邮电出版社.2021：91.

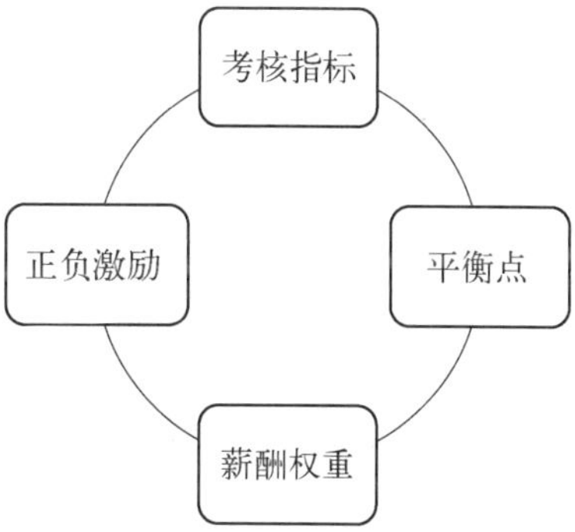

图 14－5　KSF 的关键组成要素

［资料来源］任康磊.绩效管理工具［M］.北京：人民邮电出版社，2021：92.

1. 考核指标

KSF 的考核指标是岗位的关键业绩结果，是企业期望岗位实现的最重要的产出价值。在设计 KSF 考核指标时，应当着重考虑岗位存在的核心价值结果，而不仅是岗位的职责。一般来说，一个岗位设置的 KSF 考核指标的数量应控制在 5～8 项。

2. 平衡点

KSF 考核指标的平衡点是指在通常状态下，岗位的 KSF 考核指标应实现的目标值。当某岗位的某项 KSF 考核指标达到平衡点时，该项考核指标对应的薪酬达到一般水平，当某岗位的某项 KSF 考核指标大于或小于平衡点时，该项考核指标对应的薪酬也将对应高于或低于一般水平。

3. 薪酬权重

薪酬权重是 KSF 考核指标对应的薪酬值以及各 KSF 考核指标薪酬值占总薪酬（达到平衡点时）的比例。薪酬权重一般应根据 KSF 考核指标的重要性来划分，实际上薪酬权重也是

KSF 考核指标的权重。

4. 正负激励

正负激励的含义是在 KSF 考核指标平衡点的基础上，增加或减少一定程度后岗位员工获得薪酬增加或减少的具体规则。有的 KSF 考核指标既有正激励，也有负激励，有的 KSF 考核指标只有某一种激励。

除了以上 4 个要素之外，企业实施 KSF 还需要注意一些实施细节和配套条件，例如，在设置 KSF 考核指标时，要考虑 KSF 考核指标的数据提供部门以及数据提取的难易程度。如果数据难以提取，实施 KSF 可能非常困难。

三、关键成功因素法的实施流程

KSF 的实施流程可以分成 7 步，如图 14-6 所示。

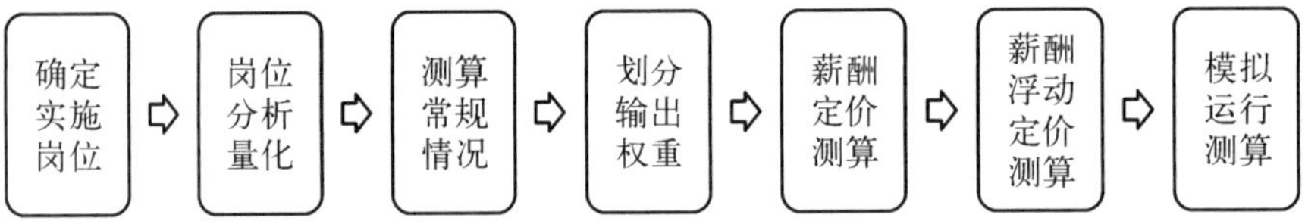

图 14-6　KSF 的 7 步操作流程

资料来源：任康磊.绩效管理工具[M].北京：人民邮电出版社，2021：96.

1. 确定实施岗位

并不是所有岗位都适合采取 KSF，企业首先要确定对哪些岗位实施 KSF。适合实施 KSF 的岗位通常具备明确的岗位价值输出项、各项价值输出项能够被量化表达、能够确立公允的常规值(平衡点)、绩效数据获取比较容易等特点。

2. 岗位分析量化

在确定适合实施 KSF 的岗位后，要对岗位做进一步分析。分析的内容包括岗位的主要职责、工作内容、工作量、工作难度、关键输出成果等，并对岗位的关键输出成果进行量化。常见量化的维度包括数量、质量、时间等。关键输出成果将成为 KSF 考核指标，简称 K 指标。

3. 测算常规情况

岗位的每一项关键输出成果都应对应量化表中的常规值。常规值代表着岗位本应达到的绩效水平。当员工没有额外的贡献时，达到常规值即可得岗位应得的薪酬水平。在 KSF 中，常规值被称为平衡点。这一步需要分析岗位的历史数据或对标数据，查看前一年的营业额、利润额、毛利率或成本等数据。

4. 划分输出权重

岗位的关键输出成果之间有不同的权重，比较重要的关键输出成果应占有比较高的权重。权重的确定可以由岗位的直属上级直接确定，也可以采取专家分组投票的方式确定。关键输出成果的权重一般与薪酬金额的权重相同。

5. 薪酬定价测算

对当前已经存在的岗位制定 KSF，可以用岗位当前的薪酬水平作为基准，按照关键输出成果的权重划分每一项 KSF 考核指标对应的薪酬金额。对当前不存在的岗位制定 KSF 或有意对已存在的岗位进行薪酬水平的调整时，可以通过公开定价的方式来确定每项 KSF 考核指标对应的薪酬金额。

6. 薪酬浮动定价测算

在进行薪酬定价测算之后，企业需要在薪酬定价的基础上，进行薪酬浮动定价的测算。薪酬浮动定价的测算主要依据平衡点进行，当平衡点的值上调或下浮一定比例，薪酬定价同样上调或下浮一定比例。这里要注意，薪酬浮动定价的比例可以根据具体情况制定，不需要完全遵照平衡点的值上调或下浮。

7. 模拟运行测算

KSF 的薪酬水平定价和薪酬浮动定价一般应持保守态度：一方面是因为 KSF 模式比普通的薪酬绩效模式更具有激励性，很可能带来岗位薪酬增长；另一方面是为将来的定价增长做准备。定好的 KSF 最好不要马上实施，可以在反复模拟测算后，先试运行一段时间，再正式投入使用。投入使用后的 KSF 如果没有发挥应有的效果，企业也应做出及时调整。

四、关键成功因素法的优缺点

KSF 比较适合工作内容明确、关键输出结果容易量化的岗位。一般来说，管理层级越高、绩效结果越偏向客观财务指标的岗位，越适合采取 KSF。在一些企业中，尤其是在一些创业企业中，由于企业发展更强调员工要为企业贡献绩效结果，所以也就比较适合采用 KSF。但是对一些工作内容变化较频繁、关键输出结果难以量化、工作职责的分工协作较复杂的岗位来说，或者对一些岗位变化较快，岗位的职责/角色/定位变化较频繁的企业来说，KSF 并不适用。

KSF 绩效管理工具虽然能够充分做到把企业和员工的利益绑在一起，让员工觉得是在为自己工作，但 KSF 也并不是万能的绩效管理工具。

KSF 的优点如下：(1) 能够开启员工的原动力，激发员工的创造力；(2) 薪酬和绩效完全融合，充分挖掘员工的潜能；(3) 让全体员工都参与企业经营，共享利益；(4) 改变雇佣模式，让员工感到是在为自己工作；(5) 实现利益趋同，员工工资越高，企业效益也越好；(6) 评判员工创造的价值，真正地实现企业为结果付费。

KSF 的缺点如下：(1) 关键过程和结果要素的选取、设置比较困难，前期工作量和工作难度较大，有时候数据难以做到准确。采用这种工具，对人力资源部门管理人员的素质能力有一定的要求；(2) 当关键要素的选择不当、实施不当或者出现一些特殊情况时，采用这种工具可能反而会让员工的工资减少，引起员工的反感；(3) 员工对 KSF 的理解和认识可能存在一定的偏差，有的员工觉得是好事，有的员工可能觉得被企业欺骗。所以在实施 KSF 时，还需要进行一定的宣传和引导。

另外，KSF 绩效管理工具本身并没有解决员工是为了完成绩效而努力工作的问题。KSF 如果实施不当，同样很容易让员工陷入围绕 KSF 考核指标而工作的局面。例如，有的企业实施 KSF，员工大部分的工作重心都落在了如何超额完成 KSF 考核指标上，员工每天想的都是如何超额完成 KSF 指标以获得更高的薪酬。一些临时的、重要的、对企业有利但没有写入 KSF 的工作，员工很可能视而不见。要改变这种情况，企业在应用 KSF 绩效管理工具时要注意绩效管理程序的应用。

【案例 14-3】

某公司通过 KSF 实现减员增效

请用手机微信扫以下二维码,学习本案例内容。

第三节 关键绩效指标法(KPI)

一、关键绩效指标法的内涵及特征

对关键绩效指标(Key Performance Indicator, KPI)这一概念的理解有广义和狭义之分。按照狭义的理解,KPI 主要指通过对组织 KPI 的设立,在层层分解量化的基础上,建立员工个体的 KPI 体系,从而获得个体对组织所做贡献的评价依据,实现对组织重点活动及其核心效果的直接控制和衡量。按照广义的理解,KPI 是通过提取组织成功的关键因素,并通过目标管理的方式,不断分解和传导到基层单位,从而确保组织战略目标实现的一种绩效管理方法。企业实施 KPI 的目的,是建立一种机制,将企业战略转化为内部管理过程和活动,以不断增强企业的核心竞争力和可持续发展的动力。由企业的宏观战略目标经过层层分解而产生可操作性的战术目标,这种战略与战术相结合的指标体系,既可以反映战略执行的效果,也可以对战略决策的执行效果进行监测,所以 KPI 在狭义的理解上是一种指标体系,在广义的理解上则是一种融合结果与过程的管理体系。

KPI 所体现的衡量内容最终取决于组织的战略目标,它是对组织战略目标的进一步细化和发展,并随着组织战略目标的发展演变而调整。总体上看,KPI 是从组织战略出发,以事实为基础,从最高目标向下层层分解,建立团队和个人的绩效衡量指标体系,以制订并检查绩效计划、促进行动过程、实现绩效结果,使各个绩效链条朝预期方向发展,促进组织目标达成的一项绩效管理工具。所以,KPI 使绩效管理体系不仅成为一种激励约束的手段,更成为一种战略实施的工具。

通常认为,区别于一般的绩效指标,KPI 必须具备如下几个基本特征:

(1) 关键性。所选取的KPI必须对公司的整体价值和业务重点影响相对重大,即具有关键性。

(2) 可衡量性。KPI 必须有明确的定义、计算方法、评分标准以及数据采集方法,易操作且不易产生歧义。

(3) 可控性。KPI 的责任主体应对指标具有较强的控制能力,也就是说,员工能通过行动来影响指标结果,促使指标值朝着战略指引的方向发展。

关于 KPI 的特征,研究者从不同视角提出了许多观点。比如戴维·帕门特(David Parmenter)认为,KPI 应该具备以下几个特征:要被组织上下熟知;应该实时地被衡量,比如每天一次甚至每小时一次；员工应该明白绩效的衡量标准，而且必须清楚需要采取怎样的正确行动；与绩效指标相对应的责任要落实到团队或个人；对企业而言非常重要；积极的行动会作用于许多其他指标，并且这些作用都是正面的。

韦恩·埃克森(Wayne Eckerson)提出了关于 KPI 的 10 个主要特征，肯特·鲍尔(Kent Bauer)则提供了如何利用这 10 个特征来判别某一指标是不是 KPI 的思路。肯特·鲍尔的创新之处在于，他在这 10 个特征的基础上构建了 KPI 选择矩阵，并运用供应链管理案例帮助我们理解如何运用这个矩阵。

肯特·鲍尔认为，从供应链管理领域提取 KPI 的最大挑战在于从中确认出重要的战略驱动指标，他在文章中介绍了供应链管理领域 4 个主要的候选 KPI。

1. 响应时间指标(时间维度)。

(1) 关注：减少供应链响应时间。

(2) 公式：完成整个产品供给循环所花费的时间(以小时计)。

(3) 描述：与公司的客户战略相匹配，有效的数据，战略驱动，具有层级性。

2. 可见性指标(过程有效性维度)

(1) 关注：在供应链渠道中识别出产品和它们的位置。

(2) 公式：利用存货管理系统定位产品所花费的时间(以分钟计)。

(3) 描述：与销售/物流部门的战略相匹配，以增加产品透明度[主要是为了使产品能够被无线射频识别(RFID)技术识别出来]；有效的数据；功能驱动；不具有层级性。

3. 生产率指标(生产率维度)

(1) 关注：在供应链运营中提高资源的利用率。

(2) 公式：每吨产品的运输耗时(包括仓储、物流及销售)。

(3) 描述：与公司的生产战略相匹配，有效的数据，战略驱动，具有层级性。

4. 损失率指标(利润率维度)

(1) 关注：减少由于盗窃和损坏造成的损失。

(2) 公式：损失率=产品的损失/所有的运费。

(3) 描述：与销售/物流部门的战略相匹配，以减少成本；有效的数据；功能驱动；具有层级性。

肯特·鲍尔认为，现在的主要挑战在于如何从上述建议的一系列自助餐式指标体系中挑选出适宜的 KPI。为解决该问题，他构建了 KPI 选择矩阵，如表 14－1 所示。

表 14－1　KPI 选择矩阵

特　征	候选的 KPI			
	维度一	维度二	维度三	维度四
	减少供应链响应时间	提高产品在渠道中的透明度	提高员工的劳动生产率	降低产品损失率
	响应时间指标	可见性指标	生产率指标	损失率指标
反映战略价值驱动因素	是	功能驱动	是	功能驱动
由高层管理者确定	是	功能性定义	是	功能性定义

续 表

特 征	候选的 KPI			
	维度一	维度二	维度三	维度四
	减少供应链响应时间	提高产品在渠道中的透明度	提高员工的劳动生产率	降低产品损失率
	响应时间指标	可见性指标	生产率指标	损失率指标
在组织上下形成层级结构	是	否	是	否
基于公司标准	是	特定功能	是	特定功能
基于有效数据	是	是	是	是
易于理解	是	是	是	是
总是恰当的	是	是	是	是
提供未来绩效的情境	是	是	是	是
让使用者充满活力	是	是	是	是
产生积极结果	是	是	是	是
结论：是不是 KPI	KPI	普通指标	KPI	普通指标

［资料来源］Bauer K.. KPIs：not all metric are created equal[J]. DM Review，2004(12)；Bauer K.. KPIs：the metrics that drive performance management[J]. DM Review，2004(9).

从矩阵的横向来看是 4 个候选的 KPI，从矩阵的纵向来看则是韦恩·埃克森提出的 KPI 所应具备的 10 个主要特征。

从上面的 KPI 选择矩阵中我们可以发现，可见性指标和损失率指标更加关注过程，并且是物流/销售部门所特有的，而不是整个公司的，即它们不完全具备 KPI 的 10 个主要特征，所以不属于 KPI。与之相反，响应时间指标和生产率指标关注战略层面，并且与整个组织战略相匹配，因此是 KPI。其实不管对于哪一种候选的 KPI，肯特·鲍尔认为，都可以很方便地通过上面的矩阵来判断其是不是 KPI。

KPI 还可以形成 KPI 库。KPI 库指的是一个企业或部门所有 KPI 的集合，但它并不是一个简单、随机的组合。好的 KPI 库应该具备如下特征：

(1) 系统性。KPI 库中的指标组合应能全面、完整地反映公司或部门及各职位的战略目标和业务重点。同时，所有职位的 KPI 都应包含在 KPI 库中，没有遗漏。

(2) 唯一性。KPI 库中的各个指标是唯一的，不能有两个同样的指标出现在同一个库中。同时，每一个 KPI 都应能独立地反映一项战略目标或业务重点的全部或某一方面。

(3) 关联性。KPI 库的各指标之间应具有一定的关联性，而不是孤立地存在，指标之间应具有承接或支持关系。例如，在一个公司的 KPI 库中，如果仅有订单保障率而没有产品库存成本是没有意义的。

KPI 体系的构成有两个特征是必须认真把握的：一个是指标的关键性，一个是分层分类。

人们一般比较关注其关键性特征，而往往忽略了其分层分类的特征。

所谓分层分类，是指 KPI 在不同的层级和类别，其具备的特征和意义是不同的。根据组织层级与业务类别或人员类别的不同，应该设计相对应的 KPI。比如一家企业往往有总公司层级、子公司或分公司层级、基层一线单位层级，也有高级领导部门、中级管理部门、具体业务岗位，各岗位也有其等级划分；有经营领导型的工作类别，也有职能管理型的工作类别，更有制造、研发、市场营销等一线业务工作类别。所有这些类别与层级，因其特征与意义不同，KPI 的设计便具有了分层分类的要求，而不能简单地上下对应和左右附和（见表 14－2）。

表 14－2　某公司指标库中关于人力资源管理的指标体系表

序号	指　　标	指 标 定 义	功　　能	考核依据
1	员工增加率	（本期员工数－上期员工数）/上期员工数	检测周期内员工增加的比例	
2	员工结构比例	各层级员工的比例分配状况	检测人力资源结构的合理性	
3	关键人才流失率	一定周期内流失的关键人才/公司关键人才总数	检测公司关键人才的流失情况	
4	工资增加率	（本期员工平均工资－上期员工平均工资）/上期员工平均工资	检测工资增加情况	
5	人力资源培训完成率	周期内人力资源培训次数/计划总次数	检测人力资源培训计划的执行情况	
6	部门员工出勤情况	部门员工出勤人数/部门员工总数	检测部门员工的出勤情况	
7	薪酬总量控制的有效性	一定周期内实际发放的薪酬总额/计划预算总额	检测人力资源部在薪酬总额控制方面的有限性	
8	人才引进完成率	一定周期内实际引进人才总数/计划引进人才总数	检测人力资源部的招聘计划完成情况	
9	考核工作完成的及时性、准确性	公司绩效考核完成是否及时、准确	检测人力资源部在绩效考核方面的有效性	
10	其他（略）			

［资料来源］林新奇.绩效管理：技术与应用[M].3 版.北京：中国人民大学出版社，2021：73.

二、关键绩效指标的类型

根据不同的标准，可将关键绩效指标分为不同的类型。目前，分类依据主要包括关键绩效指标的层次、指标的性质及指标的可度量性。

1. 按照关键绩效指标的层次划分

与绩效分为组织绩效、部门绩效和个人绩效一样，关键绩效指标体系也可以按照层次划分为组织关键绩效指标、部门关键绩效指标和个人关键绩效指标 3 个层次。其中组织关键绩效指标来自对组织战略的分解;部门关键绩效指标来自对组织关键绩效指标的承接和分解,个人关键绩效指标则来自对部门关键绩效指标的承接和分解。这 3 个层次的关键绩效指标共同构成了组织整体的关键绩效指标体系。关键绩效指标体系的建立,强调在组织战略的牵引下,将组织的战略规划和目标通过自上而下的层层分解落实为组织、部门和个人的关键绩效指标,并通过在组织系统内推行关键绩效指标,将组织战略规划转化为内部管理过程和具体行动,从而确保战略目标的有效实施。

2. 按照关键绩效指标的性质划分

根据指标性质的不同,可以将关键绩效指标分为财务指标、经营指标、服务指标和管理指标(见表 14-3)。其中:财务指标侧重衡量组织创造的经济价值;经营指标侧重衡量组织经营运作流程的绩效;服务指标侧重衡量利益相关者对组织及其所提供的产品和服务的态度,管理指标侧重衡量组织日常管理的效率和效果。

表 14-3　关键绩效指标分类

类　别	目　　标	关键绩效指标范例	作　　用
财务指标	侧重于与公司会计职责一致的价值创造	公司投资资本回报 业务单元损益	确保创造财物价值
经营指标	侧重在日常经营运作流程以及跨职能/跨业务辅助流程中的创造价值	新品收入占总收入的份额 细分市场的份额 新渠道的收入份额	确保近期和远期的侧重点
服务指标	提供客户对公司经营注意度/满意度的看法	客户满意度指数,如客户对服务质量、购买价值、公司形象的看法	确保近期和远期的侧重点
管理指标	培养与保留人才	员工满意度指数 关键人才流失率 员工培训与发展	包括对公司业绩的内部和外部的评判

[资料来源] 方振邦.绩效管理——理论、方法与案例[M].北京:人民邮电出版社,2018:39.

3. 按照关键绩效指标的可度量性划分

根据指标是否可度量,可以将关键绩效指标分为定性指标和定量指标。定量指标是最常见的关键绩效指标,是能够准确定义、精准衡量并能设定绩效目标的、反映工作结果的关键绩效指标。定性指标是相对于定量指标而言的,即对于工作中无法简单用数字表达结果的考核项目,其精确衡量成本高、难度大,只能以定性的描述进行衡量,例如敬业精神、沟通能力、工作态度,等等。

三、关键绩效指标法的操作流程

关键绩效指标体系通常采用画鱼骨图的方法建立。其基本思路是通过对组织战略的分析,找出组织获得成功的关键成功领域,再把关键成功领域层层分解为关键绩效,组织为了便于对这些要素进行量化考核和分析,还须将要素细分为各项指标,即关键绩效指标。组织要把战略置于绩效管理的核心，善用关键绩效指标来推进绩效管理实践，以发挥战略导向的牵引作用。设计一个完整的基于关键绩效指标的绩效管理系统通常包含6个步骤，即确定关键成功领域、确定关键绩效要素、确定关键绩效指标、构建组织关键绩效指标库，确定部门KPI和PI以及确定个人KPI和PI(见图14-7)。其中，组织KPI的制定涉及关键绩效指标体系建立的前4步，这4步是设计关键绩效指标体系的关键和核心。

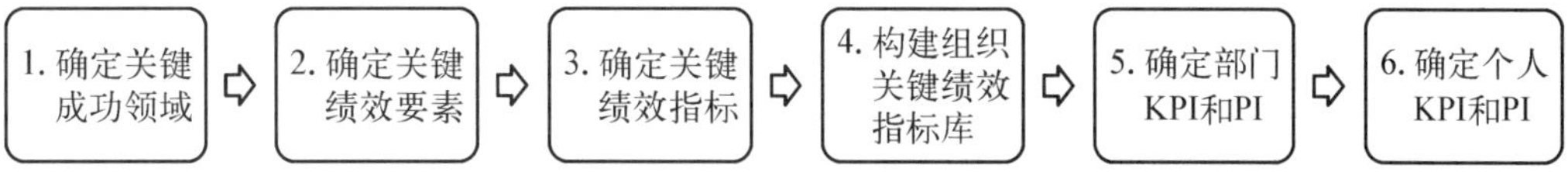

图14-7　基于KPI的绩效指标体系和建立步骤

资料来源：方振邦.绩效管理——理论、方法与案例[M].北京：人民邮电出版社，2018：40.

(一) 确定关键成功领域

建立关键绩效指标体系的第一步就是根据组织的战略，通过鱼骨图分析，寻找使组织实现战略目标或保持竞争优势所必需的关键成功领域，即对组织实现战略目标和获得竞争优势有重大影响的领域。确定组织的关键成功领域，还必须明确3个方面的问题：一是这个组织为什么会取得成功，其成功依靠的是什么；二是在过去那些成功因素中，哪些因素能够使组织在未来持续获得成功，哪些因素会成为组织成功的障碍；三是组织未来追求的目标是什么、未来成功的关键因素是什么。这实质上是对组织的战略制定和规划过程进行审视，对所形成的战略目标进行反思，并以此为基础对组织的竞争优势进行剖析。某制造企业通过访谈和头脑风暴法，寻找并确定了该企业能够有效驱动战略目标的关键成功领域：优秀制造、市场领先、技术支持、客户服务、利润与增长和人力资源，如图14-8所示。

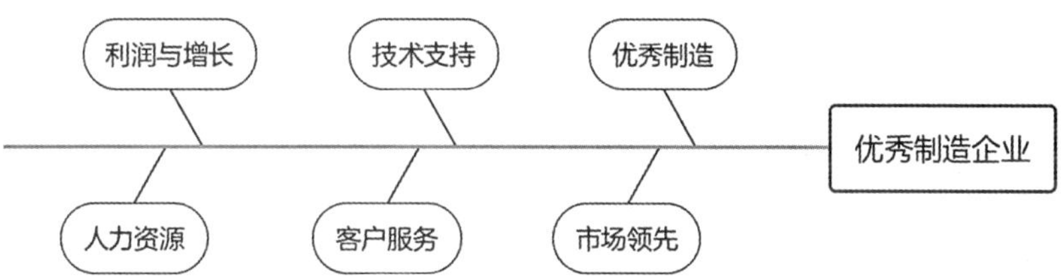

图14-8　某制造企业关键成功领域的确定

[资料来源] 方振邦.绩效管理——理论、方法与案例[M].北京：人民邮电出版社，2018：40.

(二) 确定关键绩效要素

关键绩效要素提供了一种描述性的工作要求，是对关键成功领域进行的解析和细化。它主要解决以下几个问题：第一，每个关键成功领域包含的内容是什么；第二，如何保证在该领域获得成功；第三，达成该领域成功的关键措施和手段是什么；第四，达成该领域成功的标准是什么。上述制造企业的关键绩效要素如图14-9所示。

(三) 确定关键绩效指标

对关键绩效要素进一步细化，经过筛选，关键绩效指标便得以确定。组织在选择关键绩效指标时应遵循3个原则：(1) 指标的有效性即所设计的指标能够客观地、最为集中地反映要素的要求;(2) 指标的重要性,通过对组织整体价值创造业务流程的分析,找出对其影响较大的指标,以反映其对组织价值的影响程度;(3) 指标的可操作性,即指标必须有明确的定义和计算方法,容易取得可靠和公正的初始数据,尽量避免凭感觉主观判断的影响。以优秀制造和市场领先为例,该企业确定的关键绩效指标如图 14－10 所示。

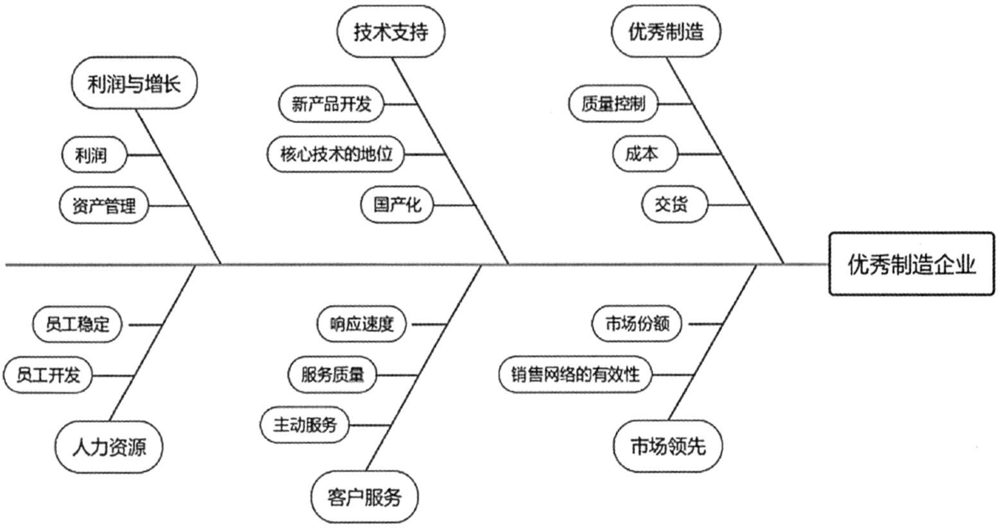

图 14－9　某制造企业关键绩效要素的确定(示例)

[资料来源] 方振邦.绩效管理——理论、方法与案例[M].北京：人民邮电出版社,2018：40.

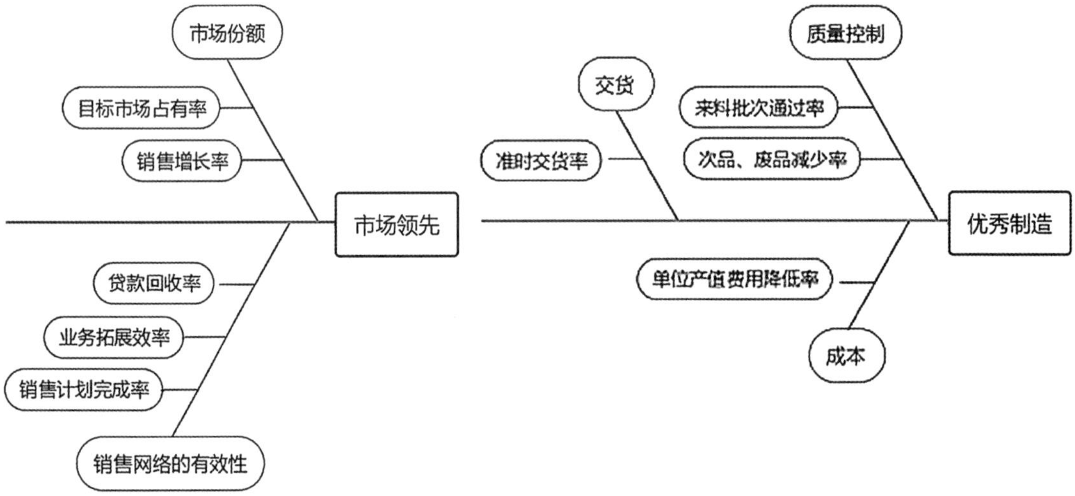

图 14－10　某制造企业关键绩效指标的确定(示例)

[资料来源] 方振邦.绩效管理——理论、方法与案例[M].北京：人民邮电出版社,2018：41.

(四) 构建组织关键绩效指标库

组织在确定了组织关键绩效指标之后,就需要按照关键成功领域、关键绩效要素和关键绩效指标的 3 个维度对组织的关键绩效指标进行汇总,建立一个完整的关键绩效指标库作为整个组织进行绩效管理的依据。上述制造企业汇总后的关键绩效指标库如表 14－4 所示。

表 14－4　某制造企业的关键绩效指标汇总表(示例)

关键成功领域	关键绩效要素	关键绩效指标	关键成功领域	关键绩效要素	关键绩效指标
优秀制造	质量控制	来料批次通过率	客户服务	主动服务	客户拜访计划完成率
		次品、废品减少率			客户拜访效率
	成本	单位产值费用降低率			产品售后调查及时性
	交货	准时交货率		服务质量	质量问题处理及时性
市场领先	市场份额	目标市场占有率			质量问题处理成本
		销售增长率	利润与增长	资产管理	资产负债率
	销售网络的有效性	销售计划完成率			应收账款周转率
		货款回收率			存货周转率
		业务拓展效率			净资产收益率
技术支持	新产品开发	新产品开发计划完成率		利润	销售利润率
		新产品立项数			成本费用利润率
	核心技术的地位	设备维修平均时间			销售毛利率
		与竞争对手产品对比分析	人力资源	员工稳定	员工满意度
	国产化	国产化的费用节约率			员工流失率
		国产化率		员工开发	优秀员工流动率
客户服务	响应速度	服务态度			绩效改进计划完成率
		问题及时答复率			

［资料来源］方振邦.绩效管理——理论、方法与案例[M].北京：人民邮电出版社，2018：41.

（五）确定部门 KPI 和 PI

部门绩效指标一般由关键绩效指标和一般绩效指标构成。关键绩效指标绝大部分来自对组织关键绩效指标的承接或分解，也有一部分是部门自身独有的指标。一般绩效指标来自流程、制度或部门职能。组织目标的实现需要部门的支持。对组织关键绩效指标的承接和分解是制定部门指标的关键环节。因此，管理者在获得组织关键绩效指标后，就应当考虑将这些指标通过承接和分解两种形式落实到具体部门，形成部门关键绩效指标（见图 14－11）。首先，管理者确认这些指标能否直接被相关部门承接。有些关键绩效指标是可以直接被部门承接的，如产值费用率、新产品立项数等，这些关键绩效指标就可以直接被确定为部门关键绩效指标。其次，对不能被直接承接的指标，则需要管理者对这些指标进行进一步分解。对关键绩效指标进行分解的方法通常有两种，一是按照组织结构分解，二是按主要流程分解。如，“次品、废品减少率”这一关键绩效指标需要由采购部的“采购有效性”、品质保证部的“不合格品再发生率”和生产部的“生产技术问题处理的有效性”几个指标共同支撑才能实现。

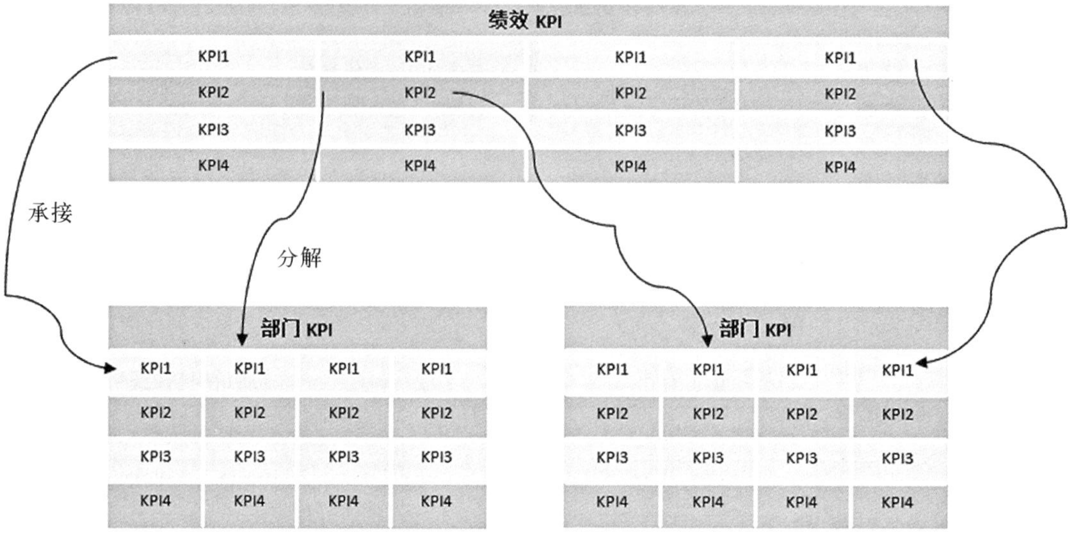

图 14－11　部门关键绩效指标的确定

[资料来源] 方振邦.绩效管理——理论、方法与案例[M].北京：人民邮电出版社，2018：42.

在一般情况下，组织关键绩效指标需要全部落实到具体的部门，否则必然导致重要工作遭到忽视。部门关键绩效指标的确定也可以被看作在组织关键绩效指标库中根据分工进行指标选择的过程。例如，某汽车制造厂按照指标承接和分解的原则，将组织关键绩效指标落实到具体的部门，该汽车制造厂关键绩效指标的分解矩阵如表 14－5 所示。

表 14－5　某汽车制造厂关键绩效指标分解的矩阵表(示例)

序号	指标名称	销售中心	研发中心	采购中心	质保中心	生产管理中心	办公室	财务中心	……
1	盈利性产品比例	√	√	√				√	
2	委外设计管理制度建设达成数量		√				√		
3	供应商评估流程优化达成评价			√			√		
4	产品一次性交验合格率				√				
5	内部质量损失金额				√				
6	优良供应商比率			√					
7	质量体系认证计划达成率				√				
8	零部件按时交货率			√					
9	订单满足率/战略客户订单满足率					√			
10	平均生产周期					√			
11	市场信息反馈流程优化达成率	√					√		

续　表

序号	指 标 名 称	销售中心	研发中心	采购中心	质保中心	生产管理中心	办公室	财务中心	……
12	客户管理流程优化达成率	√					√		
13	战略性客户及时交货率					√			
14	战略性客户销售比重	√							
15	期末应收账款数量	√							
16	售后服务管理流程优化达成指数				√			√	
17	客诉解决满意度				√				
18	销售费用	√							
19	整改措施计划达成评价	√	√	√	√	√	√	√	
20	人工成本总额/定额符合率						√		
21	……								

［资料来源］方振邦.绩效管理——理论、方法与案例[M].北京：人民邮电出版社，2018：42.

由于部门绩效指标通常包含关键绩效指标和一般绩效指标，并且所有的绩效指标都需要全面体现在部门绩效计划中，因此上述汽车制造厂的销售中心通过承接或分解组织关键绩效指标确定了部门的关键绩效指标，再补充来自部门职责和工作流程的一般绩效指标，就获得了该部门的绩效指标体系，如表 14－6 所示。

表 14－6　某汽车制造厂销售中心绩效计划表(示例)

序号	关键绩效指标	权重	指标类型	目标值	评价周期	信息来源	实际得分
1	盈利性产品比率		KPI				
2	市场信息反馈流程优化达成率		KPI				
3	客户管理流程优化达成率		KPI				
4	战略性客户销售比重		KPI				
5	期末应收账款数量		KPI				
6	销售费用		KPI				
7	整改措施计划达成评价		KPI				
8	部门行政人员出勤率		PI				
9	……		……				

部门经理签字：　　　　　　主要领导签字：　　　　　　年　月　日

［资料来源］方振邦.绩效管理——理论、方法与案例[M].北京：人民邮电出版社，2018：43.

(六)确定个人 KPI 和 PI

个人关键绩效指标的确定方式同部门关键绩效指标的设计思路一样,主要是通过对部门关键绩效指标的分解或承接来获得的,如图 14-12 所示。个人绩效指标体系同样包括关键绩效指标和一般绩效指标两类指标。其中一般绩效指标通常来源于员工所承担职位的职责,也有部分来自对部门一般绩效指标的承接和分解。

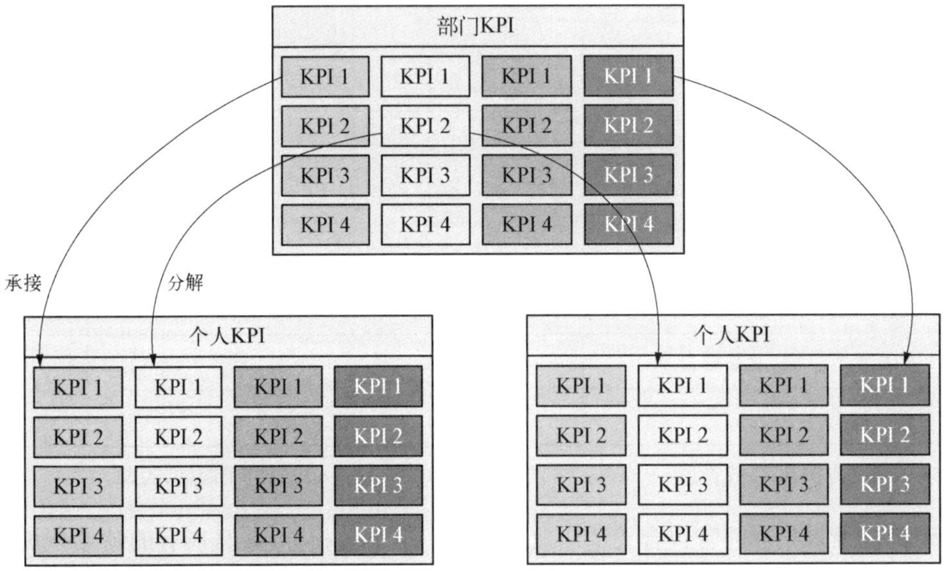

图 14-12 个人绩效指标的确定

所有部门关键绩效指标最终都需要有人来承担,这样才能确保组织战略能够有效指导员工的工作行为。但是,不同的岗位承担关键绩效指标的数量有很大的差异,有的岗位承担的关键绩效指标数量多,有的岗位承担的关键绩效指标数量少,甚至有的岗位承担的全是一般绩效指标,没有关键绩效指标。从某公司企管部信息化管理员的绩效评价表中可以看出,该员工承担了 6 个关键绩效指标和 3 个一般绩效指标,如表 14-7 所示。

表 14-7 某公司员工月度绩效评价表(示例)

姓名		部门	企管部	职 位	信息化管理员		
	评价周期						
序号	指 标 名 称	权重	指标类型	目标值	挑战值	完成情况	实际得分
1	硬件故障发生率			KPI			
2	故障排除及时率			KPI			
3	硬件、软件升级的及时率			KPI			
4	策划报告的及时率			KPI			
5	增加网络节点的及时率			KPI			

续　表

<table>
<tr><th>序号</th><th>指 标 名 称</th><th>权重</th><th>指标类型</th><th>目标值</th><th>挑战值</th><th>完成情况</th><th>实际得分</th></tr>
<tr><td>6</td><td>网络故障排除的及时率</td><td></td><td></td><td>KPI</td><td></td><td></td><td></td></tr>
<tr><td>7</td><td>维护检查频率</td><td></td><td></td><td>PI</td><td></td><td></td><td></td></tr>
<tr><td>8</td><td>验货质量(发现问题数)</td><td></td><td></td><td>PI</td><td></td><td></td><td></td></tr>
<tr><td>9</td><td>信息化方案完成率</td><td></td><td></td><td>PI</td><td></td><td></td><td></td></tr>
<tr><td colspan="2">其他日常工作的完成情况</td><td colspan="4"></td><td>最后等级</td><td>A/B/C</td></tr>
<tr><td colspan="2" rowspan="2">信息反馈</td><td colspan="4" rowspan="2"></td><td>评价者签名</td><td></td></tr>
<tr><td>被评价者签名</td><td></td></tr>
</table>

四、关键绩效指标法的优缺点

KPI不适合所有公司,也不适合所有岗位,KPI也并不是万能的绩效管理工具。

在应用的过程中,KPI的优点主要包括以下几点:(1)考核目标明确,有利于公司战略的实现。通过对公司战略的层层分解、通过对KPI的整合和控制,能够让员工的绩效行为与企业要求的行为相吻合;(2)关注客户价值,有利于公司促进各岗位形成市场导向的经营理念;(3)有利于把组织利益和个人利益绑在一起,员工实现个人目标的同时也可以实现公司目标。

如果KPI应用不当,也可能出现以下问题:

(1)KPI比较难界定。界定KPI的过程需要公司自身具备一定的管理基础和管理能力。KPI的界定如果出现问题,不仅可能引起员工的反感,降低员工的积极性,起不到提升岗位绩效的作用,而且可能让员工的努力方向错位,不利于公司整体的绩效提升。

(2)KPI更多是量化指标,这些量化指标有时候理论上能帮助员工更好地完成自己的工作职责,但不一定会最终对公司的绩效产生积极影响。对岗位有利的指标,不一定对公司有利。

(3)KPI容易让考核人陷入一种机械、死板的考核方式,给被考核人强压KPI,过分强调KPI的达成,而不考虑一些环境因素、弹性因素以及主观因素,使上下级之间缺乏必要的沟通,容易让考核产生争议。

【案例14-4】

DY公司的KPI设计

DY公司是位于中国中部省份的一家民营期货公司,在当地属于行业龙头,但在全国整个行业中只能算一家规模中等偏小的企业,行业排名第八十多位。基于对中国宏观经济和金融、期货行业发展趋势的预期,以及对自身资本、人力资源等的判断,DY公司确立了两个战略目标:第一是快速做大,从业务规模上进入全国行业前30位;第二是在将来国家政策允许的时候,成为首批综合性的期货公司。根据公司的两个战略目标,DY公司开始设计本公司的KPI体系。为了实现第一个战略目标,公司必须快速发展业务,扩张业务规模,增加业务收入。从平衡计分卡的角度来看,它主要涉及公司财务方面的目标。为了实现第二个战略目标,除了要有一定的业务规模做基础之外,更重要的是增强公司的综合竞争能力。

从期货行业监管的政策导向来看,综合性期货公司最重要的是风险管理能力。不论是自营业务,还是经纪业务,期货公司最大的风险源自对市场行情的判断,而对市场行情的深入分析与准确预判又对公司的市场研发能力提出了要求。综合竞争能力在BSC中并没有直接反映,与它相近的是内部业务流程或学习与成长方面,但对DY公司来说,内部业务流程的重要性体现得并不充分。因而,设计人员将经典平衡计分卡中的内部业务流程维度改为综合竞争能力。同时,对其他3个维度以及企业战略之间的驱动关系也加以改进,形成了DY公司的平衡计分卡。

DY公司分析认为,要想实现成为综合性期货公司的战略目标,必须在企业成长与综合竞争能力这两个方面达标。企业成长维度的指标包括业务收入、业务增长率和投资回报率。

期货公司的业务收入目前主要来源于客户的佣金,要想实现业务收入的增长,就必须使客户满意,愿意选择DY公司而不是其他公司。怎么样才能使客户满意呢?最重要的是为客户提供专业高效的投资建议,增加客户盈利。同时,当前是一个供大于求的时代,期货业也不例外,再好的公司也必须主动去开发新客户,竭力维持老客户。客户满意与开发维度的指标包括客户盈利率、客户满意度、新增客户数和客户流失率。

客户盈利源于期货公司高质量的投资建议,这就需要公司拥有较强的市场研发能力。同时,还要针对客户的差异化需求和市场环境的变化,及时开发新产品,提供新服务,这又需要具备一定的业务创新能力。此外,为了实现尽早成为综合性期货公司的战略目标,还需要具备较强的风险管理能力。因此,综合竞争能力维度的指标包括市场研发能力、业务创新能力和风险管理能力。

作为一家以智力服务为特点的企业,DY公司的综合竞争能力主要通过高素质的员工队伍来获得,因而员工学习与成长就成为综合竞争能力的驱动因素,它也是整个战略因果链的基础。员工学习与成长维度的指标包括学习计划完成率、员工满意度。

表14-8是经过改进的DY公司的平衡计分卡维度及其关键绩效指标。

表14-8　DY公司的平衡计分卡维度及其关键绩效指标

平衡计分卡维度	关键绩效指标
客户满意与开发	客户盈利率、客户满意度、新增客户数和客户流失率
综合竞争能力	市场研发能力、业务创新能力和风险管理能力
员工学习与成长	学习计划完成率、员工满意度
企业成长	业务收入、业务增长率和投资回报率

[资料来源]林新奇.绩效管理[M].大连:东北财经大学出版社,2020:129-130.

那么,DY公司设计的这种KPI体系合理可行吗?

第四节　标杆管理(BM)

一、标杆管理的内涵

标杆管理(Benchmarking，BM)又称基准管理、定点超越、标杆瞄准等。它起源于20世纪70年代末至80年代初，最初由施乐公司使用，后经美国生产力与质量中心系统化和规范化。20世纪70年代末，施乐公司在复印机市场上逐渐失去其领导地位，于是在1979年开始对其制造成本进行调查，结果发现其竞争对手是以施乐公司的制造成本为售价，从而形成了对施乐公司产品的价格竞争优势。根据这个调查结果，施乐公司开始针对制造活动实施产品质量及特性的改进计划，实施标杆法。对制造活动采用标杆法取得令人满意的实效后，施乐公司逐步将标杆法运用于各分公司、供应商及产品研究方面，此举使施乐公司在小型复印机市场上重新居于优势地位。此后，日本、欧洲的企业也相继采用该方法并将其应用于一些新的领域。时至今日，标杆法已成为一个流行于管理领域的热门词语，成为一种绩效评估的重要方法。

标杆管理是一种通过衡量、比较来提升企业竞争力的过程，它强调的是以卓越公司作为学习对象，通过持续改善来强化自身的竞争优势。所谓标杆，最早是工匠或测量员在测量时作为参考点的标记，弗雷德里克·泰勒(Frederick Taylor)在他的管理实践中引用了这个词，其含义是衡量一项工作的效率标准，后来这个词渐渐衍生出基准或参考点的含义。标杆管理的实质是模仿和创新，是一个有目的、有目标的学习过程。通过学习，企业重新思考和设计经营模式，借鉴先进的模式和理念，再进行本土化改造以创造出适合自己的全新最佳经营模式。这实际上就是一个模仿和创新的过程。标杆管理的方法产生于企业的管理实践，下面是一些权威学者和机构对标杆管理的诠释。

施乐公司将标杆管理定义为一个将产品、服务和实践与最强大的竞争对手或行业领导者相比较的持续流程。罗伯特·坎普(Robert Camp)于1989年将标杆管理定义为组织寻求卓越绩效的行业最佳实践的过程。这个定义涵盖广泛，包括所有不同水平和类型的标杆管理活动，可应用于跨国度、跨行业的产品、服务以及相关生产过程的可能领域。该定义的好处是简单、易于理解，可运用于任何层次以获取卓越绩效，它强调卓越的绩效，促使雇员将寻求最佳实践概念深植于脑海中，唯有最佳实践才能引致卓越绩效。该定义为国际标杆管理中心所采用。而瓦齐里(Vaziri)则认为标杆管理是企业基于关键顾客的要求与行业最优(直接竞争者)或是一流实践(被确认在某一特定功能领域有卓越绩效的公司)持续比较的过程，以决定需要改善的项目。该定义强调标杆管理与内部顾客和外部顾客的满意度相关。美国生产力与质量中心对标杆管理的定义是一个系统、持续性的评估过程，它通过不断地将组织流程与世界上居领先地位的组织相比较，以获得帮助组织改善经营绩效的信息。其实这个定义并不全面深刻，标杆管理不仅是一个信息获取过程和评估过程，而且是一个涉及规划和组织实施的过程。

基于前人的研究，本书认为标杆管理的概念可概括为：标杆管理是一个不断寻找和研究同行业一流公司的最佳实践，并以此为基准与本组织进行比较、分析、判断，从而使自己的组织得到不断改进，进入一流公司行列或赶超一流公司，创造优秀业绩的良性循环的过程。其核心是向业内或业外最优秀的组织学习。通过学习，组织重新思考和改进经营实践，创造自己的最佳实践。标杆管理实际上是模仿创新的过程。

标杆管理突破了产业界限,模糊了企业性质,重视实际经验,强调具体的环节和流程。其思想就是企业的业务、流程、环节都可以解剖、分解和细化;企业可以根据需要去寻找整体最佳实践或者优秀部分来进行标杆比较;通过比较和学习,企业重新思考和设计经营模式,借鉴先进的模式和理念,创造出适合自己的全新的最佳经营模式。通过标杆管理,企业能够明确产品、服务或流程方面的最高标准,然后做出必要的改进来达到这些标准。因此,标杆管理是一种摆脱传统的封闭管理方法的有效工具。

二、标杆管理的实施步骤

标杆管理的规划实施有一套逻辑严密的实施步骤,其实施步骤可以分为以下5步:

1. 确认标杆管理的目标

在实施标杆管理的过程中,组织要坚持系统优化的思想,不能仅仅追求组织某个局部的优化,而是要着眼于组织总体的最优。另外,组织要制定有效的实践准则,以避免实施中的盲目性。

2. 确定比较目标

比较目标就是能够为组织提供值得借鉴信息的组织或部门。比较目标的规模、性质不一定同组织相似,但应在特定方面为组织提供良好的借鉴作用。

3. 收集与分析数据,确定标杆

分析最佳实践和寻找标杆是一项比较烦琐的工作,但对于标杆管理的成效非常重要。标杆的寻找包括实地调查、数据收集、数据分析、与自身实践比较找出差距、确定标杆指标等步骤。标杆的确定能够为组织找到改进的目标。

4. 系统学习和改进

系统学习和改进是实施标杆管理的关键。标杆管理的精髓在于创造一种环境,使组织中的员工在愿景和战略下工作,自觉学习和变革,创造出一系列有效的计划和行动,以实现组织的目标。另外,标杆管理往往涉及业务流程的重组和一些员工行为方式的变化。这时组织就需要采用培训宣讲等方式,真正调动起员工的积极性。

5. 评价与提高

实施标杆管理是一个长期渐进的过程。每一轮标杆管理完成之后,组织都要重新检查和审视标杆研究的假设、标杆管理的目标和实际达到的效果,分析差距,找出原因,为下一轮改进打下基础。

三、标杆管理的优缺点

标杆管理有诸多优点,它为组织提供了优秀的管理方法和管理工具,具有较强的可操作性,能够帮助组织形成一种持续追求改进的文化。标杆管理的优点主要表现在以下几个方面:

(1) 标杆管理有助于组织改善绩效。标杆管理作为一种管理工具,在绩效管理中发挥着重要作用,特别适合作为改善绩效的工具。在管理实践中,实施标杆管理的组织,通过辨识行业内外最佳企业的绩效及其实践途径,确定需要超越的标杆,然后制定需要超越的绩效标准,同时制定相应的改善措施,进而实施标杆超越,最后制定循环提升的超越机制,以实现绩效的持续提升。

(2) 标杆管理有助于组织的长远发展。标杆管理是组织挖掘增长潜力的工具。通过与标杆进行比较,个人、部门甚至组织的潜力被充分激发出来,这有助于组织克服内部的短视现象。经过一段时间的运作,组织会形成固定的企业文化,将外在动力转化为内在发展动力,实现长期健康发展。

(3) 标杆管理有助于建立学习型组织。学习型组织实质上是一个能熟练地创造、获取和传递知识的组织,也能善于修正自身的行为,以适应新的知识和见解。标杆管理的实施有助于企业发现其在产品、服务、生产流程以及管理模式方面存在的不足,通过学习标杆企业的成功之处,结合实际情况将其充分运用到自己的企业中。随着企业经营环境和标杆的变化,这一过程也在持续更新。

标杆管理作为一种片段式的、渐进的管理工具,也存在一定的缺陷。因为组织内所有的业务、环节和具体的工作都可以作为比较的对象,都能够实施标杆管理。很多组织在实施标杆管理时,不一定能从整体最优的角度出发实施标杆超越,虽然组织在这种情况下可能取得一定的成效,但在很多时候还是会遇到困难和挫折。因此,标杆管理工具要与其他管理工具一起配合使用,这样才更能发挥其作用。

【案例 14-5】

案例一:20 世纪 80 年代初,福特汽车公司决定裁员,首先制定的目标是财务部门裁减 20%,即从 500 人减少到 400 人。当这一计划目标达成时,福特汽车公司却发现一个比自己规模小很多的日本公司马自达的财务人员才 15 人,这是一个实实在在的标杆水平。于是,福特汽车公司改进了这个目标,最终使财务部门人员减少至 75 人,使得人员规模之比与部门规模之比相同。值得注意的是,由于标杆水平的可行性已经由马自达公司证实,如此规模的裁员计划并未引起过多的争议。

案例二:A 集团 B 公司工资总额的核定管理办法规定如下:B 公司核定工资总额＝B 公司年产值×标准人工费用率×[(B 公司指标 1/该指标统一标准值 1)×权重 1＋(B 公司指标 2/该指标统一标准值 2)×权重 2＋…]。标准值由公司统一制定公布。A 集团采用标准值控制办法为下属公司指明了努力方向,使得 A 集团下属公司均有了超越标准值的强大动力。同时,A 集团针对下属公司的实际情况,根据下属公司的相关指标仪表板,对员工进行了相关的培训与指导,帮助下属公司创造性地学习、借鉴并选取改进的最优策略,从而结合 A 集团战略需要不断循环提高下属公司的工作绩效水平。实践证明,A 集团下属公司的工资总额核定管理办法是成功的,对集团的长远发展非常有利。

[资料来源] 吴少勇.标杆超越法在薪酬与考核中的应用[J] 中国人力资源开发,2004(3):70-71.

思考与讨论:

1. 请分别对案例一、案例二中企业实施标杆法的基本情况进行分析。
2. 请对两个案例中的企业实施标杆法的特点进行比较。
3. 你觉得在实施标杆法的过程中还要注意什么问题?

思政园地

任何事物的发展都受多重因素的影响,国家的治理亦如此

一个国家选择什么样的治理体系,是由这个国家的历史传承、文化传统、经济社会发展水

平决定的，是由这个国家的人民决定的。我国今天的国家治理体系，是在我国历史传承、文化传统、经济社会发展的基础上长期发展、渐进改进、内生性演化的结果。

——2014 年 2 月 17 日，习近平总书记在省部级主要领导干部学习贯彻十八届三中全会精神全面深化改革专题研讨班上的讲话

第五节 平衡计分卡(BSC)

在平衡计分卡(Balanced Score Card，BSC)产生之前，传统的考核指标已经出现了重大的缺陷。综观人类历史上的绩效考核，不管是中国古代的考绩制度，还是近代欧洲的绩效考评与考核（自工业化开始)，都侧重从某个角度去考察某个人的绩效。在平衡计分卡产生之前的 20 世纪 80 年代，各国的大公司都发现，采用传统的以财务为单一衡量指标考核企业和个人经营绩效的方法，已经不能适应当时社会竞争日益激烈的环境的需要。在某些方面，传统的财务指标已经妨碍了企业的进步，具体表现在：

(1) 依靠传统的财务指标已不能向企业高层提供切实可靠的信息。仔细研究不难发现，企业的经营绩效受到很多因素的制约，仅仅依靠财务指标的做法实际上对企业产生了很多的误导。例如，企业会把所有精力都放在节约成本上，然后想办法增加利润，但事与愿违，企业的利润不是在稳步提升，而是在不断枯竭。

(2) 无形资产的地位日益提升和受重视，这大大削弱了单一财务指标作为企业绩效衡量标准的代表性。现在，企业已经将无形资产纳入财务指标中，但在以前，财务指标只关注有形资产。

(3) 企业自身的发展与社会发展相对应。一开始企业的首要任务就是搞好生产以求低成本、大批量地供应产品，满足巨大的社会需求，因此，那时的企业是以生产为中心的。接着，随着形势的发展，企业不仅需要提供高质量、低成本的产品，而且需要注重销售问题，企业的中心也就由一个变为两个。

到了 20 世纪末，企业面对的是全球性的竞争，顾客的要求也变得严格、多样，这就要求企业关注需求分析、产品创新设计、生产制造、市场营销、售后服务等方方面面的问题。为了与企业的职能变化相适应，企业的组织结构也要随之改变，也就是说，企业的职能范围越来越广，企业的组织结构也越来越复杂，构建于简单企业基础之上的管理控制体系越来越力不从心。此外，精益生产、准时生产、全面质量管理等先进管理技术的发展对管理控制体系也提出了更高的要求。在这种情况下，客观环境要求我们去寻求一种更好的考核方法，摆在我们面前的问题是如何用一种新的方法更有效地去考核企业和个人绩效。

1992 年，卡普兰和诺顿对在绩效测评方面处于领先地位的 12 家公司进行为期一年的研究之后，在《哈佛商业评论》和《成本管理杂志》上发表了第一篇关于平衡计分卡的论文《绩效考核：平衡计分卡方法》，正式提出这一概念。平衡计分卡是一种将传统的财务指标与非财务指标结合起来评价组织绩效的方法，可以为管理者提供更广泛、丰富的管理及决策信息，实际上它是一种战略管理工具。2005 年 3 月下旬，BSC 的创始人卡普兰来到中国宣传平衡计分卡，掀起一股平衡计分卡旋风，许多组织对 BSC 产生了浓厚的兴趣。经过多年的发展，平衡计分卡已经发展为集团战略管理的工具，在集团战略规划与执行管理方面发挥着非常重要的作用。大多数管理咨询公司在指导各类组织实施战略及提升绩效的过程中普遍使用平衡计分卡的理

论及分析框架。

一、平衡计分卡的概念

平衡计分卡改变了以前绩效考核只是从财务指标入手的片面性，从企业的财务、客户、内部业务流程、学习与成长 4 个维度展开绩效评价指标设计（见图 14－13），从平衡计分法模型可以看出，卡普兰和诺顿构建的平衡计分卡法所蕴含的是一个财务指标与非财务指标相结合的评价指标体系。

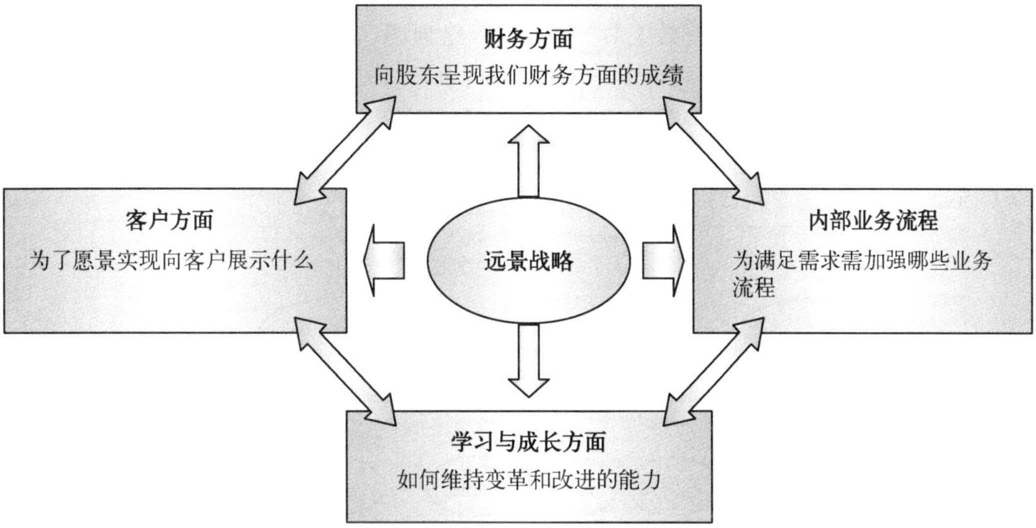

图 14－13　平衡计分卡

平衡计分卡是一个整合的源于战略指标的新框架，但它不仅仅是一个新的绩效指标衡量系统，一些企业已经把它作为管理流程的基本框架之一。为了实现企业所设定的指标值，企业又应该如何进行管理呢？为了解决这个问题，卡普兰和诺顿在 1996 年又提出了一个具体的动态的运作模式（见图 14－14）。

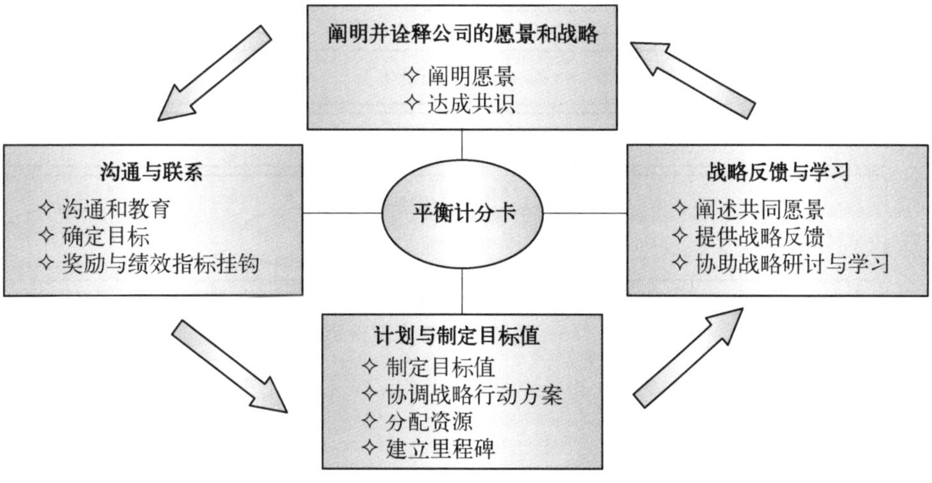

图 14－14　以平衡计分卡作为行动的战略框架

该模型表明,企业如果要顺利地实施平衡计分卡,则必须做好以下4个方面的工作:(1)阐明并诠释公司的愿景和战略;(2)沟通与联系;(3)战略反馈与学习;(4)计划与制定目标值。

平衡计分卡的思想一直在发展,当它从一个衡量系统变成一个管理系统后,发挥了更强大的作用:(1)阐明了战略并有利于在员工内部达成共识;(2)在整个企业沟通战略并确定目标;(3)把部门的目标和个人的目标及年度预算结合在一起;(4)确定并协调战略行动方案;(5)进行定期和系统化的战略研讨;(6)获得反馈意见以便持续地学习和改进。经过多年的实践和总结,平衡计分卡已经可以用作绩效测评系统、战略管理系统以及沟通工具。

在后续的论文与专著中,卡普兰和诺顿又基于战略地图思想提出了可操作性的实施步骤,使平衡计分卡成为战略管理的有效工具。① 所谓战略地图,它反映的是以平衡计分卡的4个层面目标(财务层面、客户层面、内部业务流程层面、学习与成长层面)为核心,通过分析这4个层面目标的相互关系而绘制的企业战略因果关系图(见图14-15)。

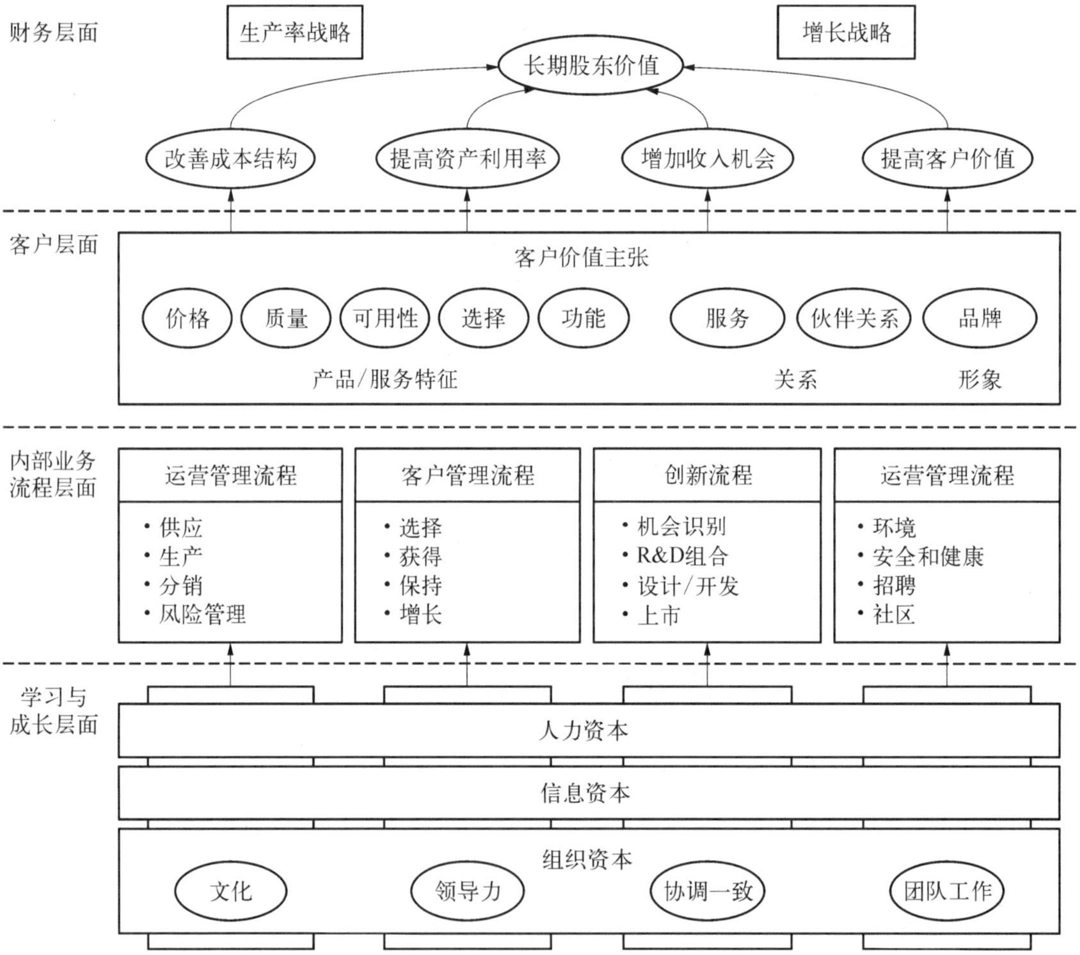

图14-15 战略地图与企业价值创造

[资料来源] 罗伯特·卡普兰,大卫·诺顿.战略地图:化无形资产为有形成果[M].广州:广东经济出版社,2005:9.

① 罗伯特·卡普兰,大卫·诺顿.战略地图:化无形资产为有形成果[M].广州:广东经济出版社,2005.

据高德纳咨询公司(Gartner Group)的调查统计：在《财富》杂志公布的世界排名前 1 000 位的公司中，有 70%的公司采用了这一平衡计分卡系统。① 平衡计分卡之所以能大规模地受到推崇和应用，其主要原因在于：(1) 指标设计较全面，它从财务、客户、内部业务流程、学习与成长 4 个维度来评价企业的绩效，这就基本上解决了静态与动态、短期与长期、财务与非财务、外部与内部、领先与滞后等结合的问题；(2) 解决了战略制定与战略实施之间的脱节问题，它通过 4 个主要的管理程序，即阐明并诠释公司的愿景和战略、沟通与联系、计划与制定目标值、战略反馈与学习，将企业的战略目标转化成具体的一个日常行动；(3) 理论与实践相结合，它全面地整合了战略管理、财务管理、会计、营销管理、研发管理、生产管理、人力资源管理等专业知识基础，但又不局限于此，它还将理论概念转化为易于操作的工具。

二、平衡计分卡的实施步骤

平衡计分卡不仅仅是一种绩效考核工具，更是一种战略管理工具，因此企业应该在高层管理人员的承诺和支持以及强有力的领导之下，将平衡计分卡提升到战略管理的高度，通过绩效考核 4 个维度的指标(即财务指标、客户指标、内部业务流程指标、学习与成长指标)之间的因果驱动关系，共同描绘组织战略的实施轨迹，并且通过“制订绩效考核的计划→实施→管理过程契合组织战略→实施→修正”的过程，使绩效考核与战略管理实现统一。

平衡计分卡中每一项指标都是一系列因果关系中的一环，通过它们把相关部门的目标同组织的战略联系在一起；而“驱动关系”则反映了各方面指标所代表的业绩结果与业绩驱动因素的双重含义，也就是通过指标之间的前馈指导与后馈控制关系，实施战略管理。

(一) 平衡计分卡的实施步骤

实施平衡计分卡的步骤，主要有如下几条：

第一，明确企业的使命、愿景和战略。明确企业的愿景，有助于管理者就企业的使命和战略达成共识，确定企业的平衡计分卡(包括财务、客户、内部业务流程、学习与成长 4 个维度)。

第二，进行战略目标沟通，使各级管理者能在组织中就战略要求进行上下沟通，并把企业战略目标与各部门及个人的目标联系起来，即将企业的基于战略分解的平衡计分卡目标落实到各部门的计分卡中，再落实到关键管理者和关键员工这一层面。

第三，进行基于战略的业务规划。将经理们利用平衡计分卡制定的目标作为分配资源和确定业务先后顺序的依据，采取那些能推动企业实现长期战略目标的措施，并注意协调。

第四，在企业、部门和个人层面建立反馈机制、绩效考核和能力发展模型，赋予企业战略性的学习能力。

第五，建立浮动薪酬的绩效激励系统，与企业、部门和个人层面挂钩，激发员工发挥积极主动性，使自己的目标与企业战略保持一致，更好地执行企业战略，获得长期发展。

(二) 平衡计分卡的操作要点

归纳起来，要想成功实施平衡计分卡，其决定性影响因素有如下几个：(1) 最重要的一条是最高管理层的决心、支持和推动。平衡计分卡是一个战略管理系统，不只是一个人力资源项目。(2) 平衡计分卡的地位需要被提升到战略高度，使之成为企业高层管理者实现组织目标

---

① 王化成，卢闯，李春玲.企业无形资产与未来业绩相关性研究——基于中国资本市场的经验证据[J].中国软科学，2005(10)：120－124.

的合作伙伴。(3) 要设定与企业战略相联系的合适的目标、指标、行动计划和任务,特别是关键要素和行为流程。(4) 要整合并理顺相关的组织机构和流程,强化跨部门团队合作,建立有效的信息技术系统,减少行政性干扰。

【案例 14-6】

BSC——平衡计分卡在国内企业的应用案例

请用手机微信扫以下二维码,学习本案例内容。

第六节 个人绩效承诺(PBC)

一、个人绩效承诺的概念

个人绩效承诺(Personal Business Commitment, PBC)这一绩效管理方式是以业绩为中心展开和运作的。IBM 是最早实行 PBC 绩效模式的企业。这种模式下的企业员工需要围绕"力争取胜、快速执行、团队精神"的价值观,设定各自的"个人绩效承诺"。

年初每个员工都要在充分理解公司的业绩目标和具体指标的基础上,在部门经理的指导下制定自己的 PBC,并列举在下一年中在业绩目标、执行方案和团队合作这 3 个方面所需要采取的具体行动。这相当于员工与公司签订了一个一年期的业绩合同。

个人绩效承诺的制定,不是简单的任务分解和对上级命令的执行,而是一个互动的过程,是通过员工个人与直属主管和经理不断沟通制定的。这种做法可以使员工个人的业务目标与整个部门的业绩目标相融合,进而与公司业务目标紧密结合,提高员工个人的参与感,落实每个岗位的责任并调动员工工作的主动性,同时可以保证其目标得到切实执行。要想在 PBC 评分上取得好的等级,员工就必须清晰了解自己部门的业绩目标,抓住工作的中心,充分发挥团队合作优势,并强调切实执行。这 3 个承诺具体细节如下:

第一个承诺:承诺必胜,赢得市场地位,高效率运作,快速做出反应,准确无误地执行,发挥团队优势,取得有利形势。这个承诺要求成员要抓住任何可以获取成功的机会,以坚强的意志来鼓励自己和团队,并且竭力完成如市场占有率、销售目标等重要的绩效评估指标。每个人都要求自己必须完成在 PBC 中制定的承诺,无论遇到多大的困难,都要努力向前。大家都必须知道胜利是第一位的,完成业绩目标最重要。

第二个承诺:承诺执行,员工不仅需要计划、目标和承诺,更重要的其实是执行。执行是一个过程,它全方位地反映了员工的素质,业务流程的改进和执行能力的加强,需要员工无止境地挑战自我潜能,在管理上致力于修炼和创新。

第三个承诺：承诺团队精神,即各个不同单位和部门在同一个业绩目标下相互沟通,共同合作。团队的意识是非常重要的,任何人在工作中都随时要准备与人沟通,与人合作。只会自己努力做事是不行的,许多业务是一个人无法完成的,必须学习把团队合作作为思考问题的出发点和工作习惯。

总体上,PBC 绩效管理模式要求每一名员工都必须清晰地理解公司和自己部门的业绩目标,抓住工作重点,发挥团队优势,并彻底执行。

【案例 14－7】

A 公司 PBC 绩效考核实施细则

请用手机微信扫以下二维码,学习本案例内容。

二、个人绩效承诺包含的内容

PBC 是 IBM 创立的基于战略的绩效管理系统。在 PBC 之前,需要先对 IBM 战略规划工具 BLM 做个初步了解。BLM 是战略规划的管理工具,PBC 是配套使用的战略执行落地的系统。

BLM 模型(Business Leadership Model),中文名称是业务领导力模型,也译为业务领先模型,是企业战略制定与执行连接的方法与平台。BLM 模型从市场分析、战略意图、创新焦点、业务设计、关键任务、正式组织、人才、氛围与文化以及领导力等几个方面,协助管理层进行经常性的战略制定、调整及执行跟踪。图 14－16 为 BLM 业务领导力模型的示意图。

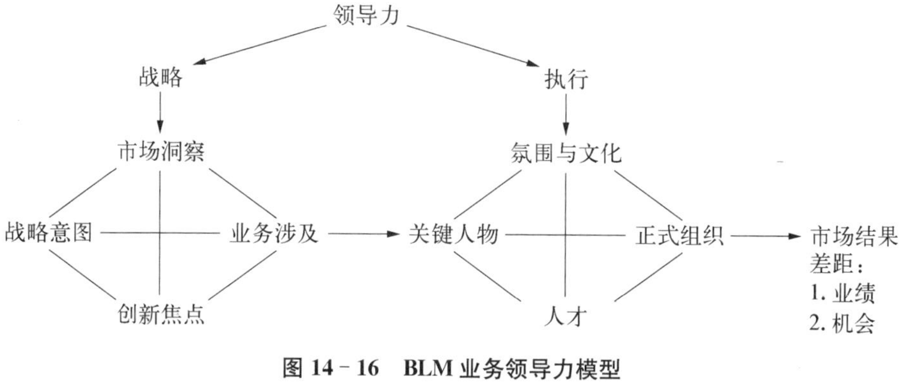

图 14－16　BLM 业务领导力模型

［资料来源］白睿.绩效管理全流程实战方案［M］.北京：中国法制出版社,2019：272.

PBC(Personal Business Commitment),即个人绩效承诺计划,是配合业务领导力模型的执行而开发的管理系统,PBC 系统是基于战略制定的,是保障战略执行落地的工具。它是一个业绩管理系统,所有员工都要围绕"力争取胜、快速执行、团队精神"的价值观设定各自的"个人绩效承诺"。

PBC 协议书包括三大部分:一是业务目标(权重 80%),包括 KPI 和关键任务;二是管理目标(权重 20%);三是个人发展目标(参考指标)。3 个部分的来源分别是:

(1) 业务目标,分为关键指标(KPI)和关键任务。KPI 是常规性指标,包括营收、开拓、品质、安全等指标,体现为结果性指标的分解。关键任务是动态性指标,是对 KPI 的补充和完善。PBC 系统中的员工在设置业务目标时,信息来源包括以下几个方面:① 参阅上级、同事和客户的相关信息,然后参阅老版 PBC 中业务目标部分;② 参阅相关内部资料,如公司战略发展思路、公司的价值观等;③ 与老板直接沟通自己负责的阶段性重点工作,并且参照部门阶段性重点工作;④ 参阅自己的岗位职责说明书;⑤ 向部门领导申请参阅部门组织绩效指标库。

(2) 管理目标,签订 PBC 协议的如果是一个团队,团队负责人就必须设置团队的管理目标。此时,需要从 3 个方面进行设置前的思考:① 业务目标对组织建设、员工管理的要求;② 优秀经理应该具备的 7 个管理行为(目标承接、团队合作、绩效管理、鼓励创新、发展下属、承认贡献、氛围营造);③ 亟待建设的岗位胜任力体系。在此基础上,负责人要明确部门管理的重点和难点,以进一步设定员工管理目标。

(3) 个人发展目标,应在直接领导的协助下设置,指标总数为 2~4 个。这个目标仅作为参考目标,但所有员工均要设置。

个人绩效承诺书可由不同模块内容构成,例如表 14-9 和表 14-10。

表 14-9　一般员工的个人绩效承诺表

<table>
<tr><th>序号</th><th>本季度参与的跨部门项目或团队工作</th><th>投入程度(%)</th><th>投入的时间段</th><th>项目中扮演的角色</th><th>涉及的绩效评价者(各项目主管)</th></tr>
<tr><td></td><td></td><td></td><td></td><td></td><td></td></tr>
<tr><td colspan="6">职位应负责任或部门总目标(KPI)</td></tr>
<tr><td colspan="6"></td></tr>
</table>

<table>
<tr><td rowspan="4">个人承诺</td><td>计划</td><td>计划承诺</td></tr>
<tr><td>结果目标承诺</td><td>结果</td></tr>
<tr><td>执行措施承诺</td><td>结果</td></tr>
<tr><td>团队合作承诺</td><td>结果</td></tr>
<tr><td>说明</td><td colspan="2">结果目标承诺:员工承诺本人在考核期内所要达成的绩效结果目标,以支持部门项目组总目标的实现。"结果目标"是指在绩效周期内主要有哪些结果输出,通过结果目标的制定,明确任职者究竟应该做什么,做到什么程度
执行措施承诺:为达成结果目标,员工与考核者对完成目标的方法及执行措施达成共识,并将执行措施作为考核的重要部分,以确保结果目标的最终达成。"执行目标"是指针对结果目标,需要采取相应的措施、策略,并对工作执行过程进行规范,以保证目标的达成
团队合作承诺:为保证团队整体绩效的达成,更加高效地推进关键措施的执行和结果目标的达成,员工须就交流、参与、理解和相互支持等方面进行承诺。"团队目标"是指需要提供或获得其他同事、部门及上级的支持与合作</td></tr>
</table>

[资料来源] 韦祎.绩效管理实践与考核工具[M].北京:人民邮电出版社,2021:194.

表 14－10　个人绩效承诺书

<table>
<tr><td colspan="6">××公司个人绩效承诺书</td></tr>
<tr><td colspan="6">绩效承诺周期：20　年　月—20　年　月　　　承诺日期：20　年　月　日</td></tr>
<tr><td>姓名</td><td></td><td>员工编号</td><td></td><td>所在部门</td><td></td></tr>
<tr><td>工作成果承诺</td><td>占比</td><td>承诺项目</td><td>评价结果</td><td>评价时间</td><td>评价人</td></tr>
<tr><td>工作成果承诺</td><td></td><td>(1)
(2)
(3)</td><td></td><td></td><td></td></tr>
<tr><td>执行措施承诺</td><td></td><td>(1)
(2)
(3)</td><td></td><td></td><td></td></tr>
<tr><td>团队合作承诺</td><td></td><td>(1)
(2)
(3)</td><td></td><td></td><td></td></tr>
<tr><td colspan="6">上级意见及建议：
(1)
(2)
(3)</td></tr>
</table>

[资料来源] 任康磊.绩效管理工具[M].北京：人民邮电出版社，2021：253.

三、个人绩效承诺的特点

与其他绩效管理工具相比，PBC 有以下 5 个特点：

(1) PBC 基于企业战略的分解与关键任务，通过过程管理与辅导，保障战略的达成；

(2) PBC 整合了 KPI、目标成果、立项管理、胜任力评估与职业发展，评估内容更加全面；

(3) PBC 增加了管理者在绩效评价中的纠偏职能，成为管理者在绩效工作中的有力抓手，且保证评估的公平性与客观性；

(4) PBC 强化了岗位绩效与组织绩效的结合，建立了利益共同体，有利于形成团队意识；

(5) PBC 弱化了 KPI 分数作为唯一的评价标准，增加了关键任务、胜任力等其他要素对评估的影响。

PBC 与其他绩效管理系统一样，有着 PDCA 闭环，即制定个人绩效承诺→进行绩效辅导→实施绩效评估→绩效回顾与结果应用，是以承诺为核心的 PBC 绩效管理循环。它强调的重点是上下级在闭环中保持沟通与交流，通过沟通达成一致，在这点上与 KPI 绩效考核有较大区别。表 14－11 是 PBC 绩效管理和 KPI 绩效管理的几点差异。

表 14－11　PBC 绩效管理和 KPI 绩效管理对比

PBC 绩效管理	KPI 绩效管理
完整的系统	系统的一部分
注重过程的管理	阶段性的总结

续 表

PBC 绩效管理	KPI 绩效管理
具有前瞻性	回顾阶段性成果
有完善的计划、监督和控制的方法	提取绩效信息的一个手段
注重能力培养	只注重结果
建立管理者与员工之间的彼此合作伙伴关系	容易使管理者与员工站到对立面

[资料来源] 白睿.绩效管理全流程实战方案[M].北京：中国法制出版社,2019：274.

【案例 14-8】

某集团企业 PBC 绩效管理

请用手机微信扫以下二维码,学习本案例内容。

第七节 目标与关键成果法(OKR)

一、OKR 的概念及特征

OKR 的全称是目标与关键结果(Objectives and Key Results，OKR)。尼文(Paul R. Niven)将 OKR 定义为“一个重要的思考框架与不断发展的学科，旨在确保员工共同工作，并集中精力做出可衡量的贡献”。OKR 是一种程序或过程，它根据组织的使命、愿景，通过内部的协商与决策，明确组织在一定时期内的目标以及该目标所产生的可衡量的关键结果，由此帮助组织中的成员明确目标及努力的方向，并将这些关键结果的完成情况作为考核组织绩效的标准。

OKR 由两部分组成：目标(Objectives，O)和关键结果(Key Results，KR)。目标是对企业将在预期的方向取得的成果的描述，主要回答“我们希望做什么”的问题；关键结果是衡量既定目标成果的定量描述，主要回答“我们如何知晓实现了目标”的问题。

具体而言，OKR 是一个批判性的思维框架和持续性的行为准则，旨在确保员工共同努力，集中精力做出可衡量的贡献以推动公司的进步。目标概述了一个广泛的定性目标，旨在推动组织朝着期望的方向前进。一个措辞良好的目标是有时间限制的，并应该起到激励团队共同想象力的作用。关键结果是一个定量陈述，用于衡量一个给定目标的实现。关键结果的难点和最终价值在于迫使员工量化目标中看似模糊的词语，员工必须明确在目标所描述的内容在企业所处商业竞争环境中的具体含义。

彼得·德鲁克认为："管理者必须把优势和机会进行匹配。"传统绩效评估过多关注员工的不足，而对员工的优势关注不够；更多关注过去的问题，而不着眼于当前和未来的机会。相比，OKR 克服了传统绩效评估的不足，更关注员工、关注机会。

OKR 的目标包含 KPI 和目标值，只不过这里的 KPI 强调目标的可衡量性，不能是空洞目标。OKR 重要的进步体现在关键结果上，战略绩效管理的十大核心理念中最重要的就是"所有的目标都是通过行动实现的"。OKR 可以对所制定的绩效目标进行跟踪，并对目标的完成状况进行了解与分析。这种新兴的绩效考核工具能够让企业将宏观目标的关键结果进行分解，有利于其实施。企业在开展目标管理的过程中，OKR 无疑能对其管理系统进行简化，将目标管理彻底执行到每个部门或岗位。对于企业发展过程中的某个项目，设定合理的目标非常关键，这个目标甚至是未来企业发展的决定性因素。

OKR 具备以下几个方面的特征：

(1) 简捷。这里所指的简捷体现在每个参与考核者的目标不会超过 5 个，同时每个目标中所要体现的关键结果也控制在 4 个之内。如果过多，会让整个操作杂乱，重点迷失。

(2) 直接。在进行目标设定时，每个关键结果需要形成一定的对应，而且其目标必须靠自身来实现。

(3) 公开。顾名思义，公开就是将最后的评估对整个企业公开。这能让团队的目标统一化，方便团队之间的合作，体现评估的公平性，还能对员工形成一定的激励。OKR 是一种需要量化的考核方式，考核指标的设置是一个不断进步的过程，OKR 相对整个企业是透明的。在谷歌，所有人的 OKR 评分都是公开的，但 OKR 评分并不作为职务晋升的依据。OKR 强调目标导向，强调"少即是多"，并不直接与薪酬奖励挂钩。

二、OKR 的实施流程

在实施 OKR 的过程中，需要有规范的流程，以保证操作的规范化和标准化。其主要步骤可分为以下几点：针对项目进行明确，并明确项目目标；将关键结果进行量化，针对完成目标以及未完成目标的相关措施进行明确；全体成员通过协同合作实现目标；结合项目发展进度，对其目标进行评估。

1. 设定目标：从战略开始确定年度目标和季度目标

德鲁克认为，无论最高层管理者，还是基层员工，都必须有内容明确、方便操作的工作目标。这些目标应包括一些具体内容，如实现怎样的绩效，要求管理者做出怎样的贡献，等等。进行目标管理的首要问题是设定目标。

首先必须定义企业的战略。要对企业各个层面的问题系统考虑，包括现状、未来的发展状况以及整个行业的发展态势。还要考虑可能出现的风险、各种机遇。企业的主要目标必须涵盖企业的主要领域，而且要清晰明确，并提供能对实际工作做定期检查的基础和平台，以及进一步改进的措施。

制定战略目标后再进行战略目标分解，一般战略规划是 3 年，每一年度的战略目标分解就是年度目标，从年度目标再细分到季度目标，从而将整个战略层层分解到具体实施。

2. 明确每个目标的关键结果：从季度目标到关键结果分解

既要有年度关键结果，也要有季度关键结果：年度关键结果统领全年，但并非固定不变，而是可以及时调整,调整要经过批准;季度关键结果则一旦确定就不能改变。在这里要切记可以调整的是关键结果,而不是目标。目标不能调整,措施和方法(关键结果)可以不断完善。同样,关键结果也必须是管理者与员工直接充分沟通后的共识。

3. 推进执行:从关键结果到行动计划

有了关键结果(期望的结果)后,就要围绕这个具体的目标分解任务。每项关键结果会派生一系列任务,需要交给不同的人员负责。关键结果负责人就成了名副其实的项目经理负责组织协调。因此,项目经理应当是团队非常重要的成员,他们能够调度和影响企业资源。项目经理与企业决策者之间应当保持绝对通畅的沟通。

4. 定期回顾

到了每个季度末做回顾,员工需要给自己关键结果的完成情况和完成质量打分。分数在0~1分,最理想的得分是在0.6~0.7分。如果达到1分,说明目标定得太低;如果低于0.4分,则说明可能存在问题。

每个员工在每个季度初需要确定自己本季度的OKR,季度结束后需要根据这个季度的工作完成情况打分。每半年公司进行一次绩效评估,主要是评估员工过去半年的绩效并根据绩效评估的结果变更业务职级和薪酬。值得一提的是,所有个人绩效评估的成绩内容和级别都是全公司共享公开的,这一方面可以做到更为公平和透明;另一方面也给每位员工提供了更好学习和成长的样本,激励大家在产品研发中迎接更大的挑战,更严格地要求自己。

【案例14-9】

3张表说明OKR

一般来说,OKR分为公司、团队和个人3个层次,每一个层次由3~5个O组成,每个O下面又是2~4个KR构成。目标依次向上对齐。

1. 公司OKR

如表14-12所示,某公司制定了2025年下半年的目标,并向全公司公布,由公司各部门及个人制定自己的目标。

表14-12 公司OKR

目　　标	完成情况
成为行业内领先的软件服务商	30%
产品部门提出5种版本产品规划	20%
市场部门需求1000条线索,且转化率不低于30%	30%
销售部门完成200个订单	20%
人力资源部门招聘到5位“985”大学的毕业生	20%

(1) 先公布公司的OKR;

(2) 根据公司OKR,用户运营团队制定团队OKR。

2. 运营团队 OKR

目标：在 O4 结束之前提高平台参与度。关键结果(KR)，见表 14－13。

表 14－13　运营团队 OKR

KR1：完成 5 个渠道的用户引流
KR2：设计 3 次用户活动，页面留存率达到 50%
KR3：活跃用户增加 15%

3. 运营主管的个人 OKR

目标(O)：提高产品日参与度关键结果(KR)，见表 14－14。

表 14－14　运营主管的个人 OKR

KR1：和 50 个客户或者用户约谈并拿到反馈
KR2：对移动端 App 进行 10 个 A/B 测试来驱动用户黏性
KR3：更改注册登录体验的教育内容和社交功能
KR4：找出用户组账户(Power Users)并记录他们的行为

［资料来源］白睿.绩效管理全流程实战方案[M].北京：中国法制出版社，2019：217－218.

三、OKR 与其他绩效管理方法的比较

OKR 与传统绩效管理技术，比如 MBO、KPI、BSC 既有联系也有区别。

1. OKR 与 MBO 的联系和区别

与 MBO 相比，OKR 的不同主要在于目标的超前性和灵活性。在信息科技日新月异、环境急速变化与企业竞争白热化的当今时代，OKR 更能体现公司的目标性。MBO 在管理上虽然也力求目标达成简单明确，但更多关注目标执行过程与结果产出的关系，造成了较多的管理束缚。OKR 在关键结果的设定上不求过多，过多的结果无法体现出其关键性，会使企业陷入贪大求全、精力分散的误区。因此关键结果一般不超过 4 个，而且体现了“挑战性”和“前瞻性”，这便于企业将主要精力放在关键结果上。

2. OKR 与 KPI 的联系和区别

OKR 与 KPI 一样，都关注目标及其达成。但是，OKR 更加强调对目标与工作进度管理，侧重对员工进行实时提醒，让其能够时刻了解目前的任务进展以及与相应目标之间的动态距离。也许可以说，KPI 主要是一种目标分解工具，而 OKR 则是一种目标运行和管理工具。

KPI 和 OKR 都强调指标制定与分解，但是 KPI 的指标制定是刚性的，前提是先要有明确的组织战略规划和确定的组织目标，然后才能对组织战略规划与组织目标进行分解以形成指标，再将指标层层分解直到岗位或个人，形成具体可执行的绩效指标。OKR 的目标制定则相对要模糊一些，由于是在巨大不确定性的环境中摸索前行，组织战略规划和组织目标并未完全清晰，因此不可能单纯依靠由上往下的既定目标层层分解，而是更加需要上下互动的主观能动性和积极

进取精神,基于组织战略规划与组织目标形成的指标是可以灵活修正的。但是哪怕在模糊战略规划与组织目标的范畴下,前进的方向仍无疑是确定的,目标的进展及其关键结果也是明确的,这又反过来能够促进组织战略规划与组织目标的清晰化。而这个特点是 KPI 无法达到的。

所以,传统产业及其企业在经营管理上有着比较稳定的硬性要素与规则,必须达到的结果可以用 KPI 表示。但现代知识型企业或互联网企业可能更偏向于柔性化管理和项目化运作,可以运用 OKR 以及时适应用户和市场的变化并调整目标和指标。

OKR 解决了 KPI 的两个缺陷:一是有些值得做的工作在计划阶段可能无法测量,导致制定的目标虚化,如以此进行期末考核 KPI 则可能流于形式;二是在信息不对称的情况下,特别是在个人利益与组织利益冲突时,被考核者为了追求个人利益,倾向于容易实现的 KPI,可能在博弈中损害组织长远利益。而 OKR 则有利于避免以上弊端。

3. OKR 与 BSC 的联系和区别

与 BSC 相比,OKR 可能更显组织目标的聚焦性。OKR 提出一个目标,然后设定若干可以量化的关键结果来帮助自己实现目标。互联网企业在设置目标时,一般针对企业实际情况考虑重点目标,而不需要类似于 BSC 那样考核各层面的指标,并针对该目标设定可量化的关键结果。

OKR 的指标设定更加灵活和突出重点。BSC 强调财务收益、市场客户、内部流程、学习与成长,容易流于"面面俱到"。OKR 则回归"用户导向"的业务本质,遵循 20/80 原则,重点强调"价值创造"。OKR 强调上下互动的目标分解,试图将 BSC 与 KPI 有机结合,既是工作分解工具,也是责任分解工具。

相比于传统的 MBO、KPI 和 BSC,OKR 既以产出为导向,也以过程为导向,既关注目标的达成,也关注成果的实现,体现了现代绩效管理的基本宗旨和特点,即本书作者所定义的:绩效管理是对组织和员工的行为与结果进行管理的一个系统,它充分发挥每个员工的潜力,促进了其绩效提高,并进一步通过将员工的个人目标与企业战略相结合以提高组织绩效。

四、OKR 的实施条件及适用对象

传统工业时代的管理模式往往应变能力较弱,特别是在目标快速变化的情况下调整难度非常大。进入互联网、大数据时代,企业需要更灵活的、顺应变化的组织模式,更具创新性的、更符合人性的管理方式和工具,而 OKR 适应了很多企业尤其是互联网企业的管理需要。OKR 能够适应外部环境的快速变化,让团队增强目标感,放弃对员工的过程控制,发挥员工潜力。在传统企业转型迈向新组织的过程中,绩效管理体系发生改变,从"以结果为导向"逐渐转变为"以客户为导向",绩效指标的特点是过程与结果并重。相比之下,OKR 更适合互联网企业扁平化、项目式的组织管理模式,将企业资源更多聚焦到目标与关键成果上。传统的绩效管理方法主要强调对员工的指标控制,旨在进行"目标引导"和"制度约束"。这种强调制度主义、控制导向和按部就班的做法,适合于工业经济时代相对稳定的经营环境。在互联网经济时代,企业需要实施积极正面的价值观管理,通常靠企业愿景和文化驱动,其在组织管理、客户管理和绩效管理上与传统的企业管理有显著区别。

OKR 绩效管理体系虽然具有传统绩效管理体系所不具有的许多优点,但实际上并不是所有的企业都适合选用这种绩效管理工具,因为其对企业的内外部环境有一定要求。

1. 对管理者的要求更高

OKR 绩效管理体系需要一个比较开放和宽松的绩效管理环境,绩效实施者的自由度比较高。宽松就意味着结果不好预测,同时对绩效实施者更难以管理和协调,这就需要管理者具备较强的管理能力，甚至要具备一定的领导能力，才能让绩效实施在宽松的环境中发挥各自的特长，并实现各自的绩效目标。

2. 更适合不断创新的企业

由于 OKR 的目标是相对模糊的，所以它更关注提出极具挑战性和追踪意义的方向。OKR 强调企业通过对自身业务、资源，外部市场，竞争对手的分析，找到能在竞争中制胜的方向，并持续聚焦在这个方向上，寻求突破，因此 OKR 倾向于在正确的方向上努力、通过激发员工的热情，得到超出预期的结果。相比于 KPI 关注有能力完成的指标，衡量 OKR 设计得是否理想的一条重要标准，就是目标是否具有挑战性和超越性。

从 OKR 的特点可以发现，整个 OKR 绩效管理体系更强调绩效实施者的主动性和创造性，因为绩效实施者需要根据不同的目标来设计相应的关键成果指标。因此，在这样的绩效管理体系下，绩效实施者往往是凭借自己的能力在不断地解决各种各样的问题，所以 OKR 绩效管理体系更适合需要不断提供创意和创新的企业，例如需要灵活应对市场不确定性的互联网创新型企业，需要提高团队协作能力的知识服务型企业，需要建立跨部门协作的执行能力的业务转型期企业等。

OKR 已在世界范围内推广，也有不少成功案例，但使用 OKR 的群体主要是互联网企业。这主要是由互联网企业所面临的外部环境、人员结构、工作内容和管理模式所决定的。OKR 为互联网企业面临的一系列问题提供了一条可行的解决途径，是一种比 KPI 更加有效的管理工具。不仅是互联网企业，那些处于快速变化环境中，需要通过不断创新和跨部门的有效协作来实现组织和个人绩效提升的企业，都可以将 OKR 视为一种可采纳的工具。

3. 需要进行战略与组织调整

对原先采用传统 KPI 方法的企业来说，在实施 OKR 之前，首先要进行组织支持策略（组织文化、组织结构和企业制度）调整和分层推进的导入策略调整，即由高层管理者牵头，将 OKR 的理念和原则向中层管理者传达，中层管理者按照所在部门的情况编制具体的材料向基层管理者讲授，基层管理者再按照更细致的团队情况或岗位情况向员工讲授目标的设定方法和关键成果的基本特征，以帮助员工顺利实施首次 OKR。

由于传统企业多数采取直线职能型结构，部门之间通过分工与协作的方式进行价值创造活动，形成了一种垂直型管理模式。这类企业要想实施 OKR，必须改变企业形态，颠覆分工与协作的方式，为新组织设计“三引擎模型”，通过流程管理将目标与关键成果统一起来，将分享式领导和 OKR 应用于组织中，这对于提高自组织的环境适应能力、进行自我优化和完善有重要的作用。分享式领导是 OKR 得以执行的前提，同时 OKR 是分享式领导有效性的保障。有人基于 OKR 思想设计并建立了一个高效稳定的、易于扩展的 OKR 看板协作平台，为企业管理者提供了一种新型的管理思路。

4. 需要全面借助信息管理系统

OKR 绩效管理体系的设计与实施需要借助信息管理系统来实现，基于系统整体的需求分析、项目可行性分析，搭建 OKR 统一管理平台，主要包括数据库设计和系统结构设计。同时，在移动互联和大数据甚至人工智能时代，企业必须将 OKR 思想运用到相关业务的管理实践中，这样才能使任务更加明确，以简单、量化的方式和科技手段解决复杂问题，并使 OKR 易于普及、实施。

总之，是否实施 OKR，需要根据企业/部门的内外部环境来决定。创新驱动的企业/岗位、中等规模以上的企业、业务转型企业适合采用 OKR。企业在实施 OKR 之前，需要建立相应的配套机制以解决后续激励问题，同时要依靠其他配套方法评估、选拔员工。

【案例 14－10】

在 K 健身房教练部的 OKR 绩效管理全流程

请用手机微信扫以下二维码,学习本案例内容。

第八节 其他绩效管理工具(绩效棱柱法、积分制)

一、绩效棱柱法

绩效棱柱理论认为,在当今的经营环境下,那些致力于获得长期成功的组织必须非常清楚地了解谁是他们的主要利益相关者。一般而言,利益相关者涉及以下主要成员:投资者(主要是股东,但也包括其他资本提供者)、客户和中间商、员工和工会、供应商和合作联盟以及定规者、压力集团和社团。明确自身利益相关者之后要思考和解决的问题就是利益相关者的愿望和要求是什么。为了满足自己的要求,组织还必须从利益相关者那里获得一些东西,包括来自投资者的资金和信用、来自客户的忠诚和利润、需要的流程,以及组织应当拥有的适当的能力,为此必须考虑利益相关者的诉求。总而言之,绩效棱柱的核心就是总结了截然不同而在理论上又存在内在联系的并有助于帮助企业设计绩效测评标准的 5 个基本方面(见图 14－17):(1) 利益相

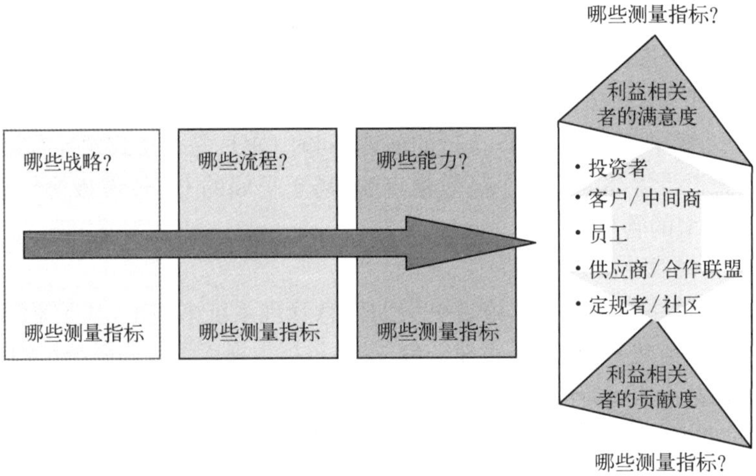

图 14－17　绩效棱柱的 5 个基本方面

[资料来源] 蔡剑,张宇,李东.企业绩效管理——概念、方法和应用[M].北京:清华大学出版社,2007:108.

关者的满意——谁是主要的利益相关者，他们的愿望和要求是什么？(2) 利益相关者的贡献——企业组织需要从这些主要的利益相关者那里得到什么？(3) 战略——企业组织应该采取什么策略来满足利益相关者的愿望和要求？(4) 流程——企业组织执行这些战略需要哪些重要的流程？(5) 能力——运作和提高这些流程需要哪些能力？上述 5 个方面为测评企业绩效提供了一个全面的、综合的框架。

【案例 14－11】

绩效棱柱法在上汽集团中的应用

请用手机微信扫以下二维码，学习本案例内容。

二、积分制

（一）积分制的概念

积分制管理其实很普遍，信用卡积分、会员卡积分、个别城市的入户积分、手机话费和加油等消费积分，以及垃圾分类积分等都是积分制的表现形式。可以说，我们身处于积分环境中。那么，我们身边接触的积分和用于绩效管理的积分是否有区别呢？事实上，其本质是一致的，只是用于绩效管理的积分制更复杂、更全面、更细致。

巴鲁克学院经济学和金融学教授杰克·弗朗西斯(Jack C. Francis)说："你可以买到一个人的时间，你可以雇一个人到固定的工作岗位，你可以买到按时或按日计算的技术操作，但是，你用金钱雇不到热情，雇不到创造性，更雇不到全身心的投入，你不得不设法去多努力争取这些。"积分制管理是建立在绩效管理理念的基础上，对员工的个人能力、工作业绩、日常行为等，用奖励或扣罚的方式进行全方位量化，并借助信息化手段，在组织内广泛使用的一种管理方式。积分制主要用于对员工进行精神和物质的双向激励，除了间接影响员工的收入，还会引导企业文化建设工作。

如果积分制设计得当，就可以用来评价员工的综合表现：积分越多，说明员工对企业的贡献越大，表现越好。企业可以根据积分的排名，来评定专业类和综合类优秀员工。用于企业管理的积分可以长期使用，不需要清零，积分使用的周期越长，越能反映员工对企业贡献的大小。累计的积分可以鼓励员工长期为企业服务，类似工龄工资的激励性，但比工龄工资更能客观地评价员工的价值贡献。年度的积分排名还可以充分激励员工的工作热情和工作积极性。

积分制的设计一定要根据企业的实际情况进行。一般来讲，积分分为固定类积分、任务类积分、临时类积分等。固定类积分是指企业根据固定的标准对员工进行赋分，比如学历积分、职称(资格)积分、职务积分、技能积分、特长积分、荣誉积分、工龄积分、工作积分、培训积分等。

当然,部分企业在设计固定类积分时,会一次性给出一定的基础积分,并且根据岗位等级的不同,赋予不同的基础积分。任务类积分是指企业在某些特殊时期分配特殊任务时,明确责权利的一种常用的赋分形式,比如团建、年会、庆典等活动。任务类积分一方面可以鼓励员工主动参加这些活动,节约一定的成本;另一方面还不会引起其他员工的不平衡。临时类积分是指员工完成非常规、突发性、个性化、非本职等工作时给予的赋分,比如发现跑冒滴漏情况、制止违法违规违纪行为、举报违法违纪违规行为等,这类积分有利于企业文化的建设,可以防止出现“事不关己,高高挂起”的情况。

当然,除了奖分,还可以设计扣分,特别是在工作、培训、考勤等与绩效相关的方面若应该做好的事情没做到位或没做好,则给予扣分。具体的扣分项要根据企业实际来设计,注意导向性,鼓励什么就给予奖分,限制什么就给予扣分。但前提是一定要合情、合理、合法。

在实施积分制时,一定要构建积分制管理组织,如积分管理委员会、积分制推行办公室等,并明确其相关职责。

(二) 积分制实施方式

在绩效管理过程中实施积分制时,大多采用以下几种方式:

1. 设置固定类基础分

固定类基础分又称原始积分或固定积分。固定类基础分的设置没有固定的模式,需要考虑不同的级别和情况,在原则一致的前提下,确定固定类基础分值,主要包括工龄、学历、职称(资格)职务、技术水平、专业能力、个人特长、考勤情况、加班、产值、工作量、业绩、遵纪守法等积分。对于工龄积分,不建议实行动态值,在设计之初,可以给予一定分值,如 300 分/年、30 分/月,一次性把工龄积分核算进去作为固定类基础分计入总分中。对于一些固定类基础分,可以根据各要素一次性按岗位级别给予一定分值,比如按员工—主管—经理—高管的等级划分给予 2 000～5 000 的分值。另外,还有一些固定类基础分会基于考勤情况,先提前设定好标准,然后对迟到、早退、请假、病假、工伤等分别赋予一定分值即可。无论企业是否采用积分系统,均可借助互联网手段进行计算。给予基础分时一定不能太多,初期设计时要预估一下,原则上应该在总分的 10%左右。太高就很容易影响总分,太低对基础分要素重视不够,这些都会影响员工的积极性。

在设计产量、工作量、绩效积分时,会存在一定的局限性。例如,销售类、生产类岗位积分的设计更容易一些,销售额、利润率、回款率、市场占有率、客户投诉量、新客户开发、市场信息反馈以及产量、合格率、废品率、能耗、人均产能、交货时间等方面的积分很容易量化和收集,比如完成销售任务积 50 分,达到利润率积 50 分,回款率≥95%积 50 分。其他类型的岗位积分,如人力资源、行政、财务、研发等岗位的积分相对难以量化和收集。因此,对于销售类、生产类岗位,可以根据产量、绩效等进行积分设计。对于人力资源、行政、财务等岗位,可以根据工作量进行积分设计,重点关注工作任务、工作进度流程节点等日常工作,但这对企业的流程化、标准化、规范化管理要求相对较高。例如,财务报表于每月 9 日上报董事长,按时上报积 10 分,无差错积 10 分,未按时上报或有差错扣 8 分等。

其他固定类积分可以根据企业实际需要进行设计,比如未穿工装扣 10 分,按时提交工作计划积 10 分……诸如日常管理行为规范等,都可以设计相应的奖励或扣罚分值。

在设计任务类积分时要针对参与任务的程度、角色、对任务的贡献等进行赋分。例如在年会中,参与会场布置等保障任务的积 20 分,参与年会节目演出的积 30 分,参与年会主持、礼仪等任务的积 50 分。任务较重时，要借助 WBS 进行任务分解，根据任务分解矩阵确定各个环节的参与积分。

2. 设置临时类积分

临时类积分是解决企业临时性工作和任务的积分设置。企业在复杂的环境中运行必然有一些临时性、突发性的工作和任务，部分企业在特殊时期，会抽调相关岗位人员支持工作比较繁忙的部门。例如，“双 11”期间电商企业的仓库会抽调行政、人力资源、财务等岗位的人员支援仓库发货、理货等，可以给予支援人员相应的积分。

3. 自定义积分

除了上述积分之外，还有自定义积分，比如员工见义勇为积 100 分，员工利用自己人脉关系帮助其他员工解决困难积 30 分，等等。

积分制管理就是用奖分和扣分，对员工的能力和综合表现进行全方位的量化考核，通过系统记录确认和永久性使用，以积分形式衡量员工的价值和潜能，激励员工的积极性和主动性。简单而言就是对员工的个人能力、工作业绩、行为表现进行积分管理，也就是对员工在工作中所呈现出来的态度、行为、结果进行积分管理。例如，员工绩效如何，做了多少任务，都与积分挂钩；服务好每一个客户，让每一个客户满意，可得到积分奖励；每一项技术/管理创新和每掌握一项新技术，可得到积分奖励；员工提出合理化建议或者提供有价值的信息，可得到一定数量的积分奖励；员工为企业找人才、挖人才，根据情况，可得到一定的积分奖励。

【案例 14－12】

R 公司积分制绩效管理的构建

请用手机微信扫以下二维码，学习本案例内容。

本章思考与案例

1. 谈谈绩效管理工具的发展和演变。
2. 目标管理的内涵是什么？如何认识和评价目标管理的历史地位？
3. 谈谈标杆管理含义及实施步骤，并采用这一方式对自身学习发展进行管理分析。
4. 关键绩效指标设计的理念和思路是什么？
5. 谈谈你对平衡计分卡的特点和功能的认识。
6. 你认为绩效棱柱法和积分制的应用场景为何？
7. 你认为企业主要有哪些绩效管理的方法？它们各具有什么特点？请通过查阅资料了解目前是否还有新的绩效管理方法，它具有什么特点。

8. 阅读以下材料,利用你所学的知识,并通过查阅课外资料,详细谈谈你对目标管理法的看法。

(1) 20 世纪 80 年代美国银行目标管理的结果。

美国银行(Bank of America)曾一度制定了全美国最有雄心的目标绩效考核激励奖罚制度,以发放贷款的数额决定贷款员的待遇,表现最佳者可获得超过中等表现者 50%收入的奖励,结果美国银行得到了他们想要,也该得到的东西:大批的坏账,虽然实现了管理目标,但随后银行因此遭受了巨大损失。只看贷款数额,而不去考虑表面看不到的更重要的贷款质量、风险、客户忠诚等因素。只知道要求雇员 110%地努力工作,随后再加 10%的目标要求,如此年复一年是非常愚蠢的管理方法。

(2) 20 世纪 80 年代美国纽约交通警察局目标管理的结果。

纽约交通警察局(New York Transportation Police Department, NYTPD)有一段时间持续出现错误和非法逮捕事件,无辜的人被指控犯有重罪,其中绝大多数是黑人和墨西哥裔人。事件曝光以后发现一个分局的 4 个警察要对这些错误和非法逮捕事件负主要责任,这 4 个警察全部被停职,并接受审查。奇怪的是,调查结果显示:这 4 个警察是该分局表现最佳的警察,原来这个分局实行的是目标管理法,警察的工作成绩、表彰、提升是靠逮捕数量,尤其是对重罪和性骚扰罪逮捕数量决定的。警察中的白人种族主义分子,趁机滥用权力,一举两得,用非法残忍的手段迫害少数族裔,还得到了分局的认可和奖赏,但他们对社会和警察局造成了巨大的损害,民众尤其是少数族裔对警察和执法人员失去了信心,抗议活动造成了族群对立和社会动荡。

(3) 20 世纪 80 年代美国国际电话电信公司目标管理的兴衰。

美国国际电话电信公司(ITT),前首席执行官、总裁海洛德·吉尼恩(Harold Geneen)在他的一本名叫《管理》(*Management*)的书中写道:"一个 3 句话的企业管理课程:你看书是从开头开始看,你管理一个企业正好相反,先从结局开始,然后你做一切必需的事为达成结局而努力。"这就是在美国被称为"反向式管理"(Backward Management)的东西。

吉尼恩拥有财务教育工作背景,他最重视的是财务结果,他认为管理是简单和直接的,他坚持 ITT 每年要达到增加利润 15%的目标,不断提高生产销售目标,不断要求减少开支,每个人必须完成或超过自己的定额指标,优胜者奖,落后者罚,老完不成指标者就走人。

当吉尼恩成为 ITT 总裁后不久,财务报告显示利润持续增加,公司股票升值迅速,投资分析师认为 ITT 是一家经营很好的公司,加以推崇。ITT 公司股价涨幅大大超过了别的上市公司,使 ITT 有了兼并别的股票表现不太好的公司的能力,ITT 借此增加了每股盈利,因而增加了股票价值。如此效仿,ITT 又在新购买的子公司实行"管理魔术——目标管理",使 ITT 的股价进一步升值。

在 1961 年,吉尼恩掌管 ITT 两年时,ITT 销售额是 7.566 亿美元,盈利 0.29 亿美元,在 1977 年,吉尼恩下台时,ITT 销售额是 167 亿美元,盈利 5.62 亿美元,吉尼恩掌管 ITT 的 16 年中,ITT 在 80 个国家兼并了 350 家公司,顶峰时是美国 500 强公司第九名。

随后 ITT 就以历史上前所未有的速度和规模崩溃了。首先是主要分公司出现了问题,ITT 就开始出售这些问题分公司,法国等国坚持要从 ITT 买回自己受人尊敬的电话公司,很快 ITT 缩小到了比它最初规模还要小的公司。让人们吃惊和怀疑的是 ITT 曾经与福特汽车、通用汽车、IBM、通用电气同属一列。

ITT 的问题是质量,ITT 电话系统不工作,产品和服务质量低劣。当财务报告显示公司仍大笔赚钱时,没有人指责 ITT 的质量问题,当质量问题成为有目共睹的事实时,ITT 失去了它所有的魅力，但质量是硬道理，客户是公司存在的基础，吉尼恩 16 年的目标管理实现了，也正是他为 ITT 挖好了坟墓。

(4) 2002 年北京一家著名房地产企业目标管理的结果。

在 2001 年，北京一家著名的房地产企业由于工期要求很紧，就制定了非常严格的奖罚激励制度，公司从上到下层层实行目标管理，要求必须按时完工，所有人在强大的压力下，日夜加班加点，总算按时完成了这栋大楼的建设，成功地实现了公司制订的目标管理计划，成了公司成功目标管理的典范。

但是好景不长，半年以后该楼房一侧地基下沉 30 厘米，楼体出现大量裂缝，经技术鉴定是施工单位没有按施工要求施工。事实上，在目标管理的期限内，他们根本不可能用常规施工方法完成地基，再加上冬季施工，所以问题很快就暴露出来了。这栋楼成了这个创业老板挥之不去的一块心病，成了公司难以启齿的败笔，购买了这栋楼房屋的住户，心里更不是滋味，以各种方式表达他们的愤怒，甚至数次撕毁这家公司负责这栋楼的一个副总裁的衬衣，事情还远未了结。

以质量和公司长期利益为代价的目标管理是没有意义的，数字目标往往不能反映公司最主要的东西，而且很难制定合理准确的目标，如果制定的目标超过了系统的能力，要强制人们实现该目标，正如戴明所说的："人们在设法实现目标时，就会有'移山'的精神。"就会出现"亩产万斤的良田"。

参 考 文 献

1. 彼得·德鲁克.公司绩效测评[M].北京：中国人民大学出版社，2004.
2. 彼得·德鲁克.卓有成效的管理者[M].北京：机械工业出版社，2005.
3. 蔡剑，张宇，李东.企业绩效管理——概念、方法和应用[M].北京：清华大学出版社，2007.
4. 方振邦.战略与战略性绩效管理[M].北京：经济科学出版社，2005.
5. 黄卫伟，李春瑜.EVA管理模式[M].北京：经济管理出版社，2005.
6. 付亚和，许玉林.绩效管理[M].上海：复旦大学出版社，2004.
7. 贺小刚，徐爽.策略性绩效管理研究评述[J].外国经济与管理，2007(4)：24－32.
8. 贺小刚，李新春，方海鹰.动态能力的测量与功效：基于中国经验的实证研究[J].管理世界，2006(3)：94－103＋113＋171.
9. 贺小刚，李林曼.企业空白地带的绩效改进设计[J].经济管理，2008(3)：46－50.
10. 劳伦斯·S.克雷曼.人力资源管理[M].北京：机械工业出版社，1999.
11. 理查德·S. 威廉姆斯.绩效管理[M].大连：东北财经大学出版社，2003.
12. 林筠.绩效管理[M].西安：西安交通大学出版社，2006.
13. 罗伯特·卡普兰，大卫·诺顿.战略地图：化无形资产为有形成果[M].广州：广东经济出版社，2005.
14. 罗伯特·巴考尔.绩效管理24准则[M].北京：中信出版社，2005.
15. 罗伯特·巴克沃.绩效管理——如何考评员工表现[M].北京：中国标准出版社，2002.
16. 吉尔里·A. 拉姆勒，艾伦·P. 布拉奇.绩效改进——消除管理组织图中的空白地带[M].北京：机械工业出版社，2005.
17. 杰恩·巴尼.获得与保持竞争优势[M].北京：清华大学出版社，2003.
18. 迈克尔·波特.竞争优势[M].北京：华夏出版社，1997.
19. 休伯特·K. 兰佩萨德.全面绩效计分卡[M].北京：机械工业出版社，2006.
20. 石金涛.现代人力资源开发与管理[M].上海：上海交通大学出版社，2006.
21. 石金涛，魏晋才.绩效管理[M].北京：北京师范大学出版社，2007.
22. 张明.人力资源管理实用手册[M].合肥：安徽音像出版社，2004.
23. 赵曙明.绩效管理与评估[M].北京：高等教育出版社，2004.
24. 周三多，陈传明.管理学[M].北京：高等教育出版社，2000.
25. 王化成，刘俊勇.企业绩效评价模式研究——兼论中国企业业绩评价模式选择[J].管理世界，2004(4)：82－91.
26. 武欣.绩效管理实务手册[M].北京：北京机械工业出版社，2001.
27. 约翰·霍伦拜克，拜雷·格哈特，帕特雷克·莱特.人力资源管理：赢得竞争优势[M].3版.北京：中国人民大学出版社，2001.
28. 余凯成.人力资源开发与管理[M].北京：企业管理出版社，1998.
29. 王博.绩效棱柱模型在X公司的应用研究[D].西安：西安石油大学，2020.
30. 林新奇.绩效管理[M].大连：东北财经大学，2020.
31. 方振邦.绩效管理——理论、方法与案例[M].北京：人民邮电出版社，2018.

32. 赫尔曼·阿吉斯.绩效管理[M].3 版.北京：中国人民大学出版社，2013.
33. 李文奇.论平衡计分卡在我国的应用——以万科集团为例[J].中国市场，2018(3)：173－174.
34. 林新奇，张可人.聚焦硬件制造及科技服务差异的目标管理——联想公司与惠普公司的案例比较[J].中国人力资源开发，2015(24)：68－74.
35. 胡华成.绩效管理与考核全案[M].北京：清华大学出版社，2019.
36. 任康磊.绩效管理工具[M].北京：人民邮电出版社.2021.
37. 任康磊.绩效管理工具：应用方法与实战案例[M].北京：人民邮电出版社，2021.
38. 林新奇.绩效管理：技术与应用[M].3 版.北京：中国人民大学出版社.2021.
39. 吴少勇.标杆超越法在薪酬与考核中的应用[J].中国人力资源开发，2004(3)：70－71.
40. 白睿.绩效管理全流程实战方案[M].北京：中国法制出版社.2019.
41. 韦祎.绩效管理实践与考核工具[M].北京：人民邮电出版社，2021.
42. 李畅.OKR 工作法在 K 健身房教练部绩效管理中的应用研究[D].昆明：云南财经大学，2022.
43. 毛睿.绩效棱柱模型在上汽集团中应用研究[D].徐州：中国矿业大学，2022.
44. 聂婧.R 公司积分制绩效管理研究[D].昆明：云南财经大学，2021.
45. 雷芯.叙永县政府目标绩效管理改革的案例研究[D].成都：电子科技大学，2022.
46. 杨林芝、姚惠芳.基于 ESG 理念的绿色 PPP 项目绩效评价体系构建[J].产业发展，2022(11)：9－14.
47. 解浩宇.基于绩效棱柱的 ESG 战略实施效果评价——以中国平安为例[D].南京：南京审计大学，2021.
48. 中国就业培训指导中心.企业人力资源管理师二级[M].3 版.北京：中国劳动社会保障出版社，2014.
49. 荆玉春.J 文化旅游景区绩效管理优化研究[D].石家庄：河北地质大学，2021.
50. 王泽川.创新型企业文化与绩效管理研究——基于海尔和华为的扎根分析[D].青岛：青岛大学，2022.
51. 刘斌，邹吉权."双高计划"绩效评价指标体系内涵分析与权重确定[J].中国高教研究.2021(4)：96－102.
52. 周念祖.大数据背景下 XG 企业绩效管理优化研究[D].西安：西安建筑科技大学，2022.
53. 尹涤.公立医院绩效管理与社会责任的关联性分析[J].河北联合大学学报(医学版)，2015，14(3)：412.
54. 黄玉玲.壳牌：以管理者能力为核心的考核[J].企业管理，2014(11)：68－69.
55. 徐伟，张建国.绩效体系设计：战略导向设计方法[M].北京：北京工业大学出版社.2003.
56. 尼克·斯坦顿.控制沟通[M].北京：高等教育出版社，2000.
57. 李向前.企业价值研究[D].长春：吉林大学，2005.
58. Atkinson A. A.，Banker R. D.，Kaplan R. S.，Young S. M.. Management Accounting[M]. London：Prentice-Hall，1997.
59. Andy Neely，Chris Adams，Mike Kennerley. The Performance Prism：The Scorecard for Measuring and Managing Business Success[M]. London：Pearson Education Limited，2002.
60. Armstrong Baronl. Performance Management[M]. London：The Cromwell Press，1998.
61. Campbell J. P.，McCloy，R. A.，Oppler，S. H.，Sager，C. E.. A Theory of Performance[M]//Schmitt N.，Borman W. C. (Eds.). Personnel Selection in Organizations. San Francisco：Jossey-Bass，1993.
62. Locke E. A.，Latham G. P.. Work Motivation and Satisfaction：Light at the End of the Tunnel[J]. Psychology Science，1990(1)：240－246.
63. Nathan B. R.，Cascio W. F.. Introduction：Technical and Legal Standards[M]//Berk R. A. (Eds.). Performance Assessment. Baltimore：The John Hopkins University Press，1986.
64. Kaplan，R. S.，Norton，D. P.. The Balances Scorecard：Measures that Drive Performance[J]. Harvard Business Review，1992，70：71－79.
65. Kane，J. S.，Bernardin，H. J.，Wiatrowski，M.. Performance Appraisal[M]//Brewer，N.，Wilson，C. (Eds). Psychology and Policing. Hillsdale：Lawrence Erlbaum Associates，1995.
66. Murphy K. R.，Cleveland J. N.. Performance Appraisal：An Organizational Perspective[M]. Boston：Allyn and Bacon，1995.

67. Prahalad, C. K., Hamel. G. The Core Competence of the Corporation[J]. Harvard Business Review, 1990, Vol. 68(3): 79 - 91.

68. Rummler, G. A., Brache, A. P.. Improving Performance: How to Manage the White Space on the Organization Chart[M]. San Francisco: Jossey-Bass, 1995.